JN260465

胎土分析からみた
九州弥生土器文化の研究

鐘ヶ江賢二

九州大学出版会

はしがき

　日本考古学における土器研究は，縄文土器や弥生土器などを素材とした膨大な数の論文をみてもわかるように，最も研究が蓄積されてきた研究分野とみてよいだろう。特に文様や形態の分析から，編年や地域性を論じる研究は大きな進展をみせている。各地の土器編年の整備は，各種の遺物や集落の動態を同じ時間的スケールでとらえ，同時期の社会動態を論じることを可能にした。詳細な土器編年に基づいた分析の緻密さは，世界に誇るレベルに達しているといっても過言ではない。

　このような土器研究の進展を促した要因として，発掘調査の増加に従って資料が増加し，それによって土器の文様や形態に関する研究を網羅的に行うことが可能な環境が整った点が挙げられる。しかし，土器自体に目を向ければ，粘土の選択や成形，焼成などを含めた複雑なプロセスを経て製作されたものであり，最終的に使用され廃棄されるに至る。土器研究の対象は，文様や形態のみにとどまるものではないのである。また過去の土器製作や使用のシステムは，材料に規定される部分も少なくない。土器製作のための材料をどのように採取し，土器がどのような規模や組織をもって製作され消費されたか，という問題は，多くの研究者の関心を引くテーマである。

　このように，土器の形態や文様だけではなく，土器の材質，すなわち胎土に対して研究を行うことは，土器文化の総合的な理解のためには不可欠であろう。本書は，この土器の胎土に着目して，弥生土器研究の新たな方向性の開拓を模索するものである。

　土器の胎土に関する研究を行う目的は，大きく2つにわけられる。すなわち，素地の選択や調整などを含めた土器製作技術の解明と，土器の生産と流通，移動の把握とが挙げられる。土器の移動に関する研究は，イギリスなど欧米では早くから岩石学的手法を用いた分析がなされ，土器研究における胎土分析の意義や方法論に関する議論も一定の蓄積がなされている。しかし日本国内においては，胎土についての研究は，関東などの縄文土器や古墳時代の須恵器の分析などを除けば立ち遅れている印象は否めない。

　そこで本書では，九州の弥生土器を素材として，土器の胎土に着目した実践的研究を行い，土器文化の特質の理解にむけて，従来とは若干異なるアプローチの可能性を提示する。もちろん胎土のみに着目すれば事足りるというわけではないが，本書は土器研究の新たな方向性の開拓のためのケーススタディとして位置付けできれば，と考えている。土器文化の動態やそれを取りまく人やモノ，情報の動きを読み取り，弥生社会の復元や特質の抽出にわずかでも寄与することを目指したい。

　本書は以下のような構成をとっている。

　第1章では，弥生時代の土器生産と消費に関する議論や，遠隔地間の土器の移動の問題，色調や

地域色など関連するトピックを取り上げ，それらの研究の進展と課題を概観するとともに，胎土分析がそれらの問題の解明に貢献しうる面を示す。

　第2章では，土器製作と分配，消費のシステムに作用した環境や経済的・社会関係などの諸要因について，欧米の研究事例を中心に検討し，材料採取や土器生産，消費のシステムに関わる諸問題について議論する。

　第3章では，国内の胎土分析に関する先学の研究史をまとめ，その意義や課題について検討する。

　第4章では，本書で主に扱う北部九州地域における胎土分析の研究の状況を概観し，弥生土器に対する胎土分析の有効性や意義について再確認するとともに，分析方法および分析データの解釈のためのモデルを提示する。

　第5章では，北部九州や壱岐・対馬における弥生時代中期から後期，古墳初頭にかけての墓地や集落遺跡出土土器を分析する。埋葬用の甕棺の胎土分析も含め，材料の採取のありかた，土器の生産や消費・流通，土器の製作技術の変化などの諸問題について検討する。

　第6章では，近年注目されている朝鮮半島の勒島で出土した弥生系土器の胎土分析を実践し，弥生社会から朝鮮半島南部へのモノや人，情報の移動のありかたについて検討する。また壱岐と対馬で出土した楽浪系土器や朝鮮半島系土器についても分析を行い，その背景や意義について考察する。

　第7章では，胎土と密接に関連する土器の色調について，材料の性質と発色のメカニズムとの関連性を検討するとともに，各地の土器の色調の地域色とそれに伴う交流，色調の地域色と材料資源との関係性について考察する。

　第8章では，以上の分析をもとに，九州の弥生土器文化の特質について胎土の観点から考察する。

　なお，本書は2005年11月に九州大学大学院人文科学府に提出した博士論文をもとに，その後の研究成果を追加し若干の修正を加えたものである。第1章から第4章は，多くは新たに書き下ろしたものであるが，根幹は2005年6月に日本考古学協会第71回総会で発表した「土器製作における粘土の採取方法を決定する環境的・社会的要因――縄文土器・弥生土器の胎土分析を通じて――」の成果を含んでいる。第5章は，2002年10月に『人類史研究』13号に掲載された「比恵・那珂遺跡群出土弥生土器の胎土分析――土器の生産と流通・製作技術の理解へむけて――」や，九州大学人文科学研究院考古学研究室によって調査が行われた佐賀県大友遺跡の報告書『佐賀県大友遺跡の発掘調査II』における分析報告「大友遺跡出土土器の胎土分析」の研究成果，および2003年度九州史学会で発表した「壱岐・糸島地域出土土器の胎土分析からみた弥生時代中期の土器生産と交流について」などを手直ししたものである。第6章の勒島遺跡出土土器の分析は，新たに書き下ろしたものであり，壱岐や対馬で出土した楽浪系土器や朝鮮半島系土器の分析については，2005年度九州史学会で発表した「壱岐・対馬における韓半島系土器・楽浪系土器の流入に関する予察――胎土分析を用いて――」の内容を若干修正したものである。第7章は，2000年に『琉球・東アジアの人と文化　高宮廣衞先生古稀記念論集』に掲載された「色調から見た南部九州弥生土器様式の動態」や，2003年に刊行された松本直子・中園聡・時津裕子編『認知考古学とは何か』における「色調変化からみた九州弥生土器の地域色」などに若干手を加えたものである。

本書は主に九州大学在学時の 2002 年度日本学術振興会科学研究費補助金(特別研究員奨励費)および 2001 年度韓国国際交流財団の助成のもと，研究を遂行した成果に基づくものである。また出版に際しては，独立行政法人日本学術振興会平成 18 年度科学研究費補助金(研究成果公開促進費)の助成を受け，編集の際には九州大学出版会の永山俊二氏，尾石理恵氏のお手を煩わせた。

　本書の研究を遂行する上で，鹿児島国際大学の三辻利一客員教授には多くのご協力とご教示をいただいた。三辻教授は常々考古学者と自然科学研究者との本格的な共同研究を推進する必要性を説かれており，特に若手研究者による学際的な研究の活性化を全面的に支援していただいている。また福岡教育大学の上野禎一教授，九州大学総合研究博物館の中牟田義博助教授には土器に対する岩石学的な分析手法について多くのご教示をいただいた。岩石学についてはほとんど何の知識もない状態からのスタートであったが，私の研究の関心について深くご理解いただき，根気強くご指導をいただけたことが私にとって何よりの財産である。福岡教育大学の高須岩夫氏にも薄片作成の作業に多くのご協力をいただいた。

　本書の執筆にあたっては，博士課程在学時の指導教官である九州大学大学院人文科学研究院の宮本一夫教授，西谷正名誉教授に懇切なご指導を賜った。さらに，演習などをつうじて，九州大学大学院人文科学研究院の辻田淳一郎講師，岡田裕之氏，九州大学大学院比較社会文化研究院の田中良之教授，溝口孝司助教授，中橋孝博教授，佐藤廉也助教授，石川健氏および九州大学総合研究博物館の岩永省三教授に有益なご教示をいただき，九州大学大学院の院生諸氏との日常的な研究生活をベースとして，博士論文作成作業をすすめることができた。胎土分析および土器研究全般の理論や方法論では，鹿児島国際大学の中園聡教授に多くのご教示をいただいた。北陸学院短期大学の小林正史教授には，学会やワークショップをつうじて土器製作技術について全般的に議論する場をいただき，各地の資料調査にも同行させていただいた。福岡市教育委員会の久住猛雄氏には，発掘調査や学会などをつうじて，議論する機会をいただいた。鹿児島国際大学の上村俊雄教授，大西智和教授には，日常的に多くの助言をいただいている。高倉洋彰教授，長洋一先生をはじめとする西南学院大学大学院国際文化研究科国際文化専攻の先生方・修了生の方々にも，大学院在学時から公私にわたって大変お世話になった。

　以下の諸氏，および諸関係機関の方々にも多くのご協力とご教示をいただいた。末筆ではあるが，厚くお礼申し上げたい。

　阿比留伴次，有馬義人，安楽勉，石川悦雄，石橋新次，江崎靖隆，加藤良彦，河野竜介，櫛山範一，榊原俊行，七田忠昭，渋谷格，沈奉謹，庄田慎矢，白井克也，新里貴之，菅波正人，角宏行，高野晋司，瀧本正志，竹中正巳，田中聡一，俵寛司，鄭仁盛，坪根伸也，時津裕子，徳留大輔，所一男，中池佐和子，長友朋子，長嶺正秀，中村大介，中村直子，中村浩，長家伸，西健一郎，西谷彰，西谷郁，福田匡朗，星野惠美，細川金也，本田道輝，松尾宏，松本直子，水沢教子，宮原健吾，山崎純男，吉留秀敏，李東注，李正鎬，渡邊誠，甘木歴史資料館，伊都国歴史資料館，大分市教育委員会，大阪大谷大学博物館，鹿児島県埋蔵文化財センター，粕屋町教育委員会，(財)北九州市芸術文化振興財団埋蔵文化財調査室，国東町教育委員会，慶尚大学校博物館，新富町教育委員会，竹田

市教育委員会，東亜大学校博物館，原の辻遺跡調査事務所，福岡県教育委員会，福岡市埋蔵文化財センター，釜山博物館福泉分館，(株)埋蔵文化財サポートシステム，都城市教育委員会，宮崎県埋蔵文化財センター，吉野ヶ里遺跡発掘調査事務所(五十音順，敬称略)。

　最後に，これまで多くの失敗や遠回りを重ねてきたにもかかわらず，常に私の研究生活を支え，温かく見守ってきてくれた両親に感謝の意を記したい。

　平成18年11月

鐘ヶ江賢二

目　次

はしがき ……………………………………………………………………………………… i

第1章　弥生土器研究の課題，および問題設定 ……………………………………… 1
　　第1節　本書の射程 ……………………………………………………………………… 1
　　第2節　問題設定 ………………………………………………………………………… 3
　　第3節　小　結 …………………………………………………………………………… 14

第2章　土器製作・消費過程における胎土に関する諸問題 ……………………… 17
　　第1節　粘土の物理的・化学的性質 …………………………………………………… 17
　　第2節　素地の製作過程に関わる諸問題 ……………………………………………… 20
　　第3節　資源と環境適応 ………………………………………………………………… 22
　　第4節　土器生産と分配，消費相互の関連性 ………………………………………… 24
　　第5節　小　結 …………………………………………………………………………… 25

第3章　国内における胎土分析の研究史と方法論的検討 ………………………… 27
　　第1節　蛍光X線分析 …………………………………………………………………… 27
　　第2節　岩石学的分析 …………………………………………………………………… 30
　　第3節　蛍光X線分析と岩石学的分析の関係性および分析に伴う問題点について …… 36
　　第4節　小　結 …………………………………………………………………………… 40

第4章　北部九州における弥生土器の胎土分析の研究事例と分析モデル ……… 41
　　第1節　北部九州における胎土分析の事例 …………………………………………… 41
　　第2節　弥生土器に対する胎土分析の有効性 ………………………………………… 43
　　第3節　本書での分析方法および分析データの解釈のためのモデルの提示 ……… 44

第5章　弥生土器の胎土分析の実践 ………………………………………………… 57
　　第1節　弥生時代の葬送行為の解明にむけた胎土分析 ……………………………… 57
　　　　　　──佐賀県大友遺跡出土土器の分析──
　　第2節　福岡市比恵・那珂遺跡出土土器の胎土分析 ………………………………… 68

第3節　吉野ヶ里遺跡・松原遺跡出土土器の胎土分析 …………………………… 84
　第4節　糸島地域出土土器の胎土分析 …………………………………………… 103
　第5節　壱岐原の辻遺跡・カラカミ遺跡出土土器の胎土分析 ………………… 114
　第6節　三根遺跡，およびその周辺遺跡出土土器の胎土分析 ………………… 143

第6章　弥生時代の遠隔地間交流の再検討 ………………………………………… 155
　　　　──勒島出土土器および壱岐・対馬出土瓦質土器・楽浪系土器の分析をつうじて──
　第1節　はじめに …………………………………………………………………… 155
　第2節　胎土分析からみた勒島出土弥生系土器の評価 ………………………… 156
　第3節　壱岐・対馬出土三韓系瓦質土器・楽浪系土器の胎土分析 …………… 165

第7章　土器の色調変化からみた九州弥生土器文化の特質 ……………………… 179
　第1節　土器の色調研究への視座 ………………………………………………… 179
　第2節　土器の色調の技術的・環境的要因 ……………………………………… 181
　第3節　分析の方法 ………………………………………………………………… 183
　第4節　分　　析 …………………………………………………………………… 184
　第5節　考　　察 …………………………………………………………………… 194

第8章　考　　察──胎土分析からみた九州弥生土器文化の特質── ………… 199
　第1節　土器製作における材料の採取方法とその環境的・社会的要因 ……… 199
　第2節　弥生時代集落の土器生産と分配，消費システムの理解のための胎土分析の有効性 … 203
　第3節　弥生時代における土器の遠隔地間の移動の意義 ……………………… 212
　第4節　弥生土器の発色技術・胎土組織に関する環境的・社会的要因 ……… 220

あとがき ……………………………………………………………………………… 225

文　　献 ……………………………………………………………………………… 227

索　　引 ……………………………………………………………………………… 237

第1章

弥生土器研究の課題，および問題設定

第1節　本書の射程

　弥生時代の土器に関する研究は，これまで膨大な量の蓄積がある。従来の弥生土器研究は，編年や地域色の抽出などに集中してきた。このようなオーソドックスな研究は，各地の土器編年による時間軸を確定し，地域ごとの文化動態を明らかにすることに大いに貢献してきた。しかしながら，現状の土器研究は，形態や文様による編年や地域色の抽出に集中するあまり，新たな研究の方向性を開拓することができない状態に陥っているようにも見受けられる。

　もちろん，従来の研究が与えた貢献はきわめて大きいものがある。その点は高く評価されるべきであるものの，発掘の進展によって各地に膨大な量の土器資料が集積されている今，土器に対する分析から過去の社会や文化，思考のありかたや経済的関係，資源との関わりなどの問題に迫るには，新しい方法論を導入することが必要である。特に，現代の考古学の進展と密接な関わりをもつ，自然科学の研究方法を導入することは，今後の土器研究にとって急務といえる課題と考える。

　筆者は，自然科学の分析手法を用いる土器研究のうち，土器製作に使用された材料に関する分析，すなわち胎土分析こそが，従来の研究の課題を克服し，新たな研究領域を開拓しうる可能性を多く備えた研究手法であると考えている。本書は，胎土分析の実践的研究を軸として，弥生土器研究に胎土分析を導入することの意義と新たな研究の方向性，指針を明らかにすることを目指している。そして，それをもとに九州における弥生文化の特質を探ることを意図している。

　胎土分析の実践的研究と考察を行う前に，現在の弥生土器研究の進展や課題の中で，胎土分析にどのような意義があるのか，あるいはそれによって貢献しうる点は何か，ということを明らかにしておく必要がある。第1章では，弥生土器研究一般の現状と課題について，特に土器生産と消費に関する論や，遠隔地間の土器の移動の問題，色調や製作技術などに関する論を取り上げ，それらの研究の進展と課題を概観するとともに，胎土分析がそれらの研究に貢献しうる部分を示すことにしたい。

　胎土とは，土器製作に用いられた粘土や砂，焼成の技法，色調，硬軟，精粗などからなる土器の質のことを指す（佐原，1970a）。胎土分析は，自然科学の分析手法によって，胎土の化学組成や鉱物組成などを手がかりに土器の産地推定や製作技法などの研究を行うものである。日本では，岩石学など自然科学の分析技術をもつ研究者が研究を実践しており，また民間の研究機関によっても分析

が行われている。特に近年では，民間の研究機関による分析に一定の蓄積がある。

しかしながら，分析のための試料の性質や分析にかかる経費，時間などの制約から，分析点数が少ないものが多く，分析結果に対する考古学的な解釈やモデルの構築につながるような，体系的な研究がすすめられているとはいいがたい。胎土分析はわずかながら破壊を伴うので，特に重要な資料には，分析する以前に敬遠されることも多い。さらに胎土分析がまだ十分にすすめられていないことの理由には，わずかな破壊を伴うというデメリットのほかに，伝統的な型式学的分析の蓄積とその信頼性の高さという側面も，要因として求められると考える。すなわち，土器の型式学的な分析やそれに基づく地域性の抽出など，長年の蓄積のあるオーソドックスな考古学的分析の進展が，伝統的な考古学の分析方法への信頼を生み，かえって胎土分析という自然科学の分析法の積極的な採用を遅らせてきたという側面も少なからずあろう。土器研究における自然科学の分析手法の目的や意義，可能性について十分に議論が行われなかったことが問題視されなくてはならない。

ただし，胎土分析についての意義が，これまで日本考古学の中で論じられてこなかったわけではなく，土器の胎土に関する議論は，早くから佐原真によって胎土分析の必要性が主張されている（e.g.佐原，1972）。佐原は，土器の岩石学的分析の必要性の認識を示し（佐原，1972），また『考古学研究』で連載した論文では，海外の土器研究の状況や民族事例を紹介するとともに，胎土分析が土器研究に貢献しうる面を，欧米の研究例から明快に説明している（佐原，1970b）。一方，海外では土器の自然科学的分析の歴史は古く，土器の移動や交易論において早くから自然科学的分析の有効性が認識され，方法論に関しても議論が活発に行われている[1]。

幸いにして，日本では，発掘調査体制の整備が充実しているおかげで，非常に多くの土器資料の蓄積がある。そこで，土器から得られる情報を最大限活用し，研究領域を広げるため，胎土分析がもつ意義や有効性，可能性について，もっと議論していく必要がある。また胎土分析の抱える分析上の問題や限界にはどのようなものがあるのか，ということも，改めて議論し研究者間で認識を深める必要があろう。

本書では，主に北部九州地域や壱岐，対馬で出土した弥生土器や楽浪系土器，朝鮮半島系土器を素材とし，胎土分析の実践的研究を行う。本書の射程として，次の3点を挙げておきたい。

---

1) 海外における胎土分析に関する方法論の議論については，管見によると，岩石学的分析では大英博物館から特集号として発刊されたもの（Freestone et al., 1985）などがあり，また元素分析に関しては，土器に限らず化学分析一般の方法論をまとめたもの（Allen (eds.), 1993）や，土器の元素分析を集成したもの（Neff, 1993）などがある。特にネフ Neff が編集したものでは，同一の分析サンプルに対して複数の研究者が独自の分析を行い，結果の違いがみられるかどうかを調査したり，土器に含まれる粒子の大きさで化学組成のデータが変化するかどうかを実験的に検証するなど，興味深い試みが行われている。胎土分析の全般的な議論は，オックスフォード大学出版の雑誌 *Archaemetry* でもしばしば取り上げられており，ライス Rice の土器研究全般に関する概説書（Rice, 1987）でも，胎土分析の意義や研究の現状，課題について包括的にまとめられている。

① 弥生土器の材料の採取から製作，消費にいたる一連の過程がどのように行われたかを示し，土器生産と分配，消費システムについて議論するとともに，それに関わる資源の活用や，土器を製作し，消費する行為自体がもつ社会的意義について検討する。
② 北部九州，および朝鮮半島で出土した楽浪系土器や朝鮮半島系土器，弥生系土器の胎土を在地土器と比較し，遠隔地間での交流の実態を胎土分析によって明らかにする。
③ 土器の色調や胎土の組織に注目し，弥生土器の地域色の発現やそれに関係する製作技術，資源利用のありかたについて議論する。

　ここで取り上げた問題は，形態や文様など考古学的な分析によってある程度明らかにしうるものもあるが，それのみでは解決が困難なものが多く，自然科学的な分析を取り込むことによって，新たな研究の展開を導き出すことにつながるものと考えている。
　以下では，設定された問題について，それぞれに関連した従来の土器研究における成果や課題を挙げるとともに，胎土分析が貢献しうる側面について述べることにしたい。

第2節　問題設定

1. 弥生土器生産と分配，消費

1.1　材料の採取場所・採取方法

　まず①で挙げたように，弥生土器の生産と分配，消費に対するこれまでの研究の成果や課題を概観してみることにしよう。弥生土器の生産や消費がどのような形態や組織で行われ，また流通の範囲はどれほどに及ぶのか，という問題は，多くの研究の蓄積があるものの，依然として十分に明らかにされてはいない。
　土器製作は，粘土の採取にはじまり，混和材を混ぜ，粘土を練るなどの調整，そして焼成に至るという複雑な技術を基礎にするものである。そこで，土器生産と分配，消費の組織や規模を明らかにするには，これらの一連の工程について総合的に理解をすすめることが不可欠であり，土器製作に使用された材料が採取された場所を検討することは，総合的な理解の基盤となる作業であると考える。
　さらに，考古学では遺物に「在地」「外来」という表現をよく用いる。どのような特徴を備え，どの範囲までの空間的範囲を「在地」で作られたものと考えるのか，という問題も，重要かつ複雑である。考古学的に遺物の在地性が認識される場合であっても，材料の面からみると外来系と判断される可能性もある。材料を採取した空間と，土器が製作された空間は近接している場合が多いことは推測されるものの，それが異なる場合は「在地」という定義も複雑になる。その問題については水沢教子が詳細な検討を行っており（水沢，1992），製作に用いた材料の産地に関する情報を胎土から抽出することが在地の問題を整理するには不可欠である。考古学的な検討と，胎土分析のデータを

蓄積させ，両者を有機的に活用することによって，材料の採取や製作が行われた可能性がある空間的な範囲を絞り込むことができる。そのことが，土器の生産のありかたを理解することにもつながると考えられるのである。

近年，土器製作のための粘土採掘に関わると思われる遺構の検出例も徐々に増えつつあり，多摩ニュータウンの調査では，縄文土器製作のための粘土採掘に関連すると推測されるまとまった遺構群が検出されている(及川・山本, 2001)。そのような条件のよい場合は除いて，実際の遺構検出の際に，「土壙」とされる遺構と土器製作に関わる粘土採掘遺構を区別することには，困難が伴う。そこで，土器の胎土の分析を行い，材料採取地を示す胎土の性質を理解できれば，材料を産出した地質の特徴を把握し，粘土の採取がどのように行われたのか，ということを明らかにすることができると考えられる。そして，胎土分析によって，集落周辺に存在する材料の採取地や採取方法の選択にどのような要因が働いたか，という環境的・社会的な側面についての議論を深めることにもつながると考える。この点については，後でもう少し詳しく論じることにしたい。

1.2 土器生産体制と分配，消費

次に，土器生産と分配，消費に関するこれまでの議論を検討する。土器の形や文様に着目した分析は数多いが，弥生土器の形や文様には比較的狭い範囲での地域差がみとめられるので，弥生土器の生産と分配，消費は，専業工人による集約的な生産と広域な流通が行われたとはいい難く，比較的小規模な生産と流通であったとする見解がこれまでの主流であった(e.g. 小宮, 1986; 都出, 1989)。

しかしながら，弥生土器にそのような小規模な生産と消費のみが想定されてきたわけではなく，土器の集中的な生産，専業的生産を論じる研究もある。特に古墳出現前夜の土器研究の中には，土器の集中的な生産と分配を想定する見解がみられる。たとえば弥生時代終末期には，瀬戸内や山陰では規格性の高い土器様式が形成されることから，特定の集団による土器の集中的生産と分配が想定された(池橋, 1985)。さらに畿内の弥生時代終末の庄内式土器は，形態やタタキ技法などの斉一性の高さが特徴的であるが，その規格性の高さと，古墳造営の労働力の強化と関連させ，専業的集団による土器生産と分配が論じられてきた(酒井, 1977)。

このような古墳出現前夜の土器の専業的な生産と分配に焦点を当てた論において，土器の専業的生産の根拠となるものは，主に土器の形態の規格性の高さである。特に古墳出現の前段階において，社会的発展や古墳築造のための労働力の再編成という脈絡から，土器の規格性と土器生産の専業化が関連づけられた論が展開されている。

畿内だけでなく，九州においても，土器の形態から専業的生産が論じられることはしばしばみられ，特に弥生時代中期後半の須玖式土器は，洗練された製作技法をもち，規格化された形態を呈することから，以前から専業的生産を行う工人集団の存在が想定されてきた(森, 1966; 小田, 1983; 柳田, 1996)。中期の須玖式土器は，丹塗り器種の多様さや，技術的な洗練度の高さという点で，すぐれた土器であると評価しうるが，規格性の高さという点以外に，専業的生産が十分な根拠をもって論じられてきたとはいえない。

形態や文様などの斉一性や相違に着目した分析は，土器生産体制の議論において重要な役割を果たしてきており，また傾聴すべき見解も多くある。しかしながら，土器の形態の規格性と生産・消費の専業度を直接結び付けることには慎重になるべきであろう。特に，弥生終末期から古墳初頭における庄内式土器には集中的生産と分配が想定されることが多いが，形態の規格性と生産体制との関連性については，さらなる検証が求められる。

一方欧米では，民族考古学的な調査が活発に行われており，土器の形態の規格性の高さと生産の集約性，専業度の高さが相関するという仮説に対する検証が行われている (e.g. Costin and Hagstrum, 1995; Roux, 2003)。日本でも，小林青樹が東南アジアでの民族調査の成果をもとに，土器の規格性と土器作りの専業度との関連性について論じている（小林青樹，1998）。

また，土器生産の痕跡を示す明確な遺構が検出されれば，生産と分配をトレースする大きな手がかりとなる。これまでの北部九州の調査事例では，福岡県小郡市の西島遺跡（宮田編，1996）や佐賀県大久保遺跡（徳永ほか編，2001），また南部九州では指宿市中尾迫遺跡（鎌田ほか編，2005）などで土器製作に関連する焼成遺構の可能性がある遺構が調査されているが，それ以外では採取場所やその方法については十分に把握されていないのが現状である。

最近では，民族考古学的の研究成果や実験的な研究を取り入れ，生産体制の解明にむけた実証的研究の進展もみられる。考古学的に把握されうる土器製作の際の痕跡を，窯のように明確な遺構がなくとも，土器の焼成の際に生じた焼成粘土塊や，土器が焼成される間に表面が部分的に破裂した痕跡を残す，破裂痕土器などの存在に注目し，土器生産と供給の形態を推測する研究もすすめられている（石橋，1997; 田崎，2000・2002）。これらの研究は，民族考古学と実験考古学の成果を考古学的解釈に適用する試みであり，重要な意義をもった研究である。その中でも，福岡県小郡市の三国丘陵の遺跡群や佐賀県吉野ヶ里遺跡，福岡市比恵遺跡などで検出された焼成粘土塊や破裂痕土器の存在から，遺跡群の中でも特定の集団や地点において，専業的かつ集約的な生産が行われた可能性を積極的に評価する田崎博之の研究が注目される。

民族・実験考古学的研究の成果は，考古学的な状況証拠のみでは追究できない側面を検討する材料を提供し，議論の可能性を広げることになった。そして近年注目されてきている焼成粘土塊や破裂痕土器は，それが出土した近辺で土器生産が行われていたことを推測させる，有力な手がかりとなる (c.f. Rice, 1987)。しかしながら，特別な窯の施設を設けなかった須恵器以前の土器の製作痕跡を，遺構から見出すことは困難な場合が多く，焼成粘土塊や破裂痕土器が検出された地点のみで，土器が集中的に生産されたと即断することはできない。それに加えて，弥生時代の土器焼成技術が，焼成後に粘土塊が残ると指摘されている雲南式の土器焼きの方法とは異なる技術をもっていた場合には，焼成粘土塊自体が必ずしも土器焼成と直接結び付かない場合も想定される。したがって，土器生産と流通の形態，生産組織などを把握するためにすすめられている，民族考古学的な研究成果や焼成実験にもとづく推測には，有効性と限界があることを認識しておかなくてはならないであろう。

そこで，土器生産のありかたについて検討するには，このような方法に加えて土器製作に使用さ

れた材料自体に着目することが有効になる。もちろん，土器生産体制を理解するには，材料の採取から製作，焼成に至るプロセスが，どのような組織や規模で行われたのか，ということを含めて総合的に考察しなくてはならない。粘土や砂などの組成から，土器の材料自体の採取地や生産単位の違いがある程度反映されうるような分析が可能となれば，大きな手がかりとなるはずである。

土器の分配と消費については，日本では古墳時代の5世紀以降の須恵器研究において，すでに多くの研究の蓄積がある。三辻利一によって全国の大量の窯跡出土の須恵器が分析されており，須恵器の生産と流通の具体像が明らかにされつつある(三辻，1983 ほか)。

古墳時代の須恵器で胎土分析を用いた生産と流通の研究が飛躍的にすすんだのは，須恵器の窯跡が各地で発掘され，窯跡出土土器が数多く分析された結果，土器の生産と流通を把握するための基礎となる，土器の生産地に関する数多くのデータが確保されたためである。5世紀前後に朝鮮半島から日本に受容された須恵器は，全国で焼成窯が検出されており，土器の生産地が確定しているという点で，胎土分析から土器生産と分配システムを明らかにする際に有利である。しかし，須恵器と違って，土器の生産地がまだ十分に確定できていない縄文土器や弥生土器には，胎土分析においても難しさが伴う。そのような生産地が明らかでない土器の生産と分配，消費のありかたを明らかにするには，粘土自体の化学特性を把握するとともに，鉱物組成，地質図との比較対照を行い，材料がどのような地質的状況によって生成されたものなのか，ということを検討することが，土器の製作地とその後の製品の動きを推測するための基礎的な作業となる。

1.3　土器生産・消費と集団論

ところで，考古学的な解釈のために念頭に置かなくてはならないのは，土器生産と消費がどのような集団を基礎として行われたのか，ということである。土器製作を集中的に行う集団によって作られた製品が，広域に流通する場合には，土器が交易品や商品として流通した可能性も少なくなく，土器の消費を行う基礎となる集団単位を抽出することは，難しくなる。しかし，これまで考えられてきたように，土器がさほど広域に流通するわけではなく，自家生産・自家消費に近いものであり，製作され消費されるサイクルが何らかの集団の単位に基づくという推察が導かれるならば，その集団単位はどのようなものか，ということを検討しておく必要はあろう。

そこで，これから行う胎土分析の解釈につなげるための前段階の作業として，日本考古学においてこれまで行われてきた弥生時代の社会研究の基礎となる集団論についての議論を整理しておこう。農耕社会として位置付けられる弥生時代において，社会の基礎となる集団単位に関する議論は，福岡市比恵遺跡で検出された方形の環溝で囲まれた数軒の住居が，井戸と炊事施設などを共有する有機的な構成をとると説いた，鏡山猛の論がよく知られている(鏡山，1956)。そして農耕社会における水田などの経営単位を明らかにする取り組みは，近藤義郎と都出比呂志の研究に代表される(近藤，1959・1983; 都出，1989)。近藤は，水田などの経営を行う集団の最も小さい単位として，数軒の住居のまとまりからなる「単位集団」の概念を提示し，血縁的な紐帯に基づく共同体として農業経営や所有の単位となるものと考えた。都出は，数軒の住居跡群や高床倉庫などからなるまとまりに対

し，複数の世帯の複合体からなる有機的集団として「世帯共同体」という枠組みを示し，それには独立した経営体としての評価を与えている。

　近藤や都出の論は，弥生時代における農耕などの経営において，最小となる単位の抽出を試みたものであるといえる。ただし，その単位の抽出は数軒の住居などのまとまりを根拠とするもので，経営単位としてみなしてよいかどうかは検証が必要である(若林，2001)。なお土器生産の単位について，都出は，土器生産に関わる粘土塊の出土状況や集落の密度などから，大きな集落単位を超えるものではなかったとみている(都出, ibid.)。都出の論では，具体的な集団の単位との対応は明示されていないが，土器生産は世帯共同体よりは大きな単位を想定していると考えられる。その他の土器研究では，土器製作にあたる集団がどのような集団単位と対応するのか，ということを論じた研究は，管見ではあまりないように思われる。これは，土器の生産単位と集団とがどのように対応するのか，という問題を実証することが容易でないことを暗示している。

　なお，最近では，大阪府池上曽根遺跡や佐賀県吉野ヶ里遺跡などに代表される大規模な集落に対して，弥生時代における「都市」と評価する説も出されている(広瀬，1998 ほか)。大型集落を都市と評価する説は，それらの集落に対して人口の集中，外部依存的な物流のありかたをみとめようとするものであるとも考えられる。それに対して，若林邦彦は，近畿地方における弥生時代中期の集落構造を分析し，居住域として直径100〜200 m程度の規模のまとまりを抽出し，その生活領域をもつ集団を，血縁原理に基づく「基礎集団」とし，それをもとに池上曽根遺跡などの弥生時代の大型集落を，複数の基礎集団が複合した「複合型集落」としてとらえている(若林, ibid.)。このように，近年は大規模集落に対して都市としての評価が与えられると同時に，考古学的な調査の成果から反論がなされ，弥生時代の集団論にも新たな展開がみられる。

　これらの議論は，主に畿内の集落を中心とした分析によって形成されたものであるが，本書で扱う北部九州域では，高倉洋彰が，墓地の群構成を分析し，それをもとに血縁的な紐帯により結合した「家族集団」，複数の家族集団により構成され，共同墓地を持つ「地域集団」，複数の地域集団を統合する「地域的統一集団」が存在すると指摘している(高倉，1980)。また小沢佳憲は，福岡市から春日市にかけて存在する須玖遺跡群や比恵・那珂遺跡群などの集落を分析し，北部九州域の居住集団の性格を単位集団の結合体と評価している(小沢，2000a・2000b)。溝口孝司は，甕棺墓群の分析をふまえ，吉野ヶ里遺跡のような大型集落であっても，内部には複数のサブクラン / リネージに相当するような集団が存在している可能性を示している(溝口，2001)。

　このように，弥生時代社会の基盤をなす集団がどのようなものであったか，という問題は諸説あり，現在でも議論がたたかわされている。土器生産がどのような単位を基盤として行われたか，という問題は，それがこれまで議論されてきた何らかの集団の単位と対応するという具体的な状況証拠が存在しない限り，実証が困難であるといわざるをえない。ただし，胎土分析によって得られた結果をもとに，弥生時代の土器生産と分配，消費のありかたと集団関係との対応のモデルを構築し，分析と検討を蓄積させることで，モデルを修正・洗練させていくという作業も必要であろう。民族考古学的研究からは，土器の製作技術の伝達が居住集団や血縁集団をベースとして伝達されると報

告される事例もあり（Arnold, 1989），今後こうした民族調査による成果なども含めて集団と土器生産・消費との関係性についてモデルを洗練させていくことも求められよう。本書では最後の考察部分において，胎土分析の結果と，土器製作と消費に関わる集団との対応関係についても若干考察し，今後より洗練されたモデルを構築させるためのたたき台とすることを目指したい。

2. 土器からみた遠隔地間の交流

次に，②で取り上げた土器の遠隔地間の交流について考えてみることにしたい。土器研究において，遠隔地間の土器の移動は以前から議論されてきている。欧米の研究では，ピーコック Peacockやシェパード Shepard が岩石学的分析を用いて遠隔地間の移動を論じたものがあり，土器研究のみならず先史社会全般に関わる議論においても著名なものとなっている（Peacock, 1977; Shepard, 1956）。ピーコックの研究では，イギリスの新石器時代において100 km 以上にもおよぶ遠隔地間の土器の流通があったことが，岩石学的分析から主張されている。

一方，日本における胎土分析を用いて遠隔地間の土器の移動を論じたものは，先述した三辻による陶邑産須恵器の全国的な流通を論じた研究や（e.g. 三辻, 1983），日本海沿岸部や瀬戸内沿岸部，伊豆諸島などの縄文時代の土器の岩石学的分析から，土器の遠隔地間の移動を論じている清水芳裕の研究が代表的なものとして挙げられる（e.g. 清水, 1973・1977）。

このような胎土分析を行わなくても，遠隔地間の土器の移動が推測できるものもある。たとえば暗褐色の独特な色調でよく知られている畿内の生駒西麓産の土器は，色調や胎土の表面にみえる砂礫の特徴から，特定の地域で産出する粘土を製作に用いたことを肉眼で推測できる例である。生駒西麓産の弥生土器の流通に対する研究は活発に議論されており，畿内の弥生社会の評価においても重要な位置付けがなされている（都出, 1989; 若林, 1997 ほか）。

しかし，生駒西麓産土器のように材料の産地が見た目でも明瞭に判断できる場合は例外的で，一般的には表面的な観察のみでは材料の採取地や生産地の推測が困難なことが多い。胎土分析は，科学的な分析によって土器の材料がどこで採取されたかを検討する客観的な手がかりを得ることができ，それによって遠隔地間での土器の移動があったかどうかを具体的に判断できる可能性を高める。

離れた場所から土器が持ち込まれたことをみとめるには，一般的にいって，ほかの在地的な土器と形態や文様のような考古学的特徴が異なるということと，製作に使われた材料が異なるという要素が判断材料になる。ただし，それだけではなく，考古学的に同じ特徴のものであっても，他集落からの搬入品であると判断されることもありうるし，また考古学的には他地域の特徴をもつものであっても在地の材料で製作されたものも想定されうる。この問題については，さまざまな状況を想定してモデルを立てておく必要があるが，後述する。いずれにせよ，他地域や他集落からの搬入品であるか否かを判断するには，胎土が重要な判断材料であり，考古学的な側面と同時に，鉱物組成や化学組成を含めて総合的に検討することが必要である。

鉱物組成の正確な同定には，偏光顕微鏡を用いて分析することが不可欠である。また鉱物組成から土器の移動があったかどうかを判断できない場合には，蛍光X線分析のように元素の化学組成

から材料の相違を抽出する分析が，土器の移動を客観的に示す手段として不可欠なものである。こうした理由から，土器の遠隔地間の移動の実態を評価するために胎土分析が基礎的な作業であり，客観的な手続きを通じて，議論を深めることにもつながると考えられる。

遠隔地間で土器をはじめとする物資の移動がみられるということは，もちろん実際の人の移動の痕跡を如実に示すものであり，また土器の内容物の移動という可能性もある。さらに，実際に土器が移動したのかどうか，という判断が難しい場合も少なくなく，土器自体の移動ではなく情報の移動とみなされる場合もある。考古学的な事象を過去の人間の行動の復元につなげるには，それらの状況を含めたモデルを設定しておくことが必要である。

弥生時代における遠隔地間の土器の移動について，最も体系的に整理しモデルを示したのは都出であろう。都出は，畿内の土器の分析から，移動現象について4つの類型を設定した(都出, 1989)。都出の論についてここで要約してみたい。

① 主に壺や鉢など貯蔵形態の土器の移動(移動A類型)。
② 壺や鉢だけでなく，甕など煮沸形態なども含む，多くの器種の移動(移動B類型)。
③ 弥生時代終末における，規格性の高い庄内式甕形土器の移動(移動C類型)。
④ 他の地域産の土器が墳墓に供献され，あるいは土器棺として利用される場合(移動D類型)。

都出によって以上の4つの類型が提示されている。そして，この4つの類型に対して，A類型のように貯蔵形態の土器に限って相互的に移動するものは，内容物が交換された可能性が高いとし，そして基本的な生活道具を携えたB類型は，人間そのものの移動，またC類型のように規格性の高い庄内式土器の移動は，土器そのものが商品として移動した可能性を指摘し，墓に使用されるD類型の土器の移動は，より特殊な状況が想定されるとした。

都出によって提示された類型と解釈は，土器の移動にはさまざまなパターンが存在することを示唆するものである。ただし，それぞれの移動の類型とその解釈との関係には，コンテクストによって多様なありかたを想定しうる。さらに類型の検討とその解釈を行う際の前提として，土器の遠隔地間の移動が実際にあったかも検証されなくてはならない。すなわち，土器の胎土が在地のものと違いがあるかどうか，また在地の胎土とは異なり，外から搬入されたとすれば，具体的な搬出先はどこか，などの課題がある程度クリアされなければ，こうした移動の類型とその解釈も十分に機能しないであろう。

このように考えると，胎土分析を行うことによって，土器自体の移動やそれに伴う人や情報の移動の経路，その内容，意義を考察するための手がかりが得られる可能性がある。そして土器の移動は，集団間での物々交換や交易という経済的な状況を示すだけではなく，遠隔地の集団間における情報の伝達や社会関係の維持など，表面的には看取されにくい意義も備わっていたと考えられる。たとえば，ベネズエラの民族例では，土器を生産し交易すること自体に，集団間の同盟関係を維持する意義が備わっていることが指摘されている (Nicklin, 1979)。弥生時代の遠隔地間で土器の移動や

それに関わる情報の移動を把握することは，人やモノの動きをとらえるだけでなく，遠隔地間交渉のもつ社会的・文化的意義の理解をも促すと考えられる。

　第6章では，土器の遠隔地間の移動の問題について，韓国の勒島で出土した弥生系土器の評価を試みる。また壱岐や対馬で出土した楽浪系土器や朝鮮半島系土器について，楽浪郡や朝鮮半島から日本への流入のありかたの再検討を行う。各地で得られた胎土分析のデータをもとに，外来系土器が搬入されたのかどうか，搬入されたとすればどこから持ち込まれたものであるのか，という問題の現段階での解釈を提示したい。そして遠隔地間で土器が移動し，あるいはそれに伴って人や情報が動くことに対して，弥生時代社会と朝鮮半島の無文土器時代や原三国時代との間の交流にどのような意義をみとめうるのか，ということについても，若干の考察を行う。

3. 土器の色調，胎土の組織からみた九州弥生土器の地域色と資源の活用

　本書では胎土分析を軸として弥生時代の土器文化の特質について検討をすすめていくが，土器生産と消費，移動に関わる議論のほかにも，胎土研究で得られる重要な要素として，土器の色調や，緻密さなどの質感が，どのような技術や製作者の意図，材質によってもたらされるのか，という問題がある。本書では胎土分析で得られた成果をもとに，土器の発色の要因やそれに関わる土器製作技術の変遷，その地域性，および土器製作のための資源活用のありかたの特質を抽出したい。

3.1　土器製作技術と胎土

　胎土の性質は，単なる地質的な要素のみでなく，土器製作技術体系とも切り離せないものであると考える。そこでこれまでの土器製作技術に関する議論についてみてみよう。

　弥生土器の製作技術に関する議論は，佐原の研究を支持するものであり（佐原，1986），今後研究が進展したとしても，佐原の見解に対する評価が大きく揺らぐことはないと考えられる。以下佐原の見解を要約する。

① 粘土・素地　　粘土はどこにでもある粘土を用い，砂粒や岩石片を粘土に混ぜる混和材とする。ただし器種に応じてどの程度作り分けがなされていたかは疑問が残る。

② 轆轤の否定　　成形に回転運動で生じる遠心力を利用して粘土塊から器の形を引き出す轆轤は用いられず，一般的には紐づくりで成形される。また紐づくりの際に，回転可能な円盤の「回転台」を用いることがある。

③ 土器表面の調整　　ハケメ・条痕・ヘラ削りは土器の表面を粗くし，「多孔性」・「多孔質」を増幅する働きをする。またヘラ磨き・横撫で・スリップは土器の表面を緻密に仕上げ，多孔性を減じる効果や，美しく仕上げることにつながる。

④ 叩きの技術　　刻線や紋様を加えた羽子板状の叩き板で外面を叩き，内面には丸石などをあてがってこれを受ける技術が一般的に用いられる。

⑤ 窯の否定　　壁・焼成室・燃焼室・煙道などの施設をもつものを「窯」と呼ぶならば，その

始まりは須恵器以来であり，酸化焔による1,000℃未満で焼成される弥生土器は窯がなくとも十分焼けるものである。

佐原の以上のような弥生土器製作技術に対する理解は，実際の土器の観察に加えて民族誌の成果も援用したもので，すぐれたものである。そしてこのような佐原の論は，胎土が土器製作技術と密接に関わっていることをも示唆している。

筆者は，この土器製作体系と胎土との関係にも注目している。特定の型式／様式の土器には，ある程度特有の胎土の特徴が備わっていることが多い。このことは，土器製作者が材料の選択，調整技術に注意を払っていたことをうかがわせるものであり，土器を作ることができさえすればそれでよいというものではなく，特定の色調や質感をもたらすため，特定の材料が選択された可能性がある。土器製作過程において，形態や施文，そして材料の選択などが単独で決められるのではなく，それぞれ密接に関わっていたともいえよう。

松本直子らは，胎土の選別から成形，焼成に至るまでの一連の土器製作工程の関連性を検討する際に，ルロワ・グーランが石器製作における一連の身体的な工程を示した概念である，「動作連鎖」を用いることの有効性を示している(松本ほか，1999)。そのような土器製作の動作連鎖の中で，材料の選択や混和材の添加，砂粒を取り除くなどの調整の作業が，どのように選択され決定されたのか，また他の土器成形などの作業といかに関連するのか，という議論にも，胎土分析が貢献しうる部分は大きい。

胎土分析は，製作に使われた材料が，調理や貯蔵など土器を使用する際においても機能を十分に果たしうるものであるかを判断する手がかりを与えるのと同時に，色調や精製・粗製器種という土器の象徴的・社会的な意味やカテゴリーの形成に，材料の選択がどのように関わっているのかということを考察するのにも役立つものである。胎土の表面の砂礫の細かさや，ミガキなどの表面の調整の違いから，様式構造の議論において精製・粗製という区分が与えられ，その区別が，社会的に意義のあるものとして議論がすすめられる研究は多くみられる。これは，材料の選択が，機能面だけで決定されるのではないことを暗示するが，例えばミガキの処理がなされた器種の場合，ミガキによって砂の粒子が沈み表面が平滑にされるので，結果的に表面観察のみの判断となってしまい，材料自体がどの程度コントロールされ調整されていたのかを見逃してしまうことにもなりかねない。そこで，胎土分析は，器種や様式構造における精製／粗製の違いが，胎土自体の差異と対応関係があるかどうかを客観的に表現し理解することにつながるものである。分析において，土器製作技術や社会的意味と連関する胎土の特質についてもふれたい。

3.2 土器の色調と胎土

胎土の特徴を決定するもっとも顕著な要素は，色調であろう。土器の色調に着目した研究に関しては，本格的な研究例は少ないが，松本直子が縄文時代後晩期の土器の色調の時間的・空間的変異を扱い，認知考古学的な視点から解釈を提示した，注目すべき研究成果がある(松本，1996)。松本

の研究では，縄文時代後晩期の局面で，土器の色調変化がみとめられることを指摘し，土器の色調の空間的変異が朝鮮半島の文化に関する情報の伝達や模倣の意図を読み取ることができる属性であると評価している。これまでの土器研究では，形態や文様を軸に分析をすすめるものが多かったが，松本の研究でも主張されるように，色調は視覚に訴える属性であり，また人間の色調の認識のメカニズムにはある程度普遍性も備わっていることから，土器の色は過去の情報の伝達や処理のありかたを考えるのに重要な手がかりを与えるものであるといえよう。

また弥生土器についても，色のもつ意味について十分に検討がなされてきたとは言い難いが，若林は生駒西麓産胎土を用いた土器の流通とそれに関わる儀礼的な意義について論じており（若林，1997），特有の色を呈する土器の流通が注目されている。弥生土器の色調についての科学的な分析も，数は少ないながらなされてきている。山陰では，肉眼で観察される弥生時代後期の色調変化に地域差がみられるということに対して，胎土分析から，発色に関する胎土のコントロールがなされたことが指摘されている（丹羽野・三辻，2000）。さらに時代が下って古代・中世の土師器でも，特有の色調の土器が流通することについて，議論されている（佐々木，1993; 長谷川，1993; 梅川，2001; 金田，2002）。このような研究例からも，色調は土器研究の中では大きなウェイトを占めることこそなかったものの，研究者に注目されてきた属性で，器の色には製作者や使用者にとって何らかの意義や意味があったということは想像できる。

さらに，土器の色調に着目することは，土器の製作技術の理解にも役立つものである。シェパードは，発色の要因として粘土の化学的組成，焼成の雰囲気，焼成温度，焼成の持続という4つを挙げており，焼成後においては煮炊き等の使用や埋没環境による影響を想定している（Shepard, 1956: 103）。このことは，色調がさまざまな要因から決定されるということを示唆するものである。

このように，色調の変化や空間的変異のありかたについて検討することは，これまでの土器研究とは少し違ったアプローチを可能にすると考える。そこで，九州各地の弥生土器の色調の様相を調査し，土器の色調の時間的変化と空間的変化がどのようなものであったかを検討する。そして胎土分析の成果を活かしつつ，弥生時代の土器の色がいかに生み出され，またそこにはどのような意義があったのかを考察する。

3.3 土器の地域色研究における胎土に着目する意義

ところで，土器は時間的に変化を見せるとともに，空間的にも変異がみとめられることが指摘されている。それは「地域色」研究として，弥生土器の研究において重要な位置を占めるが，そこでも胎土に着目することの意義は小さくない。そこで，胎土研究が地域色研究に貢献しうる部分はどのようなものがあるのか，ということについてここで整理してみよう。

まず，土器についての地域色研究には多くの蓄積があるが，主要な研究を取り上げることにしよう。土器の形態や文様には空間的な違いがみとめられ，それが一定の空間的まとまりを形成しているのだが，土器の地域色がいかに区分され，またその地域色がどのように生じるのかという議論においても，様々な解釈やモデルが提示されている。

畿内の弥生土器に対しては，早くから地域色に注目され，佐原による弥生土器の文様の地域色の分析では，旧国単位の地域色が存在すると指摘された(佐原，1970)。そして地域色が発現するその背景の解釈に関する代表的なものとしては，都出の研究が挙げられる(都出，1983b)。

都出の研究では，畿内の弥生土器を対象とし，地域ごとの文様の出現率を検討し，畿内の弥生時代中期の地域色を抽出した。そして，土器製作者は女性が多いという民族誌データに基づき，女性が土器を製作したと仮定した上で，土器製作者が頻繁に接触した範囲，すなわち通婚圏が地域色の範囲となると想定した。

佐原や都出の地域色研究は，主に文様の分析から地域色を抽出したのであるが，都出の立論は，地域色の発現の背景に製作者(女性)の交流を想定した点に特色があるといえよう。しかし，分析上の課題として挙げられるのは，土器の文様自体にもさまざまな属性が含まれており，それぞれの文様の属性に対してどのような意味を与えていくか，ということである。しかも土器には文様だけでなく，形態や胎土など複数の属性が含まれている。それぞれの属性が，過去の交流のありかたを追究する上で，どのような側面を反映しているのか，ということについて論じることが必要である。

田中良之と松永幸男，溝口をはじめとする一連の研究は，土器の属性間のレベル差や，相関関係，それらが織り成す地域的変異に着目しており，属性の空間的変異は，実体的なものとするよりも，むしろ重層的な様相を示すことを明らかにしており，情報やコミュニケーションにおけるレベル差を軸として議論がすすめられてきている (e.g.田中，1982; 田中・松永，1984; 溝口，1987)。このように，属性分析を用いた研究は，各属性によって地域的な変異やその意味合いが異なることを明らかにし，属性ごとの意味合いの違いに対する認識を喚起するに至らしめたといえよう。

このような属性分析による喚起とともに，近年では属性のうちでも土器製作者の意識的／無意識的な側面に注目し，地域色や交流における情報の受容のありかたなどについて，議論がすすめられている(中園，1994・2000; 松本直子，1996・2000)。また日本の地域色研究とは若干異なるが，ある土器のスタイルがどのように形づくられるのか，という理論に関しての議論を行う，欧米の「スタイル」論の動向を意識した議論もすすめられてきている (e.g. 溝口，ibid.; 松本，ibid.; 長友，2003)。小林正史は，民族調査で得られたデータに基づき，憧れやライバル意識といったような，実体的な人の移動や接触の頻度のみによらない土器の地域色発現のプロセスを提示している(小林正史，2000a・b)。

このように，現在の土器の地域色に関する議論は，従来のような実体的な交流や接触よりも，属性の違いによる重層性や，属性ごとの意味合いの違いに議論の焦点が集まってきている。属性分析から導かれるような，各属性間の関係性や意味についての議論を深化させることが，今後地域色の議論を進展させるために必要となってくると考えられる。

胎土は，製作に用いられる材料の質によって左右される。したがって，胎土に表れる地域性に着目した研究は，地域によっていかに材料の選択や調整技術が異なっていたか，なぜそのような相違や共通性が創出されることになったのか，ということを議論することにつながると考える。

また，土器の胎土は，当時の製作者の意図や思惑を直接反映しているとは限らない。土器製作に

使われる粘土や混和材は居住地周辺から採取することが多いと思われるが，そこには居住地の地質が介在することになる。したがって，胎土の特性について分析することは，土器製作者の何らかの意図やおもわくを探るだけでなく，居住地の自然資源の活用や適応にもアプローチすることになるのである。その点については，第2章と第7章でも触れることにしたい。

このように，本研究では，胎土の視点を加えることで，生産と消費，土器の製作技術の理解とともに，土器の地域性の発現や自然環境との関わりという側面に対しても，新たな研究の展開を促すことを目指したい。

第3節 小　　結

以上の議論から，胎土分析は，弥生土器研究の進展に一定の貢献を果たしうることが示されたと考える。佐原が述べるように，土器研究を深化させるためには，自然科学の分析手法を活用した研究が積極的にすすめられることが必要となるが(佐原，1972)，特に胎土分析のもつ特性を活かして，考古学的な諸問題に体系的に取り組んだ研究は，日本ではほとんどないといっていいだろう。それは，考古学において，自然科学の研究手法を導入する際に必要となる理論や方法論が，十分に議論され，確立されていないことに大きな要因があろう。さらに，胎土分析をはじめとする自然科学的な分析が，考古学的な取り組みとしてなされるよりも，自然科学の研究者や研究機関の役割と認識されることも多く，民間の研究機関への委託も増えているという近年の傾向も，要因の一端として挙げられる。考古学の側から，自然科学の分析方法を取り入れ，研究に役立てるにはどのようにすればよいのか，ということを積極的に論じていかなくてはならない。

土器だけの問題には限られないが，遺物とその原料との諸関係を探ることは，モノを作る際の原料採取の方法，原料の有無やそれに関わる制約への対処，その結果生じる交易や交流関係など，過去の生活の様相を復元する重要な鍵となるのである(杉原，1943: 51)。

本書は，弥生時代中期から後期にかけて集落規模がもっとも拡大する比恵・那珂遺跡群や吉野ヶ里遺跡，原の辻遺跡などで出土した土器の分析をつうじて，土器生産と消費がどのような形態や規模で行われたのか，またそのシステムはどのように機能したのか，について検討を試みる。また，弥生時代早期から前期の墓地である佐賀県大友遺跡の甕棺の生産のありかたについても分析を行う。北部九州の弥生時代中期は，春日市須玖岡本遺跡や，前原市三雲南小路遺跡に代表されるように，鏡や銅剣，ガラス璧など大陸の文物を副葬する厚葬墓が出現する時期であり，中国や朝鮮半島との国際的な交流が活発化した，弥生時代において最も華やかな時期である。また弥生時代後期は，各地で環濠集落が拠点となった集落関係が成熟し，鉄器の普及が本格化するなど，古墳時代にむけて社会の複雑化が進行する。このような時代の変革期において，日常的な性格を帯びた土器生産と消費システムを明らかにすることは，弥生社会の変化が，日常的な物質文化の動態にどのような影響を与えたか，あるいは日常的な物質文化の動態が，社会の動態にどのように関与したのか，という議論に一定の貢献を果たすと考える。

本書では，以上に設定した問題意識に基づき，胎土分析の実践的研究を示したい。そして九州における弥生土器文化の特質について，胎土分析が新たな研究の展開を導く可能性をもっていることを主張したい。次章では土器作りに用いられた粘土自体の性質や混和材のありかたなどに着目し，それが土器製作システムとどのような関わりをもっていたのか，ということをもう少し詳しく考察する。

第2章

土器製作・消費過程における胎土に関する諸問題

第1節　粘土の物理的・化学的性質

　胎土分析にはさまざまな方法がある。本書では蛍光X線分析による元素分析と偏光顕微鏡による岩石学的分析を軸として分析を実践し，弥生土器研究の新しい方向性や可能性を模索していくことになるが，胎土を考える上で看過できない土器製作に関わる材料の選択，土器の分配，消費などに働いた環境や経済的・社会関係などの諸要因についての議論は，民族考古学的アプローチなどに基づき欧米で一定の研究の蓄積がある。

　第2章では，そうした欧米の研究のすべてを網羅することはできないが，関連する欧米の研究を中心に検討し，材料採取や土器生産，消費の行為の周辺にある問題や意義について考察したい。

1.　土器文化と環境・資源

　土器は，粘土の加熱による化学変化を利用した人工物であるが，土器を作り使う文化の発展は，単純に説明できるものではなく，複雑な道のりを辿ってきたものと考えられる。欧米の考古学では，土器研究は1960年代以前，特にアメリカで分類研究が大きく進展しつつあったが，それ以降転機を迎え，考古学界に大きな変革をうながした「ニューアーケオロジー」の潮流を受け，システム論や環境への適応などを議論する研究がみられるようになった。土器作りに使われる粘土や燃料などを資源とみなし，資源獲得の際の自然環境への適応に着目した生態学的なアプローチを主張したマットソンMatsonの研究（Matson, 1965）はその嚆矢となるものであり，また豊富な民族誌のデータをもとにシステム論的枠組みに依拠した研究を実践したアーノルドArnoldの研究（Arnold, 1985）は著名なものである。

　アーノルドは，粘土の性質，そして粘土や混和材などを採取するためのコストと土器生産から得られる実質的な利益関係に注目しており，土器製作における資源やそれを取りまく環境資源との関わりに注目し，システム論的なモデルを導入して，環境要因から土器生産の専業化に移行するモデルなどを提示している点に特色がある。アーノルドの論は全体に環境決定論に傾きすぎるきらいがあるように思われるが，土器を製作するために必要な資源を活用する際には，環境資源に適応する側面があることは軽視されるべきでなく，また様々な環境的制約の中で，どのように資源を活用したのか，ということも，考古学的には実証が難しいが土器研究では重要な射程であると考える。こ

うした側面は実際の遺物の分析のみでは実証が困難な面も多いが，以下ではアーノルドの研究やその他民族誌などを参照しつつ，粘土の物理的・化学的特性と資源活用を含めた土器生産システムとの関連性について検討を加えてみたい。

2. 粘土の性質と土器製作者の認識

土器製作に用いる粘土は，乾燥や高温焼成など，製作の複雑なプロセスに耐えうる性質を備えていることが必要であり，その性質を把握することは製作者にとっては不可欠であっただろう。

ここで粘土という概念を整理してみたい。「粘土」は，各方面からさまざまな定義が与えられているが，大別して ① 粘性，可塑性などの性質をもった天然産の集合体を呼ぶ場合と，② 集合体の中の微粒子部分を呼ぶ場合とに分かれる(白水，1988)。土器に用いられた粘土を扱う場合，① の定義が重要となり，可塑性を利用して自由に形づくれるという粘土の特性が，土器文化を発達させた大きな要因であるといえよう。また，粘土は含水量によって異なった状態をとり，変形に対する抵抗の大きさも変化する。これは，コンシステンシーとよばれ，粘土が外圧を受けた際の流動や変形に対する抵抗力として一定の形状を保つ性質のことで，これも土器の形を一定状態に維持するため必要不可欠なものである。

粘土は，岩石や火山灰が，粘土化作用，すなわち風化，熱水変質，続成の作用を受けることによって生成されたものである。粘土や粘土鉱物が，どのような過程を経て生み出されることになったのか，という問題も，さまざまな角度から研究がなされているが，本書では詳しく触れるだけの余裕がない。

次に粘土の物理的・化学的性質について，グリム Grim の粘土鉱物学の研究や，ライスの研究を参照して，検討してみることにしよう (Grim, 1968; Rice, 1987)。

粘土鉱物の大部分は，四面体が平面的につながっている層状珪酸塩であり，フィロ珪酸塩とも呼ばれる。粘土鉱物は，層状珪酸塩をつくっている Si-O 四面体の 2 次元的に連続した網状のつながりを構成するのだが，それは四面体シートと呼ばれ，1：1 層あるいは 2：1 層と呼ばれる複合層が積み重なって各種の層状珪酸塩鉱物が形成されるのである(図1)。

次に，土器作りのための粘土と結び付きの強い層状珪酸塩鉱物について，その構造や性質を整理する。

1：1 層を構成する粘土鉱物は，アルミナとシリカの 2 層の板状で強い結合をなすもので，カオリナイトに代表される。陶磁器で有名なカオリンは，カオリナイトで構成された各地に存在する粘土である。しばしば不純物や鉄の含量が少ないカオリン粘土もみられ，美しい白色に焼きあがることから，現在でも陶磁器類の粘土として採取され，使用されている。粒子の大きさは一般的に大きめで ($0.3 \sim 0.01 \mu m$)，結合が強いためにイオンの吸収が弱く，可塑性も弱い。2 層構造のグループには，他にハロイサイトがある。

次に 2：1 層をなす粘土鉱物は，「モンモリロナイト」に代表される，スメクタイトのグループが挙げられる。これらの粘土鉱物は，3 層の板状構造をなし，酸化アルミニウム珪酸塩でアルミナ層

1:1 構造　　　　　　　　　　　2:1 構造

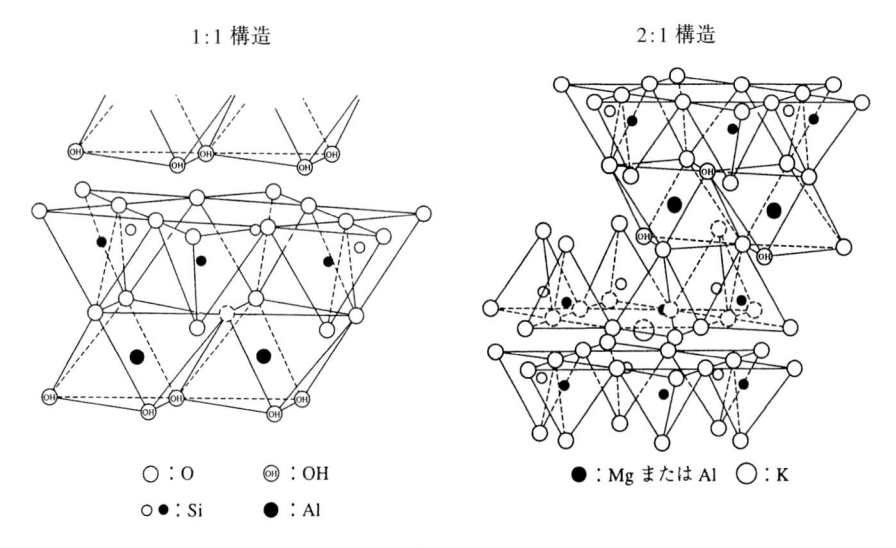

○：O　　　⦿：OH　　　　　●：Mg または Al　　○：K
○●：Si　　●：Al

図1　粘土鉱物（Grim, 1968 を改変）

が2つのシリカ層に挟まれた構造をなし，結合は弱い。また粒子は一般的に細かいものが多い（1 μm 以下）。そのため分子の層間に水が吸収され，可塑性は強い傾向にある。そして結晶構造から酸化の際の膨張が大きく，可塑性を保つには多くの水を必要とするため，それだけ収縮やひび割れを起こす可能性が大きくなる（Grim, 1962; Arnold, 1985）。スメクタイトは，主に塩基性岩や火山灰の風化によって生成され，鉄（Fe）やカルシウム（Ca），ナトリウム（Na）イオンなどを豊富に含むが，カオリンほど風化の度合いは強くない。スメクタイトと関連は強いものの，膨張がさほど大きくないものに，バーミキュライトがある。

同様に2:1層をもつ粘土鉱物に，イライトのグループがある。これはスメクタイトに類似したものだが，海や石灰岩の堆積でよくみられるもので，スメクタイトほど膨張は大きくない。

粘土の特徴の1つとして，さきほども挙げた粘土の可塑性が挙げられる。可塑性とは，力を加えて変形した形が，力を除いた後にも保たれる性質を指すのであるが，粘土粒子の薄い板状の形状と，粒子の大きさ，そして水とコロイド状粒子の電気的関係の3つの要因に影響される。可塑性は，粘土粒子を覆い，粒子間で潤滑油のような役割を果たす薄い水の膜が作用するもので，なおかつ粘土の粒子が小さいほど，可塑性は高くなると考えられている。さらに可塑性は，粘土の粒子の大きさに影響を受けると考えられるが，粘土の起源や埋没環境にも影響される。すなわち，粘土が生成されたその場で堆積残留した1次粘土（primary clay）あるいは残留粘土（residual clay）よりも，2次粘土（secondary clay）あるいは堆積性粘土（sedimentary clay）のほうが，移動や再堆積の過程で，選別や風化作用を受け粒子が細かくなるため，可塑性が高い。また2次堆積粘土のほうが，埋没過程でバクテリアや酸化作用など外部の影響を受けるため，可塑性は高まると考えられる（Rice, 1987）。

さて，当時の土器を作る人々は，このような粘土の物理的・化学的性質を正確に把握することは困難であったと思われるものの，どのような粘土が自らの土器作りに適しているか，ということを

ある程度経験的に理解できていた可能性もある。アーノルドのメキシコのユカタン半島における民族事例では（Arnold, 1971），土器作り職人は粘土が最適なものかどうか確かめるために，粘土の味を舌で確かめたり乾燥させたときの状態を観察したりして判断し，鉱物の成分に対する専門的知識がなくても，かなり的確に土器製作に適した粘土を見分けることができるという。またスメクタイトは，収縮やひび割れを起こしやすいと考えられるが，土器製作の際にこうした粘土の性質を認識し，スメクタイトを意図的に避けるとされる。さらに，その知識に基づき，用いる粘土の原料や混和材に対する言語のカテゴリー形成をも行うと指摘がなされている。またフィリピンのカリンガの調査事例では，土器作りのための粘土の質の良し悪しの認識には，大きな石を含まないことと可塑性が判断材料となっているという報告もある（Aronson et al., 1992）。このように過去の土器製作に関して作り手が粘土の性質をどの程度把握していたのか，ということを推測するのは難しいが，民族事例を参照すれば，土器製作者が意識的にせよ無意識的にせよ製作に適した粘土の性質をある程度は理解していた可能性が高い。

　土器作りに適した粘土の性質は，粘土の採取地点を選択する要因となりうるが，そうした要因以外にも，粘土の採取地が決定される要因はあると考えられる。パキスタンでの民族事例では，用いられた粘土の化学的分析を行ったところ，素焼きの土器に用いられた粘土と施釉された陶器製作に用いられた粘土の間に明確な鉱物組成の違いがみられず，厳密な粘土の使い分けがみられないことなどから，粘土の採掘の場の選択は，製作のコストの問題が大きいと考えられ，土器製作工房に近接し，粘土採取や運搬に投入されるコストのかからない地点に粘土採取地が所在するということが，最も重要であるという指摘もある（Rye and Evans, 1976）。

　このように，メキシコの例のように経験的に粘土の性質をかなり正確に把握し，粘土の選択をすることもあれば，あまり粘土の性質にこだわらないと見受けられる場合もある。この違いが，土器生産システムにおいてどのような意味を示すものなのか，他の要素とどう関連するのか，ということは難しい問題である。土器作りに使用される粘土の性質は，コストの面から考えれば，ある程度化学的なバラツキがあっても許容されうることを示すのかもしれないし，製品に対する価値観や土器生産の専業度などに応じて厳密な粘土の選択を行うことが必要であった可能性もある。この問題については，第3節でも検討することにしたい。

第2節　素地の製作過程に関わる諸問題

　次に，粘土を採取した後に，土器の素地となる調整作業としてはどのような作業が行われるのか，民族誌を通じて検討することにしたい。この問題は，考古学的な方法では実証は困難であるが，民族誌ではさまざまな土器作りの工程が報告されている。民族事例をみると，土器を製作する際採取した粘土をそのまま使うのではなく，ふるいなどにより不純物を取り除き，砂やシャモットを加えるなど，素地製作のための作業過程をはさむ事例は多い。ただし，素地の調整技術には，かなり多様性がある。以下，民族事例をいくつか検討してみたい。

採取した粘土に対し細かな調整作業をする事例としては，粘土を乾燥後，石臼を用いて粘土を粉砕し，家畜の糞や肥料などを混和するメキシコ北西部沿岸の事例がある (Bowen and Moser, 1968)。グアテマラ東部高地では，粘土を乾燥後，石臼で粉末にし，その後水を混ぜ5，6時間ねかせるなど丁寧な素地製作を行うと報告されている (Reina and Hill, 1978)。

中国の西双版納で継続している土器作りは，弥生時代の土器製作技術を復元するのに近年注目されてきているが，傣族では複数の土器製作集団が調査されている。「曼勒」の集落は粘土の採取後も水にさらし，砕いて細砂を混ぜるなど調整を行うという(張李，1959)。「曼真」の集落も集落から5 kmほどの地点にある採掘場からなめらかで粘性の強い灰白色の土を採取する。しかし傣族の「曼斗」と「曼弄」の集落では，粘土を臼やふるいにかけるものの，素地製作のための手順は比較的簡略なもので，技術にも多様性がみられるようである(傣族制陶工芸連合考察小組，1977)。

粘土の採取や調整にあまり配慮をしない事例は，フィリピンのカリンガでも報告されている。カリンガでは，採取した粘土には砂が豊富に含まれているため，不純物の除去や砂などの混和作業は必要なく，粘土をそのまま使用するという (Longacre, 1981)。小林正史は，カリンガの簡略化された素地の製作過程について，粘土の成形のしやすさおよび叩き成形を入念に行うことによって素地作りの手抜きを補う工程と，相互に関連したものであると指摘している(小林，1993)。

パキスタンの調査例では，製作過程に地域的な違いがみとめられる。すなわち，粘土には砂を混和し，また不純物を除去するためのふるいにかける事例が多いが，混和材の選択は，石英を岩脈から採取し，そこでは焼成に適した鉱物の認識が可能であるという。また良質粘土と質の良くない粘土を混ぜることで，土器焼成に耐える粘土ができる，と考えているところもあるが，一方では前述したように素焼きの土器と釉薬を施す土器のための粘土を明確に使い分けることはなく，集落にできるだけ近い場所にある粘土を採取することに重点を置く場合もある (Rye and Evans, 1976)。

ところで，土器作りにとって良質な材料となるには，粘土以外の混和物が必要であるとされ，砂，砕いた岩石，シャモット，穀物，塩，動物の血などを粘土中に混和材として混ぜることが民族事例で報告されている。混和材は，粘土の可塑性を減少させ，乾燥や焼成時の収縮によるひびわれや崩壊を軽減する効果があるとされる(佐原，1974)。

ただし，粘土自体に砂が含まれていれば，混和材を入れるなどの手の込んだ作業は必要がない場合も十分考えられる。海南島の調査など，混和材を混入しない民族例はいくつか報告されていて (e.g. 西谷，1991)，混和材を混ぜること自体に普遍性があるわけではない。

なお，アーノルドの民族誌の分析によると，粘土や混和材は，大半は集落に近接した場所で採取することが多いようであるが (Arnold, 1985)，たとえば縄文時代における九州の阿高式土器に混和されている滑石や，関東の勝坂式土器における結晶片岩や金雲母粒は，元来粘土に入っているものではなく意図的に混入させた可能性が高いと考えられ，また採取できる場所も限定的であると考えられる。したがって，混和材の産地が明らかなものである場合には，混和材の獲得のため遠隔地間での交渉が行われたことも想定でき，土器や混和材の交換，交易のありかたをトレースすることも可能性となるだろう (e.g. 古城，1998)。

混和材は，使用時の機能性を意識して，器種に応じた区別が普遍的に行われたことが民族事例から考えられている(佐原，1970)。火にかける土器は素地を粗放にし，供献や貯蔵に用いられる土器は，液体が漏れることを防ぐため緻密な粘土が用いられる傾向が強いとされる(佐原，ibid.)。パキスタンの北西部地域では，調理用の壺は調理時の加熱に耐えるため粗い砂礫を混和し，液体を入れる容器には細かな砂を混ぜるという (Rye and Evans, 1976)。ペルーでの民族調査では，数種類の粘土と混和材を組み合わせることによる，器種に応じた作り分けが指摘される (Deboer and Lathrap, 1979)。また中国西双版納の傣族では，煮炊きに使う罐には粘土と砂を5：1で混ぜ，容器類に対しては10：1の割合で混合するという(林声，1965)。なお，異なる質の粘土が混和材として用いられる可能性もある。すなわち，異なる色調や質の粘土を数種類混合するペルー東部などの事例 (Deboer and Lathrap, ibid.) やエジプトの事例 (Foster, 1948) などがある。混和材については，後でも検討する。

第3節　資源と環境適応

ところで，土器作りには原材料となる粘土が不可欠であるが，上でも述べたように，土器を製作する工房と粘土採取地との距離，材料の採取にかかるコストは，おそらく土器生産の集約度や専業度などの生産形態や組織と関連する部分もあると思われる。

アーノルドによるシステム論的研究によれば，土器生産の専業化は分業システムをより複雑化させ，全体としての利益を多く回収するため，大量生産可能な資源を求める方向へ向かうと考えられている (Arnold, 1985)。そして，土器作りと関連するフィードバックのメカニズムについて，資源との関係性では，

① 粘土材料の適性
② 資源の位置する場所までの距離の適切さ

の2つの要因で作用すると想定している。

さらにアーノルドは，粘土や混和材，顔料の採取に必要となる土器製作工房と採取地点との距離の関係について，世界各地の民族事例をもとに調査している (Arnold, ibid.; Rice, 1987) (表1)。スリップや顔料に比べて，粘土や混和材は土器製作工房や集落から近接した位置で採取されることが多かったことを明らかにしている。そして資源獲得のため開拓される一定の距離範囲から得られる利益とコストとの関係を想定したブラウマン Browman のモデル (Browman, 1976) を用い，土器製作工房の所在する集落から原料採取地までの距離，原料採取にかかるコストと製品によって得られる利益との関係をシステム論的な視点から考察している。すなわち，もっともすみやかに実質的な利益を回収できると想定される粘土と混和材採取に必要な距離，図2のAは1km以内であり，Aに比べてコストが急激に増加するが経済性が保たれる限界範囲，図2のBは粘土が7km，混和材は6〜9kmの範囲と想定し，Bまでの範囲において，土器生産が専業化へ転化する正のフィードバ

消費過程における胎土に関する諸問題

...プ・顔料の採取地との距離（Rice, 1987を改変）

混和材の採取地	スリップ・顔料の採取地
14	
5	
1	4
6	6
4	3
	4
1	2
	6
	11
31	36

...石モデル（Browman, 1976を改変）

アーノルドのこのシステム論的なモデルでは，材料の獲得における環境への適応という面が重視され，資源獲得を目的とする自然環境への適応の結果として，粘土や混和材の所在する場所が，土器製作の工房の位置を決定する要因となると主張されている。

ただし，このモデルでは，さまざまな社会組織の土器生産の事例が含まれており，原料採取地と工房との関係は，土器生産の規模や土器に対する価値の違いなど，複雑な要素が関与することから，さらに検討が必要である（Rice, 1987）。しかしこのモデルは，比較的小規模な生産と消費が行われたと想定される弥生土器生産システムに対しても，資源の立地と土器生産地との関係を検討するのに，参考となるモデルかもしれない。さらに，地質や気候変化をはじめとする環境条件も議論され

ており，土器生産システムを考察する上で重要な視点を提示している。

　一方では，環境への適応とは異なる要因で材料採取地の説明がなされるものもある。パキスタンの民族調査では，特定の土器作りに適した性質をもつ粘土の産出地と工房の位置との明確な対応関係がみられず，土器作りに用いられる粘土の化学的性質にはある程度の幅があることから，まず工房の場が決定され，それに基づき粘土採取地が決定されるという見解が示されている (Miller, 1985; Rye and Evans, 1976)。フィリピンのカリンガの民族事例でも，粘土の採取や選択には，材料の性質自体よりも居住地から近いところに採取地が位置するということが重視されている (Aronson et al., 1992)。こうした事例から，土器の生産工房の立地は，必ずしも材料を産出する環境によって規定されるだけではなく，さまざまな要因が関与したとも考えられる。

　この問題は，どれが適切であるかというよりも，おそらくはいずれも土器生産システムを規定する重要な要素であり，土器生産に作用する要因は状況に応じて多様であることを示していると思われる。土器製作工房の位置の決定は，粘土や燃料といった資源の確保とそれを産出する環境に常に制約されるわけではなく，土器作りに関わる社会的・経済的あるいは思想的要因が関与する場合があることには留意すべきであろう (Nicklin, 1979)。

第4節　土器生産と分配，消費相互の関連性

　次に，製作された土器がどのように分配され，消費されたかという問題について，欧米の研究における議論などを参照して検討してみたい。特に，土器の生産と分配，消費はそれぞれ独立に切り離して考えられるべきでなく，互いに関連したものと考えられ (c.f. Bey, 1992)，そのような関連性の捉え方を念頭に置きここでは検討を行う。

　欧米での土器研究は，当初は生産地の同定が困難な場合が多かったことから，分配・消費のありかたの理解に取り組む研究が生産の研究に先行して進展してきたようである (c.f. Bey, ibid.)。たとえばヨーロッパでは，土器の流通の分析に Fall-Off モデルを取り入れた研究がみられ，Fall-Off モデルによる分析では，土器の流通量が生産地に近接した場所では流通量が多く，生産地から距離が遠くなるにしたがって出土量が減じるが，その増減は土器の価値や運送手段など，さまざまな要因によって変動しうることも指摘されている (c.f. Renfrew, 1977; Hodder and Orton, 1976)。また，ピーコック (Peacock, 1977) やシェパード (Shepard, 1956) の研究から明らかなように，これまでは岩石学的分析から遠隔地間の移動を論じた研究が注目されてきており，社会全体に対する議論でも胎土分析に基づく遠隔地間の交流への研究成果には重要な位置づけが与えられている。その後は調査の進展や分析方法の発展から，生産地についての研究もすすめられてきているが，土器の生産と分配，消費とがそれぞれどのように関わり，互いに作用していたのか，という問題に対しては十分に議論が尽くされているとはいいがたい。

　土器生産と分配，消費と相互の関連性について，まず想起されるのは，土器生産の専業化や規格化の度合いの高まりと流通システムとの関係である。土器の包括的な研究を行っているライスは，土

器生産と分配における経済的相互関係を認識し，土器生産の規模は社会の複雑さの度合いに関わらず需要のレベルと関係すると指摘している。そして，土器生産システムについての従来の考古学のモデルは，分配システムへの言及にも結びつくと述べており（Rice, 1987），これは生産システムがより複雑になれば分配システムも複雑になるという相関関係の評価を導くものである。しかしながら，実際には生産と分配，消費システムは多様であり，単純な相関関係を想定することはできない（Bey, ibid.）。たとえば，メキシコのユカタン半島の民族考古学的調査では，土器生産システムの重要な要素である土器の規格性の高さは，市（Market）での需要とともに，製作者が適当な形や大きさであるとみなす主観的な認識によって大きく決定されるということが指摘されている（Arnold and Nieves, 1992）。そして，生産と分配，消費のシステムは，単一ではなく複合的に構成されていることが複数の研究で指摘されており，土器生産システムの複合性は市場の構成を反映したものであると考えられている（Arnold and Nieves, ibid.）。またペルー南部高地の民族事例では，土器は集落内部だけでなく外部へも流通しており，外部への土器の流通は，毎年行われる祝祭（Festival）と，観光客向けに絵付けをして都心部に売りに出す目的で個人的に土器が購入されることにも影響され，土器の流通の複合的なありかたを明らかにしている（Chaves, 1992）。

また生産と消費システムを取り巻く要素は，経済的なものだけではない。ジョーンズ Jones は，土器生産と使用の経済的意義だけでなく，それがもつ社会的役割に着目しており（Jones, 2002），土器の使用は，集団が自身を差異化しようとする戦略を強化する必然的な結果であり，土器生産と使用は，世界を認識する特別な方法と関わると主張している。そして土器に関わる食物の生産，消費，貯蔵の行為は，世界を扱い分類する新たな方法を構成し，土器生産と使用は社会的アイデンティティのある形の表現であり，ことなる種類の社会関係の交渉の舞台を与えるものであると論じている。このような見解は，物質文化に機能面だけでなく社会的な役割やその重層性を積極的にみとめようとする，近年の欧米考古学の理論的潮流を反映した研究であり，注目すべき研究の射程であるといえよう。

第5節 小　結

以上のように，欧米の研究事例を主に参照しつつ，土器製作過程における粘土の選択や素地の調整，それに関わる土器製作システムについて検討してきた。胎土の選択や素地製作の工程には，粘土や混和材，燃料などの採取にかかるコストや，資源を産出する自然環境への適応が行われたことが想定される。アーノルドの研究は，そうした環境適応に着目したシステム論の有効性を示した，すぐれた研究と評価できる。しかしながら，土器製作と消費システムは環境・経済的な要因に規定・制約されるだけでなく，それとは別の側面から決定されたことも想定されうる。その点を含めて，具体的に胎土分析を行った上で，結論部分でこうした問題について詳しく検討したいと思う。

第3章

国内における胎土分析の研究史と方法論的検討

第1節　蛍光X線分析

　第3章では国内における胎土分析に関する先学の研究史をまとめ，その意義や課題について述べることにする。胎土分析の方法論に関しては，清水(清水，1982・1984)や沢田正昭(沢田，1973)，そして『千葉県文化財センター研究紀要8』で全体の研究の意義や方向性がまとめられ(千葉県文化財センター，1984)，また石川隆司や水沢，中島恒次郎らによって胎土分析の意義や課題について検討が加えられている(石川，1990；水沢，1992；中島，1989ほか)。以下ではそれらの先学の研究成果に導かれつつ，胎土分析の方法の特長や意義，課題について再検討しておきたい。

1.　蛍光X線分析の原理

　本書では蛍光X線分析を行うが，蛍光X線分析のメカニズムについて，若干ふれておきたい。蛍光X線分析のメカニズムは，すでに多くの研究書で説明されているが，以下ライス(Rice, 1987)や東村武信(東村，1990)，三辻(三辻，1983・1998ほか)などを参照し，蛍光X線分析のしくみについて要約しておく。

　まず，蛍光X線分析では分析試料に対してX線を照射し，試料の表層にある原子殻(K, L, M)の内部にある電子を刺激することによって，電子はより高い位置の殻へと移動する。失われた電子はすぐに復元されるが，そのプロセスにおいて，サンプル中の各元素の電子殻間におけるエネルギーの違いに応じた2次的な特性X線(蛍光X線)を放射する。この蛍光X線を検知し元素を測定することが，蛍光X線分析を行う際の基本的な原理である。

　蛍光X線分析は，主にエネルギー分散型と波長分散型の2種類がある。放射された蛍光X線は，エネルギー分散型蛍光X線装置の場合，半導体探知機とマルチチャンネルアナライザーを通じて検知され，分析されることになる。一方，波長分散型蛍光X線装置の場合は，回折された種々の波長のX線を，検出器を回転させることで走査し検出することになる。双方とも結果としてエネルギーあるいは波長としてX線の強度が連続的なグラフに示されることになるが，それぞれ特有の波長は，各元素に同定され，標準試料などを用いた統計的処理によって，元素の定量的分析が可能になるのである。

　蛍光X線分析には，分析が迅速であること，分析精度が高いこと，試料の準備が比較的容易で

あること，同族の元素の分析が容易であること，定性分析や定量分析が可能であること，などの利点がある．日本の胎土分析の研究事例では，三辻が，陶邑をはじめとする各地の窯跡出土須恵器の蛍光 X 線分析を行い，須恵器の生産と流通の具体像を明らかにしてきた(三辻，1983 ほか)．

2. 須恵器の胎土分析

さて，蛍光 X 線分析をはじめとする土器の元素分析から，土器の生産と流通のありかたをトレースするには，材料の地域差を示すような元素，すなわち指紋元素を見出すことが必要不可欠である(三辻，1983; 東村，1990)．その点からみると，粘土の主要な元素であるケイ素 (Si) やアルミニウム (Al)，鉄 (Fe) のような主成分元素の挙動は，粘土が生成される前の元来の岩石や火山灰の種類を推測するには有効であるが，類似した地質状況における粘土の地域差を把握することにはあまり向いていないと考えられる．したがって，土器作りに用いられた材料の地域差を表す元素，すなわち指紋元素としての副成分元素や微量元素を抽出するのに適した方法や分析機器を用いることが求められる．そして，土器の出土量は膨大な量であり，産地推定には土器の産地に関する多くの基礎的な分析データが必要であるがゆえに，大量の試料を迅速に分析できる方法が採られることも必要である．したがって，分析の際には，ある程度分析する対象の元素を絞り込むことが望ましい．

そのような方法論に基づき，蛍光 X 線分析による胎土分析の有効性を示してきた研究は，三辻の全国の窯跡出土須恵器の研究成果に代表されよう．これまで三辻は各地の須恵器を中心として各地域の土器を分析するとともに，花崗岩類や火山灰なども分析し，ルビジウム (Rb) とストロンチウム (Sr) のピークの高さが地域によって逆転することから，この元素が土器の材料の地域差を表す有効な元素であることを見出した．同時にカルシウム (Ca) とカリウム (K) もそれぞれ Rb と Sr と同族元素で

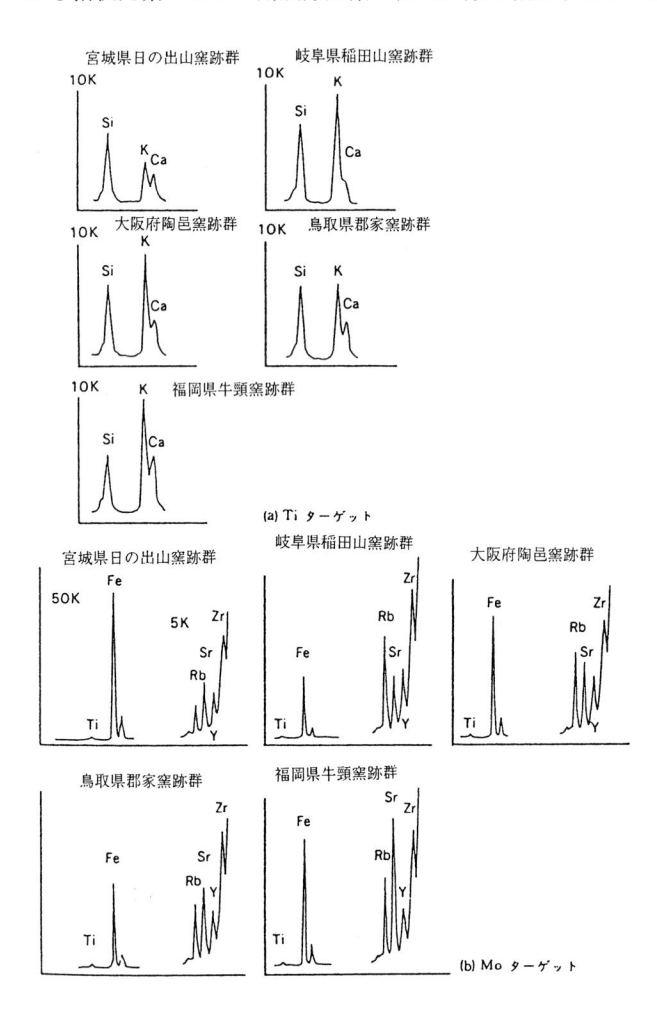

図 3 各地の窯跡出土須恵器の蛍光 X 線スペクトル (三辻，1998)

あり，かつイオン半径が類似することから，Rb や Sr と同じ挙動を示し，同様に地域差を示す元素であることが明らかになった(図3)。また，以上の4元素のほかに，鉄やナトリウム (Na) も，副次的ではあるが地域差を示唆しうる元素として評価されている。

三辻の蛍光 X 線分析では，土器の産地推定に焦点を絞り，分析する対象となる元素を6元素とし，完全自動型の蛍光 X 線分析装置を使用することによって，1日に50点程度もの量のサンプルを，迅速に分析することを可能にした。そして各地での須恵器窯跡で検出された土器の元素のデータを蓄積させることで，須恵器の産地同定，生産と流通の実態を把握するための大きな手がかりを得たのである。こうして，K，Ca，Rb，Sr の4元素が，地域差を示す指標として重要であると確かめられ，この4元素を軸に統計的な分析方法を駆使することで，古墳時代中期以降全国に普及する須恵器の生産と分配，流通に関する研究は大きく進展することとなった。

3. 窯跡の検出が困難な土器の蛍光 X 線分析

一方須恵器以前の縄文土器や弥生土器，土師器に関しては，須恵器のように窯跡出土土器のデータを基礎として土器の動きを正確にトレースできる段階ではなく，胎土分析による土器生産と分配，消費に対する研究は，須恵器ほど体系的なものにはなっていないようである。

その理由として，縄文土器や弥生土器，土師器は須恵器とは窯の構造が異なり，明確な生産遺構が検出されることはあまり期待できない状況にあることから，生産地の材料の元素組成を把握することが困難であることが挙げられる。さらに生産組織や製作技術なども，専業度の高い生産が行われた須恵器とは異なり，須恵器の分析結果を直接縄文土器や弥生土器の研究に適用させることはできないことも挙げられる。須恵器の生産の集約度の高さは，蛍光 X 線分析のデータが窯跡単位で明確な領域をなすという事実にも表れており，データの読み取りに統計的な手法を用いれば，窯跡ごとの傾向性はかなり明瞭に把握できる。それに対して，縄文土器や弥生土器の場合には，元素分布にばらつきがみられる場合が多い。これは，材料の採取の集約度が，生産体制や組織の違いによって異なることによるものと考えられる (Rice, 1981)。

ただし，元素の地域的な特性，および統計的手法を駆使した蛍光 X 線分析の胎土分析の方法論は，縄文土器や弥生土器の分析に対しても，適用できる部分があると考えられる。生産地が明らかでなく，また元素組成にばらつきがあるといっても，遺跡間や様式，器種などで元素分布のまとまりがみとめられれば，生産単位の抽出や，器種による材料の区別など考古学的問題の解明に役立つと考えられるからである。

須恵器以前の縄文土器や弥生土器に対し，これまで蛍光 X 線分析を実施した研究として，沢田(沢田，1973)，安田博幸(安田，1969・1979)，建石徹ら(建石，2004; 建石・西本，2000)などの研究が挙げられる。沢田の研究は，顕微鏡の観察結果と対応させつつ分析が行われている点で注目できるものである。また建石らの研究では，縄文土器に対して蛍光 X 線分析に加えてノルム計算を応用した粘土化率を算出し，粘土の質を検討している点に特色がある。そこでは，土器型式ごとに粘土の採取地が異なることも指摘されている。

なお，蛍光X線分析ではないが，松本建速は誘導結合プラズマ発光分光分析（ICP-AES）を用いて関東や東北，北海道の縄文土器や擦文土器の元素分析を行い（松本，2002a・b），遺跡周辺の地層から採取された粘土の元素組成を比較することも試みており，こうした試みも今後蓄積される必要がある。

このように，窯跡が残りにくい時代の土器の蛍光X線分析には，データの読み取りなどに課題が残されており，そのような分析上の問題点を念頭に置いた上で，胎土分析の方法論を洗練させていく必要がある。そのためには，考古学的な事象と胎土分析のデータとの対応関係を想定したモデルの構築や，複数の分析方法による比較検討，そして周辺の地質の調査や地質学，岩石学の研究成果の積極的な採用なども求められると考えられる。

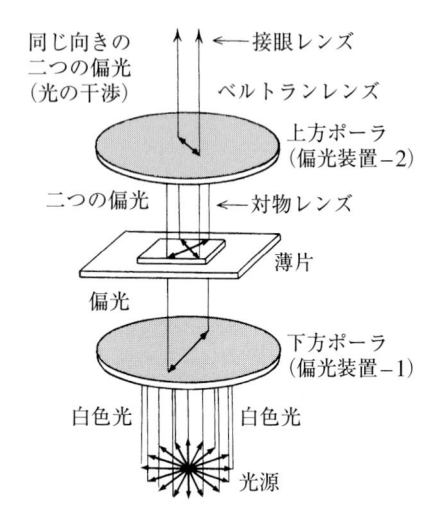

図4 偏光顕微鏡の原理（井上勤，2001）

第2節　岩石学的分析

1. これまでの岩石学的分析の事例

次に，土器薄片の顕微鏡観察が軸となる岩石学的分析について，その研究史と意義，課題について考えることにしたい。土器胎土に含まれる鉱物の観察は，肉眼や実体顕微鏡で判断される場合もあるが，岩石学的分析において正確な鉱物の同定を行うためには，偏光顕微鏡は欠かせないツールとなっている。

自然光はあらゆる方向に振動しながら進んでいくが，それに対して光の振動面が特定の方向だけに限られた光を偏光という。偏光顕微鏡とは，偏光の性質を利用し，薄片試料の鉱物を観察できるようにしたものである（図4）。

日本における岩石学的な手法を用いた胎土分析は，縄文土器を中心に研究の蓄積があるが，土器の産地を推定する目的のものと，精製器種と粗製器種の違い，あるいは混和材の問題など，器種に応じた差異や製作技術に射程を置いたものがあり，現在ではそれらを複合的にとらえようとする研究もみられるようである。

粘土は，第2章で述べたように，岩石や火山灰が風化，熱水変質，続成の作用を受けて生成されたものである。そして土器は粘土を焼成することによる化学変化を利用したものであるが，土器の胎土の鉱物組成を把握できれば，胎土の本来の母岩を特定することが可能となり，かつ材料の採取地もある程度絞り込むことにつながると考えられる。

日本において，偏光顕微鏡を用いた研究の嚆矢となるものとして，村本（直良）信夫による研究が

挙げられる(村本, 1923)。村本の研究は，土器の焼成実験で焼成温度を推測し，また土器薄片を作成して移動の問題に取り組むなど，現代の研究につながる分析手法の意義や方向性を1920年代にすでに提示している点で看過できない意義をもっている。

そして，偏光顕微鏡を用いた土器の胎土分析は，主に縄文土器の産地推定や集団の領域の把握，遠隔地間の移動に焦点を当ててすすめられてきた。清水の研究は，縄文土器の産地や移動を明らかにするために，偏光顕微鏡を用いて鉱物組成を把握し，遺跡周辺の地質図と比較しつつ，分析を行っている。清水の胎土分析では，日本海沿岸部や瀬戸内沿岸部，伊豆諸島などで出土した縄文土器が分析され，土器が出土した遺跡周辺の地質と土器の鉱物組成との対応を根拠として，土器の移動や集団の移動が論じられている(清水, 1973・1977)。また清水の研究は弥生土器に対しても適用されており，遠賀川系土器の広域の移動についての検討や(清水, 1987)，福岡市諸岡遺跡出土の朝鮮系無文土器と弥生土器の鉱物組成の比較なども行われた(清水, 1978)。

清水の研究は，偏光顕微鏡を軸とする岩石学的分析の特長を活かした，現在の土器の岩石学的研究の嚆矢となったものであると評価できる。

同様の偏光顕微鏡による岩石学的分析は，縄文土器を対象として精力的に行われており，ここではそのすべての研究を紹介できないが，主に型式差と胎土，土器の移動の問題に主眼を置いて分析が行われているようである。たとえば古城泰の研究では，関東の縄文土器の分析が行われ，縄文前期の諸磯b式や浮島式では，異なるタイプの土器生産と移動のパターンがみとめられると主張されている (Kojo, 1981)。また河西学の研究では，河川の砂礫種と土器の鉱物組成を対照しつつ，縄文土器の産地推定を行っており，甲信越地方を中心として成果が得られている(河西, 1989・1992; 河西ほか, 1989)。水沢も同様に縄文土器の分析に精力的に取り組んでおり，たとえば長野県川原田遺跡出土縄文土器の分析では，複数の素地土の使い分けが行われたことや，勝坂式や阿玉台式における土器の搬入を指摘している(水沢, 2004)。永峰光一らは，長野県氷遺跡出土土器を分析し，晩期終末の土器型式である氷式と東海系土器，東北系土器の鉱物組成の比較を行い，東海からの土器の搬入を推定している(永峰ほか, 1997)。

つづく弥生時代や古墳時代の土器の岩石学的分析では，河西によって関東の土器の研究が行われている。また東海地域でも，研究が蓄積されてきている。永草康次は，愛知県の弥生土器や古墳前期の土師器を主な対象として，河川の砂礫構成とも比較しつつ土器生産と流通の問題に取り組んでいる(永草, 1994ほか)。また伊勢湾周辺の東海地域で古墳時代前期に特徴的ないわゆる「S字甕」の胎土分析によれば，S字甕は他の時期の土器とは異なる特異な鉱物組成をもっており，伊勢平野南部の雲出川下流域での集中的な生産が想定されている(矢作ほか, 1997)。

2. 土器の岩石学的分析の意義と課題

ここでは数多くある研究事例の一端を紹介したにすぎないが，このような偏光顕微鏡による岩石学的分析の利点は，土器の材料の鉱物組成を偏光顕微鏡で正確に把握し，データとして表すことで，地質図との比較が可能となり，材料を採取した地点の範囲をある程度特定しうるという点にある。前

述した研究は，いずれも土器薄片を作成し偏光顕微鏡で観察し，そこで得られたデータと遺跡周辺の地質とを比較するという手続きがなされている。

　岩石学では，岩石の薄片を作成し，可視的に鉱物組成や組織を示すことが，研究の手続きとして重要視されている。土器の場合にも，土器の材料の鉱物組成を正確につかむことで，材料の採取地や製作地をある程度推測することが可能となるのである。もちろんそれを推測することが困難な場合も多いが，土器片のプレパラートを作成し偏光顕微鏡で観察する作業は，鉱物組成を把握するのに基礎的な手続きであり，客観性も高い。

　一方，次のような岩石学的分析の問題点もある。まず，近接した地域間の遺跡で出土した土器を分析する場合は，地質図上では同じ地質であっても，材料を採取する地点によって地質の状況が微妙に異なる場合もあるので，土器の鉱物組成の分析結果が，地質図から推測される鉱物組成とは直接対応しないことも想定しうる。また，粘土は，母岩が長期間にわたる風化や，熱水変質，続成作用など複雑な過程を経て生成されたものであるから，胎土では類似した鉱物組成を示した場合でも，異なる種類の岩石や火山灰に由来する胎土である可能性もある。遠隔地間での土器の移動を論じる際には，留意すべき点であろう。いずれにせよ，地質の状況と土器の胎土の鉱物組成が常に対応するとは限らず，分析結果から搬入品などの判断を行う際には注意が必要である。こうした課題を克服するためには，できるだけ数多くの分析データを用意しておくことが必要となる。胎土から在地生産あるいは搬入品と想定できる際にも，その想定をより確かなものにするには，まず多数を占める在地生産の胎土の特徴を把握することが先決であり，そのため多くのサンプルの分析データを用意することが前提となる（Shepard, 1956）。

　また広範囲にわたって等質な地質が広がっている場合には，土器の生産や消費の単位を，鉱物組成の違いのみから抽出することは困難である。こうした場合，考古学的な検討を行うとともに，他の蛍光X線分析などによる結果と比較対照させることが必要となると考えられる。

　さらに，岩石学的分析の技術上の問題としては，土器の薄片を観察するという性格上，胎土の組織を観察できるのはわずか約0.03 mmの厚さの範囲に限定される，という点も留意しておかなくてはならない。したがって，胎土組織が均質でない場合には，薄片にみられる鉱物組成が，必ずしも土器に用いられた材料の全体的な傾向を示しているとは限らない。それでも，土器の薄片を作成し偏光顕微鏡で観察することは，精度の高さという点で肉眼観察よりもかなりすぐれた方法であると考えている。

　なお，土器表面に見える砂礫構成をもとに産地の推定をすすめている奥田尚は，長崎県原の辻遺跡や福岡市博多遺跡などの古式土師器の分析を行い，砂礫の特徴を肉眼で観察し，遠隔地からの搬入品の存在を主張している（奥田，1993・1998ほか）。奥田は，地質図を参照しつつ，土器表面の砂礫の特徴から土器の移動を積極的に論じている。肉眼による砂礫構成の観察は，土器の産地推定の手段として基礎的な作業になりうると評価できるものの，肉眼による鉱物や岩石の判定は，偏光顕微鏡などほかの方法でクロスチェックを行いつつ慎重になされるべきである。なぜなら，肉眼による鉱物の同定は偏光顕微鏡を使った分析に比べて定量的分析が困難であり，輝石など有色鉱物を見落

とす可能性がある点(一瀬, 1988)など，偏光顕微鏡に比べれば情報量が少なく分析の精度は低いからである。鉱物の肉眼観察のみの分析法では，問題点が多いと考える。

3.「在地」製作の概念に関わる問題

ところで，土器の製作地について論じる場合，「在地」や「外来」という用語の概念を整理しておくことも必要である。「在地での製作」と述べる場合，形態的な要素が在地であるのか，あるいは材料が在地であるのか，という点はこれまであまり十分に議論されていなかった。岩石学的分析は，このような在地の問題を整理するのにも有効性を備えている。

在地製作に関する議論については，水沢が提示したモデル(水沢, 1992・2004)が参考になる。水沢のモデルでは，「TCモデル」として，「T」は分析対象遺跡が含まれる地域の在地の土器型式，「$\overline{T}$」は在地外の土器型式を示し，「C」は分析対象遺跡が含まれる地域の在地の素地土で作られた土器の胎土，「$\overline{C}$」は在地外の素地土を用いて作った土器の胎土とした。加えて，土器製作技法の細部や微妙な文様表出方法など製作工人を反映する，さらに細かな属性「t」を設定し，在地の人による在地の技法を「t」，在地外の技法を「$\overline{t}$」として，在地あるいは非在地の土器型式・様式と土器製作に使用する素地土から推測される在地の判断，および土器や製作者，情報の移動との関係を以下のように整理している。

TtC：在地型式を在地の人が在地の素地土で作った…通常の土器作り
$\overline{T}$tC：在地外の型式を在地の人が在地の素地土で作った…在地外型式情報の移動
T$\overline{t}$C：在地型式を在地外の人が在地の素地土で作った…製作者が移動し移動先の土器を模倣した
Tt$\overline{C}$：在地型式を在地の人が在地外の素地土で作った…素地土の移動
$\overline{T}\overline{t}$C：在地外の型式を在地外の人が在地の素地土で作った…製作者の移動と故地の土器の製作
$\overline{T}$t$\overline{C}$：在地外の型式を在地の人が在地外の素地土で作った
T$\overline{t}\overline{C}$：在地の型式を在地外の人が在地外の素地土で作った
$\overline{T}\overline{t}\overline{C}$：在地外の型式を在地外の人が在地外の素地土で作った…土器の搬入

こうしたモデルをふまえ，水沢は在地／非在地土器型式と混和材，粘土採取地との関係について図式化している(図5)。このモデルは，特に異なる型式や様式，系統の土器がともに出土している状況を整理する際に有効となるモデルであり，その検証には，土器に使用された材料が在地のものかどうかを調査することが不可欠である。地質との対比が可能になる岩石学的分析は，こうした議論に対して重要な手がかりを提供しうる。河西によって胎土分析に対する考古学的な総合的解釈の必要性が主張されているように(河西, 1999)，胎土分析と考古学的モデルの構築，解釈を包括的に実施することによって，胎土分析が考古学的問題に対して貢献しうる範囲は大きく広がるものと理解したい。

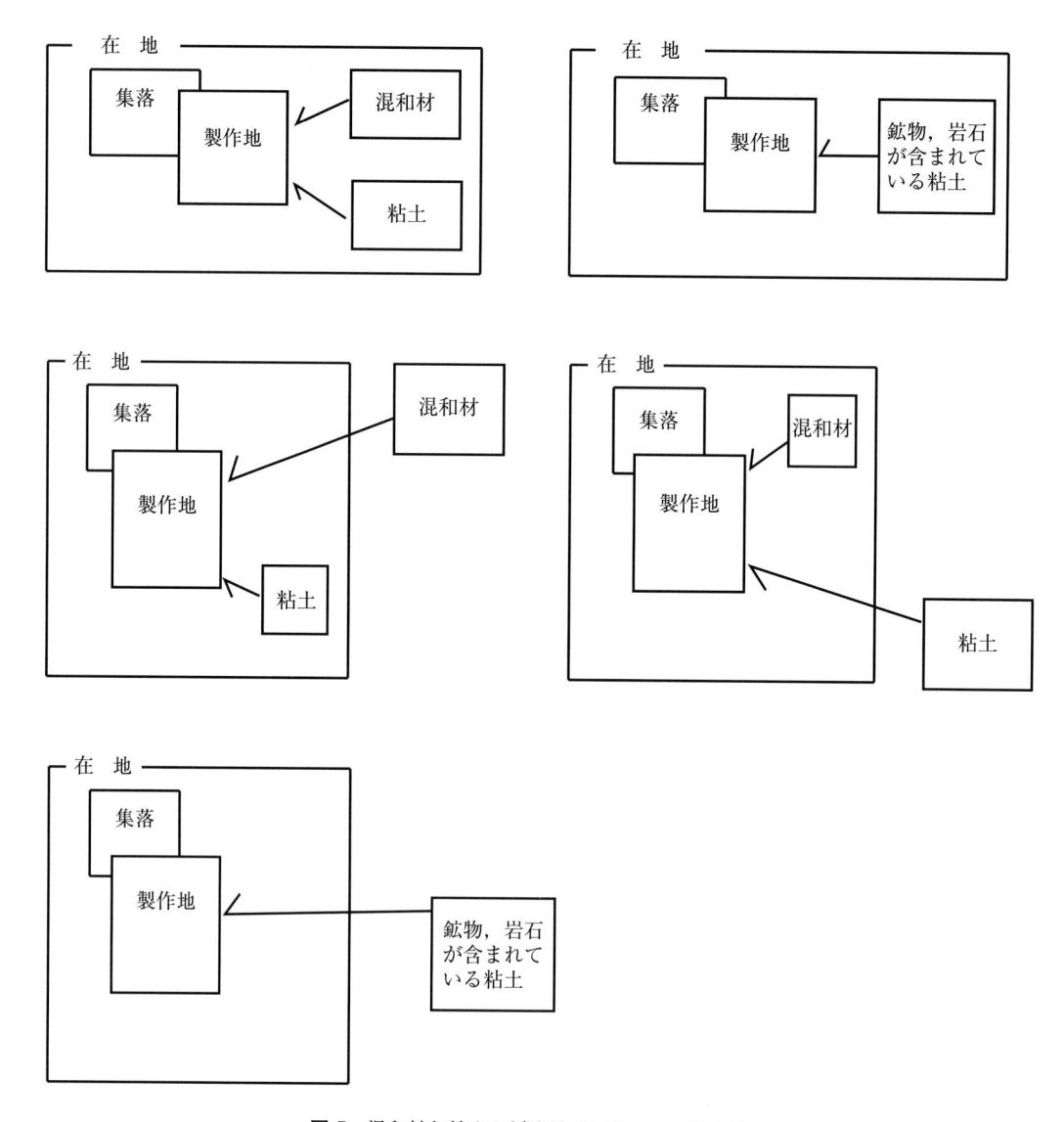

図5 混和材と粘土の採取地（水沢，1992を改変）

4. 胎土組織へのアプローチ

　土器の岩石学的分析は，産地の問題のみではなく，土器の製作技術の解明や様式論的な問題にも貢献しうるものである。先述したように，顕微鏡による土器薄片の観察は，土器様式論でしばしば論じられる精製・粗製の差異や意味について，胎土の組織（texture）からアプローチできる可能性をもつ。

　こうした胎土組織への射程に着目した研究例をいくつか挙げておく。西田泰民は，縄文土器の精製器種と粗製器種の差異に関して，民族誌を対照しつつ胎土分析を行っている（西田，1984）。一般的には精製器種のほうが胎土は精選されたものを使用していると考えられているが，千葉県祇園原遺

跡出土の縄文後期土器の分析では，肉眼による表面観察とは違っていわゆる精製器種とよばれる器種のほうに粗砂が多く含まれているという結果が得られている。同様に，河西も岡山県津島岡大遺跡出土縄文時代後期土器の粒度を検討し，精製器種も粗製器種もほぼ同様な胎土を用いたと指摘している（河西, 1994）。胎土の緻密さなどは，肉眼観察である程度把握できるものの，表面のミガキなどの調整の結果として表面の粒子が沈み込んでしまった場合には，表面的な観察からは胎土の精粗が把握できない可能性がある。土器の断面から，胎土の質や製作技術に関する詳細な情報を得られる点で，偏光顕微鏡による分析は有効性をもつ方法であろう。このような胎土の組織への着目は，弥生土器や土師器などにも有効であると考えられる。愛知県の弥生土器の分析では，弥生時代中期から後期へより粒子が細粒化することが指摘されており（永草, 1994），土器の質感に対する変化をとらえる際に胎土分析は欠かせない手段であることが示される。

　また，精製・粗製という製作技術のほかに，土器の断面の観察によってみとめられる砂粒の密度や方向性，亀裂の方向などは，土器の成形に至るプロセスを示す可能性がある。すなわち，粘土紐による成形や型作り，轆轤水挽きなどの際に加わる圧力の違いによって，胎土の組織に違いが出てくれば，土器成形技術の復元にもつながるのである。粒子の組織の観察によって土器成形技術を検討する方法は，河西によって提唱されており，土器の断面の砂粒の組織に着目し，砂粒の挙動から粘土の接合技術を復元する研究をすすめている（河西, 1999）。なお同様の視点の研究は，海外でも行われているようで，轆轤成形技術の出現について，出土土器の胎土組織の観察と実験的に製作した土器の胎土組織を比較し，メソポタミアやイラン，インドの紀元前 3000 年頃の轆轤の水挽き成形技術の出現を推定した研究もある（Courty and Roux, 1995）。

　このような胎土の組織に対しては，質感や精粗の差異化，製作工程という観点のほかにも，実際に土器を使う際の機能に適することを意図した結果として評価を行う必要もあると考えられる。小林正史は，北陸における縄文晩期から弥生時代にかけて土器胎土の粒度組成の分析を行い，器種間の胎土の作り分けの意義について検討している（小林, 1999）。小林の分析は，民族誌を対照しつつ，土器の機能性や製作コストという視点から胎土の器種間の作り分けに対する解釈を示している点で注目される。

5. 混和材の識別に対する研究

　すでに議論したように，土器製作の際に粘土に砂粒や貝殻，シャモットなどを混ぜる混和材に着目した研究も行われてきている。混和材の意義として，土器の焼成や使用の局面での煮炊きなどにおける急激な温度上昇による衝撃を緩和するという機能性が想定されることは多く，土器の製作や使用の局面に立った議論も必要であろう。ただし実際の遺物を検討する限りでは，必ずしもそのように機能性を意図した結果としてのみ評価できない場合も多い。たとえばイギリスの新石器から中世における土器に含まれる砂粒の検討を通じても，そのような耐熱効果としての目的は胎土に含まれる砂粒自体には見出しにくいという指摘がある（Woods, 1986）。

　考古学者が認識する混和材について，たとえば九州の縄文時代前期の曽畑式や阿高式における滑

石の混入など，明らかに意図的に混入されたと判断できる場合も例外的にある。しかしながら，胎土の砂礫を，意図的な混入であるのか，あるいは元来の材料に含まれた粒子であるのかを明確に区別することは意外に難しく，土器製作のための材料を採取した時点ですでに砂粒などが混じっていたことも少なくなかったと考えられる。

　混和材の識別に関する研究をここでみておきたい。平賀章三は粒度分析を行い，粒度の区分から混和材の有無の識別を試みた（平賀，1978）。また河西らは，遺跡周辺で採取した砂礫と胎土分析による鉱物組成のデータを比較し（河西ほか，1989），粘土に混和された砂礫の可能性について論じている。関東・中部の縄文中期土器に含まれる黒雲母などの鉱物は意図的な混和材と評価され，清水は土器型式に関連する混和材の違いについて論じている（清水，2004）。

　谷口陽子は，東関東地域の縄文土器に含まれる混和材について検討するために，砂粒の粒径や形状などのデータを，画像解析と数量化Ⅲ類を用いて処理し，土器の表面にみられる粒子の観察と類型化を試みた。そしてその類型化は，土器の地域的・時期的特徴を把握するのに有効であることを示し，さらには人為的に粘土に混和された混和材を識別するのにも役立つことを示した（谷口，1999a・b）。谷口の研究は，実体顕微鏡と偏光顕微鏡を併用しつつ，画像処理や統計学の手法を駆使して砂礫を類型化し，混和材の有無を検討した点で，分析方法の妥当性や客観性が高く，すぐれた研究であると評価できる。胎土に含まれる粒子の粒径や形状に関しては，材料の産地の違いを示す可能性や，混和材の添加や素地作りのための調整など製作技術に関わる痕跡を示す可能性もあると考える。

　このように，偏光顕微鏡を用いた岩石学的分析は，土器の材料に関連する地質の研究成果と比較することを可能にし，土器の産地推定に貢献しうる方法である。またそれだけでなく，混和材の有無など，製作技術に対しても一定の貢献を果たしている。さらに実験考古学的な研究成果などと対比させることで，新たなアプローチの方向性を見出すことが可能であり，今後さらに深められるべき研究領域であると考えられる。

第3節　蛍光X線分析と岩石学的分析の関係性および分析に伴う問題点について

1. 蛍光X線分析と岩石学的分析を併用することの意義

　以上のように，胎土分析の方法の有効性や課題を概観してきた。本書では蛍光X線分析と岩石学的分析を併用することにするが，以下では2つの分析法の関係性について，検討しておきたい。

　まず，主に三辻がすすめている蛍光X線分析の産地推定の方法は，材料の産地の化学的特性を表す指紋元素の挙動に着目するものである。三辻が選択した指紋元素は，K，Ca，Rb，Srの4つである。そして分析方法の特質として，窯跡出土須恵器の分析によって得られたこれらの4元素の値の傾向に注目し，統計的な処理やグルーピングを行うことで，窯跡出土須恵器の元素の変異の幅を把握することができ，窯単位での須恵器の化学組成の変異についてのデータを抽出することがで

きたことが挙げられる。それを全国的に集積することで，須恵器の産地推定の基礎となるデータの確保が可能となるわけである。

　三辻が注目するこれらの4元素は，胎土を構成するさまざまな鉱物のうち，長石類の量的な違いに由来すると想定されている。ここで，長石について簡単に説明しておこう。

　長石類は，アルカリ長石と斜長石のサブグループに分けられる。アルカリ長石は，正長石 $\{K(AlSi_3)O_8\}$ とアルバイト $\{Na(AlSi_3)O_8\}$ で表される2つの成分が，規則正しく交じり合った固溶体である。また，斜長石は，アノーサイト $\{Ca(Al_2Si_2)O_8\}$ とアルバイト $\{Na(AlSi_3)O_8\}$ の2つの成分の固溶体である。したがって，蛍光X線分析においてKが多く含まれる場合には，アルカリ長石が多く含まれ，Caが多い場合には，斜長石が多く含まれていると推測でき，この違いが粘土の地域差を見出すのに重要な手がかりとなることは，すでに三辻の研究で明らかにされている。さらに，RbはKの，SrはCaの同族元素であり，K, Caとほぼ同じ挙動を示し，これらを検討すれば，長石類の組成を確認することにつながる。

　このように，長石類の量的な違いは，土器の産地の違いを検討するのに重要なものであるが，KやCaの値の違いに対応するような長石類の量的な違いは，蛍光X線分析では，数量的に把握される。この胎土の相違に関する数量的な把握が，統計的な分析を可能にし，須恵器の産地推定の方法論を確かなものにさせたのである。特に近隣の類似した地質を構成する遺跡間の土器産地の違いには，鉱物組成には明確に違いが表れないことが多いので，蛍光X線分析をはじめとする元素分析が有効性をもつと考えられる (Renfrew and Bahn, 1996)。縄文土器や弥生土器のように生産地が明確でなくとも，蛍光X線によって微妙な材料の地理的差異を抽出することで，土器の生産単位が明らかになる可能性があるのである。

　しかしながら，検討対象とする元素を少数に絞り込んだ場合は，具体的に土器製作材料にどのような種類の材料が使用されたかということに関しては不明な点が多くなってしまう。粘土は岩石や火山灰が風化や変成，続成作用を受けたものであるから，元素を絞り込めば，元来の岩石に関する情報も限られたものにならざるをえない。そこで蛍光X線分析に岩石学的分析を併用することで，材料の元来の岩石の種類を推測できると同時に，蛍光X線分析での元素の挙動が何に由来するのかを確認できる可能性があるのである。ただ，須恵器のような1,000℃を超える高温焼成の土器は，ほとんどの鉱物が溶けてしまうため岩石学的分析は有効でない。反面縄文土器や弥生土器のような比較的低い温度で焼成された土器は，そのようなクロスチェックができるという点で，胎土分析を行う際の利点となる。

　ただし，本書の中では，蛍光X線分析の元素の挙動と，薄片の顕微鏡観察での鉱物組成との明確な対応関係を見出すのは，困難な場合もあった。偏光顕微鏡下では，0.1 mm程度の粒子であればある程度正確に鉱物種を判断することは可能であるが，それ以下の細かな粒子を判別するのは難しい場合もある。岩石学的分析と化学的分析との対応は，完全には把握することができない部分もあることには留意すべきであろう。

　なお，蛍光X線分析で想定される長石類の違いのほかに，角閃石や輝石といった有色鉱物の量

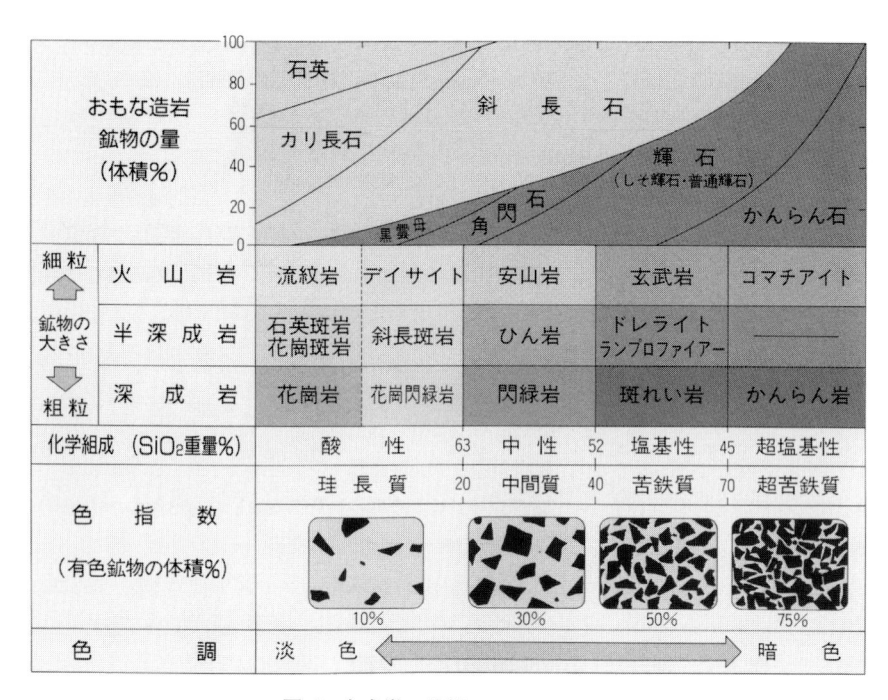

図 6 火成岩の分類（井上勤，2001）

の違いも，地域差を示す可能性がある。岩石の分類では，角閃石や輝石，雲母など有色鉱物（マフィック鉱物）の量的な違いによっても，分類がなされる（図6）。花崗岩や流紋岩のような酸性岩は一般的にマフィック鉱物が少なく，明るい色を呈する場合が多い。一方玄武岩や斑れい岩のような塩基性（苦鉄質）の岩石は，暗い色調をなす場合が多いが，これは Fe や Mg を含んだマフィック鉱物が，多く含まれているためである。

　このようなマフィック鉱物の量的違いは，土器製作の材料の地域差として反映される場合があり，第5章の分析でも示されるように，角閃石や輝石の量の違いは考古学的な型式・様式や色調の違いとも対応する場合があることは注目される。しかし，マフィック鉱物に含まれる Fe や Mg の値について，材料の地域差という点から検討すると，Fe は地域差を示すことはあるものの，Mg は蛍光 X 線分析ではあまり地域差を明瞭に示さないようで，三辻の分析でも同様な指摘がされている。したがって，Fe は器種間の胎土の違いを検討するために使用したものの，産地や生産単位の抽出を意図した分析において，Mg は本書では重視しなかった。ただし，広範囲にわたる地域での材料の母岩を推測するには，こうしたマフィック鉱物に由来する元素の挙動を検討することも重要となると考えられる。

　蛍光 X 線分析と岩石学的分析の双方の方法を取り入れた研究は，数は少ないがこれまでも行われている。近畿地方では，生駒西麓産の土器の移動が注目されているが，大阪府の『東山遺跡』（菅原編，1979）の報告書では，分析された点数自体は少ないながら，生駒西麓産の土器の産地の問題を主眼として胎土分析が行われている。そこでは，肉眼での土器表面の砂礫の観察とともに，偏光顕微鏡による岩石学的分析と蛍光 X 線分析，X 線回折分析が行われている。それに加えて周辺の地

質状況の検討も行われ，元来の岩石が風化した結果としての土器製作の材料の形成過程を射程に入れた分析がなされており，産地推定法としてかなり完成度の高い方法が取られている。

蛍光X線分析と岩石学的分析を併用した例は他にもあり(清水，1982；安孫子ほか，1988；中園ほか，2001)，いずれも蛍光X線分析と岩石学的分析では比較的整合的な結果が得られている。最近調査された鹿児島県屋久島横峯遺跡で出土した縄文後期土器の胎土分析では，南部九州に広く分布を持つ市来式と在地の一湊式の分析が実施され，双方の様式は蛍光X線分析と鉱物組成いずれにおいても明瞭に区分でき，市来式には島外からの搬入の可能性が想定されている(中園ほか，ibid.)。蛍光X線分析の結果と岩石学的分析の結果の関係は，これまでの研究でも矛盾なく調和的であることが多いようであり，それぞれの分析結果をクロスチェックできるとともに，その結果が適切なものであることを暗示している。

このように，双方の分析を有機的に活用することにより，産地推定や，土器の材料に関して，より意味深長な結果に導くことができる可能性があるといえよう。

2. 分析にあたっての埋没環境の影響に関する問題

さて，蛍光X線分析など土器の元素分析を実施する際に，埋没環境による影響がしばしば議論される。すなわち，蛍光X線分析での元素値が，土器が製作され廃棄された当時と同じ化学的状況を保っているとは限らず，埋没環境において汚染などからイオン交換を起こし，本来の材料の化学組成から変化しているという危惧がもたれることがある。

埋没中に土器の化学組成に影響を与える要因として，主に土壌のpH，湿度，温度などが挙げられている。蛍光X線分析などで計測される元素値への影響としては，土器中の元素が土壌中に溶出することが指摘されるが，最近では，埋没中の鉱物化や再結晶化によるCaの付着などの可能性が注意されている(Rice, 1987: 421)。

埋没中の影響に関して，北海道の擦文土器の誘導結合プラズマ発光分光分析を行った松本建速は，土器が埋没した土壌に有機物が含まれる場合，リン(P)やCaの値に影響を及ぼす可能性があることを指摘している(松本，2002)。

このような埋没環境からの影響の問題については，まだ十分に検討できたわけではない。しかしながら，今までの蛍光X線分析のデータを検討する限りでは，分析結果は埋没環境に影響されたというよりも，むしろ土器の材料の化学組成の地域差を反映しているように思われる。例を挙げると，中九州の阿蘇などの地域で出土した弥生土器はCaとSrの値が高い傾向にあり，一方で花崗岩地帯の福岡県小郡市域や筑後地方の甕棺などでは，CaとSrの値が低い傾向を示す。阿蘇地域の土器の胎土はやや暗い色調で，角閃石など有色鉱物を含むが，阿蘇一帯は塩基性のAso-3火砕流が分布しており，土器の製作に用いられた材料はこのAso-3と深く関わると考えている。この塩基性の地質環境が，元素組成に影響を与えたものと考えられる。

また，筆者らは縄文土器も分析を行いつつあるが(鐘ヶ江・三辻，2004；鐘ヶ江・中園，2005)，長崎県五島列島に所在する小値賀島の殿崎遺跡では，縄文時代中期から後期の土器が出土しており，出

土土器を分析したところ，同じ埋没環境にもかかわらず元素分布にかなりばらつきがみられた(鐘ヶ江・中園，ibid.)。玄武岩の地質を反映して全体にCaやSrが高い値を示しており，また遺跡は海岸の近くに立地していることから，埋没環境が元素組成に影響を与えた可能性も考慮されなくてはならないが，滑石が胎土中に多く混ぜられている中期後半の阿高式系土器は，CaやSrだけでなく，KやRbも低い値を示した。滑石は変成岩で，変成作用によってCaやKは溶出して元来含有量は少ないことがわかっており，胎土分析はこのような滑石の化学組成を明瞭に反映したものとなっている。このような分析結果からみても，蛍光X線分析の結果は，土器の化学組成が埋没環境に大きく影響されたものであるとはいえないと考えている。

こうした点は後の分析過程でも明らかになると考えるが，このような縄文土器の分析結果は，埋没状況の違いに関わりなく，材料の基盤となる地質や混和材の違いを反映するデータが得られることを暗示している。したがって，現段階では，蛍光X線分析の元素分布は埋没環境に大きく影響を受けたものであるとするよりも，材料の地域差や製作技術の違いを示しているとみなしてよいと考えたい。

第4節 小　結

以上，胎土分析の研究史をふりかえりつつ，蛍光X線分析や岩石学的分析を用いた胎土分析の意義や課題について検討した。そして本書で採用する胎土分析の方法についてその有効性を提示した。

土器の産地推定は，須恵器ですでに高い完成度をもって方法論が確立されている。しかしながら，それ以前の土器に対しては，窯跡が検出されることがあまり期待できないこと，土器の生産組織や製作技術が須恵器とは異なることなどから，未だ解決できていない点が多い。そこで，蛍光X線分析と岩石学的分析を併用することで，互いの方法論の利点を活かし，土器作りに使われた材料の産地や，土器生産と分配，消費の形態，生産組織などについて，明らかにできる部分が多くなると考えられる。

次の章では，こうした議論をふまえ，北部九州地域を中心とした弥生土器に対する胎土分析の研究例を検討し，弥生土器研究における胎土分析の有効性や課題を改めて示したい。そしてそれをふまえた上で，実際に北部九州の弥生土器の胎土分析を行い，土器の生産や分配，消費のありかたの把握を試みる。

第4章

北部九州における弥生土器の胎土分析の研究事例と分析モデル

第1節　北部九州における胎土分析の事例

　ここでは，本書で主に扱う北部九州地域における胎土分析の研究事例を検討してみることにしたい。

　北部九州での土器の胎土分析は，朝鮮系無文土器の流入や，弥生中期に盛行する大型甕棺を製作する工人集団の解明を目的として着手されたといってよいだろう。朝鮮系無文土器は，朝鮮半島からの渡来人の移入や，渡来人の弥生社会への同化の過程などさまざまな議論を生み出しており，胎土分析はこれまでの朝鮮系無文土器の議論の中でも一定の役割を果たしている。

　北部九州で出土した朝鮮系無文土器の胎土分析は，福岡市諸岡遺跡出土土器の分析を嚆矢とする。諸岡遺跡では，朝鮮系無文土器と弥生土器がともに出土し，岩石学的な分析による胎土の比較が行われた(清水，1978)。そこでは，鉱物の組成からみれば在地の弥生前期土器と朝鮮系無文土器との間には，大きな違いがみられないが，朝鮮半島側との地質の比較などの状況が十分でないことから，結論は保留されている。

　また近年では，九州や山陰，瀬戸内などで朝鮮系無文土器および擬朝鮮系無文土器，すなわち無文土器そのものとは異なるが無文土器の影響を受けたと考えられる土器の出土例が増加しているが(後藤，1979；片岡，1999ほか)[1]，小郡市域で出土した朝鮮系無文土器に対しては，三辻によって蛍光X線分析が行われ，弥生土器と朝鮮系無文土器の胎土の比較が行われている。小郡市三国の鼻遺跡や横隈鍋倉遺跡で出土した弥生土器と朝鮮系無文土器の胎土分析では，両者の元素値に大きな違いはみられなかったことから，朝鮮系無文土器の大半は在地で製作されたことが示唆されている(三辻，1988)。朝鮮系無文土器がすべて九州内で作られたかどうかはわからないが，朝鮮系無文土器が弥生社会の内部で製作されたということは，内容物の運搬や交易品として土器が持ち込まれたのではなく，無文土器を製作する朝鮮半島の人々が，何らかの要因で移住し，土器製作を含めた生業を営んだ痕跡を示すものと理解するのが妥当であろう(片岡，1990)。なお，小郡市域ではないが，福岡県大川市下林西田遺跡出土の朝鮮系無文土器の蛍光X線分析では，一部に朝鮮半島からの搬入

---

[1] 「朝鮮系無文土器」および「擬朝鮮系無文土器」の用語は，後藤直(後藤，1979)と，片岡宏二の定義(片岡，1990)による。

品の可能性が指摘されている(財団法人九州環境管理協会，1998)。

　朝鮮系無文土器が弥生社会の内部で製作された場合と，搬入品として持ち込まれた場合の両者が想定されるのであれば，その違いの意味するところを検討しなくてはならない。朝鮮系無文土器の製作に関する問題は，弥生時代における渡来人の活動や役割の評価につながるものであり，朝鮮系無文土器が九州で出土することに対して，胎土分析は朝鮮半島からの渡来人が弥生社会に与えた影響や役割を具体的に追究する手がかりとなりうると考えられる。

　次に，弥生土器に対する胎土分析の事例をみてみよう。まず北部九州で顕著に発達した大型甕棺について，その生産と流通については，その製作技術の高さから専門工人による生産が想定されてきた (e.g. 高島，1975; 橋口，1993 ほか)。甕棺の移動を評価する研究もみられ，弥生時代中期の大型甕棺が多数出土した福岡県飯塚市立岩遺跡は，甕棺の分布からすれば周辺域にあたるが，甕棺の形態の特徴から大型甕棺の中心域で製作された甕棺が立岩遺跡に搬入された可能性が指摘されている(橋口，1982)。

　大型の甕棺の製作には，高い水準の技術が想定されており，また土器のプロポーションには地域色がみとめられるものの，北部九州内ではある程度規格性もあることから，専門工人の存在の可能性は詳しく検討されなくてはならない。また製品としての甕棺の移動も，実際に証明ができれば，大変興味深い事象である。しかしながら，前章でもみたように土器の製作技術の高さや規格性は，土器製作の専門化，集中化と直結するとは限らず，また甕棺の移動に対しては，移動が想定される土器の胎土が在地的土器の胎土と違いがあるかどうかを客観的に示しておく必要がある。これまでは，そうした問題が整理されないまま，甕棺の生産と分配，流通についての議論がすすめられてきた印象は否めない。

　そのような研究状況の中でも，沢田と秋山隆保が春日市門田遺跡およびその周辺遺跡群で出土した大型甕棺を対象として蛍光 X 線分析を実施し，それと並行して井上裕弘による甕棺の詳細な考古学的分析が行われたことは注目に値する(沢田・秋山，1978; 井上，1978)。そこでは，甕棺の色調や突帯の形状，ハケメ，ナデなど調整による分類と胎土の分類との対応関係から，甕棺の製作集団の抽出が試みられた。甕棺の色調や突帯の形状，調整技法といった細かな属性に着目し，製作集団単位の抽出が試みられた点，考古学的な手法による甕棺の分類と胎土分析の結果とを比較検討することの有効性が示された点で，北部九州における胎土分析の中でも重要な意義をもつ研究であると評価できる。

　三辻は小郡市域の朝鮮系無文土器のほかに，弥生中期の大型甕棺の分析にも取り組んでおり，筑後地方の大型甕棺を中心として分析をすすめている。福岡県朝倉市の栗山遺跡では，上下棺の胎土の関係に注目し，甕棺の製作の際には，およそ上甕と下甕が同じ元素分布を示していることから，上下棺セットとして製作されたことが推測された(三辻，1994)。さらに，三辻と中園は弥生時代の大型甕棺の胎土分析を行い，甕棺の上下棺の胎土の類似度と，甕棺の生産と分配の解明に取り組んでいる。福岡県大刀洗町の甲条神社遺跡や，志摩町久米遺跡，志免町松ヶ上遺跡出土甕棺の分析では，甕棺の考古学的観察と，蛍光 X 線分析のデータで得られた上下棺の類似度の検討を試みている(三

辻・中園，1995・1996; 中園・三辻，1999 ほか)。そこでは，上下棺における胎土や形態などの特徴と，蛍光 X 線分析によるデータがよく一致することにも注意されている。また生産と分配については，元素の分布が重なりつつも遺跡ごとにずれを示すことから，特定の製作集団の組織と集中的生産や広域の流通が行われたとは想定しにくく，各集落や集落群程度の単位に基づく，完結した生産と流通であったと想定している(中園・三辻，1996)。さらに，甕棺の上下棺における胎土の関係に注目する観点から，胎土分析は甕棺の葬送儀礼の過程の解明にも貢献しうるとしている。三辻と中園による大型甕棺の胎土分析の成果と意義は，中園によって体系的にまとめられている(中園, 2004)。

また，近年主にパリノ・サーヴェイ株式会社によっても弥生土器の岩石学的分析と蛍光 X 線分析がすすめられている。佐賀市増田遺跡出土土器では，分析数は少ないながらも土器の胎土と粘土採掘坑と推測される遺構から採取した粘土との比較が行われた(パリノ・サーヴェイ株式会社，2002)。さらに太宰府市国分松本遺跡出土土器に対しては，岩石学的分析が実施されるとともに，土器の形態と胎土の色調とが対応することが認識され，考古学的な分類も含めて，総合的に検討が行われている(パリノ・サーヴェイ株式会社，2004b; 中島ほか編，2004)。

第 2 節　弥生土器に対する胎土分析の有効性

これまでは，胎土分析は縄文土器や須恵器に対する分析の蓄積が多くなされてきたが，近年は弥生土器の分析もすすめられてきており，特に弥生土器に対する胎土分析の有効性や意義について考えてみたい。

弥生時代は，各地で形成される環濠集落からもうかがうことができるように，集落の複雑化，階層化が進展する時期である。また北部九州では，大型の甕棺を使用した甕棺墓が盛行し，大規模なものでは数百基にものぼる数の甕棺墓群が形成される。このような集落や墓の構成を把握することは，弥生社会を解明するためにも重要な作業になると考えられる。

蛍光 X 線分析は，元素の定量的な分析データをもとに胎土の個体間の類似性，関係性を把握することができる。したがって，数十基から数百基の甕棺群を形成する場合，あるいは大規模な集落が複数の集団で構成される場合には，複数の集団を基礎として土器が作られた可能性がある。そこで，個体間でどの程度胎土が類似するか，あるいは違いがあるのか，ということを把握することができれば，墓群や集落の集団構成を理解する手がかりとなるのである。三辻と中園の研究ですすめられている甕棺の分析は，そのような蛍光 X 線分析の特性を活かしたものであり，甕棺の製作時における上下棺の製作に用いるための材料の使用のありかたや，甕棺墓群の胎土のグルーピングが明らかにできれば，弥生時代の集団構成や葬送のプロセスを復元する際の重要な手がかりとなる(中園・三辻, ibid.)。これは，鉱物組成などから材料の採取地を推測する岩石学的分析では把握が困難な性質のものであり，元素の挙動を数量的に示す，蛍光 X 線分析が有効である。このように，遺跡内や近接した遺跡間であっても，それぞれの土器の材料の相違や関係性を定量的に把握しうるということが，蛍光 X 線分析のもつ大きなメリットであるといえよう。

ただし，弥生土器の蛍光Ｘ線分析では産地や材料の採取地の直接的なデータを得ることはできず，むしろ元素組成のデータの分類から使用された材料の均質性や差異，生産と分配，消費のおよその単位や規模を推測することになる。したがって，材料の産地の空間的範囲を絞り込むことは，蛍光Ｘ線分析のみでは不可能であり，またそれのみでは胎土の化学組成の関係性の議論にとどまらざるをえないのである。

そこで，本書では蛍光Ｘ線分析に加えて岩石学的分析を実施する。岩石学的分析は，胎土の鉱物組成を客観的に示しうるものであるから，それによって土器製作に用いられた材料の地質学的な背景を把握することが可能になる。地質図などの遺跡周辺の地質に関する研究成果と胎土の鉱物組成を比較すれば，土器製作の材料を採取した空間的範囲をある程度絞り込むことが可能になる。

そして蛍光Ｘ線分析によって得られた元素組成をもとに，土器の分配や消費の範囲を検討し，それぞれの分析結果の関係性について言及することができれば，土器生産と分配，消費のシステムやその基盤となる集団構成を総合的にとらえることにつながると考えられる。

第3節　本書での分析方法および分析データの解釈のためのモデルの提示

以上，蛍光Ｘ線分析と岩石学的分析の研究事例を紹介し，これらの方法を用いて弥生土器の分析を行う意義について検討した。次に，本書で実施する胎土分析の方法と目的について，第1章でも若干説明したが以下再度確認しておきたい。

1.　本書での胎土分析の目的

第5章以下で行う胎土分析の目的は，主として3点に集約される。

第1に，弥生土器の生産と分配，消費のシステムと，それに関わる生産組織や規模を解明するための手がかりを得ることである。これまで述べてきたように，蛍光Ｘ線分析のような元素量の類似性や差異を定量的に表すことができる分析方法は，近接した遺跡間での土器材料の違いを把握するのに有効である。そこで，蛍光Ｘ線分析で得られたデータをもとに，土器の生産と消費，分配が行われた単位や範囲，規模を推測する。蛍光Ｘ線分析で得られた元素の分布に遺跡群ごとにまとまりがみとめられるようであれば，およそ遺跡ごとの土器生産と消費が推測できるであろう。また遺跡ごとにまとまりがみとめられないようであれば，別の結論が導かれるかもしれない。これは後にモデルとして示したいと思う。さらに材料の採取地や土器製作工房など生産に関わる遺構は，本書で扱う遺跡においては確実なものは検出されていないため，岩石学的分析を通して材料の採取地を推測する。

第2に，各時代を通じて遠隔地間で土器やそれに伴う人，情報の移動が看取されるが，遠隔地間の交渉の具体的なありかたを把握するのに，土器の胎土分析が有効性をもつということを示す。北部九州では，楽浪系土器や朝鮮半島系土器など遠隔地との交渉を示す遺物が少なからず出土している。一方朝鮮半島でも弥生土器に似た形態をもつものや，弥生土器そのものといえる土器が出土し

ている。こうした状況は，弥生社会と朝鮮半島の交流，交渉のありかたを考えるのに重要な手がかりを与えるものであるが，考古学的分析のみでは，遠隔地間で土器自体の移動があったのかどうか，あるいは情報の交換のみが行われたのかなど，相互交渉の具体的な内容にアプローチすることは難しい。

　第3に，土器製作に使用された材料は，時代や地域によっても違いを示す。これは，同じ器種であっても，胎土の緻密さに時代的・地域的変異がみられるので，材料の質は，地質の構成や土器の使用の際の機能性を反映し意図したものだけでなく，土器の様式構造にも深く関わるものであると考える。砂粒が多く含まれた粗放な土器と，砂粒があまり含まれない緻密な土器には，それぞれいかなる意味が与えられたのかという点も，胎土に関する重要な問題である。胎土の質が意味するものは，材料を産出する地質や，土器の使用の際の効率あるいは精粗のような象徴的な意味付けのいずれかに集約されるわけではなく，複合性をもっていたのではなかろうか。弥生土器の製作における材料の性質や，それに関わる社会的な意義，象徴的な意味などを視野に入れつつ胎土分析を行うことにする。

2. 分析方法

2.1 蛍光 X 線分析

　蛍光 X 線分析は，三辻利一氏に協力をいただいた。分析も三辻の方法(三辻，1983 ほか)に従っている。分析のための試料は，表面を研磨した後，タングステンカーバイド製乳鉢で 100 メッシュ以下の粉末にした。その粉末試料を内径 20 mm，厚さ 5 mm のビニール製リングの枠に入れて約 13t の圧力をかけてプレスし，錠剤試料を作成した後，蛍光 X 線分析を行った。使用した装置は，大阪大谷大学の波長分散型蛍光 X 線分析装置である。測定した元素は K，Ca，Fe，Rb，Sr，Na の 6 元素で，分析値はすべて JG-1 の各元素の蛍光 X 線強度を使った標準化値で表示する。JG-1 は定量分析のための標準試料であるのと同時に，自動分析が定常状態で進行したことを確認するためのモニターとしての役割を併せ持つ。

　なお，他の蛍光 X 線分析や中性子放射化分析など元素組成の研究では，標準化値ではなく，％や ppm で表記することが多い。6 元素の分析において，標準化値をあえて用いる理由は，以下の点である。

① ％や ppm の表記は，各元素の X 線の強度からそれに変換するための統計ソフトや標準試料によって値が大きく変化する可能性がある。
② それに対して，JG-1 は土器の化学組成に比較的近く，計測値の安定性も高いため，標準試料として X 線の強度自体の値を活かし統計的分析を実施するのに適している。

　6 元素が土器に用いられる材料の地域差を表し，産地分析に欠かせない元素であることから，6 元素の挙動を正確にとらえるには，JG-1 による標準化が最適なのである。

第5章と第6章では，土器の材料の産地を考える上で特に重要な元素である，KとCa，RbとSrの2次元散布図を作成し，材料の地域差や製作単位を抽出する。主成分分析など一部統計的な方法も用いる。

それに加え，材料の基礎となる岩石や火山灰の種類についても推測するには，主成分元素や他の微量元素を測定することも必要となるが，時間的な制約もあり，第5章では分析した試料の一部に主成分元素の把握を試みることにした。主成分元素の測定には，九州大学大学院比較社会文化研究院のエネルギー分散型蛍光X線分析装置(堀場製作所Mesa-500w)を用い，質量濃度はJG-1を標準試料として用いて算出した。

2.2 岩石学的分析

偏光顕微鏡による土器試料の観察のための薄片は，以下の方法で作成した。まず土器片の観察面を研磨し，熱硬化性エポキシ系接着剤(ペトロポキシ154)と硬化剤を混合したものを表面に塗りスライドグラスに接着した。その後余分な部分を切断し，約0.03 mmの薄さまで研磨し，カバーグラスをかけて偏光顕微鏡で鉱物を観察した。

偏光顕微鏡を用いる方法は，光の進行方向に対し，特定の方向のみ振動する偏光を利用するもので，岩石学の分野で用いられるもっとも基本的な方法である。分析においては，薄片の観察から鉱物の組成の把握につとめる。さらに土器に含まれる粒子の大きさの頻度分布(粒度)，鉱物の加熱による変化からうかがえる焼成状態にも着目したい。

粒子の大きさや鉱物組成を計測する方法に関しては，注意すべき点がある。すなわち土器の胎土自体には非常に多くの鉱物が含まれ，その構造は複雑で均質であるとは限らないため，分析の精密さを追究するには測定する鉱物の数を多くするなどの手続きも必要であると考えられる。しかし偏光顕微鏡による岩石学的分析は，分析の精密さを求めればそれだけ多くの時間を消費する。しかも出土する土器資料は膨大であるため，それらをより包括的・効率的に分析するために，どの程度の内容や範囲で計測すれば妥当性が高まるか，ということが問題となる。今回は欧米の岩石学的分析の方法論的検討にしたがい，1薄片につき150点から200点の粒子の大きさを計測する方法をとった(Streeten, 1982; Freestone et al., 1982)。ストリートゥンStreetenによれば，均質であるとは限らない土器の胎土の粒子の計測に対して，測定誤差を低くするためには150点から200点程度計測することが望ましいとされている。分析中ではその見解にしたがい，鉱物組成の把握に関しても，石英や長石，雲母類や角閃石，輝石など顕微鏡で結晶構造が明確にとらえられる鉱物を一薄片あたり150点から200点に達するまで計測を行った。褐鉄鉱類など，鉱物の結晶構造の特徴で計測が難しい鉱物は今回除外した。0.05 mm程度よりも粒子が小さくなると，石英や長石類の判別が困難になる場合が多い。したがって，石英と長石類の組成には検討の余地がある。グラフの読み取りの際には留意されたい。また粒度分析で観察対象となる鉱物としては，胎土中に普遍的に観察される石英と長石を対象とし，鉱物の長径を計測し，0.01 mmに満たない微細な雲母類などの鉱物は計測から除外した。こうした方法で，およその傾向は把握できると考える。

土器に含まれる鉱物は，被熱によって変質することも知られており，1,000℃以上の高温になると，基質部分の粘土鉱物が溶解してガラス化現象が生じる。また雲母類の変化も焼成温度を示すことがあり，また角閃石は750℃前後で緑色から褐色を呈する酸化角閃石に変化するものと想定される（McGovern, 1986）。こうした特徴を手がかりに，土器の焼成温度についても一部言及しておきたいと思う。

3. 対象とする遺跡出土試料

第5章で分析対象とする遺跡は，以下のとおりである（図7）。まず弥生時代甕棺の墓群における胎土分析の実践例として，本書では佐賀県唐津市大友遺跡の甕棺を中心に分析を行う。大友遺跡出土土器の蛍光X線分析では，三辻と中園がすすめている上下棺に用いられた土器の間での元素の比較（中園・三辻，1996ほか；中園，2004），および遺構間の関係性についての把握を試みる。さらに岩石学的分析では，胎土の組織の観察を行い，地質図を参照して材料の採取地の推定を行う。

また，集落遺跡出土土器の分析としては，福岡県福岡市比恵・那珂遺跡・今宿五郎江遺跡，志摩町岐志元村遺跡，前原市寺浦遺跡・井原上学遺跡・本田孝田遺跡，佐賀県吉野ヶ里町吉野ヶ里遺跡・松原遺跡，長崎県壱岐市原の辻遺跡・カラカミ遺跡，長崎県対馬市三根遺跡出土の弥生時代中期以降の土器および古墳時代初頭の土器を主な対象としたい。

そして，第6章では遠隔地間の交流のありかたを再検討するために朝鮮半島の慶尚南道泗川市の勒島遺跡出土土器や，長崎県壱岐・対馬などで出土した朝鮮半島系土器と楽浪系土器の分析も実施している。その分析試料の選択方法や目的などは，改めて第6章で説明することにする。

北部九州の分析試料として選択したのは，主に甕形土器や壺形土器である。これは，分析量を確保できるという点と，時期決定をしやすいという理由からである。なお少数ではあるが高坏や鉢なども分析対象に加えている。

また，時期を弥生中期から後期，古墳初頭に絞ったのは，土器様式の変化が胎土の変化と比較的よく連動すると考えたからである。北部九州では，中期後半の須玖式の段階で橙色系の比較的赤みのある色調を呈するものが多いが，後期になると黄灰色や灰白色の赤みの少ない胎土のものが増加する（鐘ヶ江，1999）。さらに後期には大粒の砂粒を含んだ粗い胎土のものが増加するが，古墳初頭になると，小型精製器種に代表されるように，胎土の精製・粗製の区別が明瞭になる。こうした胎土の変化は，素地の調整過程の変化，さらには土器生産組織や規模の変化とも関係するかもしれない。このように土器の動態と胎土の変化の関連性をとらえることができるという理由から，主に中期以降の土器を選択したのである。

集落遺跡出土土器を分析する際に着目するのは，土器の胎土の相違から，集落を構成する集団を抽出できるかどうか，ということである。すなわち，1つの集落は単独にみえても実際には複合的に構成されている可能性があり，それは土器製作と消費においても複数の単位に基づいて行われたという評価につながるかもしれない。土器が製作された後どのように分配され消費されたのか，ということを把握するには，遺跡間だけでなく遺構間，調査区間での胎土の相違に注意を払うことが

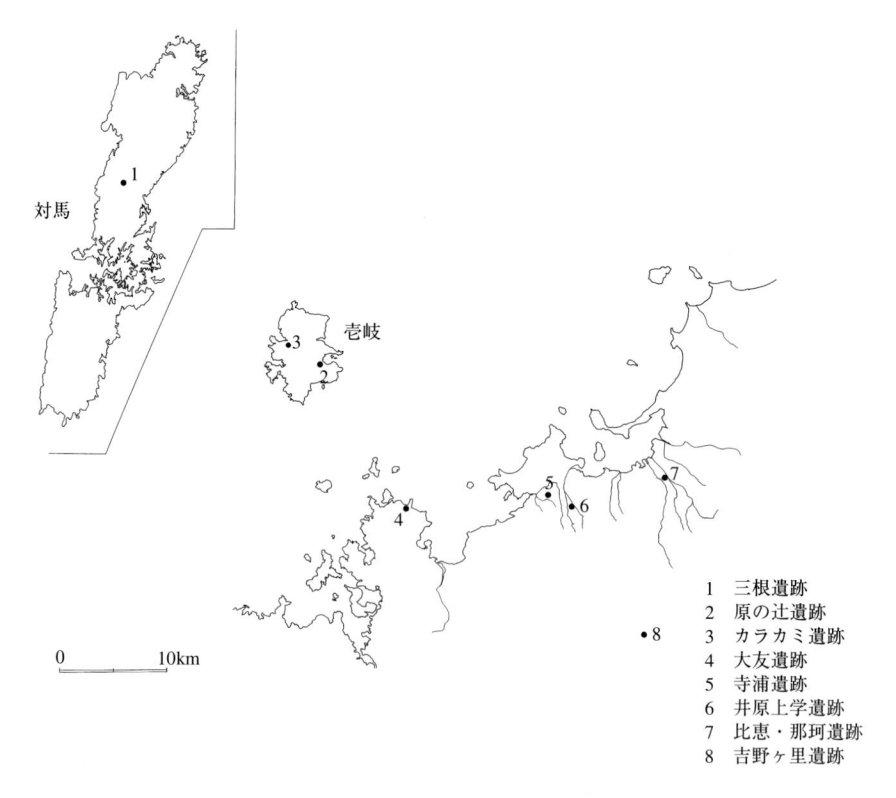

1 三根遺跡
2 原の辻遺跡
3 カラカミ遺跡
4 大友遺跡
5 寺浦遺跡
6 井原上学遺跡
7 比恵・那珂遺跡
8 吉野ヶ里遺跡

図7 本書で分析を行った主要な遺跡の位置

必要である。それが土器製作・消費単位と遺構との関係性の抽出にもつながるのである。

　北部九州において，弥生時代中期から後期にかけての時期は，環濠集落の大型化など画期となる時期である。吉野ヶ里遺跡など，大型の環濠をもつ集落は，後期段階に最も規模が拡大する。そのような集落構造や組織の変化の局面において，土器生産と消費のありかたに変化が示されるのか，ということは重要な問題で，胎土分析が貢献しうるところは少なくないであろう。

4. 分析データの読み取りのためのモデル

　ところで，蛍光X線分析のデータの読み取りにあたっては，元素の分布のまとまりや相違がみとめられる際にそれがどのような背景から生み出されるのか，ということを想定しておく必要がある。ここでは，土器生産と分配，消費のありかたを胎土分析の結果から評価するため，データの読み取りの際の前提となるモデルを示すことにしたい。

　土器製作の際に，何らかの単位の集団が基礎となって土器を製作する場合，その集団は一定の範囲の材料の採取地を確保していたのだろうか。材料の採取については，水沢の整理（水沢，1992）にもあるように混和材の有無も含めて複雑な問題を含んでいるが，これまでの胎土分析のデータなどからみて，土器製作に携わった集団には一定の材料採取地が存在した可能性は高いと考える。すなわち，北部九州の大型甕棺の胎土分析では，遺跡ごとでも元素分布に微差がみとめられることが多い

第4章　北部九州における弥生土器の胎土分析の研究事例と分析モデル　　49

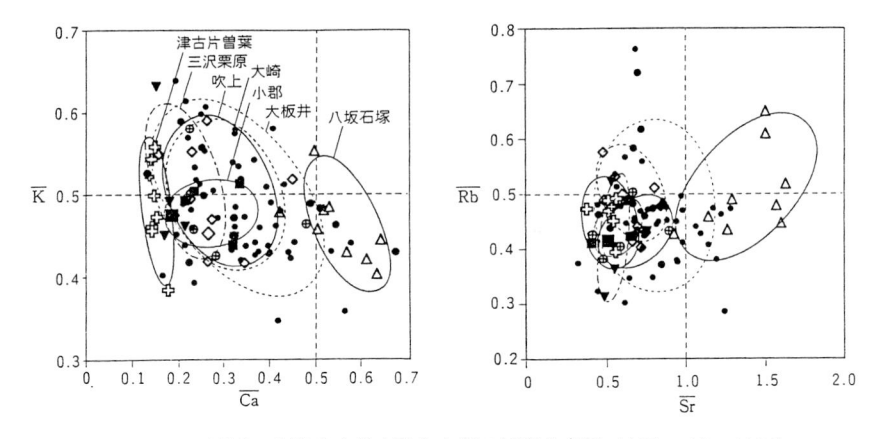

図8　小郡市内出土弥生土器の元素分布図（中園・三辻，1996）

ことが指摘されており(中園・三辻，1996ほか)(図8)，およそ遺跡単位での生産が推測でき，なおかつ土器製作者や製作集団が無秩序に材料を採取したわけではないことがデータからうかがえる。さらに本書の第5章の分析では，佐賀県大友遺跡の墓地で出土する甕棺の分析において，弥生早期から古墳前期にいたるまでおよそ元素分布に大きな変化がみとめられないことからも，材料採取地がある程度決まっていたことは想定できる。

　そうすると，蛍光X線分析で得られた元素のまとまりは，およそ一定の範囲の材料採取地の化学的特性を示していると推測される。そして製作された土器が集落内や集落間で消費され分配される際に，元素のまとまりやパターンに違いが生じることが予測できる。

　そのような胎土分析のデータと，土器生産と分配の対応のモデルの構築を行った研究は管見ではあまりみられないが，土器の岩石学的分析で著名なイギリスのピーコックによるイギリス鉄器時代土器の商業的生産と分配を主張した研究に対して，ケイグル Cagle が再検討を行った研究は参考になる (Cagle, 1992)。そこでは，土器生産と分配のモデルとして，ヒルフォート（城塞集落）が土器の再分配の機能を果たす場合と，市場などを通じて商業に生産と分配が行われる場合，そして各地でローカルな生産と消費が行われる場合のモデルを想定し，胎土分析のデータによってモデルの検証を試みている。その結果，ピーコックが示したように，土器が商品として広域に流通したと限定されず，在地生産も含めた複雑な土器生産と分配が行われたと結論づけた。

　そこで，遺跡内や遺跡群間出土の土器の蛍光X線分析を行った際，土器生産と消費のありかたの違いがどのように元素分布に示されるのか，ということを検証するために，まず土器生産と分配のありかたをケイグルのモデルを参考にして以下のように設定した。

① 土器が，環濠集落など拠点的集落によって集中的に生産され，ほかの衛星的集落に分配[2]され

---

2) ポラニー Polany やサーリンズ Sahlins らの定義によれば (Polany, 1977; Sahlins, 1972)，文化人類学，経済人類学などにおける「再分配」は，物資が一旦首長などエリート層や中央組織のもとに集積され，その後下位の者に分配されることで，上下関係を維持するありかたを指すが，縄文土器や弥生土器の場合，そ

② 各集落で作られた土器が商品や交易品として，市 (market) を媒介として各集落に流通する。
③ 土器生産が居住単位や集落，集団単位で行われ，基本的にはその中で消費される。

そこで，①～③に対応した土器生産の形態や規模，材料採取方法について想定をしてみると，

① の場合には，およそ拠点的集落と同じ数の材料採取地がある。集落内で製作された後に，拠点的集落内とその衛星的集落に分配されると考えられる。
② の場合には，材料の採取地や消費地は生産地に近接しており，採取は集約的に行われたか，あるいは各集落単位で分散して行われたと想定される。土器は市などを媒介して分配され，土器が複雑に流通する場合も考えられる。
③ の場合には，材料の採取地が比較的多く存在しており，土器は集落内の比較的狭い範囲で分配され消費されたと想定される。

これをもとに，元素のうち Ca, K の分布を例にとり，土器生産と消費に対応する元素分布のパターンを次のように想定してみた(図9)。なお，元素分布に表れるパターンは，「集落」や「単位集団」，「世帯共同体」などどのレベルの集団に対応するかがまだ不明な点が多く，以下の想定中では「集団」として一括しておく。

α： 土器製作集団 X あるいは Y の一方のみが土器を集中的に生産し，他に分配・供給する場合。前出のパターンでは，① に相当する。
β： 土器製作集団 X と Y によって製作された土器が，その集団の範囲に収まることなく，他の集団や集落との間にも分配や交換がなされ，複雑な動きをする場合。前出のパターンでは，② に相当する。
γ： ある土器製作集団 X・Y が製作した土器が，その集団単位を基礎として自己完結的に内部で消費される場合。前出のパターンでは ③ に相当する。

これは，遺跡内や複数の遺跡間出土土器の蛍光 X 線分析の結果を想定したものである。土器生

うした物資の流れは明確には想定しづらい。ただし，首長のようなエリート層や中央組織を介在しない「分配」，すなわち集落間での分業や，集団間や集団内で作られた土器が集落の機能や組織に応じた必要性から，自律的な過程として分配されることも考えられる。土器の生産は，大規模な専業的生産であれ，小規模な自家消費的生産であれ，おそらく居住するすべての人が土器を製作したわけではなく，製作技術をもつある程度限られた人物が製作を行った可能性はあり，さまざまなレベルでの「分配」行為が想定されうる。また儀礼的な意味合いから，土器が特定の場所に集められ分配される状況も考えられる。こうした事象を考古学的に見出すことは難しいが，本書では，こうしたさまざまなレベルでの土器の動きを含んだ広義の「分配」という用語を用いる。

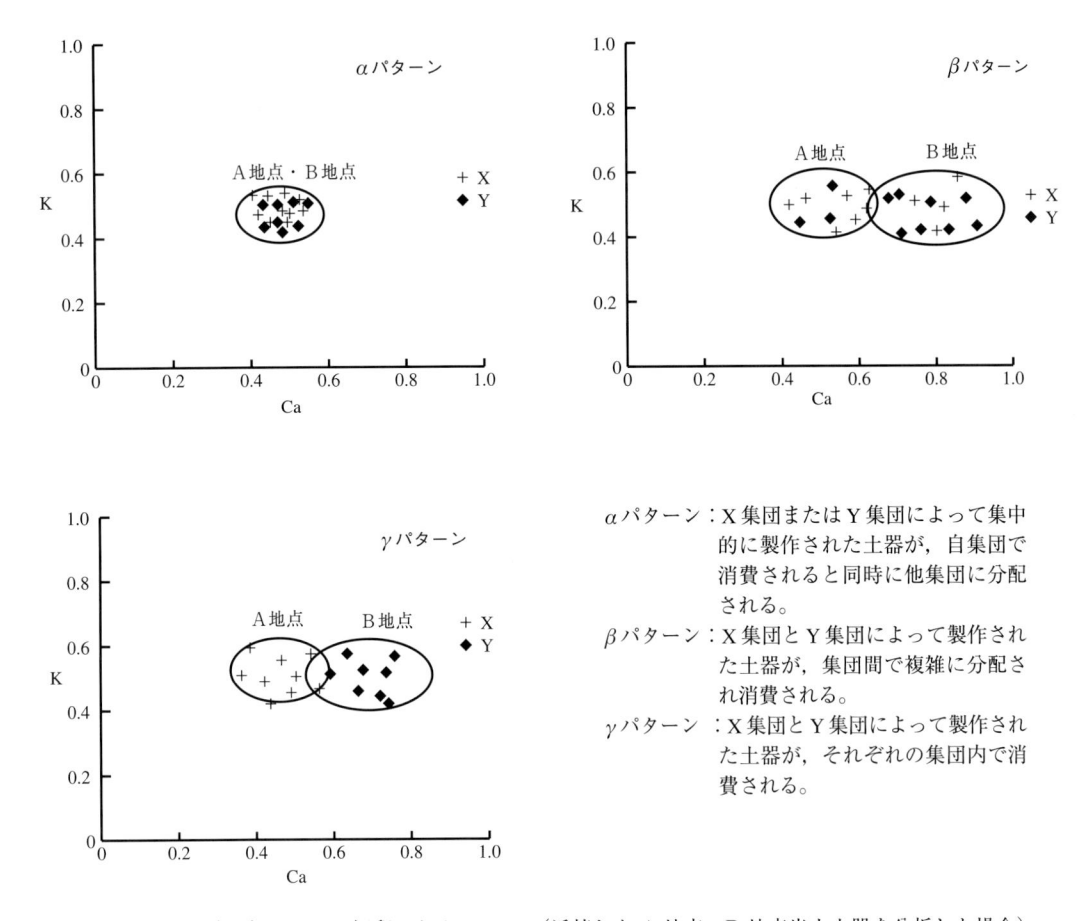

図9 蛍光X線分析データの解釈のためのモデル（近接したA地点，B地点出土土器を分析した場合）

αパターン：X集団またはY集団によって集中的に製作された土器が，自集団で消費されると同時に他集団に分配される。
βパターン：X集団とY集団によって製作された土器が，集団間で複雑に分配され消費される。
γパターン：X集団とY集団によって製作された土器が，それぞれの集団内で消費される。

産がある程度分散的に行われる場合には，βやγのように材料の産地も複数存在することになり，元素の分布も分散するが，土器が生産された後に自らの集団内で消費されたか，あるいは集団間で複雑に分配されたかで分布のありかたは異なると考えられる。さらに，内容物のある土器を携えた人々が，集落間を行き来して廃棄することがあれば，遺跡間の元素分布は複雑になると推測される。ただし土器自体が複雑に分配・流通したか，あるいは人々の動きの結果とみるべきかという問題は，近接した遺跡間では解釈が困難であることが多い。

それに対して土器が特定集落で集中的に生産され，周辺に分配される場合には，材料の採取地もある程度限られ，複数の遺跡間でも元素の分布も集約的になると考えられる。そこでこのようなモデルを想定したのだが，あくまでも土器製作の際の材料の選択方法に一定のきまりをもち，それがデータに反映されるという前提によるものであり，この想定が適切かどうかは考古学的な検証も必要となる。実際の分析では，形態などの考古学的な検討も加味してデータの評価を行いたい。

なおデータの読み取りの際に注意すべきなのは，地質の状況である。特にβのような状況の場合，モノや人が複雑であることとデータが関連すると同時に，材料を採取した地点での地質の複雑さを

示している可能性も捨てきれない。これまでの窯跡出土須恵器の分析では，同じ窯跡で出土する土器の化学特性は近似することがわかっており，同じ生産地で化学特性に大きなばらつきが生じることは考えにくいと現段階では推測しているが，一応念頭に置いておくべきであろう。また先述したモデルでは扱っていないが，材料としての粘土や混和材が別の場所から採取され，移動する場合もあるならば，問題はさらに複雑になる。その点は前述したように水沢が詳細な検討を行っており(水沢, 1992)，地質学的な研究成果なども照合しつつ個々の状況を推定しなくてはならない。設定したモデルと対応しない場合も想定され，その場合には無理にモデルにあてはめることは行わない。

さらに，窯跡の検出が困難な弥生土器の場合，蛍光X線分析を行うとしても単一の生産単位を表す元素分布の広がりがどの程度に及ぶか，という問題に対する評価には，難しさが伴う。三辻の分析によると，1基の窯跡から出土する須恵器の元素分布は，±3Σ(標準偏差)程度のばらつきをもつことが指摘されている(三辻, 1989)。JG-1標準化値で表示すればRbやSrはおよそ0.2から0.3程度の幅をもつようである(図10)。須恵器は弥生土器と製作技術も生産体制も異なるため，直接窯跡のデータと弥生土器のデータを比較することはできないが，同一の産出地からの材料は少なく見積もってもその程度の変異をもちうるという点は留意しておきたい。

そして第2章でも触れたように，アーノルドが製作工房と材料採取地との距離から，製作にかかるコストと，土器生産が専業化へ移行するシステムについて論じている(Arnold, 1985)。土器生産と分配，消費システムにおける採取地と土器製作地の距離的な変異との関係も重要な課題である。そこで，材料採取地と土器製作地，消費地との関係性については，薄片観察に基づく岩石学的な分析によって材料採取地を把握し，土器生産と分配，消費システムに及ぼす影響や作用についても検討を行う。

なお，胎土分析の結果を解釈する際，混和材の評価をどのように行うかが問題とされるが，本書中の分析では土器が出土した地点からやや離れた地点で材料を採取したと推測される事例もあるものの，混和材としての砂を粘土と別の地点から採取した，と判断される事例は見出すことができなかった。現段階では，弥生土器製作の際に砂などが混和材として意図的に混ぜられたとしても，その採取は粘土採取を行った地点からはさほど距離的に離れていない地点であり，地質的に類似した地点から採取されることが多かったと推測している。

以下で主に扱う北部九州における弥生土器の編年は，現在では森貞次郎による編年(森, 1966)を基礎に，前期では田崎(田崎, 1994)，中期では田崎(田崎, 1985)や武末純一(武末, 1987)，後期には柳田康雄(柳田, 1982・1987)らの研究や整理を主軸として形作られたといってよい。また，弥生終末から古墳前期にかけては，在地の西新式土器とともに，畿内の庄内系・布留系の動態を加味した編年も久住猛雄によって提示されている(久住, 1999a)。弥生前期土器の編年は現在でも議論が続いており，また弥生後期終末や古墳初頭の編年は研究者によって相違もみられるが，およそこれらの先行研究の編年観に従う。

第4章 北部九州における弥生土器の胎土分析の研究事例と分析モデル　53

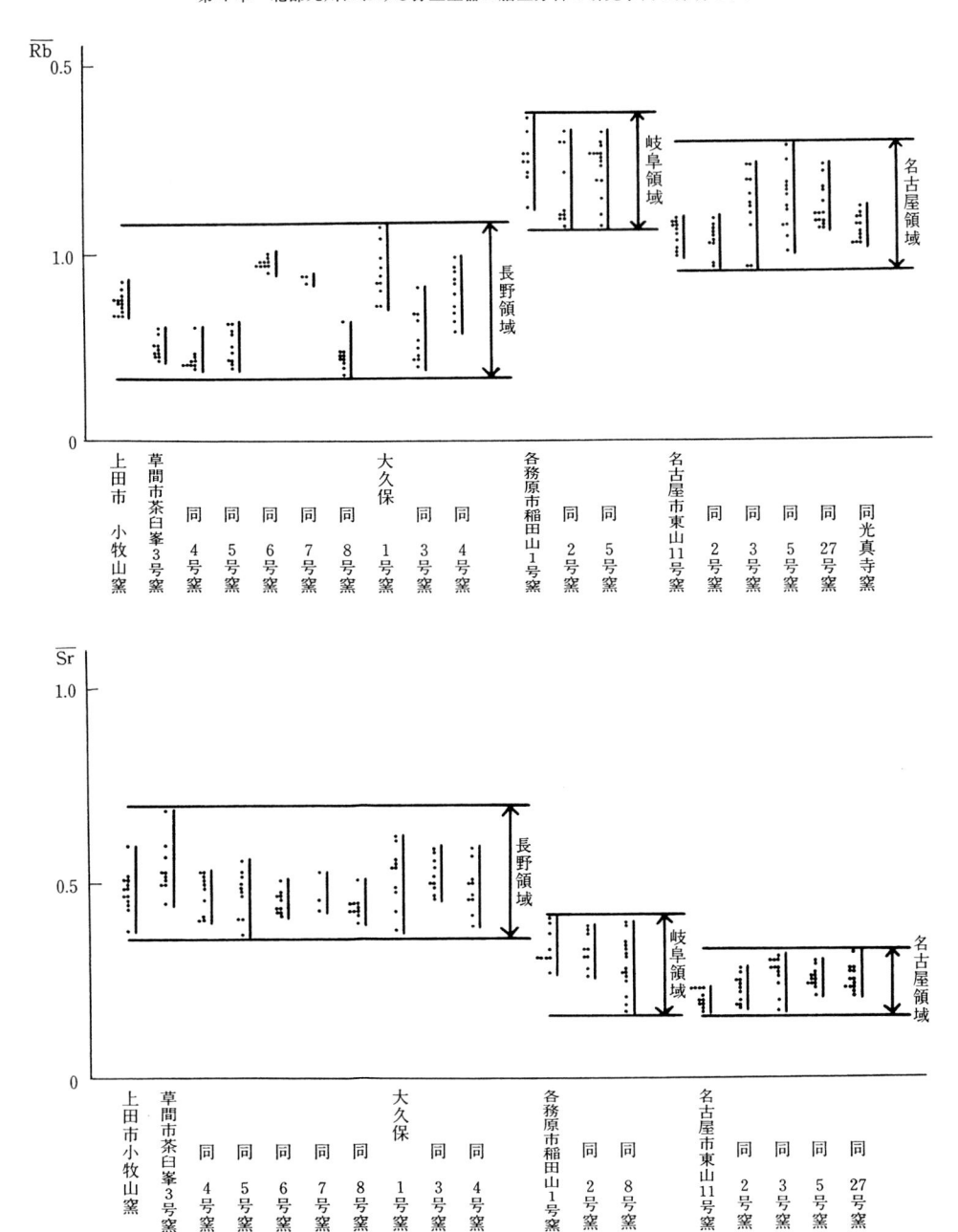

図10　窯跡出土須恵器にみられる Rb, Sr 値の変動（三辻，1989）

5. 遠隔地間での土器の移動に関するモデル

次に，遠隔地間での人や情報，土器自体の移動に関するモデルも想定しておきたい。第6章で扱う国内で出土する楽浪系土器や朝鮮半島系土器は，産地が明らかでなく，また胎土に関するデータも不足している。ここでの分析は，土器の産地推定というよりも，日本で出土した楽浪系土器や朝

鮮半島系土器の流入のありかたを理解する手がかりとなりうるデータを収集し，解釈を試みるものであり，仮説の域を出ないが胎土分析から把握できる点を提示するのにつとめたい。

　朝鮮半島の無文土器は，酸化焔焼成という，日本の弥生土器とほぼ同じ技術によって焼成されたものである。したがって，胎土中の鉱物は比較的よく残存しており，蛍光 X 線分析とともに岩石学的分析を行い元素組成と鉱物組成の両面から土器の移動を検討することができる。

　しかし問題となるのは，窯によって焼成された，朝鮮半島原三国時代の三韓系瓦質土器や楽浪系土器に対する評価である。瓦質土器や楽浪系土器は，高温焼成で基質がガラス化しており，胎土も精選されているため，岩石学的な分析によって材料の鉱物組成を把握し，採取地の手がかりを得ることは不可能に近い。したがって，第 6 章では蛍光 X 線分析による元素分布の読み取りから流入のありかたを推測する。

　以下では国内で出土した瓦質土器や楽浪系土器に問題を絞り，弥生の集落遺跡や墓地遺跡で瓦質土器や楽浪系土器が出土するコンテクストやプロセスについて，考古学的な状況と胎土分析との整合性からモデルを想定してみたい。特に土器の移動に関して注意されるのは，土器自体が交易品として持ち込まれ，あるいは内容物の運搬に伴って土器が移動したのか，あるいは土器が動くのではなく土器に関する情報が移動したことを示すのか，という点が胎土分析から判別できるかどうかである。土器が交易品であるか，あるいは内容物をともなっていたのかという判断は具体的な内容物が検出されないかぎり困難である。一方，土器が搬入品であるかどうかは，在地の弥生土器との胎土の比較をつうじて推測できるかもしれない。

　そこで，土器が搬入されたか，または在地で製作されたか，という点を軸にしてパターンを想定すると，実際には複雑なありかたが推測されうるものの，おおまかにみて以下の 3 つが考えられよう。

① 　楽浪郡や朝鮮半島からの訪問者や移住者によって，故地で製作された瓦質土器や楽浪系土器が持ち込まれる。
② 　楽浪郡や朝鮮半島からの移住者や訪問者が，移住先や訪問先（弥生社会）で故地（楽浪郡・朝鮮半島）の土器を作る。
③ 　弥生社会の内部で，弥生社会の人々が交流の過程で楽浪郡や朝鮮半島の製作技術を理解し，朝鮮半島の土器を製作する。

こうしたモデルの検証には朝鮮半島側の生産地のデータの蓄積が不可欠と考えるが，現時点では困難である。そこで，土器の流入のありかたに対応したデータのパターンを想定しておく必要がある。特に蛍光 X 線分析に関しては，考古学的な状況に応じて元素分布がどのような挙動をとるかを考慮しておくことが必要であろう。

　そこで，①のように，楽浪系土器や朝鮮半島系土器が楽浪郡や朝鮮半島から搬入されたと想定できる場合は，土器の様式的な特徴や出土状況，胎土のデータの相違との関係が次のように現れるこ

とが推測される。

X① 弥生土器と楽浪系土器，朝鮮半島系土器が同一遺跡あるいは近接した地点で出土した場合，蛍光X線分析による元素分布が弥生土器と楽浪系土器，朝鮮半島系土器の間で明確に違いがみられる。あるいは鉱物組成などからみても双方の違いが確認できる。

X② 蛍光X線分析による元素分布や鉱物組成が，考古学的な地域色の相違に対応する。すなわち，楽浪系土器や朝鮮半島の東海岸域，西側の海岸地域における土器の違いなど，地域差に対応する元素分布や鉱物組成の違いやまとまりがみられる。

一方，②や③のように，朝鮮半島からの搬入品とは想定しづらく，弥生社会の中で楽浪系土器や朝鮮半島系土器の製作が考えられる場合には，様式的な特徴や胎土の相違に関して次のような状況になると考えられる。

Y① 弥生土器と楽浪系土器，朝鮮半島系土器が，在地の弥生土器とも比較的近い元素分布や鉱物組成を示す。

Y② 楽浪系土器や朝鮮半島系土器において，形態や文様などから想定されるような土器の地域差が，蛍光X線分析による元素分布や鉱物組成の違いと対応しない。

さらに，胎土だけでなく考古学的にみても朝鮮半島系土器の一部に技術の変容がみられ，弥生土器の製作技術の一部の特徴も備える場合には，いわゆる折衷的な様相(中園，1993)を示すものとして，弥生社会の中での土器製作が想定できよう。そして，在地製作と搬入品との識別，および情報や製作技術を含めた「在地」性の評価には，前に挙げた水沢のモデル(水沢，1992・2002)も適用したい。

このように，胎土分析の解釈には，モノの移動であるのか，あるいは人や情報の移動であるのかを判断するためのデータの読み取りが必要となり，胎土分析のデータや考古学的な状況をふまえることで，整合性のある解釈への道筋は示されると考えられる。

第5章

弥生土器の胎土分析の実践

第1節　弥生時代の葬送行為の解明にむけた胎土分析
——佐賀県大友遺跡出土土器の分析——

1. はじめに

　甕棺葬は弥生時代の北部九州で顕著に発展した墓制であり，墓地の形成過程や副葬品の意義，人骨の形質学的系譜など，弥生時代研究にもたらされる情報は多い。甕棺の材料の採取や成形，焼成がどのように行われたのか，またそこにはどのような葬送儀礼や社会的意義があったのか，という問題には，考古学的分析とともに，胎土分析など自然科学の分析を加味することで，より詳細で重要な所見が得られる。

　北部九州の甕棺の胎土分析は，前章でも述べたように，春日市門田遺跡およびその周辺遺跡の甕棺の胎土分析を嚆矢とする(沢田・秋山, 1978)。最近では主に三辻と中園らによって筑後地方の甕棺を対象として蛍光X線分析がすすめられており，それぞれ重要な成果が挙げられつつある(c.f. 中園ほか, 1994; 三辻, 1994; 中園・三辻, 1995)。

　そこで甕棺の生産と供給の関係，甕棺の製作技術や葬送儀礼との関連などを明らかにする目的で，九州大学考古学研究室によって調査された佐賀県大友遺跡出土の甕棺やその周辺で出土した土器を対象として胎土分析を行った。大友遺跡は，佐賀県唐津市呼子町に所在する弥生時代を中心とした埋葬遺跡である。支石墓や甕棺墓，土壙墓，箱式石棺墓などから構成され，海岸沿いの砂丘上に位置することから人骨の残りがよく，弥生人の形質的な系譜を考える上でも重要な資料を提供している遺跡である。

2. 分析試料

　大友遺跡第5次・第6次調査出土(宮本編, 2001・2002)の甕棺および供献土器，流路状遺構SK32などから出土した土器26点に対して，口縁部や胴部から試料を採取した(図11・12)。分析試料は，表2にも示されるように，弥生早期から古墳前期までの土器片を含むが，主体となるのは弥生前期から中期の甕棺である。なお，大友遺跡甕棺は口頸部や胴部上半部を打ち欠いたものがあるが，壺形土器の口頸部や胴部上半部を打ち欠いて甕棺に用いる風習は，弥生時代前期に多くみとめられるものであり(高木, 2003)，これらはおよそ弥生前期の範疇に収まるものとみてよいであろう。

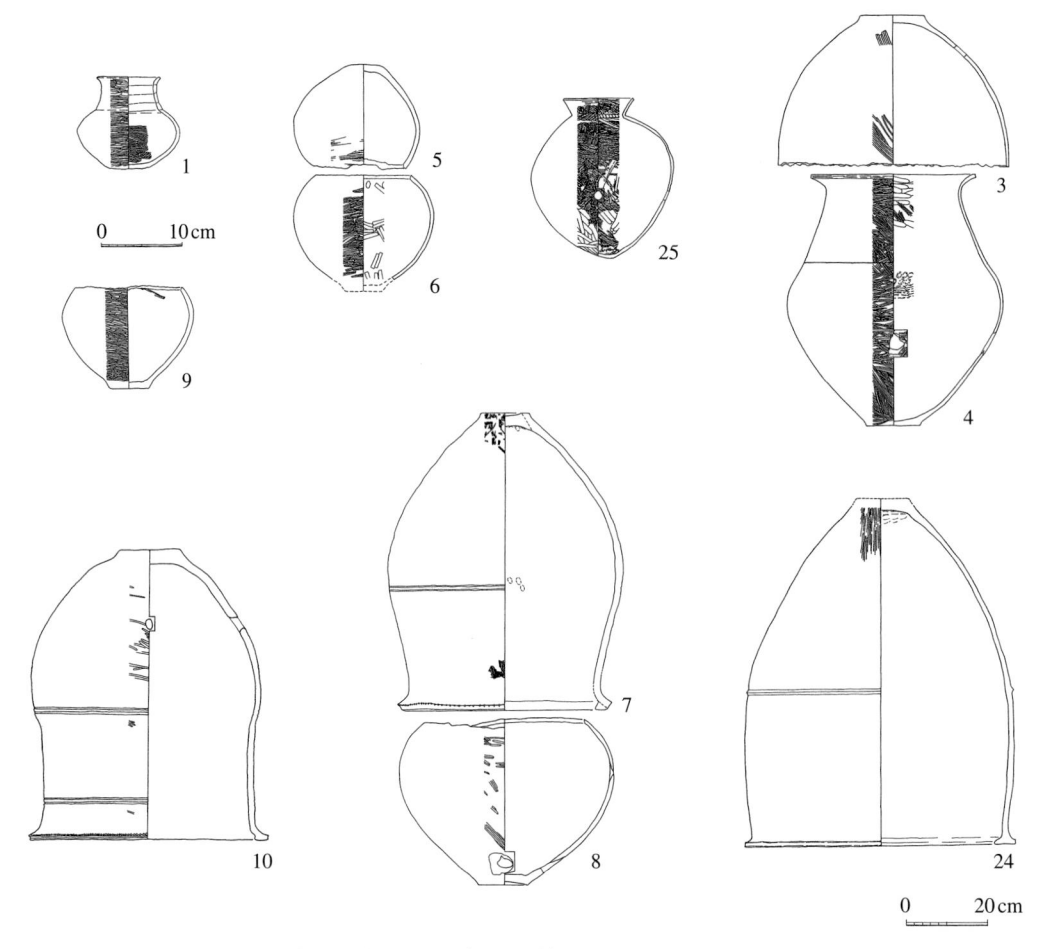

図 11　分析を実施した土器(5次調査)(図中の番号は表2のNo.と対応)

3. 分析結果と考察

3.1 蛍光 X 線分析

すべての試料の蛍光 X 線分析において得られた元素値のうち,材料の地域差を最も反映すると考えられる K-Ca,Rb-Sr の4元素の分布に着目し,それぞれの2次元分布図を示す(図13)。全体的には K が 0.4 から 0.6,Ca が 0.5 から 1,Rb が 0.3 から 0.6,Sr が 0.6 から 1.5 に多く分布しており,やや Ca が高い値を示しているといえる。ただし古墳時代前期の1号支石墓4号甕棺(壺棺)は,分布図の右側に大きく離れて位置しており,他の試料とは用いられた材料が異なることは明らかである。なお元素の分布は,弥生早期から古墳前期にかけて通時的に大きく変化することはないようで,比較的長期間にわたって類似した材料を採取し使用したことが推測される。ただし,中期の甕棺は,若干 Fe が高い値を示すようである。

次に甕棺製作の際の材料の選択について,上下の甕棺を製作する際にどのような材料の選択が行

第 5 章　弥生土器の胎土分析の実践　　　　　　　　　　　　　　　　　　　　　　59

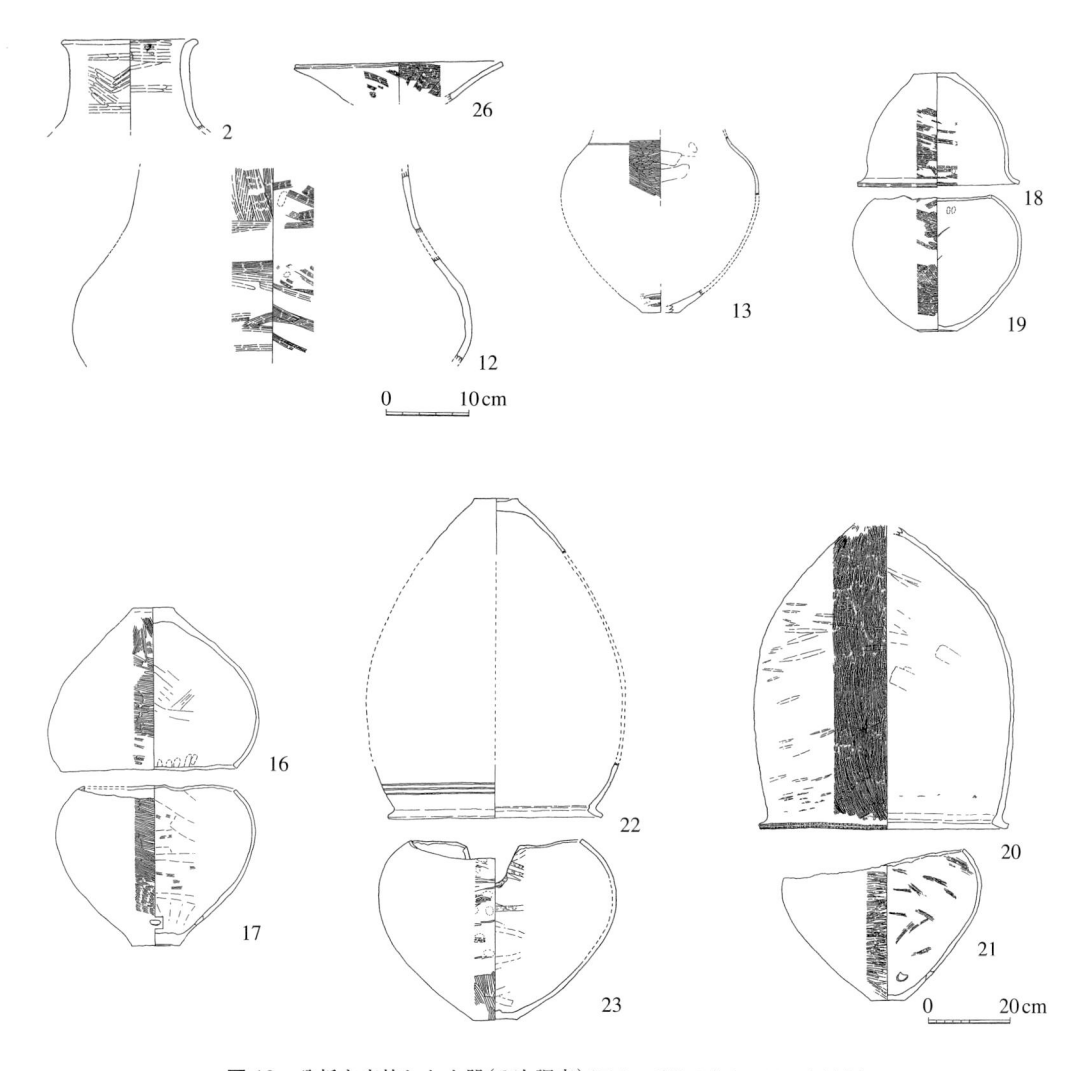

図 12　分析を実施した土器(6 次調査)(図中の番号は表 2 の No. と対応)

われたのかを検討してみよう。筑後地方の甕棺の蛍光 X 線分析でも指摘されるように，甕棺が上下で組み合わさっている場合，土器製作の際に 2 つの棺を同じ材料を用いてほぼ同時に製作したのか，あるいはあり合わせのものを使用するなど異なる材料で製作された甕棺を使用したのか，ということは，葬送儀礼を考える上で興味深い問題となる。

　そこで，甕棺の上下の組み合わせと元素分布の類似度の関連を K-Ca，Rb-Sr の分布で示したのが図 14 である。図中に示した番号は甕棺の遺構番号であり，同一遺構での上甕と下甕の対応は直線で示している。今回の分析では，1 号支石墓 2 号，11 号，19 号，30 号，35 号甕棺の上下棺が元素分布において近接した位置にあり，上下棺の製作に等質な材料を用いたことが推測される。11 号の上下甕棺は肉眼による観察でも色調や調整，表面上の砂礫など類似した印象を与えるものである。しかし，30 号甕棺の上甕と下甕とは形態が異なり，また調整や色調においても，上甕は外面と内面に

表 2 大友遺跡出土土器の分析試料と蛍光 X 線分析データ

No.	遺構	器種	K	Ca	Fe	Rb	Sr	Na	備考
1	6 号支石墓	壺	0.512	0.999	2.71	0.439	1.41	0.397	夜臼式壺
2	SK12 付近	壺	0.573	0.826	2.50	0.522	0.84	0.124	夜臼式壺
3	11 号甕棺	甕棺（上甕）	0.594	0.983	1.88	0.478	1.53	0.444	
4	11 号甕棺	甕棺（下甕）	0.463	1.060	2.09	0.403	1.46	0.339	
5	1 号支石墓 2 号甕棺	甕棺（上甕）	0.551	0.748	1.39	0.508	1.30	0.319	
6	1 号支石墓 2 号甕棺	甕棺（下甕）	0.519	0.775	1.84	0.437	1.12	0.121	
7	1 号支石墓 1 号甕棺	甕棺（上甕）	0.516	0.509	1.77	0.607	0.75	0.161	
8	1 号支石墓 1 号甕棺	甕棺（下甕）	0.580	0.684	0.84	0.457	1.09	0.124	
9	1 号支石墓 3 号甕棺	甕棺	0.520	0.747	2.56	0.622	0.84	0.202	
10	2 号支石墓 1 号甕棺	甕棺（上甕）	0.614	0.815	1.41	0.515	1.44	0.342	
11	SK32	壺	0.428	0.462	1.90	0.436	1.13	0.250	
12	SK32	壺	0.715	0.519	2.20	0.676	0.73	0.236	夜臼式か。丹塗り
13	SK32	壺	0.513	0.845	1.38	0.516	1.22	0.140	
14	43 号土壙墓	壺	0.594	0.556	1.25	0.501	0.96	0.173	
15	14 号甕棺東側	壺	0.513	0.840	1.93	0.643	1.03	0.242	
16	35 号甕棺	甕棺（上甕）	0.620	0.822	1.00	0.565	1.56	0.329	
17	35 号甕棺	甕棺（下甕）	0.610	0.690	1.20	0.519	1.30	0.201	
18	30 号甕棺	甕棺（上甕）	0.540	0.652	3.05	0.385	0.89	0.220	
19	30 号甕棺	甕棺（下甕）	0.446	0.522	1.60	0.353	0.92	0.203	
20	19 号甕棺	甕棺（上甕）	0.429	0.937	3.44	0.449	1.02	0.109	城ノ越式甕棺
21	19 号甕棺	甕棺（下甕）	0.426	0.973	1.89	0.369	1.33	0.183	
22	24 号甕棺	甕棺（上甕）	0.418	0.966	2.86	0.247	1.04	0.226	城ノ越式甕棺
23	24 号甕棺	甕棺（下甕）	0.577	0.775	1.12	0.529	1.33	0.343	
24	14 号甕棺	甕棺	0.487	1.070	3.02	0.402	1.28	0.274	汲田式甕棺
25	1 号支石墓 4 号甕棺	壺棺	0.295	1.370	1.68	0.324	2.36	0.298	古墳前期
26	SK32	高坏	0.429	0.967	2.28	0.478	1.41	0.252	古墳前期

ハケメを残し，赤みが強い色調であるのに対して，下甕は基本的にミガキやナデでハケメを消すなど仕上げや質感がやや異なる。色調の違いは，鉄 (Fe) の量の違いによるものと思われる。また 19 号甕棺では，上甕に大型棺を用いているのに対して，下甕には壺を打ち欠いたものを用いている。上甕と下甕は K-Ca，Rb-Sr の分布では近接するので，等質な材料を用いたと思われるが，胎土の色調は若干異なり，これも鉄の量の違いによるものと考えられる。

このように，4 元素の組み合わせで近接しており，肉眼で胎土を観察しても類似している上下棺は，埋葬に際してほぼ同時に，同じ材料で上甕と下甕を製作した，と想定してよさそうである。しかしながら，4 元素の組み合わせで近接しつつも，Fe の量が異なるような個体については，どのように評価すればよいのであろうか。このような違いは，現段階では明確には評価しがたいものの，器種に応じた土器製作の差異化や葬送の際の甕棺製作のタイミングの違い，発色を意識した材料の選択などがあったことを示すのかもしれない。なお同一の支石墓の下部構造としての甕棺間の関係については，1 号支石墓 3 号甕棺は，1 号支石墓 1 号甕棺に比較的近い位置に分布している。また，1 号支石墓 1 号甕棺や 24 号甕棺の上下棺は，4 元素間でやや分布が離れており，表面の色調や砂礫を

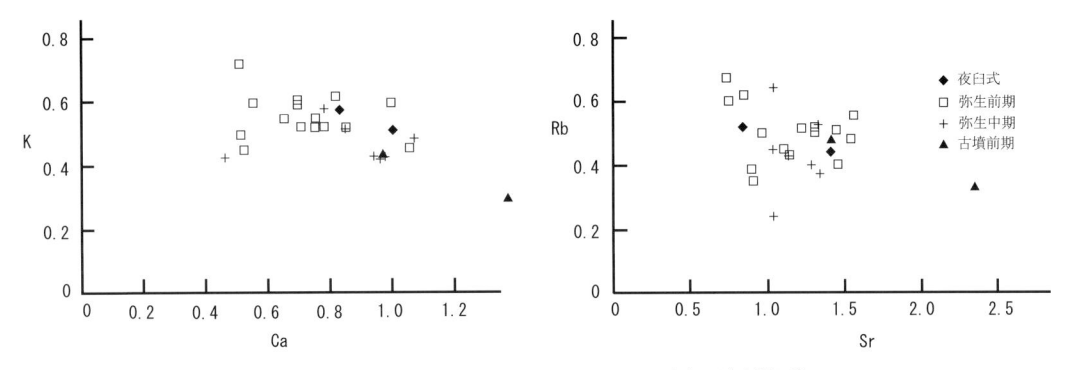

図 13　大友遺跡出土土器の K-Ca, Rb-Sr 分布図（時期別）

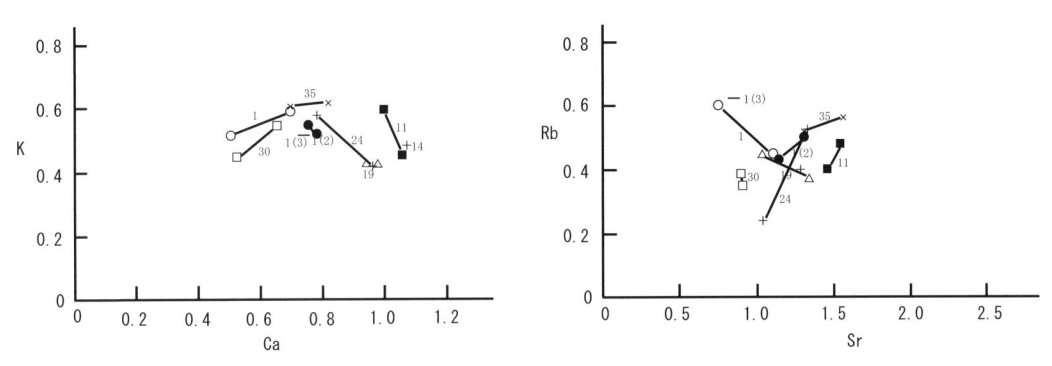

図 14　大友遺跡出土甕棺の K-Ca, Rb-Sr 分布図（数字は遺構番号）

観察しても若干異なる印象を与えるものである。

　甕棺の上下棺のデータの比較の検討の結果，上下棺にはほぼ同じ材料が用いられた事例が多いようであるが，一方では若干材料が異なると考えられる上下棺も少ないながら存在する。その場合，他とは異なるプロセスで葬送儀礼が行われたことを示すのかもしれない。それが階層や出自など，社会的な背景によるものである可能性もあるが，具体的な評価のためにはさらなる分析の蓄積が必要であろう。また SK32 の流路状遺構出土土器は，元素分布に若干ばらつきがあり，複数の遺構に伴う土器が流れ込んだ結果であると考えられる。

　なお表面の砂礫を観察すると，石英や長石，微細な雲母粒が含まれるものが多いが，1 号支石墓3 号甕棺や 30 号甕棺下甕のように 2〜3 mm の金色の光沢をもつやや大粒の雲母粒（金雲母）が含まれるものもある。しかしそれらは蛍光 X 線分析値で他の試料と特に異なる傾向をもつというわけではなく，ここでは大粒の雲母粒の存在が材料の違いを示す明確な指標となるわけではないようである。

3.2　岩石学的分析

　偏光顕微鏡下では，いずれの試料も石英，長石，黒雲母，白雲母，褐鉄鉱といった鉱物がみられ，

表3 各分析試料の鉱物組成

No.	石英	斜長石	カリ長石	褐鉄鉱	黒雲母	白雲母	磁鉄鉱	角閃石	輝石
1	◎	△	◎	○	△	△	−	+	+
2	◎	△	◎	◎	△	△	−	+	+
3	◎	△	◎	○	△	△	−	+	+
4	◎	△	◎	◎	△	△	−	+	+
5	◎	△	◎	△	△	△	+	+	+
6	◎	△	◎	○	△	△	−	+	+
7	◎	△	◎	○	△	△	+	+	+
9	◎	△	◎	○	△	△	−	+	+
10	◎	△	◎	○	△	△	+	+	+
11	◎	△	◎	○	△	△	+	+	+
12	◎	△	◎	○	△	△	−	+	+
13	◎	△	◎	◎	△	△	+	+	+
14	◎	△	◎	○	△	△	−	+	+
15	◎	△	◎	○	△	△	+	+	+
16	◎	△	◎	○	△	△	−	+	+
17	◎	△	◎	△	△	△	+	+	+
18	◎	△	◎	○	△	△	+	+	+
19	◎	△	◎	○	△	△	+	+	+
20	◎	△	◎	○	△	△	+	+	+
21	◎	△	◎	○	△	△	+	+	+
22	◎	△	◎	○	△	△	+	+	+
24	◎	△	◎	○	△	△	−	+	+
25	◎	○	◎	○	△	△	+	+	+
26	◎	△	◎	○	△	△	+	+	+

◎…多量　○…多量〜中程度　△…少量　+…あり　−…なし

1〜3 mm 程度の大粒の砂礫は，石英や長石類が多い(表3)。また角閃石や輝石といった有色鉱物も比較的よくみとめられる。

　製作のための材料採取に関しては，土器焼成遺構や粘土採掘に関連する遺構が検出されていないので，まだ明確に断定はできない。しかし，薄片中には，花崗岩起源と思われる粒子がみられる。したがって，花崗岩や花崗閃緑岩のような地質の地点での材料の採取が想定される。ただし，角閃石や輝石も含まれることには注意され，火砕流の堆積物が材料に関与した可能性もある。また蛍光X線分析で異質な分布を示している1号支石墓4号壺棺は，顕微鏡下では他の試料に比べて斜長石の粒子が目立つ(図17-15・16)。斜長石の化学組成は (Na, Ca)(Al, Si)$_4$O$_8$ であり，当該試料において蛍光X線分析によるCaとSrが高い値を示すことと整合する可能性がある。なお斜長石粒子は自形をなしており，安山岩のような火山岩が風化・変成した材料を用いたものかもしれない。

　ところで，大友遺跡周辺はカンラン石玄武岩を主体とする地質である。カンラン石玄武岩は，カンラン石を斑晶とし，輝石，斜長石，磁鉄鉱が周りを埋める構造を呈する。したがって，それが風化を受け粘土化したとしても，大友遺跡の近くで土器製作のための材料が採取されたとは考えにくい。

第 5 章　弥生土器の胎土分析の実践　　63

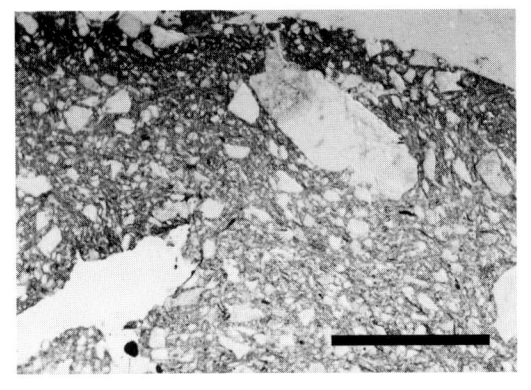

1　No. 1　6 号支石墓夜臼式　壺

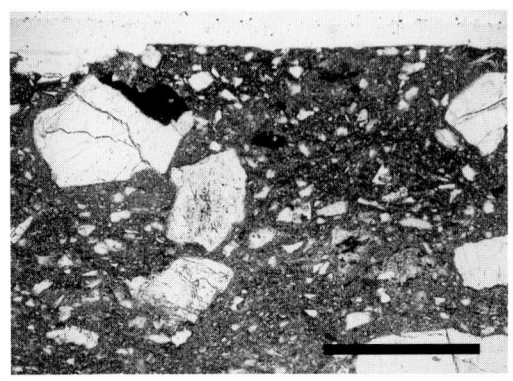

2　No. 13　SK 32 前期　壺

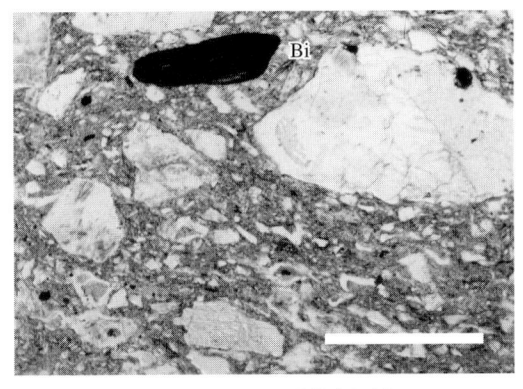

3　No. 3　11 号甕棺(上甕)

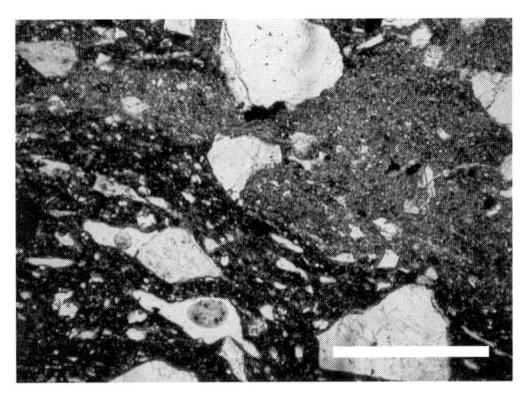

4　No. 4　11 号甕棺(下甕)

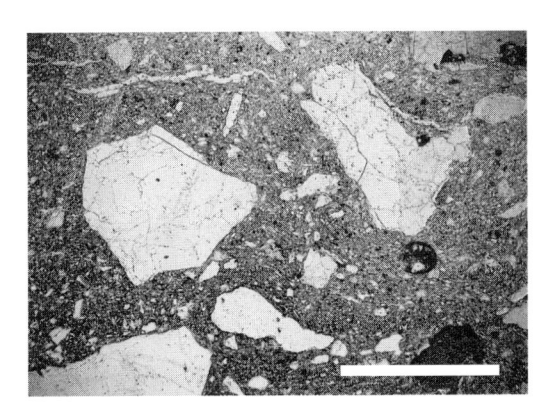

5　No. 10　2 号支石墓 1 号甕棺(上甕)

6　No. 7　1 号支石墓 1 号甕棺(上甕)

図 15　大友遺跡出土土器の偏光顕微鏡写真(スケール約 1.0 mm)
Bi: 黒雲母，Ho: 角閃石

7 No. 18 30号甕棺(上甕)

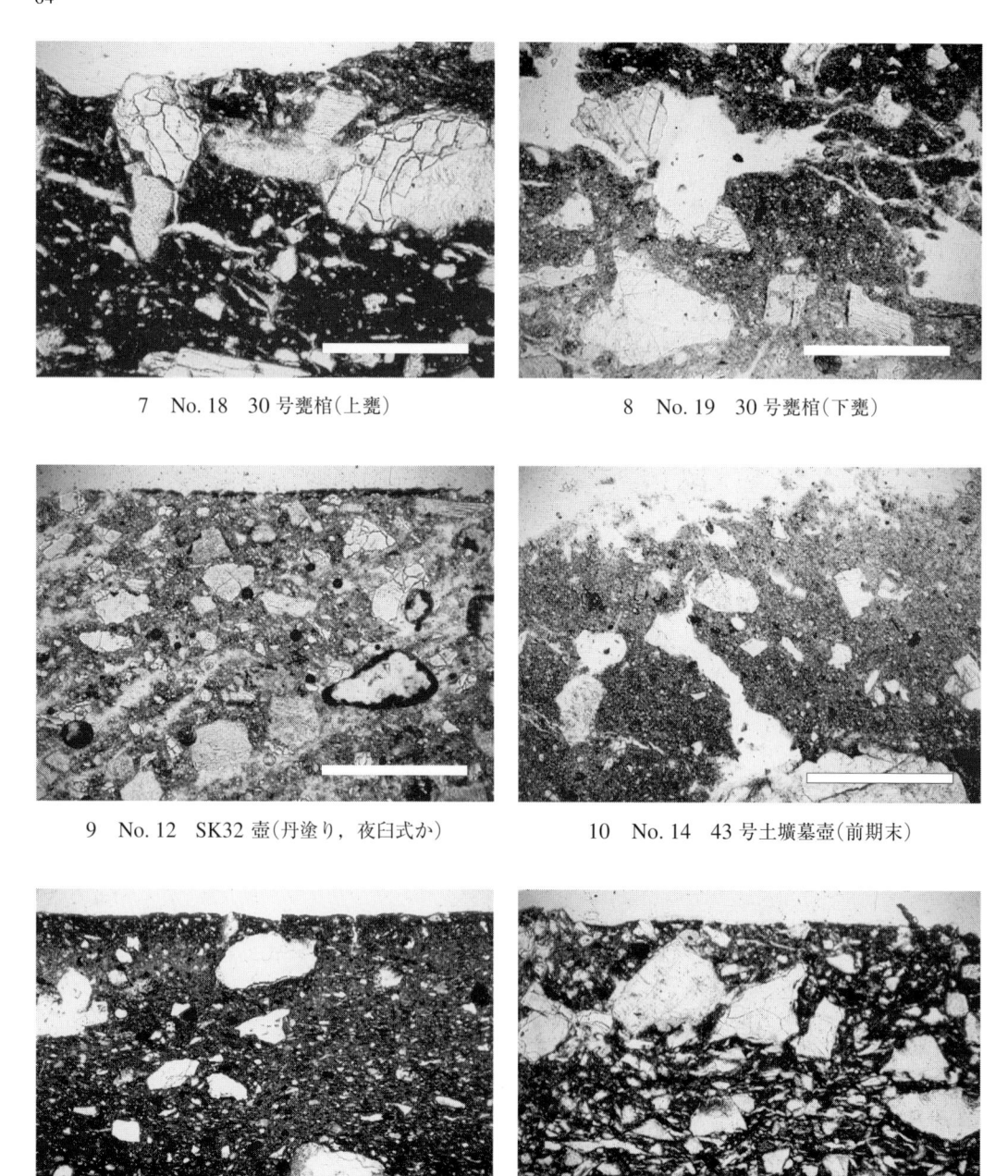

8 No. 19 30号甕棺(下甕)

9 No. 12 SK32壺(丹塗り,夜臼式か)

10 No. 14 43号土壙墓壺(前期末)

11 No. 20 19号甕棺(上甕,中期初頭)

12 No. 22 24号甕棺(上甕,中期初頭)

図16 大友遺跡出土土器の偏光顕微鏡写真(スケール約1.0 mm)

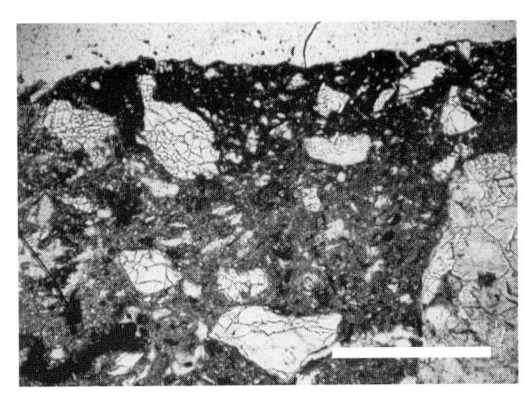

第 5 章　弥生土器の胎土分析の実践　　65

13　No. 24　14 号甕棺（中期初頭） 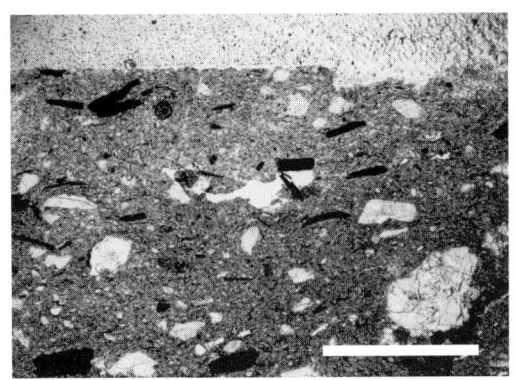　　　　　14　No. 26　SK32 高坏（古墳前期）

15　No. 25　1 号支石墓 4 号壺棺（古墳前期） 　　16　No. 25　1 号支石墓 4 号壺棺（直交ニコル）

図 17　大友遺跡出土土器の偏光顕微鏡写真（スケール約 1.0 mm）
Pl: 斜長石

　次に，各時期の特徴をみると，弥生時代早期に相当する夜臼式の壺は，1 mm 以上の大粒の砂粒はほとんど含まれない（図 15-1）。したがって材料の選択や調整において，大粒の砂粒を取り除くなどの作業が行われたと考えられる。また頸部以上を打ち欠いているものが多い前期の甕棺は，2 mm 前後の大粒の砂粒がやや多く含まれ，粒子の方向性が弱いという特徴がある（図 15-3・4・5・6，図 16-7・8）。なお，11 号甕棺下甕は顕微鏡下で他の赤みの強い基質部とは異なる組織が一部混じっている部分があることが確認され，異なる粘土を混ぜるなどの製作過程の一端を示唆するものかもしれない（図 15-4）。また甕棺以外の器種をみると，壺は大粒の砂礫が含まれることは少ないようで，丹塗りがされた SK32 流路状遺構出土の壺には表面に薄い丹塗り層がみとめられるとともに，胎土中には褐鉄鉱が比較的多くみられる（図 16-9）。

　城ノ越式期に相当する 19 号甕棺上甕は，大粒の砂粒が少なく，砂礫の大きさや方向性がそろう胎土組織である（図 16-11）。蛍光 X 線の分析結果や顕微鏡下での赤みの強い色調から，前期甕棺や壺を打ち欠いた下甕に比べると鉄が多く含まれていることがうかがえる。この時期は前期の壺形の器形からほぼ脱し，甕形土器としての甕棺のプロポーションがほぼ定着するが，素地の調整など製作

技術にも画期があったことを指摘できるかもしれない。汲田式に相当する14号甕棺も，赤みが強い胎土である（図17-13）。この赤みのある，細かな粒子で占められる胎土の組織の特徴は，次節で取り上げる福岡市比恵・那珂遺跡群や佐賀県吉野ヶ里遺跡などの北部九州における弥生時代中期後半の土器胎土の組織に近いものである。まだ分析数は少ないものの，前期末から中期初頭において粘土の選択などを含めた甕棺の製作技術に変化があったものと想定でき，それは北部九州地域と連動したものであったとみることができる。なお中期初頭の壺においては，前期からの明確な変化はみられないようである。

　古墳時代前期のSK32出土の高坏や壺棺は，細かな砂粒が組織のほとんどを占め，大粒の砂礫はほとんど含まれない。したがって，製作過程で粘土の水濾など砂粒を取り除く作業が行われた可能性が強いと考える。ただし高坏は，蛍光X線の分析値では他の大半の試料と同様の傾向を示している。焼成温度については，19号甕棺上甕など基質にガラス化が認められるものがあるが，その他の試料はさほど顕著なガラス化はみとめられないことから，およそ800 °C前後で焼成されたものが多いと考えておきたい。

4. 考　察

　上述した分析では，蛍光X線分析と偏光顕微鏡を用いた岩石学的分析を併せて行い，いくつか新たな知見を得ることができた。

　まず，大友遺跡では，古墳前期の壺棺を除きほぼ類似した材料を使用して製作されたと考えられるが，上下棺の組み合わせなどにおいて個体ごとに微妙な差異もみられる。上下棺の組み合わせによる胎土の類似度に対しては，第4章で述べたように福岡県朝倉市栗山遺跡（三辻，1994）や福岡県大刀洗町甲条神社遺跡（三辻・中園，1995）で分析が行われ，いずれも上下棺の間で胎土が近いものが多いという結果が得られている。ゆえに甕棺の製作には，およそ上下棺セットで材料が準備され，製作されたことが多かったと推測される（中園・三辻，1996）。大友遺跡の分析結果も，およそこの想定を支持するといえよう。しかし，大友遺跡では上下で若干違いのみとめられるものもあり，またK-Ca, Rb-Srの4元素間ではあまり違いはないものの，上下で色調が異なる棺があり，器種の違いなどに応じて発色の差異化を行った可能性もある。

　また中期初頭の甕棺に粒子の大きさや色調，方向性など胎土組織においても前期からの変化がみられ，甕棺製作に関して技術的変化が想定できる。甕棺の製作技術については，森が前期末の大型甕棺の出現に伴い，焼成が堅牢なものが現れると指摘しているが（森，1970），胎土の組織観察からも，前期から中期にかけて甕棺製作の技術的変化が想定される。

　さらに，材料の採取地の問題については，大友遺跡周辺の地質を精査する必要もあり，推測の域を出ないが，偏光顕微鏡の観察の結果から勘案すれば，大友遺跡出土土器の材料は花崗岩や花崗閃緑岩の影響を強く受けたものであると考えられ，玄武岩を主体とする大友遺跡周辺の地質とは合致しないようである。したがって，大友遺跡の甕棺製作のための材料の採取は，遺跡の近くではなく，地質の調査によれば，唐津湾沿いの花崗閃緑岩が主体となる唐津市中心部付近のやや離れた地点で

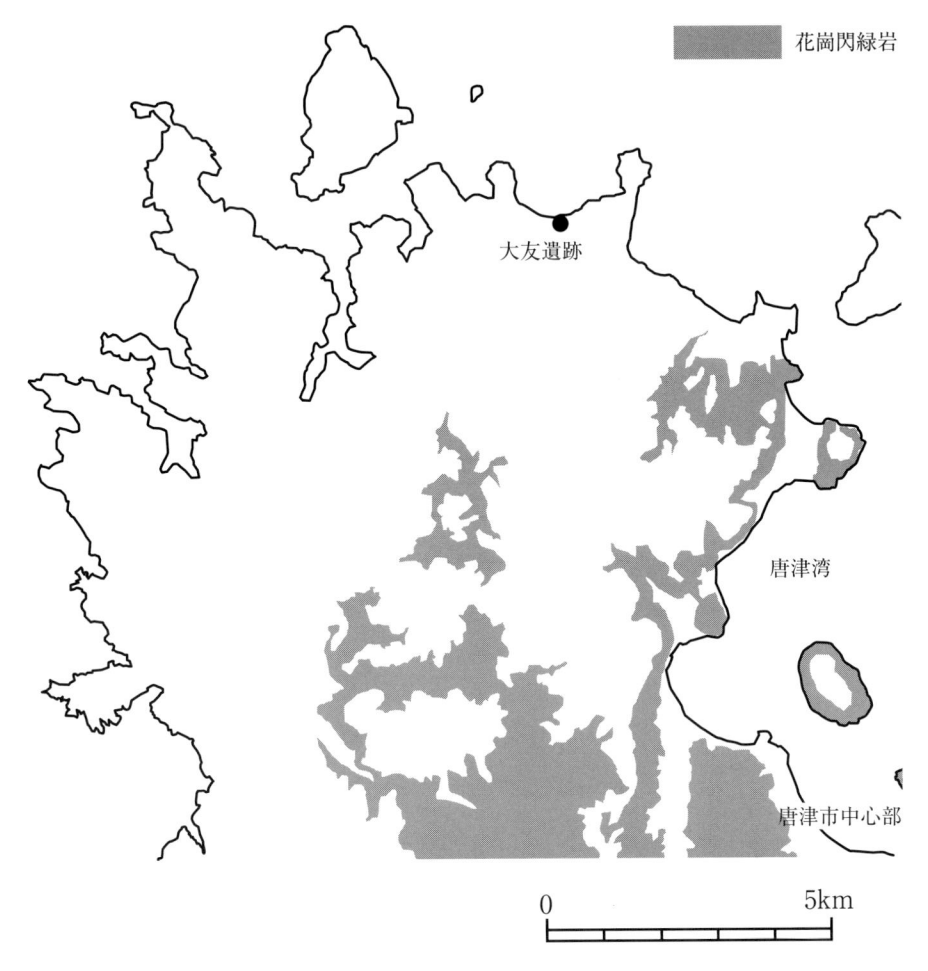

図 18 大友遺跡の位置と松浦半島における花崗閃緑岩の分布（猪木，1995 をもとに作成）

材料を採取して作られた可能性が考えられる（図18）。

　なお，唐津市域の土器に関しては，唐津市天神ノ元遺跡出土土器に対して岩石学的分析が行われた（パリノ・サーヴェイ株式会社，2004）。その結果によれば，唐津市天神ノ元遺跡出土土器の胎土は，鉱物組成からみて唐津市域に分布する花崗閃緑岩に由来するものであることが指摘されている。胎土の組織についても，石英や長石，黒雲母，角閃石，輝石などが含まれており，偏光顕微鏡写真でみても大友遺跡の甕棺の胎土と極めて近い。大友遺跡の周辺の地質や，胎土の鉱物組成との比較から勘案すれば，大友遺跡出土土器の胎土は唐津市中心部近くから採取されたと判断されよう。ただし土器が大友遺跡に搬入されたか，あるいは唐津周辺の材料が大友遺跡の近くに運ばれ，成形・焼成されたかの2つの可能性が考えられる。現時点ではどちらかに断定できる材料はないものの，いずれにせよ葬送の際土器自体の移動あるいは材料の移動が想定されうる。そして古墳時代の1点は明らかにほかの土器と胎土が異なるもので，安山岩のような地質での材料の採取が想定されるが，具体的な材料の採取地や製作地は明らかでない。ただし，大友遺跡以東では花崗岩類が優勢な地質で

あることから，大友遺跡以南あるいは以西から持ち込まれた可能性を考えておきたい。

こうした分析結果は，大友遺跡における甕棺の葬送儀礼や製作技術の特質の一面をうかがわせるものであるとともに，一方では甕棺の葬送儀礼が北部九州地域で共通の技術的・観念的基盤に基づいて行われたことを示唆するものでもあろう。また甕棺の材料の採取が大友遺跡周辺で行われたとは想定しにくく，やや離れた地点で材料を採取した可能性があるという点が示唆されるとともに，その採取が長期にわたって継続することは，解釈を行う上での示唆を与える。すなわち，そのことは大友遺跡周辺で土器製作に適した材料が採取できなかったことを示す可能性もあり，また墓地で使われる土器の生産において特定の材料採取地を選択し，それを維持することが，社会関係を維持するという意味をもっていたかもしれない。一方胎土が明らかに違う古墳前期の1号支石墓4号壺棺は，大友遺跡の被葬者の中でも出自が違うものであることを示すのかもしれない。

なお大友遺跡の人骨の窒素同位体分析では，大友遺跡に墓地を残した人々が，漁労民的な性格を強く帯びていたことが推測されている（三原ほか，2003）。そうした漁労活動を通じて，移動を伴う生業活動を頻繁に繰り返していた大友遺跡の被葬者たちは，周辺地域と活発な交流を行っていたことは間違いなく，そうした広域におよぶ漁労民の活動というコンテクストから，材料の採取方法や搬入品などを含めた大友遺跡の特質をとらえることも今後必要になると考えられる。

第2節　福岡市比恵・那珂遺跡出土土器の胎土分析

1. はじめに

比恵・那珂遺跡群は，福岡市の住宅密集地に位置しており，約7万～9万年前に噴火した，Aso-4火砕流（鳥栖ローム，八女粘土）の堆積物からなる台地上に広がる遺跡群である（図19）。比恵遺跡は，鏡山による環溝住居址の研究に代表されるように（鏡山，1956），古くから注目されており，近年の開発にともなう調査の増加で，その内容が明らかになりつつある。比恵遺跡の中期前半には，銅剣を副葬する甕棺を主体とする墳丘墓が造営され，中期後半以降は掘立柱建物群や井戸，大溝など遺構が濃密に分布する。また後期には青銅器生産関係の遺物も出土しており，弥生時代の中期から後期にかけての遺構の濃密な分布やバラエティに富んだ遺物の内容は，「奴国」の中枢部であったことをうかがわせるものである。

比恵・那珂遺跡は，最近の弥生時代の集落論の展開においても注目され，田崎（田崎，1998），吉留秀敏（吉留，1999），小沢（小沢，2000a・b），久住（久住，1999a・b）らの研究によって，その居住形態や集約性，道路状の遺構の意義などが議論されている。特に，近年は都市的な性格をもつ集落として注目されている（久住，1999b）。その評価については，遺構の性格や関係性，概念の整理を含め，今後も検討していく必要があるが，弥生時代の大規模な集落が長期間継続すること，墳墓や道路状遺構，掘立柱建物などからなる集落のレイアウトが，一定の規格性をもつことなど，集落研究における重要な要素をもっており，北部九州の弥生社会を研究する際には，欠かすことのできない遺跡

第 5 章 弥生土器の胎土分析の実践

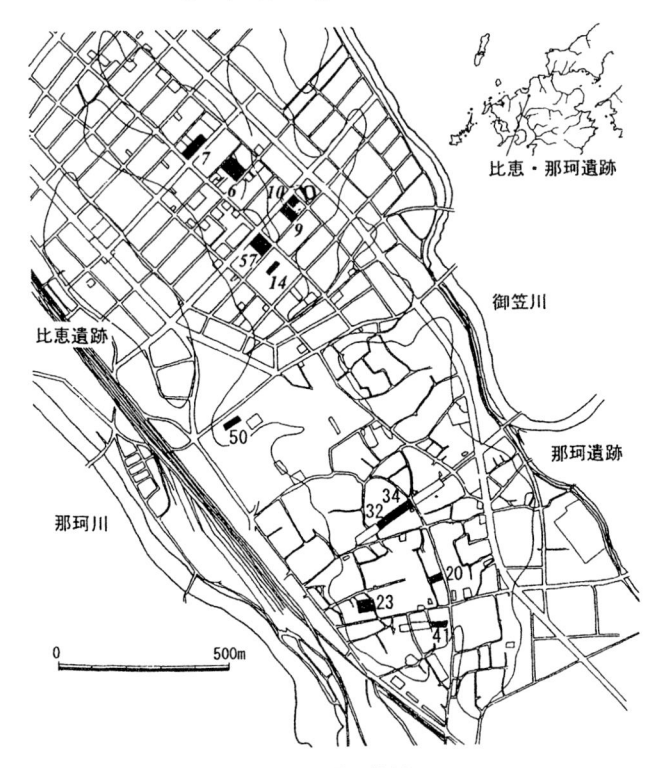

図 **19** 比恵・那珂遺跡群の位置(数字は調査次数)

群であろう。

　比恵・那珂遺跡群出土土器の胎土分析を行うにあたり，蛍光 X 線分析では，遺構出土土器を分析し，土器製作に用いられた材料の遺構間の関係を把握することで，土器の生産や分配，消費形態を前章のモデルと対比させつつ考察したい。また，比恵・那珂遺跡が所在する低丘陵は，先述したように Aso-4 火砕流が堆積して形成されたものである(図 20)。こうした地質状況が，いかに土器生産の材料採取と関わっていたか，ということも，蛍光 X 線分析と岩石学的分析をつうじて検討する。さらに，胎土の組織にも注目し，土器様式変化と胎土との関係性の把握も試みたい。

2. 蛍光 X 線分析

　分析の対象とした試料，および蛍光 X 線分析のデータは表 4 に示している。そして分析に供した主要な土器の図は，図 21 と図 22 に掲載している。試料の選択の仕方としては，比恵遺跡および那珂遺跡から，主に井戸(SE)や溝(SD)，土壙(SK)出土の土器を中心にバランスよく抽出するよう心がけたが，試料採取の制約上，若干の偏りもある。今回は，主に数量的に比較的充実している，弥生時代中期後半から古墳時代初頭を対象として，分析を行った。

　まず，蛍光 X 線分析のデータとして，各時期の K と Ca，Rb と Sr の元素の分布を分布図に示し，遺構ごとに元素組成を検討する。比恵遺跡では，中期後半から中期末の須玖式土器は，9 次(杉山編，1986)と 7 次の井戸(小林義彦編，1985)，57 次井戸出土土器(長家編，1997)，および 6 次の甕棺

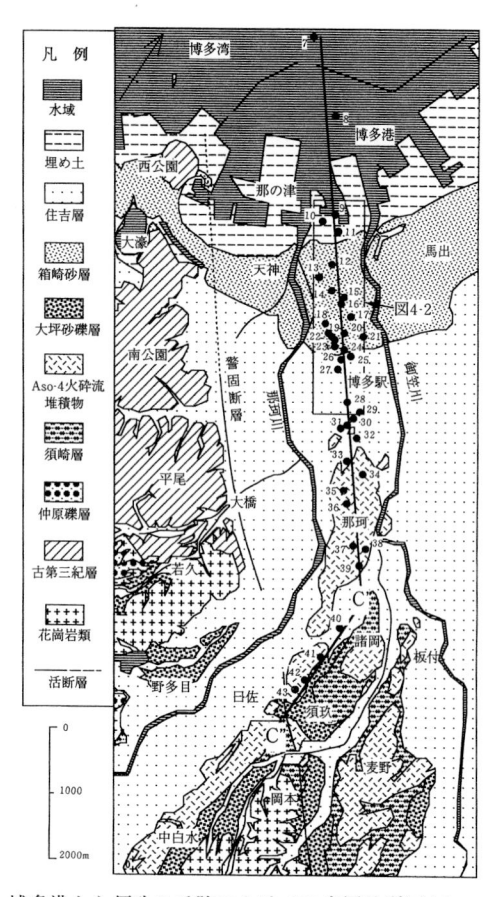

図20 博多港から須玖の丘陵にかけての表層地質図(磯ほか, 1998)

(横山邦継編, 1986)の分析を行った(図23)。全体として K は 0.4 から 0.6 付近でおよそまとまるものの, Ca は 0.1 から 0.7 付近でややばらつきがある。また Rb と Sr の分布についても, Sr は 0.6 から 1.7 付近で広く分布しており, 6 次の甕棺や 57 次 SE078 など, 一遺構内でも分布のばらつきが顕著であり, 複数の採取地の材料で製作された土器が使用され, 一遺構に廃棄された可能性が強い。このことから, 1 つの井戸から出土した土器であるからといっても, 特定の土器製作者集団による製品ではなく, 複数の集団が製作した製品が最終的に井戸に廃棄されたとみたほうが妥当であろう。

那珂遺跡の中期末では, 20 次 SD01 (下村編, 1993) と 23 次 SD44 (下村・荒牧編, 1992), および 50 次 SK03 (下村編, 1997) 出土土器を対象とした(図24)。那珂遺跡 20 次 SD01 と 23 次 SD44 は一連の溝である可能性が高く, 溝への土器廃棄のありかたにも, 丹塗り器種の多さから祭祀的な意味合いが強く, また溝内部に区画のための仕切り板があったことが想定されていることから, 土器の意図的な廃棄が考えられる。両遺構では, K は 0.5 付近でまとまりがあり, 一方 Ca では 0.1 から 0.5 付近に多く分布する。Rb では 0.4 から 0.6 でやや広がりがあり, Sr にも広がりがあるものの 0.5 から 1 に収まる。このように, 一連の遺構と考えられる SD01 と SD44 出土土器は, 複数

第 5 章 弥生土器の胎土分析の実践

表 4 比恵・那珂遺跡群出土土器の分析試料と蛍光 X 線分析データ

No.	調査年次	遺構	器種	時期	K	Ca	Fe	Rb	Sr	Na	備考
1	比恵 6 次	SK05 上	甕棺	中期後半	0.517	0.447	2.65	0.486	0.946	0.365	
2	比恵 6 次	SK18 下	甕棺	中期後半	0.587	0.225	1.29	0.635	0.884	0.286	
3	比恵 6 次	SK12	甕棺	中期末	0.520	0.605	2.6	0.519	1.430	0.398	
4	比恵 6 次	SK13 下	甕棺	中期末	0.522	0.382	3.10	0.521	0.867	0.359	
5	比恵 6 次	SK25(下)	甕棺	中期末	0.509	0.421	2.27	0.60	1.070	0.422	
6	比恵 6 次	SK36(下)	甕棺	中期末	0.473	0.450	2.33	0.529	1.180	0.462	
7	比恵 6 次	SK40	甕棺	中期末	0.496	0.428	3.46	0.467	0.842	0.315	
8	比恵 7 次	SE02	鉢	中期末	0.490	0.428	3.1	0.473	0.939	0.345	
9	比恵 7 次	SE02	甕	中期末	0.539	0.665	2.12	0.518	1.440	0.39	
10	比恵 7 次	SE02	甕	中期末	0.633	0.205	1.67	0.708	0.657	0.219	
11	比恵 9 次	SE003	壺	中期末	0.557	0.429	3.54	0.555	0.915	0.316	丹塗り
12	比恵 9 次	SE003	甕	中期末	0.489	0.489	1.90	0.486	1.690	0.282	
13	比恵 9 次	SE003	甕	中期末	0.570	0.164	2.08	0.593	0.611	0.191	丹塗り
14	比恵 9 次	SE003	壺	中期末	0.603	0.295	1.53	0.761	0.795	0.236	
15	比恵 9 次	SE003	甕	中期末	0.620	0.233	2.20	0.604	0.630	0.224	
16	比恵 9 次	SE003	高坏	中期末	0.483	1.170	3.73	0.433	1.510	0.319	丹塗り
17	比恵 9 次	SE003	甕	中期末	0.542	0.542	2.20	0.524	1.250	0.431	
18	比恵 9 次	SE003	壺	中期末	0.446	0.515	2.96	0.482	1.080	0.364	丹塗り
19	比恵 57 次	SE078	甕	中期末	0.556	0.430	3.20	0.448	1.070	0.318	
20	比恵 57 次	SE078	広口壺	中期末	0.558	0.599	1.58	0.575	1.60	0.312	
21	比恵 57 次	SE078	高坏	中期末	0.736	0.165	1.36	0.688	0.745	0.194	丹塗り
22	比恵 57 次	SE078	袋状口縁壺	中期末	0.545	0.749	3.53	0.545	1.750	0.374	丹塗り
23	比恵 57 次	SE078	甕	中期末	0.622	0.39	2.38	0.526	1.050	0.363	
24	比恵 57 次	SC024	壺	中期末	0.474	0.448	3.08	0.463	1.220	0.399	
25	那珂 50 次	SK03	甕	中期末	0.560	0.403	2.88	0.475	1.180	0.317	
26	那珂 23 次	SD44	壺	中期末	0.602	0.403	1.52	0.690	0.973	0.437	
27	那珂 23 次	SD44	甕	中期末	0.494	0.113	2.64	0.664	0.377	0.057	
28	那珂 23 次	SD44	甕	中期末	0.479	0.289	4.11	0.406	0.701	0.221	
29	那珂 23 次	SD44	瓢形土器	中期末	0.43	0.433	3.20	0.478	0.930	0.314	丹塗り
30	那珂 23 次	SD44	甕	中期末	0.496	0.456	2.81	0.416	0.821	0.402	
31	那珂 23 次	SD44	広口壺	中期末	0.546	0.159	2.53	0.565	0.619	0.177	
32	那珂 23 次	SD44	甕	中期末	0.478	0.406	3.16	0.547	0.930	0.371	
33	那珂 23 次	SD44	壺	中期末	0.499	0.428	2.59	0.403	1.060	0.323	
34	那珂 23 次	SD44	壺	中期末	0.569	0.301	1.39	0.571	1.010	0.364	
35	那珂 23 次	SD44	甕	中期末	0.534	0.335	2.93	0.591	0.865	0.332	
36	那珂 23 次	SD44	甕	中期末	0.357	0.259	1.9	0.533	0.582	0.206	丹塗り
37	那珂 23 次	SD44	甕棺	中期末	0.466	0.357	3.63	0.502	0.554	0.17	
38	那珂 23 次	SD44	瓢形土器	中期末	0.463	0.292	2.22	0.588	0.759	0.301	丹塗り
39	那珂 23 次	SD44	甕	中期末	0.535	0.38	3.45	0.486	0.829	0.345	
40	那珂 20 次	SD01	甕	中期末	0.485	0.547	2.78	0.501	1.170	0.467	
41	那珂 20 次	SD01	甕	中期末	0.463	0.368	3.14	0.445	0.889	0.317	
42	那珂 20 次	SD01	甕棺	中期末	0.455	0.415	3.92	0.413	0.920	0.297	
43	那珂 20 次	SD01	甕	中期末	0.457	0.296	3.76	0.484	0.749	0.257	
44	那珂 20 次	SD01	甕棺	中期末	0.594	0.138	1.64	0.654	0.628	0.193	
45	那珂 20 次	SD01	甕	中期末	0.496	0.447	3.79	0.511	0.648	0.248	
46	那珂 20 次	SD01	広口壺	中期末	0.487	0.36	2.65	0.646	0.939	0.364	丹塗り
47	那珂 20 次	SD01	壺	中期末	0.430	0.358	3.55	0.428	0.779	0.298	
48	那珂 20 次	SD01	甕	中期末	0.492	0.113	2.51	0.447	0.476	0.141	丹塗り
49	那珂 20 次	SD01	高坏	中期末	0.472	0.343	3.12	0.415	0.868	0.316	丹塗り
50	那珂 20 次	SD01	瓢形土器	中期末	0.421	0.417	3.46	0.419	0.822	0.292	丹塗り

No.	調査年次	遺構	器種	時期	K	Ca	Fe	Rb	Sr	Na	備考
51	比恵 9 次	SE030	甕	後期初頭	0.541	0.253	1.43	0.802	0.592	0.06	
52	比恵 9 次	SE030	複合口縁壺	後期初頭	0.636	0.354	1.50	0.707	1.36	0.246	
53	那珂 50 次	SK03	甕	後期初頭	0.474	0.505	2.31	0.609	1.93	0.376	
54	那珂 50 次	SK03	甕棺	後期初頭	0.522	0.522	2.88	0.527	1.31	0.426	
55	那珂 50 次	SK03	複合口縁壺	後期初頭	0.458	0.582	2.95	0.426	1.66	0.372	
56	那珂 50 次	SK03	複合口縁壺	後期初頭	0.529	0.398	1.63	0.588	1.25	0.244	
57	那珂 41 次	SD004	壺	後期初頭	0.53	0.345	2.76	0.549	0.944	0.327	
58	那珂 41 次	SD004	甕	後期初頭	0.300	0.49	2.64	0.330	0.666	0.259	
59	那珂 41 次	SD004	甕	後期初頭	0.627	0.102	1.27	0.714	0.570	0.118	
60	那珂 41 次	SD004	甕	後期初頭	0.607	0.218	1.09	0.631	0.902	0.284	
61	那珂 41 次	SE029	複合口縁壺	後期初頭	0.473	0.273	0.901	0.749	1.320	0.325	
62	比恵 7 次	SE09	壺	後期前半	0.452	0.390	3.69	0.464	0.861	0.225	
63	比恵 7 次	SH09	甕	後期前半	0.511	0.268	4.15	0.534	0.621	0.193	
64	比恵 9 次	SE017	壺	後期前半	0.528	0.245	1.74	0.519	0.758	0.149	
65	比恵 9 次	SE017	壺	後期前半	0.546	0.223	1.63	0.509	0.769	0.078	
66	比恵 10 次	SE001	鉢	後期前半	0.556	0.237	1.39	0.914	0.572	0.083	
67	比恵 57 次	SE148	壺	後期前半	0.449	0.498	1.29	0.483	1.520	0.180	
68	比恵 57 次	SE120	壺	後期前半	0.469	0.516	1.94	0.462	1.290	0.251	
69	那珂 50 次	SK03	甕	後期前半	0.542	0.379	1.63	0.563	1.460	0.293	
70	那珂 50 次	SK03	壺	後期前半	0.368	0.395	2.91	0.327	1.180	0.193	
71	那珂 50 次	SK03	壺	後期前半	0.461	0.438	1.88	0.425	1.360	0.225	
72	那珂 32 次	SE1038	壺	後期中葉	0.711	0.320	0.966	0.699	1.030	0.325	
73	比恵 14 次	SE004	広口壺	後期中葉	0.503	0.481	1.44	0.608	1.120	0.341	
74	那珂 32 次	SE1038	壺	後期中葉	0.600	0.347	1.87	0.660	1.060	0.325	
75	那珂 32 次	SE1038	甕	後期中葉	0.587	0.271	2.09	0.542	0.733	0.339	
76	那珂 32 次	SE1038	複合口縁壺	後期中葉	0.695	0.137	0.818	0.744	0.693	0.279	
77	那珂 32 次	SE1038	甕	後期中葉	0.484	0.129	2.42	0.537	0.704	0.128	
78	那珂 32 次	SE1003	複合口縁壺	後期中葉	0.476	0.288	1.99	0.594	0.778	0.244	
79	那珂 34 次	SE006	壺	後期中葉	0.555	0.237	1.39	0.636	0.654	0.21	
80	那珂 34 次	SE006	壺	後期中葉	0.576	0.159	1.80	0.574	0.598	0.162	
81	那珂 34 次	SE006	壺	後期中葉	0.529	0.226	1.30	0.610	0.815	0.232	
82	那珂 34 次	SE006	壺	後期中葉	0.614	0.165	1.46	0.622	0.661	0.168	
83	那珂 32 次	SK1018	甕	終末期	0.387	0.229	2.33	0.418	0.656	0.233	
84	那珂 34 次	SE005	高坏	終末期	0.388	0.303	2.75	0.511	0.782	0.242	
85	那珂 34 次	SE005	壺	終末期	0.581	0.13	1.07	0.64	0.591	0.13	
86	那珂 34 次	SE005	複合口縁壺	終末期	0.415	0.23	2.43	0.466	0.565	0.113	
87	那珂 34 次	SE005	壺	終末期	0.370	0.305	2.74	0.356	0.737	0.244	
88	那珂 34 次	SE005	壺	終末期	0.550	0.335	2.03	0.576	0.829	0.255	
89	那珂 34 次	SE005	甕	終末期	0.639	0.133	1.76	0.718	0.691	0.139	
90	那珂 34 次	SE005	壺	終末期	0.369	0.229	1.30	0.382	0.468	0.202	
91	那珂 34 次	SE005	甕	終末期	0.361	0.326	2.01	0.529	0.629	0.182	
92	那珂 34 次	SE005	壺	終末期	0.433	0.231	1.45	0.614	0.235	0.244	
93	比恵 9 次	SE015	壺	古墳初頭	0.537	0.273	2.89	0.615	0.691	0.364	精良胎土
94	比恵 9 次	SE015	高坏	古墳初頭	0.502	0.448	2.63	0.515	1.100	0.342	精良胎土
95	比恵 9 次	SE015	高坏	古墳初頭	0.523	0.223	3.03	0.564	0.617	0.263	精良胎土
96	比恵 9 次	SE015	甕	古墳初頭	0.581	0.333	1.31	0.672	0.969	0.26	山陰系
97	比恵 9 次	SE015	壺	古墳初頭	0.585	0.349	1.73	0.544	0.954	0.207	精良胎土
98	比恵 9 次	SE015	甕	古墳初頭	0.392	0.330	1.56	0.405	0.775	0.256	
99	比恵 9 次	SE015	壺	古墳初頭	0.514	0.452	1.56	0.614	1.380	0.299	
100	比恵 9 次	SE015	甕	古墳初頭	0.552	0.453	1.24	0.539	1.360	0.252	
101	比恵 9 次	SE015	壺	古墳初頭	0.672	0.211	1.68	0.682	0.762	0.269	

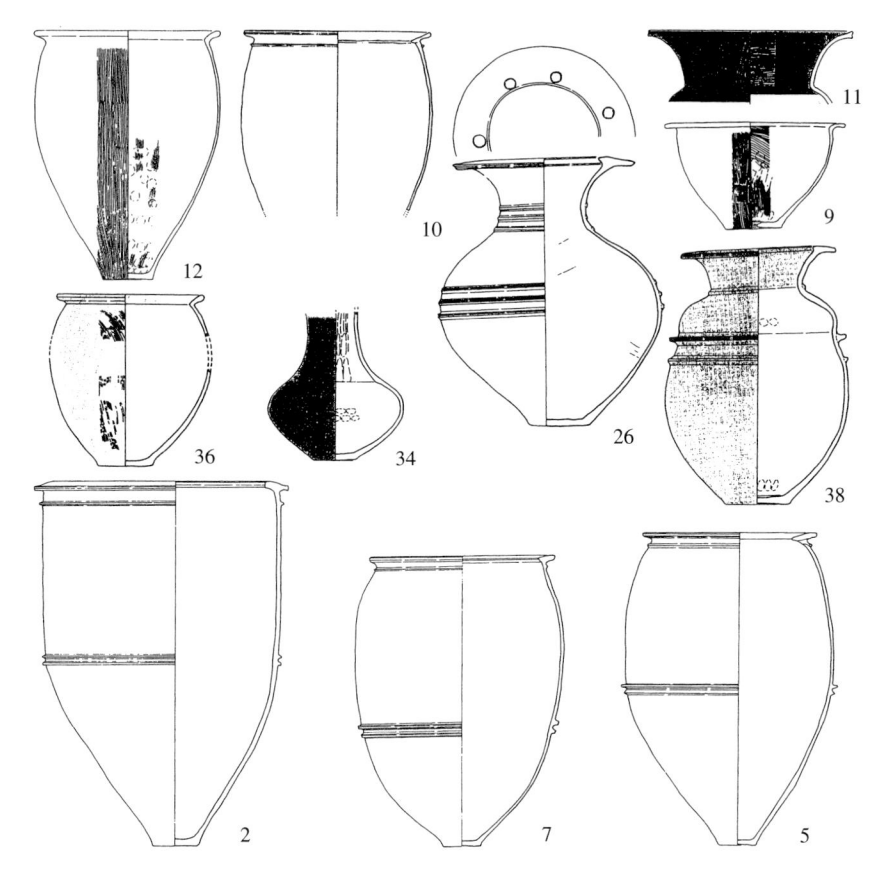

図 21　分析を実施した土器（s = 1/12，甕棺（2・5・7）は s = 1/24）（図中の番号は表 4 の No. と対応）

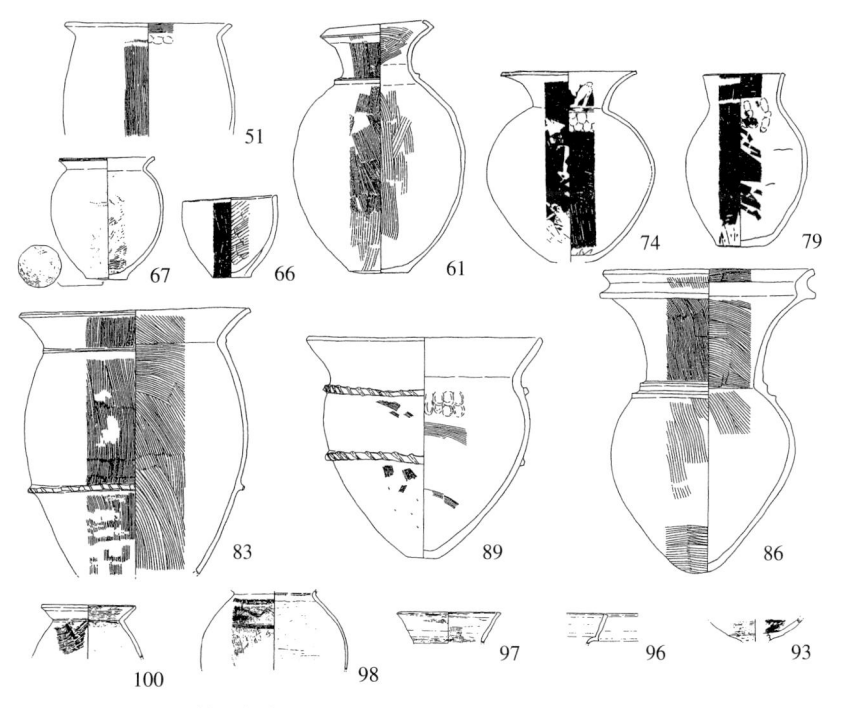

図 22　分析を実施した土器（s = 1/12）（図中の番号は表 4 の No. と対応）

図23 比恵遺跡　中期後半〜中期末のK-Ca, Rb-Sr分布図（甕8, 壺6, 高坏1, 甕棺7, 鉢2）

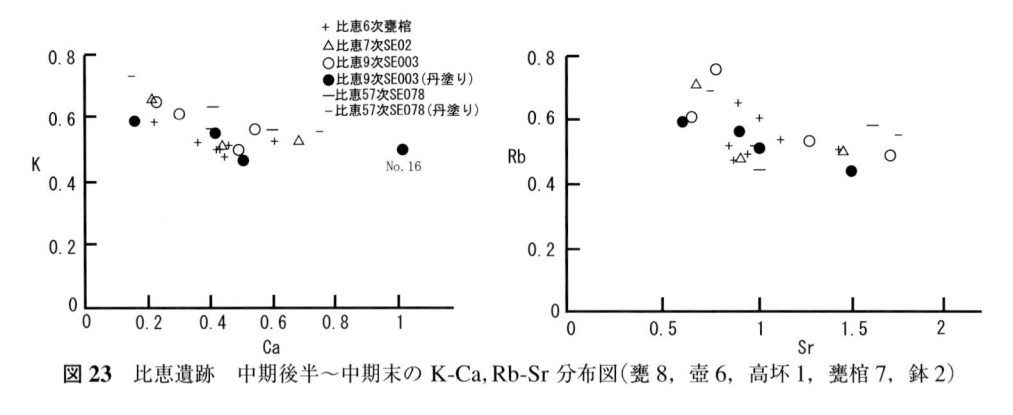

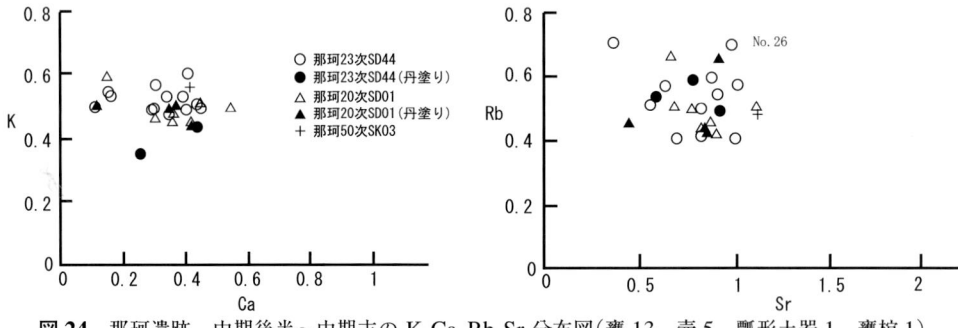

図24 那珂遺跡　中期後半〜中期末のK-Ca, Rb-Sr分布図（甕13, 壺5, 瓢形土器1, 甕棺1）

の化学組成をもつ胎土の存在が考えられる。ただし比恵遺跡群ほどのばらつきはないようである。なお那珂23次SD44出土の壺形土器(No. 26)は，口縁部上部に円形浮文が貼りつけられ，福岡平野以東の特徴をもつものであり，また形態的に糸島の特徴も備えたものともいえるが，元素組成としてはK，Rbが若干高い値を示している。しかし搬入品と認定できるかどうかはわからない。また那珂遺跡群西北部の那珂50次SK03出土土器は，墳丘墓の祭祀に関わる溝と考えられるが，20次SD01と23次SD44の全体的な傾向とはやや異なる分布を示し，この傾向は次の後期初頭にも引き継がれる。

　なお，須玖式に顕著に発達する丹塗り器種と，丹塗りが施されない器種との間の違いについては，4つの元素間では，特に違いはみられない。Feの量においても，丹塗り器種とそれ以外の器種間の違いは，一部に鉄が多めに含まれるものもあるが，有意差検定によればts = 0.473 < t (5%) = 1.677と，全体としての有意差は認めにくい。

　次に，後期初頭から前半のデータを示す。比恵遺跡では，9次SE017とSE030出土土器などを分析に供し，10次SE001（杉山編，ibid.），57次SE148とSE120出土資料の分析を行った（図25）。9次SE017出土の2点は，KとCa，およびRbとSr両方でまとまり，等質な材料とみられ，同じ製作集団によって製作されたものである可能性がある。また57次SE148とSE120出土の2点も近接しているが，9次や7次出土器の分布とは異なっており，遺構の位置関係は近接しながらも，違う材料を使った製品が使用され廃棄されたのかもしれない。10次出土の鉢(No. 66)は，Rb

第 5 章 弥生土器の胎土分析の実践 75

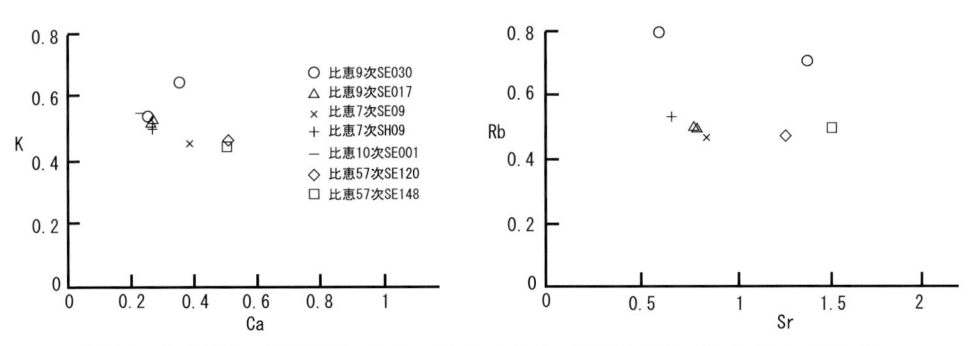

図 25 比恵遺跡 後期初頭〜前半の K-Ca, Rb-Sr 分布図（甕 3, 壺 6, 鉢 1, 甕棺 1）

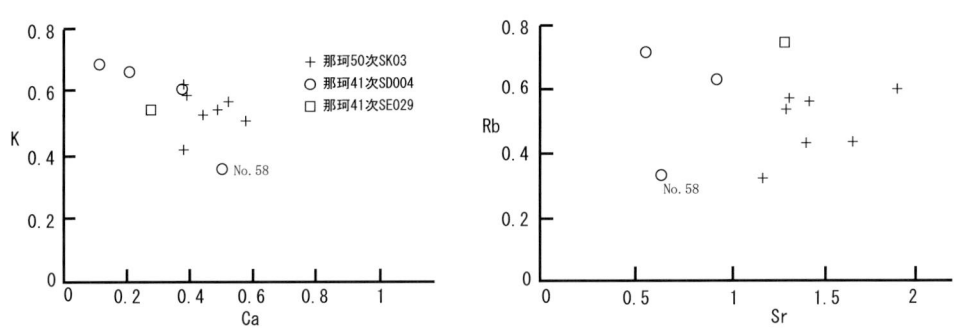

図 26 那珂遺跡 後期初頭〜前半の K-Ca, Rb-Sr 分布図（甕 5, 壺 6, 甕棺 1）

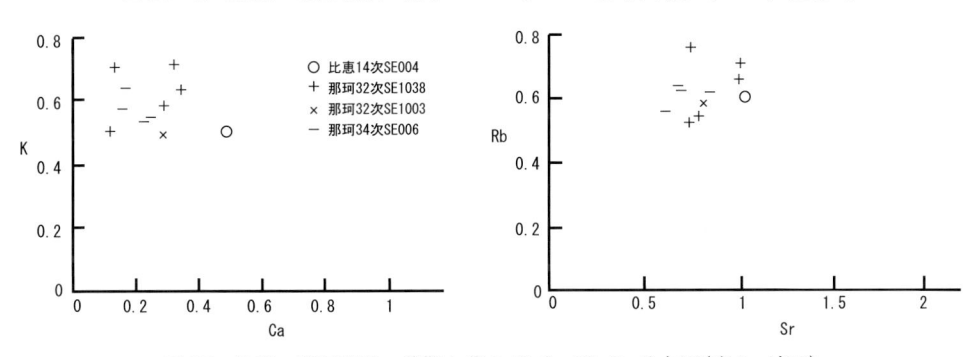

図 27 比恵・那珂遺跡 後期中葉の K-Ca, Rb-Sr 分布図（甕 2, 壺 8）

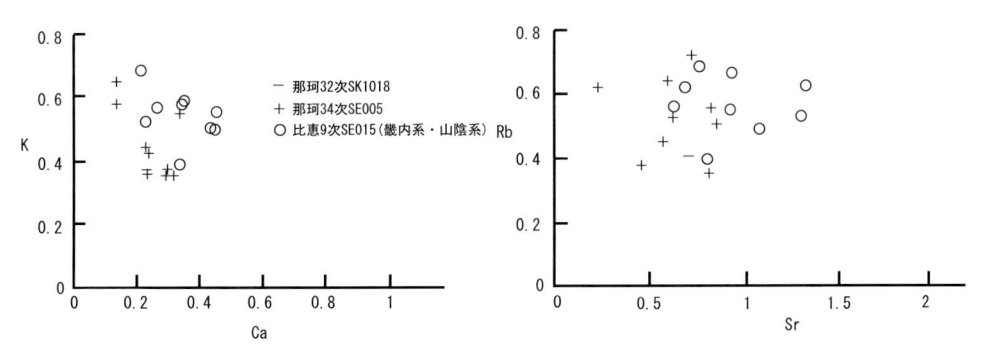

図 28 比恵・那珂遺跡 後期終末〜古墳初頭の K-Ca, Rb-Sr 分布図（甕 6, 壺 10, 高坏 3）

が高い値を示しており，搬入品と判断できると思われるが，具体的な製作地の推定については，今後のデータの蓄積が必要となろう。

　那珂遺跡の 41 次 SD004 と SE029（菅波編，1994）（図 26）は，Ca が 0.1 から 0.3，Sr が 0.5 から 1 とやや低い値を示す。ただし，No. 58 のように K，Rb が低いやや異質なものもみられる。50 次 SK03 出土土器は，Ca，Sr の値がやや高く分布図の右側に位置し，那珂遺跡内でも複数の材料の土器が消費されているものとみられる。

　後期中頃は，比恵遺跡では 14 次 SE004（吉留編，1988），那珂 32 次 SE1038 と 34 次 SE006 出土土器を分析した（図 27）。分析点数が少なく十分な検討はできていないが，比恵 14 次は Ca で 0.5 付近，Sr で 1.1 付近でいずれも分布図の右側に分布し，那珂 32 次と 34 次の元素分布とは違う傾向がみられる。

　弥生時代終末から古墳時代初頭においては，比恵 9 次の SE015 出土資料，および那珂 32 次 SK1018 と 34 次 SE005 出土資料の分析を行った（図 28）。畿内の庄内系土器・布留系土器など北部九州域における古墳時代初頭の外来系土器の受容と拡散の問題が最近注目されてきているが（久住，1999），比恵 9 次の SE015 は，久住の編年における IIB 期に相当する，畿内の布留系や山陰系の外来系土器が多く出土している。今回は布留系の甕，山陰系の甕，精良胎土を用いた高坏などを分析したが，元素組成としては，いずれも他の時期の比恵遺跡の元素分布と重なりを示し，在地的な胎土であると考えられ，畿内系土器が搬入品であるとするよりも，外来系の技術をもつ土器製作集団が在地の材料で製作したことを示唆するものである。ただし一遺構内であっても K は 0.3 から 0.7，Ca は 0.2 から 0.4，Rb は 0.6 から 1.4 と若干ばらつきがみられ，複数の材料で製作された製品が，1 つの井戸に廃棄された可能性もある。なお精良な胎土の高坏は，他の器種と比較して Fe が高い値を示している。

　一方那珂 32 次と 34 次資料は，弥生終末の西新式の在地的な土器様式群であるが，元素の分布をみると，重なりをもちながらも比恵 9 次の外来系土器と比較して分布図の左側に位置して Ca と Sr が低く分布しており，比恵遺跡出土土器とは製作地や採取した材料が異なるのであろう。

　今回は Fe と Na は補助的に扱ったが，Fe 量は，中期から後期に顕著に変化が認められる（図 29）。したがって，中期には赤みの強い橙色系に発色させるため鉄の多い粘土が選択されたか，鉄を多く含む材料を混ぜた可能性があり，それに対して後期には鉄の少ない材料を使用したと考えられる。こうした鉄の変化は，後に分析する吉野ヶ里や原の辻遺跡などほかの地域でもみられるようである。

　なお，土器製作に使用した材料のおおまかな種類をさぐるため，比恵・那珂遺跡群出土土器の化学組成と，遺跡群が位置する台地を形成する Aso-4 火砕流（八女粘土）の化学組成の比較も行った。この比較では，八女粘土として那珂遺跡で採取された粘土を用いて，主成分元素を対象として検討を行った（図 30）。八女粘土は，土器の胎土よりも Si が多く，Al や Fe が少ない値を示している。したがって，八女粘土を土器製作に用いた可能性はあるものの，土器製作には，異なる質の材料，特に鉄や有色鉱物などを多く含んだ粘土などを混ぜた可能性がある。

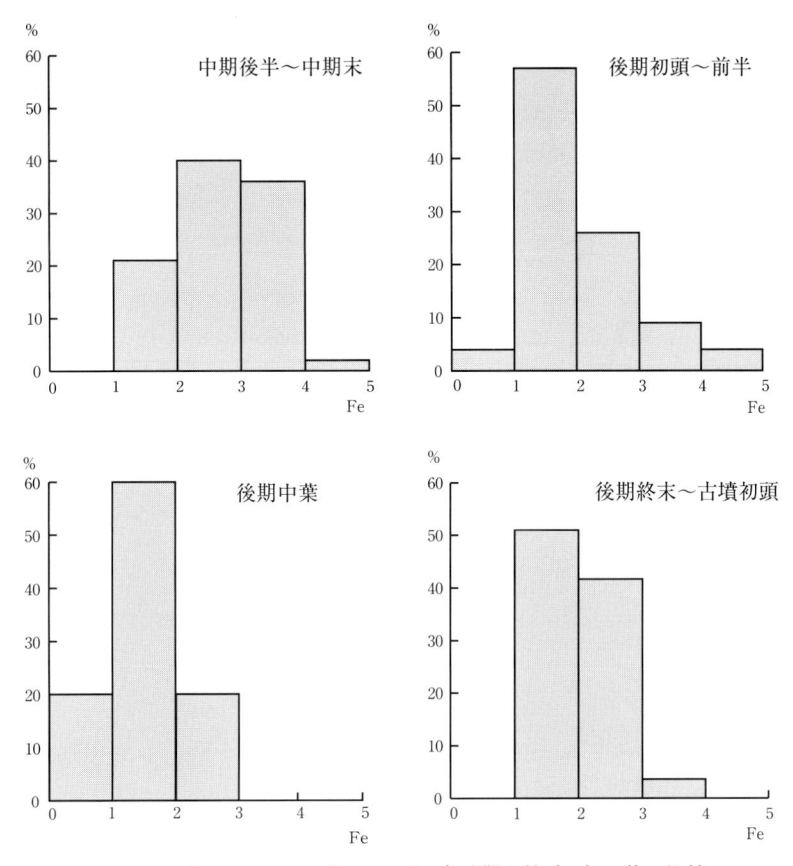

図29　比恵・那珂遺跡群出土土器の各時期の鉄（Fe）の値の比較

3. 岩石学的分析

次に，偏光顕微鏡を用いた岩石学的分析を行った結果を示したい。主要な分析試料の鉱物組成は，図31と図32にグラフとして示しているが，鉱物組成はいずれも石英・長石・黒雲母・褐鉄鉱類を中心とし，また角閃石・輝石も少量ではあるがみとめられる。

比恵・那珂遺跡出土土器の鉱物組成は，若干の時期的な変化も指摘できる。すなわち，中期後半の須玖式には黒雲母など有色鉱物が多めに含まれるが，後期になるとそのような有色鉱物や褐鉄鉱は若干減少する。そうした変化にあてはまらないものも一部あるが，中期から後期への鉱物組成の変化は，胎土の色調において後期土器に赤みが少ないものが増加し，また蛍光X線分析でもFeの量が減少するということとも関連するものと考えられる。

ところで，こうした鉱物組成から，材料の採取地についてどのように考えればよいだろうか。比恵・那珂遺跡群の所在する段丘は，前述したようにいわゆる「八女粘土」とよばれる輝石角閃石デイサイト質のAso-4火砕流の堆積物によって形成されているが（下山，1989），これは著しく粘土化したものであり，前述した蛍光X線分析からも示唆されるように，この八女粘土が，土器の製作に使われた可能性がある。土器の鉱物組成をみると，およそ酸性岩的な組成に近く角閃石や輝石も

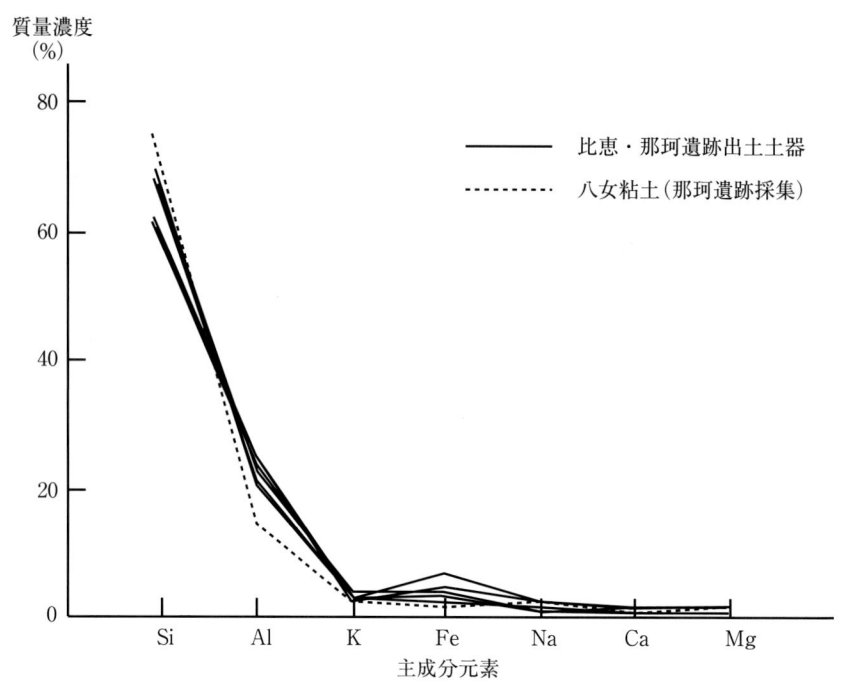

図30 比恵・那珂遺跡出土土器と八女粘土の化学組成の比較

少量含まれることから，八女粘土を土器製作に用いたとしても矛盾はしない。それに加えて，胎土の一部には花崗岩片とみられる粒子もみとめられたので(図34–9・10)，土器に用いられた材料は，比恵・那珂遺跡群の基盤をなすAso-4火砕流が粘土化したいわゆる八女粘土と，那珂川や御笠川流域の花崗岩の双方が基盤となったものであると推察できる。

　ただし，胎土の鉱物組成や鉄の変化からもうかがえるように，近くにある粘土をそのまま土器作りに用いたというわけではなく，材料の採取や調整などの技術は通時的に変化したことが推測される。特に中期後半の須玖式土器の胎土は，赤みの強い粘土を混ぜるなどのコントロールを行った可能性が推測できる。それに対して，後期土器の赤みの少ない胎土は，中期の鉄の量に関する素地のコントロールを省略したとも解釈できるかもしれない。

　胎土の組織をみると，中期後半の須玖式の胎土は全体的に1 mmから2 mm前後の大粒の粒子があまり含まれず，また流理組織においても，器壁に沿って方向性がみられ，淘汰のよい組織であることが特徴である(図33–1・2・3)。なお器種に応じた粘土の使い分けについては，丹塗り土器は赤みが強く褐鉄鉱が多く含まれるものがあるが，粒度に関してみると，器種に応じた違いはさほど明瞭にみとめられるわけではない(図35)。したがって，丹塗り土器は，基本的には他の器種と同質の材料を用いながらも，ミガキの処理や赤色顔料を塗布するなどの作業を加えることで，丹塗りがされない土器との差異化を図ったものと考えられる。しかし，No. 38の瓢形土器のように(図34–2)，丹塗り土器の中でもとりわけ淘汰の良い流理組織をもつものも存在するようで，瓢形土器など一部の器種では特に胎土の粒度の差異化が図られたようである。いずれにしても，全体的にみると中期

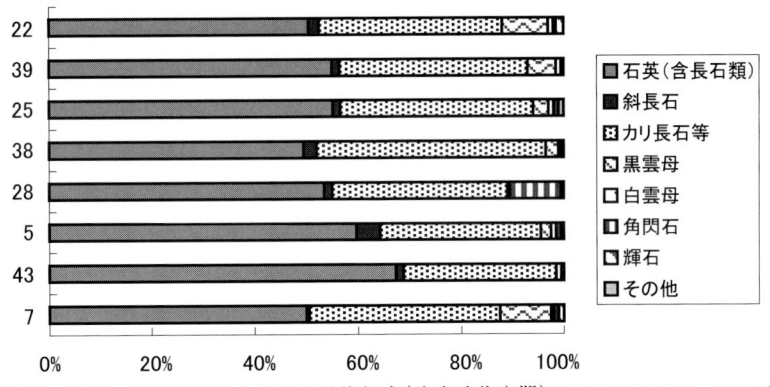

図31 比恵・那珂遺跡出土土器の鉱物組成（弥生時代中期）（番号は表4のNo.と対応）

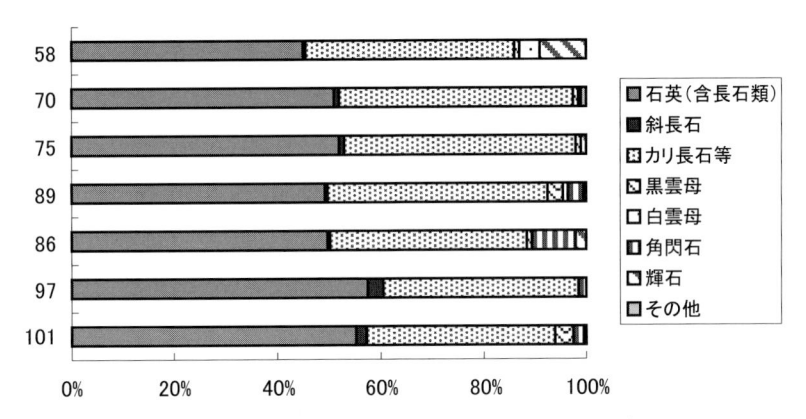

図32 比恵・那珂遺跡出土土器の鉱物組成（弥生時代後期〜古墳時代初頭）（番号は表4のNo.と対応）

は砂粒の大きさがそろい，有色鉱物や褐鉄鉱などが多めに含まれた，赤みのある材料が用いられている。

　その後の後期初頭から前半になると，胎土組織は粒子の大きさに不均質さが目立ち，2 mm前後の大粒の砂礫が多めに含まれ，また粒子の器壁に対する方向性が弱いという特徴がある（図33-4・5・6）。また後期の器種に応じた胎土の使い分けについても検討すると，器種ごとの違いは明瞭ではないものの，煮炊きに使う甕よりも，壺のほうが粗い砂礫が多く含まれる傾向にあり（図35），粒子の粗密など胎土が煮炊きや貯蔵などの機能性にどの程度対応し，意識されたのか，再検討する必要がある。

　次に，弥生時代終末期から古墳時代初頭において，那珂32次と34次出土の在地系の西新式土器は，後期と同様に1 mm前後の大粒の砂礫がやや多く含まれ，流理組織の方向性が弱いのが特徴といえるが（図34-7），一方外来系土器が主体を占める比恵9次SE015出土試料は，1 mm前後の大きめな砂礫は少なく，粒子の大きさがそろう（図34-8）。また精良な胎土が用いられた壺や高坏は，顕微鏡下でもきわめて淘汰の良い組織で，製作過程において砂粒を取り除くなどの作業が行われた可能性が強い。したがって，在地系土器と外来系土器，精製器種は，材料の調整の作業工程において

1　No. 49　中期末　高坏

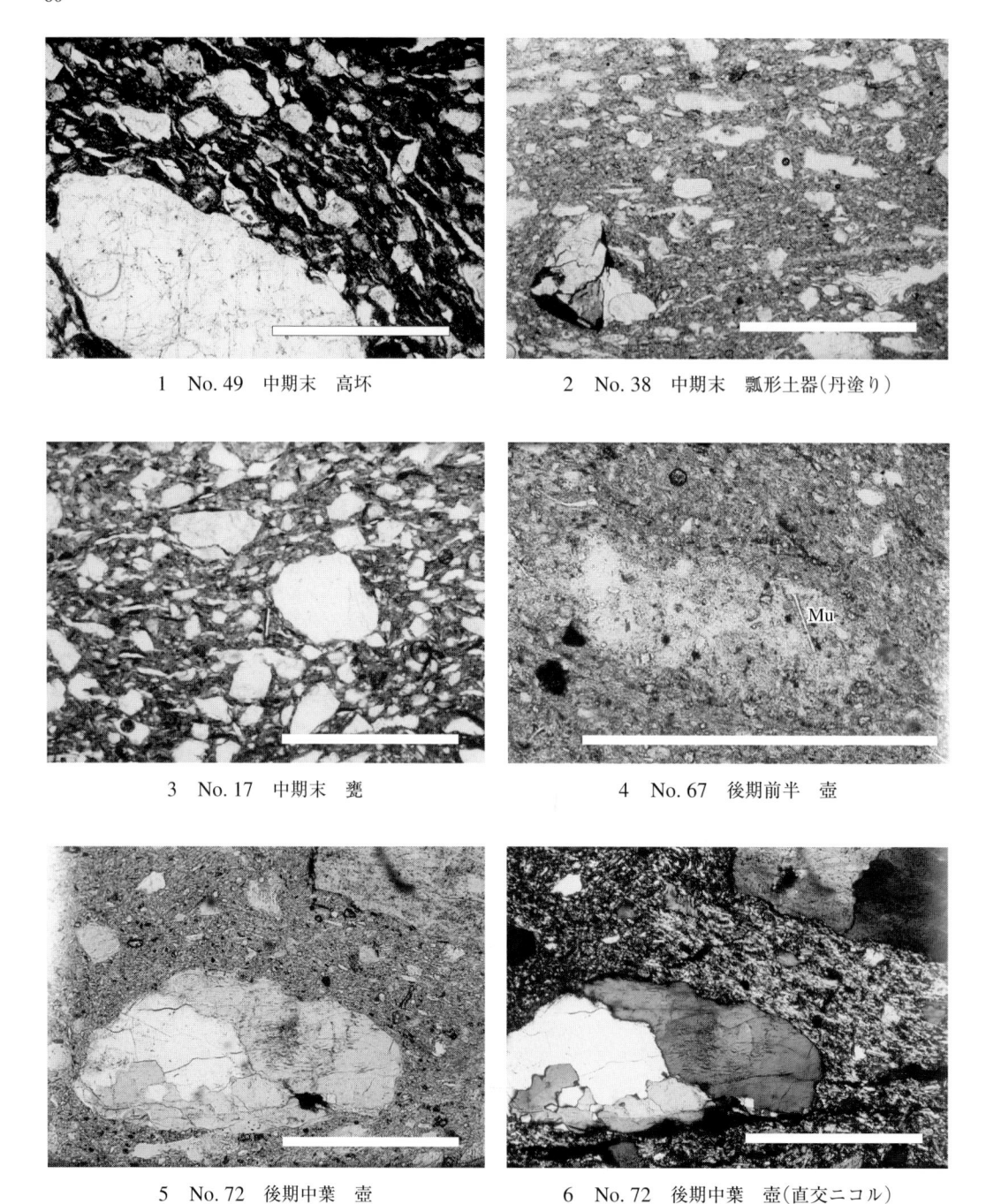

2　No. 38　中期末　瓢形土器(丹塗り)

3　No. 17　中期末　甕

4　No. 67　後期前半　壺

5　No. 72　後期中葉　壺

6　No. 72　後期中葉　壺(直交ニコル)

図33　比恵・那珂遺跡群出土土器の偏光顕微鏡写真(スケール約 1.0 mm)
Mu: ムライト

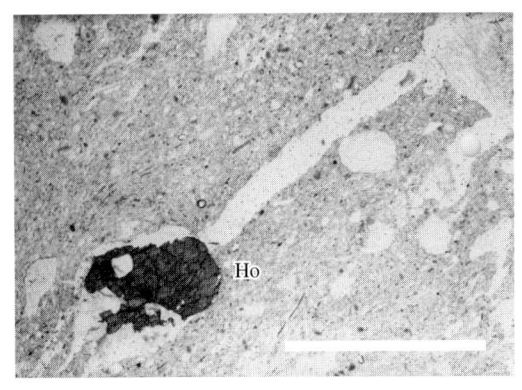

第 5 章　弥生土器の胎土分析の実践　　　　　　　　　　　　　　　　81

7　No. 92　弥生終末　壺

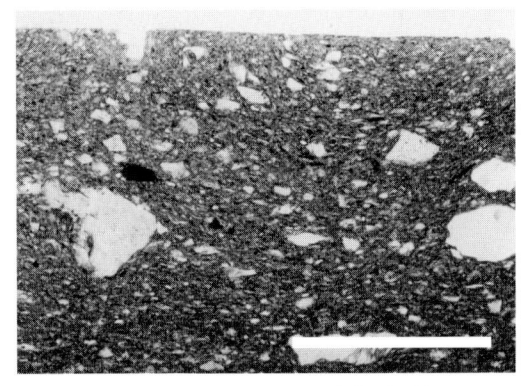

8　No. 93　古墳初頭　壺（畿内系）

9　No. 5　中期末　甕棺（直交ニコル）

10　No. 61　後期初頭　複合口縁壺（直交ニコル）

図 34　比恵・那珂遺跡出土土器の偏光顕微鏡写真（スケール約 1.0 mm）
Ho: 角閃石，Gr: 花崗岩

明確な違いをもっていたといえる。

　焼成温度については，偏光顕微鏡による観察結果から，弥生土器は従来から 600～800°C で焼成されたという推測（佐原，1986）はおよそ追認されうると考える。しかし後期には高温のため微細な雲母や長石の一部が溶けてガラス化しているものもみられ，一部 1,000°C 以上で生成されるムライトがみとめられるものもあった（図 33-4）。したがって，弥生時代後期から古墳時代前期にかけて高い温度で焼成される傾向がみとめられ，技術的変化があったことが想定される。また外来系の甕や壺などについても，焼成温度が 1,000°C 付近の高温で焼成された可能性があるものがみられた。しかし，在地系の土器はさほどガラス化しておらず，焼成技術も在地系と外来系で異なっていたかもしれないが，焼成温度の推測には今後さらに多くの試料を分析する必要があろう。畿内の庄内式を在地で生産した，いわゆる筑前型庄内甕（久住，1999a）は，灰白色の色調で断面にサンドイッチ状の黒色層が形成される傾向がみとめられる。古墳初頭の外来系土器の焼成技術をうかがう上で重要な現象である。黒色層の要因は，火回りの悪さなどの要因による粘土中の有機物の残存などが考えられているが，高温のためガラス化した試料にも黒色層の形成がみとめられ，黒色層は焼成時の雰囲気

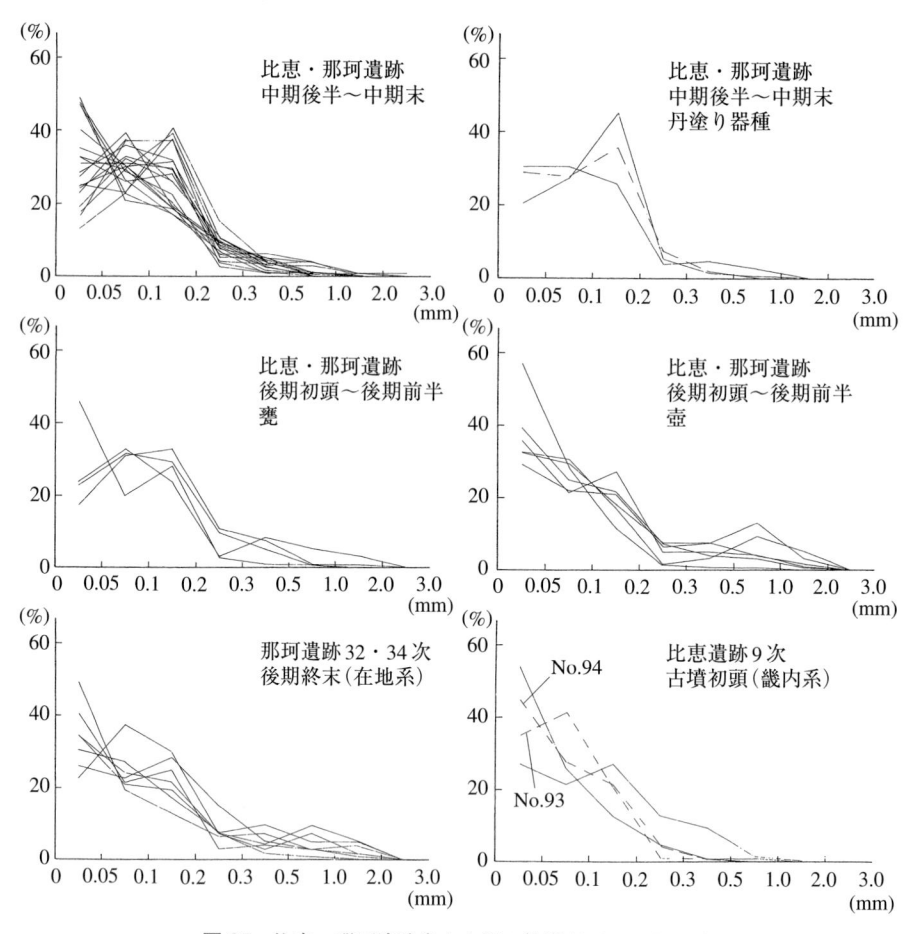

図35 比恵・那珂遺跡出土土器の粒度（点線は精良胎土）

やそれに関わる鉄の化学変化に由来する可能性がある。

なお，酸化焔焼成の弥生土器および土師器では，高温で焼成されたことを肉眼で確認することは困難であることが大半であるが，No. 93 の比恵9次出土の精良胎土の壺のように，内面が灰青色を帯びていて，高温焼成が肉眼で推定できる例もある。

4. 考　察

以上の分析の結果をまとめてみたい。比恵・那珂遺跡における土器生産と分配，消費に関して，蛍光 X 線分析では比恵遺跡と那珂遺跡でかなり複雑な元素分布を示しており，一遺構でも元素の分布にはばらつきがみられ複数の化学組成をもつ材料で製作された土器が一遺構や同一の調査区で出土している状況が把握された。そこで，土器の生産と分配，消費のありかたについて，蛍光 X 線分析のデータを軸として検討すると，先に第4章第3節で設定した β のパターン，すなわち土器が製作集団内にとどまることなく，他の集団にも分配され，消費された結果を示すのではないか，と考えられる。

比恵・那珂遺跡における土器生産と分配，消費は複数の集団に基づくものであり，その消費のありかたやそれに伴う人の動きが複雑であったことを想定したい。それでは，なぜ比恵・那珂遺跡ではこのような複雑な状況を示すのであろうか。

最初にも述べたように，比恵・那珂遺跡全体はいくつもの溝で区画されており，吉留によって運河と想定される溝もめぐらされている（吉留，1999）。また，弥生時代終末には道路の可能性が指摘される溝が集落を縦断し，掘立柱建物や墳墓がそれに合わせるように並ぶという点で，規格性に富んだ集落の内容となる（久住，1999b）。久住は比恵・那珂遺跡群に都市的性格を想定している。「都市」という概念自体は検討する余地はあるものの，比恵・那珂遺跡群のような複雑で規格性のある集落には，物流や情報が集約される機能が備わっていたことは想定されよう。土器の生産と分配，消費のありかたも，そのような集落の構造や特質と無関係ではなかろう。ただし，土器が比恵・那珂遺跡の内部で，階層的上位者によって集約され，分配されるという状況は見出すことが難しい。むしろ，久住が「市」の存在を想定するように（久住，1999a），土器が「市」的な組織によって集約され，需要に応じて分配された状況を推測したい。

次に，比恵・那珂遺跡における材料の採取については，岩石学的な分析や，蛍光X線分析から勘案して，集落の基盤をなす八女粘土と，那珂川および御笠川流域に多くみられる花崗岩が両方関与している可能性を考えた。ただし，中期の須玖式は後期よりも鉄や有色鉱物が多く含まれており，塩基性岩に由来する鉄が多く含まれた土が混ぜられた可能性もある。塩基性岩は，遺跡近辺では福岡平野東部に塩基性片岩が分布しており，それに由来する粘土を混ぜた可能性もあるが，粘土自体も風化過程により鉄が蓄積される場合もあり，具体的な採取地や方法はわからない。いずれにせよ，中期土器は発色に赤みをもたせるため胎土のコントロールを行った可能性は考えられる。

また，土器製作技術に関しては，北部九州の弥生土器は中期から後期にかけて丹塗りの精製器種が衰退し，全体に粗製化するが，胎土の組織においても，それに連動した変化を把握することができた。すなわち，中期土器は，大粒の粒子はさほど含まれず，全体に粒子がそろい，方向性のある組織であるが，後期になると，大粒の粒子が含まれた粗い胎土組織となる。こうした土器の胎土組織の変化は，土器製作の粗製化と密接に関連したものであると考えられる。また，後期に高温焼成の土器が若干多くなるが，焼成技術にも何らかの変化があった可能性が考えられる。

さらに，弥生時代の終末から古墳時代の初頭には，畿内の庄内系や布留系土器が北部九州でも受容されるが，これらの外来系土器は，今回の分析では在地での材料採取と製作が想定された。これは，土器の工人集団の移動あるいは土器の製作技術に関する情報の移動と評価しうるものであるが，胎土の組織という点をみても，比恵・那珂遺跡における布留系土器は在地の西新式土器とは胎土組織が異なるという特徴が見出される。これは材料の調整などの製作過程が西新式と庄内系および布留系とでは異なるものであったことを物語る。このような胎土組織の違いは，外来系土器が受容され製作される際に，どのようなプロセスで受容されたのかを考える手がかりとなるかもしれない。この点については，他の分析結果などを併せて，最後に改めて検討することにしたい。

第3節　吉野ヶ里遺跡・松原遺跡出土土器の胎土分析

1. はじめに

　佐賀県吉野ヶ里遺跡は，周知のように弥生時代の環濠集落を代表する遺跡であるが，吉野ヶ里遺跡をめぐって，これまでさまざまな解釈が試みられてきている（高島，1993；蒲原，1995・2000；武末，1998ほか）。ここではそれらの説の詳細については割愛するが，遺跡全体の発掘が行われたことで環濠集落の全貌を明らかにした吉野ヶ里遺跡の調査の成果が，弥生時代に関してさまざまなイメージを提示してきたことは確かであろう。そこで吉野ヶ里遺跡に代表されるような大型環濠集落の機能や構造，性格を理解するには，集落を溝で囲うことの意義をさまざまな視点から検討することが必要となるとともに（c.f. 七田，1997；高倉，1991；都出，1989；寺沢，1999），実際の遺構や遺物に対して詳細な分析をすすめていくことも不可欠であると考える。

　ところで，吉野ヶ里遺跡の外側の環濠の内部には，後期段階になると南北の溝に囲まれる空間があり，内部には物見櫓的遺構や掘立柱建物が検出されている（図36）。こうした環濠内の区画溝の出現を階層差の顕在化とみなし，区画を首長層のための空間とし，後に出現する豪族居館の萌芽的な姿を読み取る武末の見解が，一定の支持を得ている（武末，1989）。さらにこの2つの区画は「北内郭」，「南内郭」と呼ばれているが，これらの区画に機能的な違いをみとめる見解もあり，北内郭に関してはその北側にある墳丘墓や掘立柱建物との関連性から，祭殿的な性格が想定されている（七田，1994）。それに対して，北内郭・南内郭ともに時期的に比較的近接した時期に掘削が行われ，埋没したと考えられること，内部の構造自体両者に共通性がみとめられることなどを根拠に，蒲原宏行は吉野ヶ里遺跡に対して本来複数の集落であったものが環濠によって結集された可能性を提示している（蒲原，1995・2000）。

　これらの議論を整理すると，吉野ヶ里遺跡の内部の建物や北内郭・南内郭とされる区画溝に対する評価については，階層差や政治的・祭祀的性格を想定した解釈が示されてきたが，複数の集落の複合とみる見解も提示されてきている。畿内の大型集落の再評価を試みた若林の研究でもみられるように（若林，2001），吉野ヶ里遺跡のみならず，環濠集落や大型集落に対する評価は再検討されてきているといえる。吉野ヶ里遺跡に関しては，特に北内郭の特殊な形態の溝や大型建物の存在，溝で囲むということ自体ある種の祭祀性や政治性を帯びているとも評価しうるし，それは後の豪族居館につながる要素をもっているが，祭祀性や政治性の評価については現在の出土資料の分析のみでは困難な部分が多い。

　そこで，吉野ヶ里遺跡の集落内の空間構成，特に遺構間の関係性を把握することが必要となる。その点から勘案すると，土器は弥生社会において日常性の高い道具であったと考えられるので，集落の内容や関係性を検討するには有効な手がかりとなりうる。すなわち，もし集落内に機能差が存在し，あるいは複数の集団が存在するならば，土器の生産と消費のありかたにも違いがあることが期

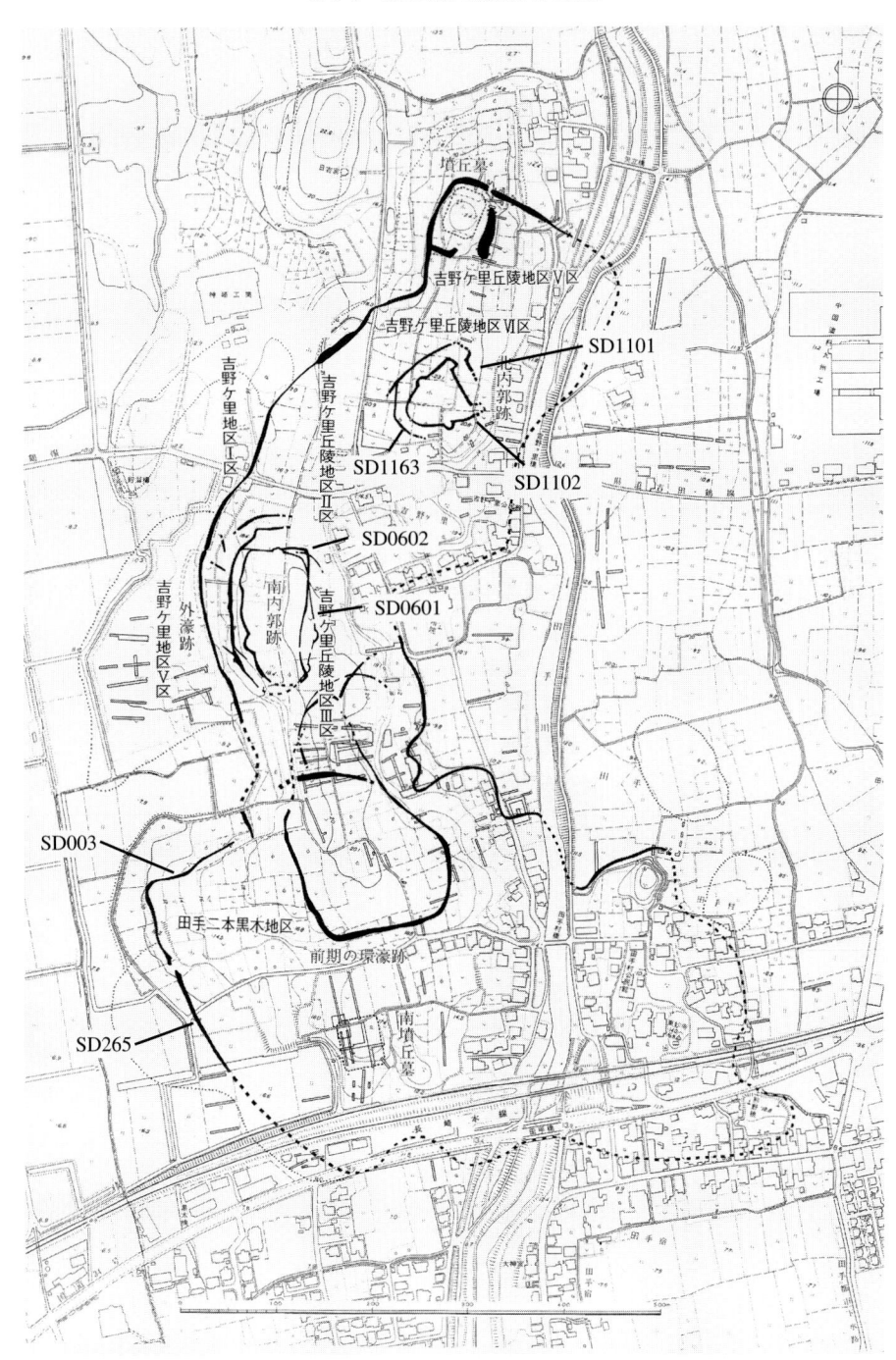

図36 吉野ヶ里遺跡の各調査区（七田ほか編，1992を改変）

待されよう。

　また，吉野ヶ里遺跡の周辺には衛星的集落が存在することが明らかにされている(蒲原, 2000)。吉野ヶ里遺跡とその周辺の集落が，土器生産と消費に関してどのような関係にあったのか，という問題も，集落構造や集落間関係を理解するには重要であろう。

　吉野ヶ里遺跡の北東部には，吉野ヶ里遺跡とほぼ同時期の環濠集落である松原遺跡が位置している。松原遺跡は，規模は吉野ヶ里遺跡よりも小さく，また環濠の途中に突出部が形成されるなど，環濠の形態が吉野ヶ里遺跡とは若干異なる。土器相をみると両遺跡はきわめて類似しているが，同じ土器製作集団によって製作され分配されたものなのか，あるいはそれぞれの集落内で土器を作っていたのかどうかは考古学的に判断しづらい。

　そこで，こうした近接した遺跡間の土器の生産単位の抽出や遺構間の関連性を理解するために，胎土分析が有効性をもつ。ここでは，吉野ヶ里遺跡および松原遺跡における土器生産と分配，消費形態を検討するにあたり，胎土分析を用いることによってその具体像を明らかにする試みを示したい。もちろん，吉野ヶ里遺跡や松原遺跡全体を評価するには，多角的に緻密な検討を加えるべきで

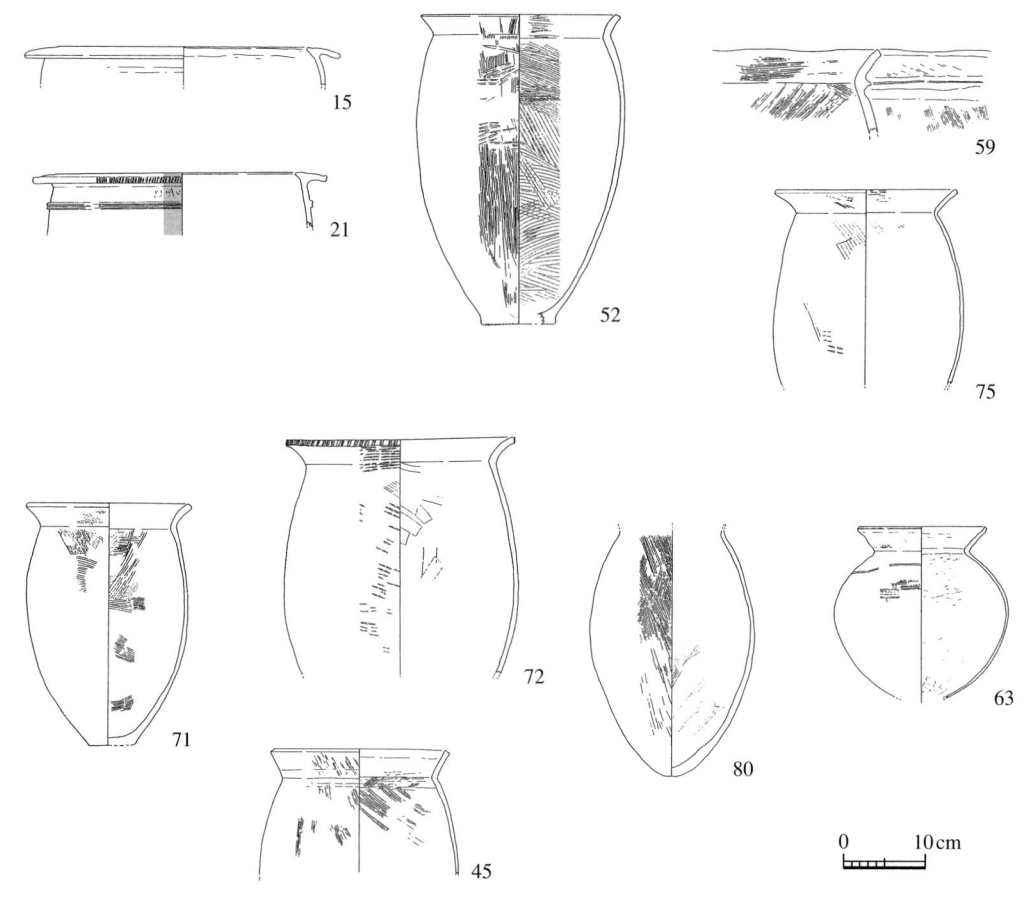

図 37 分析を実施した土器(吉野ヶ里遺跡発掘調査事務所作成図をトレース。45・59・63 は筆者実測)
　　　　(図中の番号は表 5 の No. と対応)

第 5 章　弥生土器の胎土分析の実践　　87

あるが，胎土分析によって理解されうる点を示したいと思う。そして，前節の比恵・那珂遺跡群出土土器の胎土分析で指摘したような土器様式の変化に伴う胎土組織の変化にも着目し，土器様式の変化と胎土との関わりについても検討を加えてみたい。

2. 分 析 試 料

　分析のための土器試料は，志波屋四の坪地区，吉野ヶ里丘陵地区，吉野ヶ里地区，田手二本黒木地区の各地区出土の中期から後期終末，古墳初頭にかけての土器を中心として選択された（図37・38）（表5）。

　なお扱う土器の編年観は，およそ従来の北部九州の土器編年に従うが，後期と古墳時代初頭の編年は，蒲原によって佐賀平野の資料を中心に編年案が提示されており（蒲原，1991・2003），編年はおよそそれに依拠するものとする。分析中では，編年を細かく設定しつつ議論できるほどの点数を用意できていないが，ここでは後期の編年のうち，蒲原編年の村徳永2式と3式を後期初頭および前半とし，千住1式および2式を後期中頃と後半，惣座0式および1式を終末，惣座2式と夕ヶ里式を古墳初頭と便宜的に呼称する。

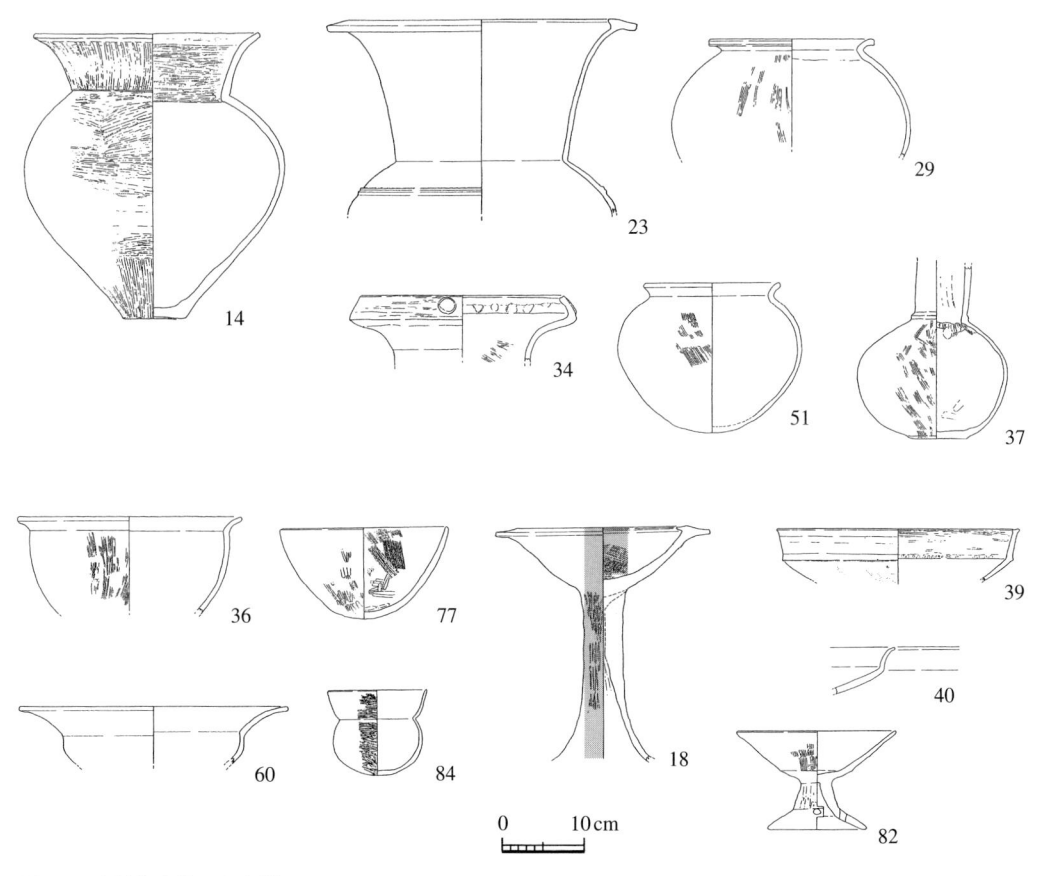

図38　分析を実施した土器（吉野ヶ里遺跡発掘調査事務所作成図をトレース。14・29・34・37・39・40は筆者実測）
　　　（図中の番号は表5のNo.と対応）

表5　吉野ヶ里遺跡出土土器の分析試料と蛍光X線分析データ

No.	調査地点	遺構	K	Ca	Fe	Rb	Sr	Na	器種	時期	備考	登録番号
1	SYT	SK0806	0.541	0.221	2.39	0.534	0.584	0.262	甕	中期初頭		87010941
2	SYT	SK0550	0.402	0.135	2.52	0.51	0.372	0.215	甕	中期初頭		87010704
3	TDNII	SK145	0.505	0.391	2.67	0.587	0.769	0.313	甕棺	中期後半		
4	YGKIII	SJ0760	0.454	0.383	3.73	0.407	0.704	0.324	甕棺上甕	中期後半		
5	YGKIII	SJ0760	0.450	0.313	3.57	0.383	0.637	0.295	甕棺下甕	中期後半		
6	SYT	SJ0474	0.461	0.218	3.36	0.528	0.461	0.254	甕棺	中期後半		
7	TDNII	SK071	0.415	0.988	3.58	0.434	1.430	0.302	甕	中期後半	丹塗り	
8	TDNII	SK187	0.540	0.720	2.77	0.442	0.827	0.401	甕	中期後半		
9	TDNII	SK144	0.496	0.577	2.73	0.433	0.682	0.392	壺	中期後半		
10	TDNII	SD003	0.527	0.511	2.93	0.663	1.560	0.254	壺	中期後半		
11	TDNII	SK145	0.459	0.686	2.15	0.425	1.970	0.328	甕	中期後半		
12	TDNII	SK144	0.517	0.574	3.24	0.531	1.580	0.300	甕	中期後半		
13	TDNII	SK145	0.501	0.718	3.56	0.412	0.762	0.433	広口壺	中期後半	丹塗り	
14	TDNII	SK112	0.475	0.685	3.46	0.492	2.040	0.351	広口壺	中期後半	丹塗り	
15	TDNII	SD003	0.546	0.312	2.31	0.448	0.800	0.217	甕	中期後半		
16	YGKV	SH0932	0.525	0.440	3.07	0.454	0.824	0.464	甕	中期後半		
17	TDNII	SK145	0.496	0.398	2.01	0.363	1.61	0.221	甕	中期後半		
18	SYT	SK0430	0.503	0.165	4.06	0.345	0.380	0.149	高坏	中期後半	丹塗り	87010741
19	TDNII	SH179	0.429	0.747	3.38	0.462	1.540	0.339	甕	中期後半		
20	TDNII	SD003	0.444	0.602	2.41	0.444	1.660	0.226	壺	中期後半		
21	TDNII	SD003	0.427	0.752	4.37	0.457	1.390	0.281	甕	中期後半	丹塗り	
22	YNGV	SH0932	0.474	0.286	2.31	0.426	0.904	0.163	甕	中期後半		
23	SYT	SX0488	0.462	0.439	2.59	0.387	0.641	0.353	壺	中期後半		
24	YNGV	SK1141	0.433	0.451	4.39	0.338	0.569	0.261	広口壺	中期後半	丹塗り	93-4075
25	SYT	SX0185	0.395	0.763	4.96	0.316	0.452	0.253	甕	中期後半	丹塗り	86-7010
26	YGKIII	SJ0675	0.473	0.192	2.27	0.482	0.529	0.172	甕棺	中期後半		
27	YNGV	SK0968	0.510	0.276	2.21	0.570	0.696	0.318	甕	中期後半		93-3042
28	SYT	SX0311	0.442	0.377	4.16	0.374	0.487	0.291	甕	中期後半	丹塗り	87001855
29	TDNII	SH011	0.451	0.448	3.31	0.388	1.250	0.257	壺	後期初頭		
30	TDNII	SD265	0.598	0.465	1.64	0.512	1.320	0.457	甕	後期初頭		
31	TDNII	SD003	0.421	0.482	2.43	0.486	1.270	0.250	壺	後期前半		
32	YGKIII	SD0604	0.510	0.372	2.54	0.455	0.692	0.354	壺	後期前半		
33	TDNII	SD003	0.431	0.609	4.24	0.538	1.290	0.213	鉢	後期前半		98-0606
34	TDNII	SD003	0.543	0.39	2.25	0.565	1.170	0.359	壺	後期前半		
35	TDNII	SD265	0.539	0.484	1.55	0.575	1.360	0.438	甕	後期前半		
36	TDNII	SD265	0.609	0.441	1.66	0.609	1.190	0.43	鉢	後期前半		
37	TDNII	SD003	0.481	0.616	3.49	0.543	1.510	0.255	壺	後期前半		98-0611
38	TDNII	SD003	0.443	0.644	3.71	0.48	1.410	0.216	鉢	後期前半		98-0603
39	TDNII	SD003	0.713	0.318	1.53	0.841	1.150	0.292	高坏	後期前半		
40	YGKIII	SD0602	0.323	0.419	5.87	0.251	0.991	0.172	高坏	後期後半		
41	YGKIII	SD0602	0.513	0.122	1.76	0.405	0.489	0.098	壺	後期後半		
42	TDNII	SD265	0.409	0.521	3.16	0.462	1.110	0.267	甕	後期中葉		
43	TDNII	SD003	0.464	0.583	3.14	0.546	1.570	0.194	甕	後期中葉		
44	TDNII	SD265	0.429	0.383	3.92	0.436	0.969	0.157	壺	後期中葉		
45	TDNII	SD265	0.448	0.238	2.19	0.459	1.210	0.302	甕	後期終末		
46	TDNII	SD003	0.550	0.434	1.42	0.641	1.400	0.408	甕	後期後半		
47	YGKIII	SD0602	0.502	0.119	1.66	0.591	0.646	0.181	甕	後期後半		

No.	調査地点	遺構	K	Ca	Fe	Rb	Sr	Na	器種	時期	備考	登録番号
48	TDNII	SD265	0.510	0.385	2.07	0.507	1.030	0.304	甕	後期中葉		
49	YGKIII	SD0602	0.469	0.276	1.35	0.523	0.723	0.265	壺	後期中葉		94-4611
50	TDNII	SD265	0.549	0.465	1.71	0.613	1.200	0.365	壺	後期中葉		
51	YGKIII	SD0602	0.477	0.119	1.54	0.568	0.592	0.128	壺	後期終末		94-003481
52	YGKIII	SD0602	0.549	0.304	3.28	0.631	0.615	0.211	甕	後期中葉		94-47518
53	YGKIII	SD0602	0.365	0.299	1.74	0.375	1.140	0.476	甕	後期後半		
54	TDNII	SD003	0.388	0.485	2.42	0.445	1.380	0.236	甕	後期後半		
55	YGKIII	SD0602	0.522	0.285	1.42	0.673	1.190	0.333	壺	後期中葉		94-3430
56	TDNII	SD265	0.531	0.287	2.34	0.532	0.652	0.287	甕	後期中葉		
57	YGKIII	SD0602	0.420	0.228	3.88	0.409	0.626	0.146	甕	後期後半		
58	YGKIII	SD0602	0.434	0.219	3.64	0.407	0.641	0.182	甕	後期後半		94-5477
59	TDNII	SD265	0.514	0.612	2.01	0.539	2.060	0.281	甕	後期中葉		
60	YGKIII	SD0602	0.567	0.318	2.57	0.748	0.702	0.236	鉢	後期終末		94-4624
61	YGKIII	SD0601	0.365	0.467	2.84	0.410	1.400	0.289	鉢	後期終末		92-1385
62	YGKIII	SD0601	0.406	0.248	4.45	0.338	0.594	0.217	高坏	後期終末		92-1855
63	TDNII	SD226	0.574	0.703	2.27	0.908	2.140	0.197	甕	古墳前期	布留系甕	
64	YGKIII	SD0602	0.404	0.388	1.5	0.408	1.250	0.326	甕	後期終末		94-4747
65	YGKIII	SD0602	0.539	0.243	1.88	0.59	0.608	0.223	壺	後期終末		94-4703
66	YGKIII	SD0602	0.459	0.231	2.05	0.486	0.576	0.185	甕	後期終末		94-4568
67	YGKIII	SH0058	0.443	0.230	1.4	0.527	0.723	0.229	甕	後期終末		
68	YGKIII	SD0602	0.399	0.383	1.62	0.415	1.250	0.243	甕	後期終末		94-4700
69	YGKIII	SD0602	0.409	0.409	1.566	0.400	1.310	0.324	甕	後期終末		94-4611
70	YGKIII	SD0602	0.475	0.321	2.54	0.405	0.779	0.272	甕	後期終末		94-4754
71	YGKVI	SD1101	0.358	0.364	1.93	0.422	1.210	0.212	甕	後期中葉〜後半		96-1464
72	YGKVI	SD1102	0.382	0.314	1.47	0.47	0.932	0.254	甕	後期後半		95-3729
73	YGKVI	SD1102	0.408	0.474	1.47	0.483	1.370	0.361	壺	後期後半		95-3684
74	YGKVI	SK1321	0.329	0.413	2.20	0.309	0.704	0.262	甕	後期後半		96-1419
75	YGKVI	SD1122	0.371	0.525	2.63	0.301	0.695	0.194	甕	後期後半		96-2819
76	YGKVI	SD1122	0.46	0.309	1.99	0.498	0.727	0.292	甕	後期後半〜終末		96-2996
77	YGKVI	SD1101	0.438	0.262	1.16	0.581	0.958	0.265	鉢	後期終末		
78	YGKVI	SK1113	0.442	0.246	1.32	0.642	0.807	0.270	甕	後期終末		95-3086
79	YGKVI	SD1101	0.516	0.22	1.90	0.543	0.596	0.160	甕	後期終末		96-1452
80	YGKVI	SH1153	0.349	0.211	1.29	0.583	0.815	0.194	甕	古墳前期		95-3413
81	YGKVI	SD1101	0.448	0.396	2.17	0.542	1.090	0.323	甕	古墳前期		96-2751
82	YGKVI	SK1322	0.310	0.25	5.55	0.376	0.635	0.080	高坏	古墳前期		96-1426
83	YGKVI	SD1163	0.361	0.218	1.62	0.485	0.758	0.194	高坏	古墳前期		96-2879
84	YGKVI	SK1322	0.358	0.180	3.90	0.431	0.476	0.025	小形丸底壺	古墳前期		96-1425

3. 分析結果

3.1 蛍光X線分析

まず吉野ヶ里遺跡の中期土器の元素分布をみてみると（図39），志波屋四の坪地区（SYT）では，中期初頭のものも一部含めているが，中期の墓地に伴う祭祀土壙と思われるSK0430やSK0550，SK0488出土土器は，分布図の左側におよそ集中し，Caが0.2から0.4付近，Srが0.4から0.6と値が低い傾向にある。

吉野ヶ里地区Ⅴ区（YNGV）出土の土器は，外側の環濠であるSD0925の内側にある住居跡のSH0932，SK1141，SK0968出土土器を分析したが，やはりCaが0.2から0.4，Srが1点0.9にあるものの残り2点は0.5から0.6と低い値を示す。

　吉野ヶ里丘陵地区（YGKⅢ）では，日常土器を転用した中期後半の甕棺SJ0760およびSJ0765を分析したが，やはり吉野ヶ里地区Ⅴ区と同様，CaとSrが低い値をとる。

　それに比べて，田手二本黒木地区Ⅱ区（TDNⅡ）は，志波屋四の坪地区や吉野ヶ里地区，吉野ヶ里丘陵地区とはデータの傾向がやや異なる。すなわち，南部の外環濠に相当する一連の溝と思われるSD003とSD265出土土器，住居跡や穴倉的遺構であるSK144，145出土の中期後半の須玖式土器を分析したところ，いずれの遺構においても若干それぞればらつきのある元素組成を示しているが，Caが0.5から0.8，Srが1.4から1.9と比較的高い値を示し，他の調査区とは異なる傾向がみられる。吉野ヶ里遺跡内でも，土器の生産と消費のありかたが単一ではないことは，このデータから明らかである。一方，SK145やSD003にはCa，Srが低いものも一部含まれており，一遺構に複数の材料によって製作された製品が廃棄されたと解釈できるかもしれない。なお，No.7の丹塗りがなされた甕形土器は，Caが高い値を示し，また岩石学的分析でも以下に示されるように有色鉱物の量が多く含まれやや異質であることから，他集落で製作された搬入品の可能性もある。

　次に，後期の状況について検討することにしたい。後期初頭から前半の分析試料は，やや点数が少ないが南部外環濠で陸橋部をもつ田手二本黒木地区Ⅱ区221調査区のSD003，SD265出土土器から採取した（図40）。吉野ヶ里丘陵地区Ⅲ区（YGKⅢ）のSD0604出土土器の一部も分析している。元素分布をみると，Caは0.4から0.7でSrは1.1から1.5と，中期後半の田手二本黒木地区SD003・SD265出土土器のデータに比較的近いが，Srの値が低くなっており，胎土が中期から若干変わった可能性を示唆している。

　後期中葉から後半は，北内郭にあたる吉野ヶ里丘陵地区Ⅵ区（YGKⅥ）のSD1101とSD1102と，南内郭東側の溝を構成する吉野ヶ里丘陵地区Ⅲ区のSD0601，SD0602，そして田手二本黒木地区Ⅱ区221調査区のSD003，SD265出土の後期中葉から後期後半の土器から試料を採取し，それぞれの調査地点間や遺構間の関係に注目した（図41）。吉野ヶ里丘陵地区Ⅵ区の北内郭の溝出土土器は，Caが0.3から0.5にまとまりがある。Srは0.7から0.9に分布するものと，1.2とやや高いものがある。吉野ヶ里丘陵地区Ⅲ区の南内郭の溝SD0602とSD0601出土土器の元素分布は，ややばらつきがあり，Caが0.1付近，Srが0.4から0.6と値が低い値を示すものもあるが，およそCaが0.2から0.4，Srが0.7付近に分布し，また一部北内郭の土器と類似した元素の組成を示すものもある。ただし一部Srが若干高い値を示す個体もみられ，南内郭の溝に廃棄された土器は，単一の産地や土器製作集団の製品というよりも，複数の産地の土器が廃棄された可能性もあろう。また田手二本黒木地区の外環濠SD003とSD265出土土器は，北内郭および南内郭出土土器と元素は重なりながらも，全体としては分布図の右側の若干高い値でまとまるようである。

　弥生終末から古墳初頭の時期の試料は，吉野ヶ里丘陵地区Ⅵ区北内郭の周りを囲む溝SD1101などと，SK1113，SK1322，SH1153出土土器の試料も含めている。吉野ヶ里丘陵地区Ⅲ区は，

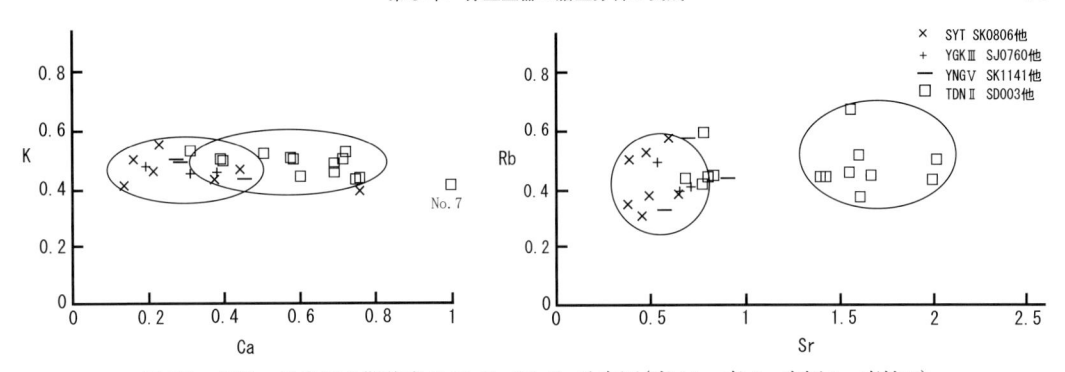

図 39 吉野ヶ里遺跡中期後半の K-Ca, Rb-Sr 分布図(甕 13，壺 5，高坏 1，甕棺 5)
SYT: 志波屋四の坪地区，YGK: 吉野ヶ里丘陵地区，YNG: 吉野ヶ里地区，
TDN: 田手二本黒木地区(図 40〜43 も同じ)

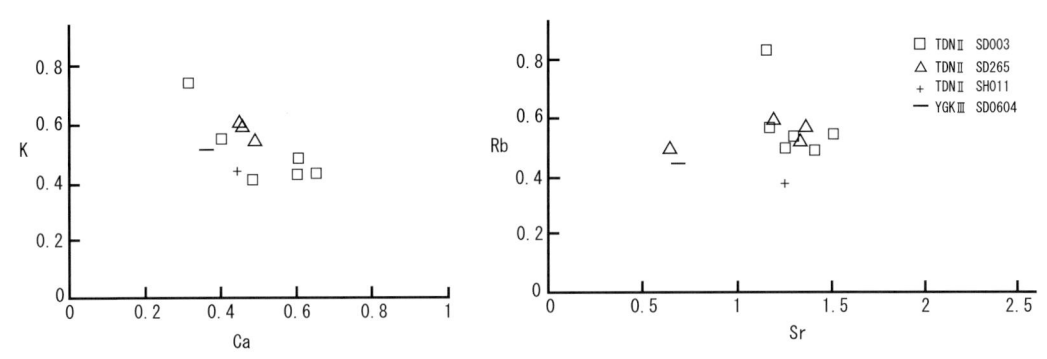

図 40 吉野ヶ里遺跡後期初頭〜前半の K-Ca, Rb-Sr 分布図(甕 2，壺 5，鉢 3，高坏 2)

南内郭の SD0602 出土土器で一部吉野ヶ里丘陵地区 II 区の住居跡出土土器を分析した(図 42)。田手二本黒木地区では，SD265 と SD226 から出土した布留系甕 1 点を含めた。全体に K-Ca の分布にはまとまりがあるが，吉野ヶ里丘陵 III 区の土器には Ca が高い値をとるものがやや多い。Rb-Sr の分布も全体に重なりがあるが，吉野ヶ里丘陵 III 区 SD0602 の土器には Sr が高いものがみられる。いずれにせよ，吉野ヶ里丘陵地区 VI 区と吉野ヶ里丘陵 III 区の土器は元素分布に重なりがみとめられ，両地区の土器に用いられた材料が比較的類似したものであったことが示唆されるが，南内郭では異なる産地の土器が消費されている可能性がある。田手二本黒木地区出土 SD0602 の 1 点は南内郭の SD0602 の Sr の値が高いものの分布と比較的近く，また布留系甕 1 点(No. 63)は，大きく分布がずれており，またすべての試料のデータと比較しても異質なので，搬入品の可能性が考えられる。

次に北内郭と南内郭，外環濠の溝出土土器の K-Ca, Rb-Sr のデータをまとめてみた(図 43)。北内郭と南内郭との関係については，後期中頃から終末を含めてみると，図をみても理解されるように北内郭と南内郭出土土器は元素分布に重なりがあり，明確に分離し難い。南内郭と外環濠は位置的に近いにもかかわらず，元素分布に若干違いがあるようにもみえる。このことから，位置的に近い調査地点間で元素組成がまとまるというものでもなく，やや複雑なありかたを示しているようで

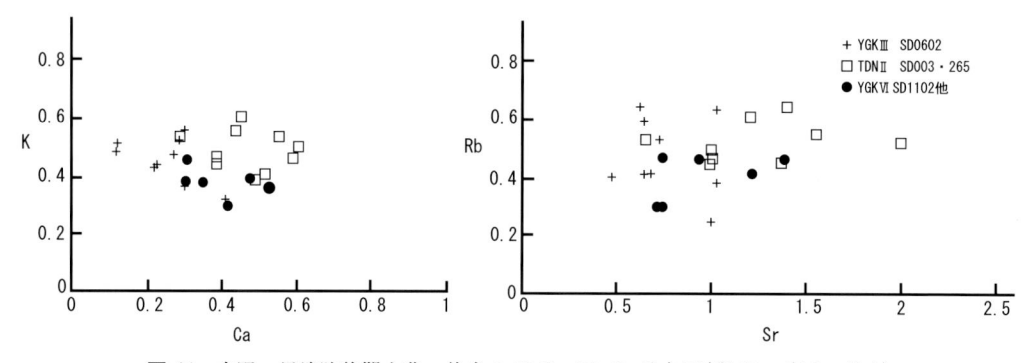

図41 吉野ヶ里遺跡後期中葉～後半のK-Ca, Rb-Sr分布図(甕12, 壺5, 鉢1)

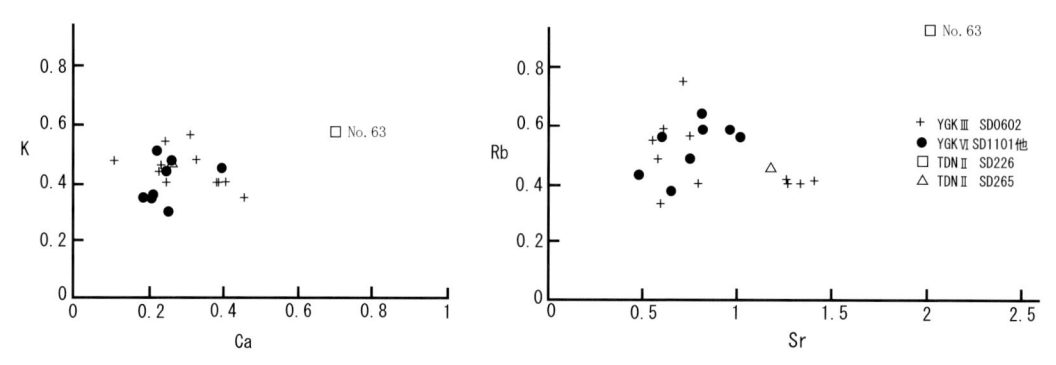

図42 吉野ヶ里遺跡後期終末～古墳前半のK-Ca, Rb-Sr分布図(甕17, 壺1, 高坏3, 鉢3)

ある。

　後期中葉以降の北内郭，南内郭出土土器にしぼって元素組成を検討してみると(図44)，両区画出土土器は元素組成は重なりがあり，胎土は類似した部分もある。しかし南内郭出土土器には，分布図の左側の低い値でまとまりを見せるものもある。したがって土器の胎土という視点からみれば，両区画は広い範囲をもつ吉野ヶ里遺跡においても密接な関係性をもっているものの，異なる採取地で採取された材料による土器が，両区画内で使用された可能性も捨てきれない。今後もう少し分析点数を増やすことで，詳細を明らかにする必要がある。

　なお，蛍光X線分析におけるFeの変化に着目すると，中期後半では丹塗り器種のほうが丹塗りのされていない器種よりもFeがやや多めに含まれているのに対して，後期以降は全体的に鉄の量が少なくなり，器種に応じた違いはあまりみられない(図45)。古墳初頭にはFeの値が高いものもみられるが，これは小型精製器種に特有の特徴である。こうした点は，他の地域と連動した変化であると指摘することができる。

3.2　岩石学的分析

　土器薄片を偏光顕微鏡で観察し，鉱物組成をまとめたグラフを示す(図46・47)。鉱物組成は，全体的には石英，長石，雲母類と，少量の角閃石や輝石が含まれる組成であることが指摘できる。石

第5章 弥生土器の胎土分析の実践

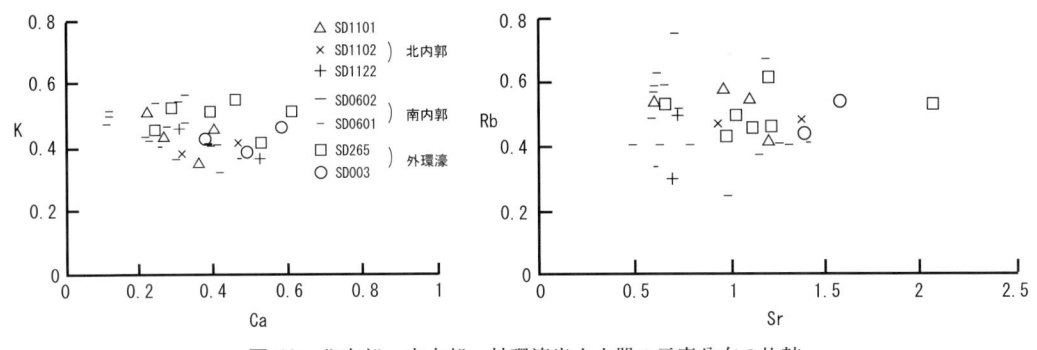

図43 北内郭, 南内郭, 外環濠出土土器の元素分布の比較

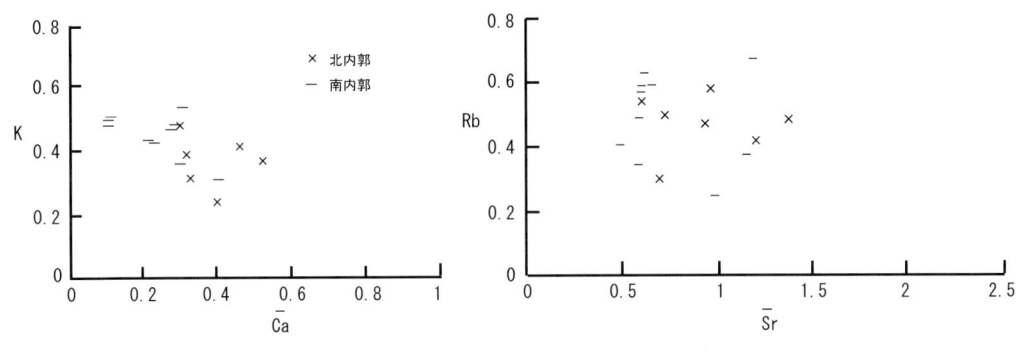

図44 北内郭・南内郭出土土器の元素分布

英はいずれも波動消光が顕著である。ただし, 鉱物組成には若干の時期的な変化も指摘できる。すなわち, 中期土器には雲母類のうち白雲母が比較的多く含まれ, 肉眼観察でも白雲母の粒子が比較的容易に確認できるのに対して, 後期土器は, 黒雲母や白雲母が含まれる量が中期よりも若干少なくなる。蛍光X線分析でも中期から後期には元素に若干の分布のずれが認められるので, 材料の採取地や調整技術などに変化があったことが想定できる。また蛍光X線分析で異質な分布を示した中期後半の丹塗りがなされた甕形土器（No. 7）および布留系の甕形土器（No. 63）に関してみると, No. 7には角閃石や輝石といった有色鉱物が他と比較してもやや多く含まれ, またNo. 63にも有色鉱物（酸化角閃石か）が他の個体よりも多く含まれており, 蛍光X線分析の元素分布で示された違いが, 鉱物組成においても確認できる。

　胎土の組織についてもみてみたい。各時期の粒度のグラフは図50に示してある。中期後半の須玖式は, 全体的な傾向として石英・長石の粒子の大きさが比較的そろい, 砂粒の流理組織が器壁に沿って方向性をもつことに特徴がある（図48-1・2）。器種ごとの違いに関しては, 丹塗りがなされた土器の胎土組織は, きわめて粒度の細かいものもあるが, 丹塗りがされていないものとあまり違いのない試料もある。丹塗り精製器種とそれ以外の器種との間で見られる胎土の違いは, 吉野ヶ里遺跡においては, 丹塗り器種に対して鉄が多く含まれた素地を採用していること, 最終的な調整の処理方法としてミガキを行っていることなどが大きな要因となろう。

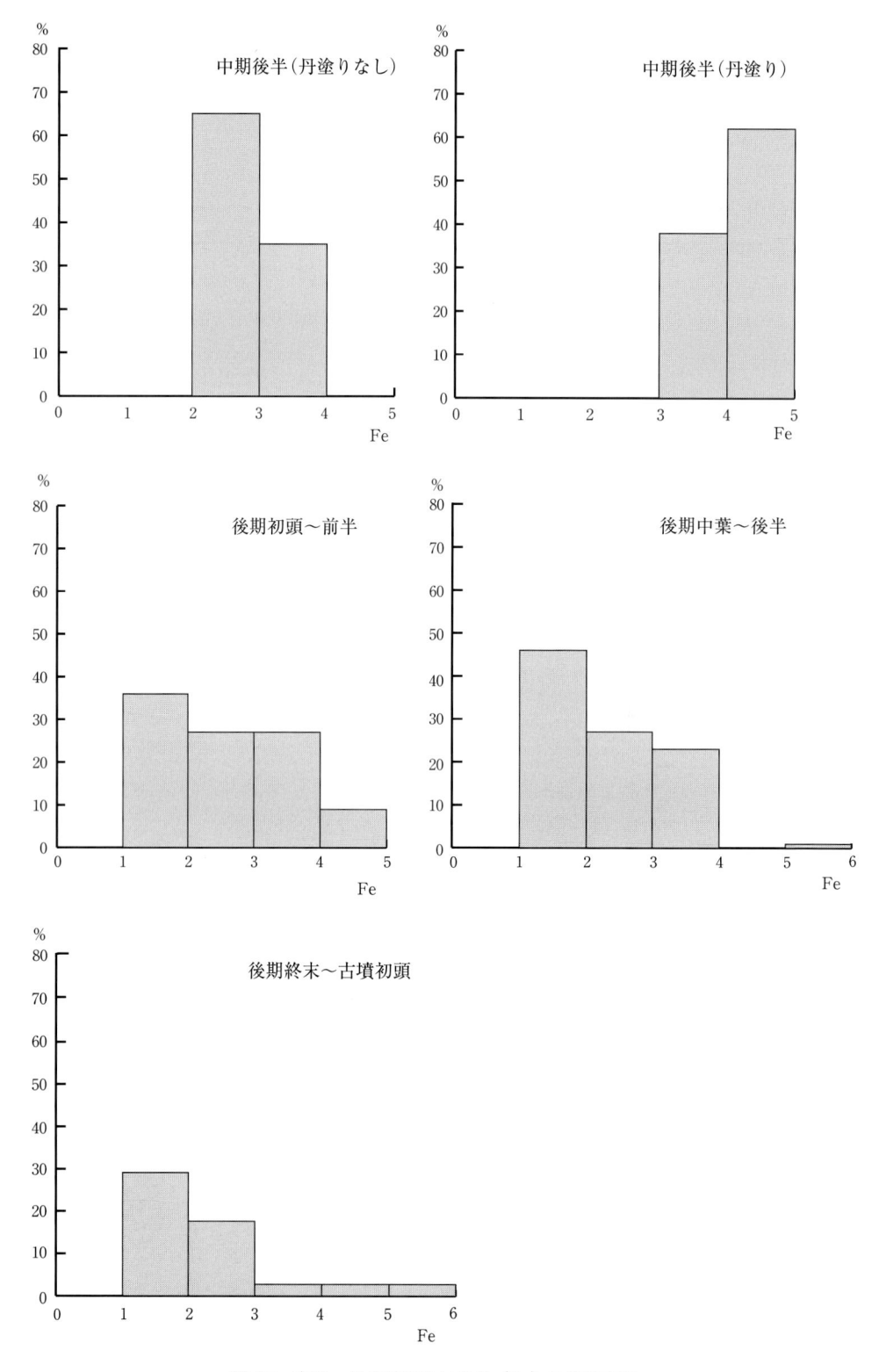

図45　吉野ヶ里遺跡における鉄（Fe）の値の変化

第5章　弥生土器の胎土分析の実践　　　　　　　　　　　　　　　　　　　　　95

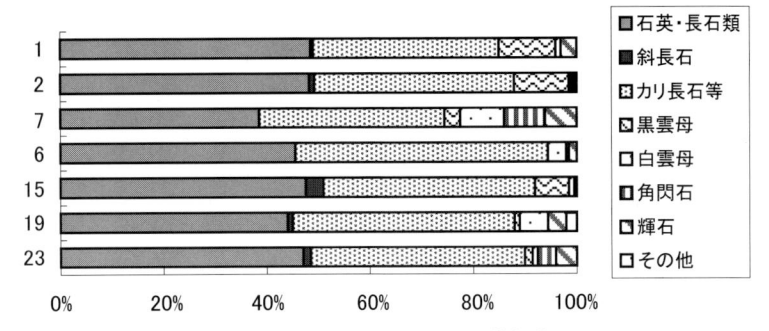

図 46　吉野ヶ里遺跡における弥生時代中期土器の鉱物組成（番号は表 5 の No. と対応）

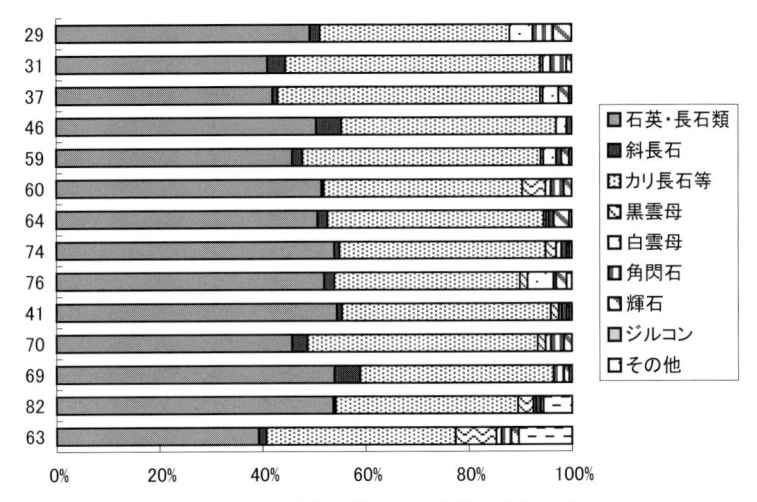

図 47　吉野ヶ里遺跡における弥生時代後期～古墳前期の鉱物組成（番号は表 5 の No. と対応）

　その後の後期になると，土器様式の特徴として須玖式に顕著な丹塗り器種がほぼなくなり，ハケメなど調整にやや粗さが目立つようになるが，胎土にも 2 mm 前後の大粒の石英・長石の粒子が含まれ流理組織に不均質さが目立つものがみられるようになる。そして色調は灰色～灰白色を帯びるものが増える。したがって，中期から後期に材料の選択や素地の調整方法などが若干変化したことが想定できる。
　また，古墳時代初頭の土器は，在地系の甕形土器は後期からあまり胎土組織に変化はみられないようであるが，高坏などの精製器種は，大粒の砂礫がほとんど含まれない精良な胎土であり，器種の違いに応じて粘土の調整など明確に差異化が図られたと理解される（図 50）。これは，比恵・那珂遺跡とほぼ同じ技術的特質といえるもので，こうした点からも，吉野ヶ里遺跡の土器製作技術の変化は各地と連動したものであったと考えられるのである。
　なお，後期土器には，高温焼成のためガラス化がみとめられるものがみられ，高温でガラス化が著しい試料は，角閃石が酸化角閃石に変質している状況も確認でき，また一部には 1,000℃ 以上で生成されるムライトが長石中に形成されている試料もあった（図 49-1）。

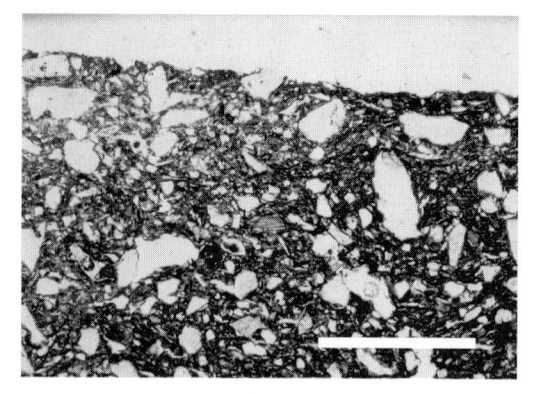

| 1 No.13 中期後半 壺(丹塗り) | 2 No.16 中期後半 甕 |
| 3 No.40 後期前半 高坏 | 4 No.46 後期後半 甕 |

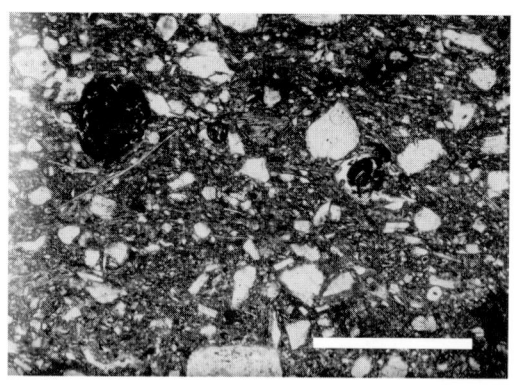

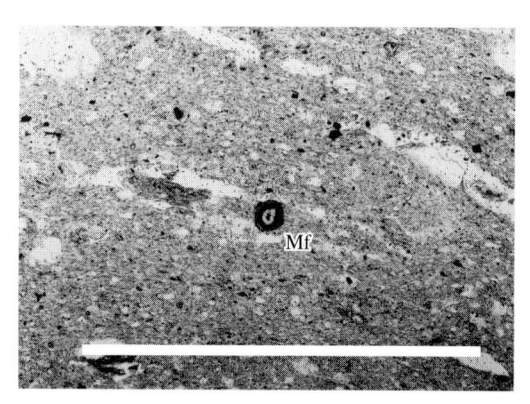

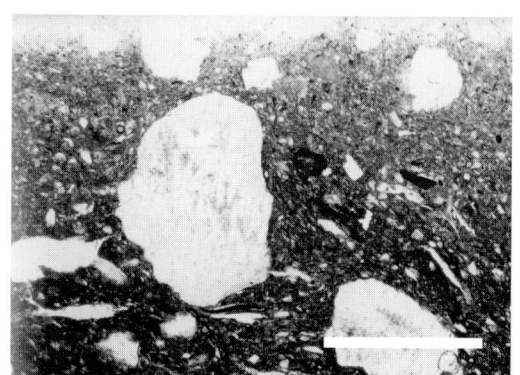

図48 吉野ヶ里遺跡出土土器の偏光顕微鏡写真(スケール約1.0 mm)
Mf: 微化石

3.3 吉野ヶ里遺跡と松原遺跡との関係について

次に，吉野ヶ里遺跡に隣接する松原遺跡との胎土の比較を行いたい。吉野ヶ里遺跡と松原遺跡は，近接した位置関係にあり(図53)，土器相もほぼ同じものである。松原遺跡では，中期後半のものと後期後半から古墳初頭の時期の土器片を分析した。岩石学的分析も一部実施したが，吉野ヶ里遺跡とほとんど同じ鉱物組成であった。紙幅の関係上，ここでは松原遺跡における蛍光X線分析のデータ(表6)のみの結果を検討する。

中期後半の土器の蛍光X線分析による元素分布は，分析点数が少ないものの Sr の値が低くまとまっており，吉野ヶ里遺跡の志波屋四の坪地区や吉野ヶ里丘陵地区出土土器と比較的近い元素組成である(図51)。したがって，両遺跡の土器製作で用いられた材料は類似したものであったと考えられる。

次に，後期終末から古墳初頭の時期の土器の胎土を比較する。元素分布をみると，吉野ヶ里遺跡と松原遺跡では元素分布が重なっており，類似した材料を使用したとみられる。ただし，松原遺跡のほうが若干 K や Rb の重心の値がやや低く分布しているようにも見受けられる(図52)。したが

1 No. 50 後期中葉 甕　　　　　　　　2 No. 43 後期中葉 甕

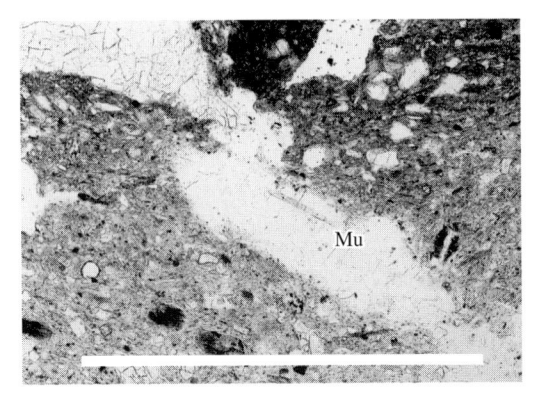

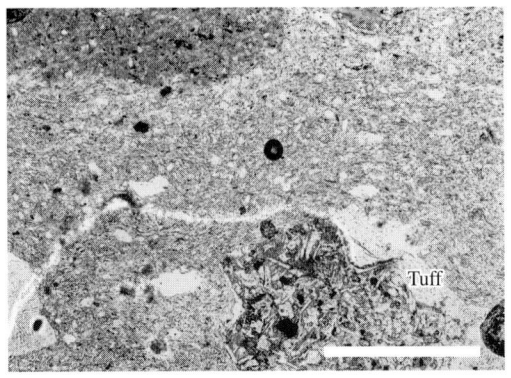

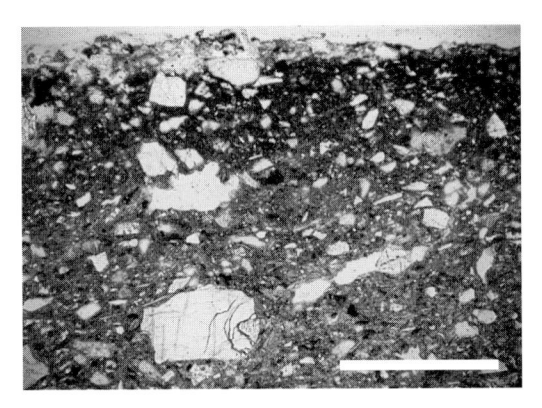

3 No. 63 古墳前期 甕

図 49　吉野ヶ里遺跡出土土器の偏光顕微鏡写真（スケール約 1.0 mm）
Mu: ムライト，Tuff: 溶結凝灰岩

って，両遺跡の土器製作に使われた材料はほぼ同じものであったと考えられるが，採取地は若干異なっていた可能性もある．両遺跡は距離的に互いを見渡せるほどの近い位置にあるが，土器生産は吉野ヶ里遺跡と松原遺跡それぞれ個別に行われ，製品は基本的に各集落内で消費されたといえるかもしれない．

4. 考　察

4.1　土器生産と分配，消費形態の検討

蛍光 X 線分析による元素の分布を検討すると，吉野ヶ里遺跡では複数の単位に基づいて土器生産と消費が行われたことを推察した．胎土からみられる複合的な土器生産と消費のありかたは，吉野ヶ里遺跡のような大規模な集落であっても，その内部は複数の集団で構成されていたことを暗示するものでもあろう．

吉野ヶ里遺跡内では，中期後半に調査地点間で元素分布のありかたが異なる．第 4 章で提示したモデルでは γ のパターンに相当するとみられる．すなわち，志波屋四の坪地区や田手二本黒木地

図50 吉野ヶ里遺跡出土土器の各時期の粒度

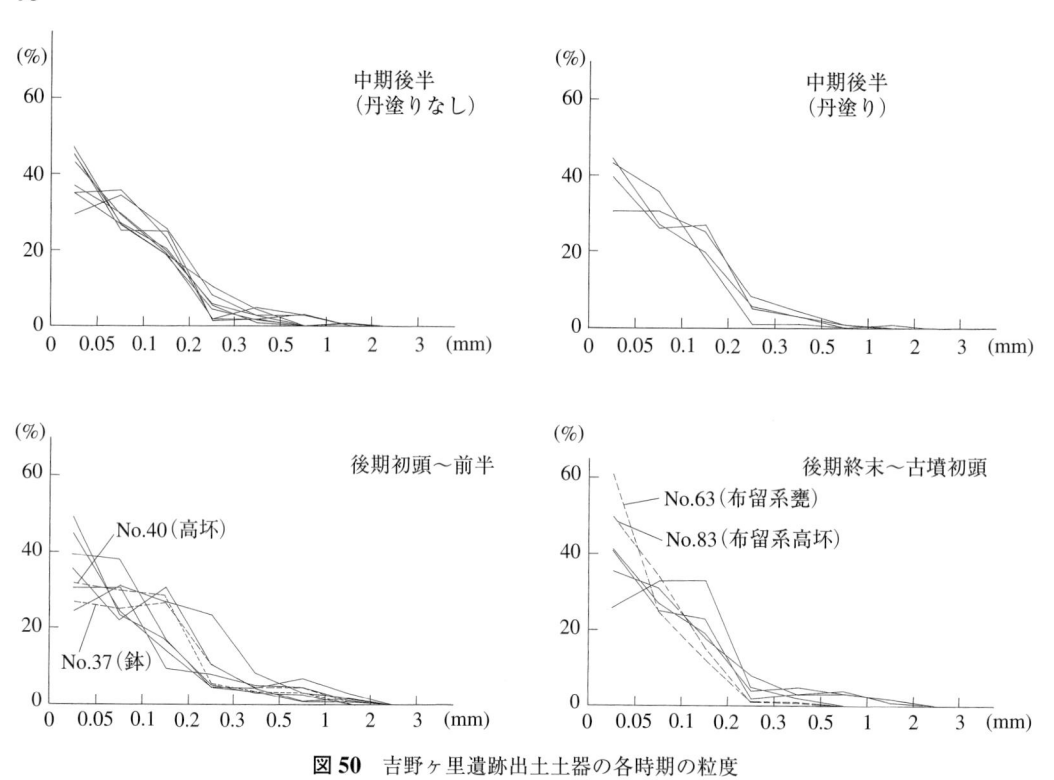

図51 吉野ヶ里遺跡と松原遺跡出土土器の元素分布の比較(弥生中期)

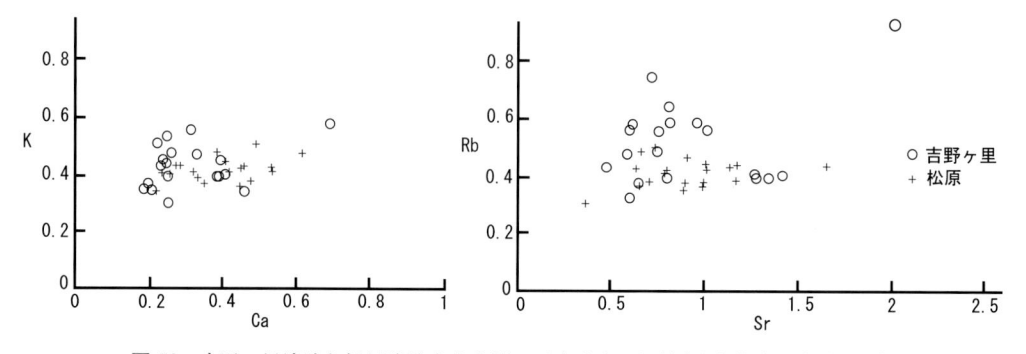

図52 吉野ヶ里遺跡と松原遺跡出土土器の元素分布の比較(弥生終末～古墳初頭)

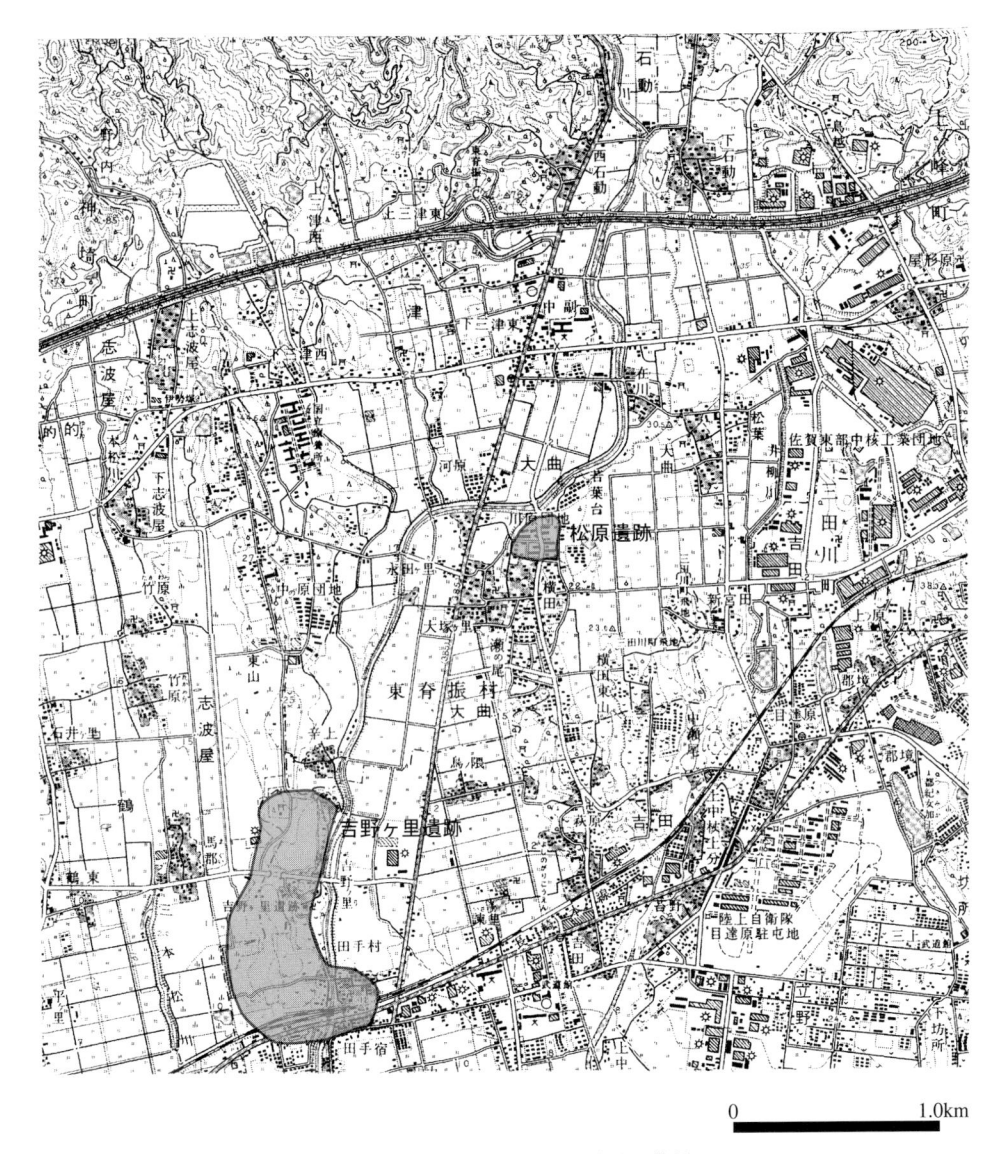

図 53　吉野ヶ里遺跡と松原遺跡の位置

区出土土器の元素組成には違いがみられ，集落内でも複数の集団単位に基づき土器生産と消費が行われた可能性が強い。

　最初に述べたように，弥生時代の環濠集落を代表する吉野ヶ里遺跡に対する評価はさまざまであるが，胎土分析の結果から勘案すれば，蒲原が提示した(蒲原，1995・2000)複合的な集落とみる説が，妥当性を帯びていると評価できるかもしれない。しかしながら，集落内における機能分化や階層性の問題は土器分析のみで明らかにできるわけではなく，今後分析点数を増やすとともに土器以外の要素も含めて検討しなくてはならないが，胎土分析が，集落の複合的性格を浮かび上がらせることになったのは成果のひとつである。

　また注意されるのは，後期段階に入ると，元素分布が中期とは若干異なるものとなることである。

表6 松原遺跡出土土器の分析試料と蛍光X線分析データ

No.	調査地点	遺構	K	Ca	Fe	Rb	Sr	Na	器種	時期	備考	登録番号
1	6区	SD314	0.371	0.348	4.71	0.303	0.349	0.374	小型器台	古墳初頭	精良胎土	1070452
2	6区	SD314	0.383	0.473	1.44	0.427	1.640	0.276	甕	後期後半		1070421
3	6区	SD314	0.466	0.379	2.11	0.409	0.781	0.318	甕	後期終末〜古墳初頭		1070417
4	6区	SD314	0.413	0.259	1.65	0.428	0.792	0.246	甕	古墳初頭		1070432
5	6区	SD313	0.427	0.461	2.32	0.448	1.040	0.359	甕	古墳初頭		1070384
6	11区	SD752	0.480	0.616	1.90	0.429	1.160	0.419	甕	古墳初頭		2070184
7	11区	SD752	0.419	0.525	2.12	0.365	0.970	0.372	広口壺	後期終末		2070285
8	11区	SD752	0.415	0.454	1.92	0.361	0.911	0.407	甕	後期終末		2070221
9	11区	SD752	0.43	0.282	2.75	0.475	0.647	0.237	高坏	古墳初頭	精良胎土	2070204
10	11区	SD752	0.405	0.399	2.06	0.381	1.040	0.314	甕	後期前葉〜中葉		2070234
11	11区	SD752	0.369	0.555	1.83	0.332	1.190	0.374	広口壺	後期後半		2070232
12	11区	SD752	0.501	0.365	2.43	0.401	0.926	0.333	甕	中期後半		
13	11区	SD752	0.408	0.530	2.07	0.365	0.888	0.284	高坏	古墳初頭		2070206
14	11区	SD752	0.413	0.423	2.13	0.464	0.899	0.272	鉢	古墳初頭	精良胎土	2070197
15	11区	SD752	0.374	0.448	2.22	0.349	0.874	0.376	甕	後期終末〜古墳初頭		2070292
16	11区	SD752	0.43	0.489	2.98	0.377	0.703	0.330	高坏	古墳初頭	精良胎土	2070282
17	11区	SD752	0.412	0.232	2.02	0.418	0.617	0.215	小型器台	古墳初頭	精良胎土	2070332
18	11区	SD754	0.388	0.328	2.42	0.375	1.16	0.166	甕	古墳初頭		
19	11区	SD754	0.488	0.237	2.03	0.480	0.78	0.147	甕	後期前半		
20	11区	SD754	0.443	0.413	1.60	0.421	1.09	0.306	甕	後期終末〜古墳初頭		
21	12区	SD870	0.351	0.592	4.59	0.319	0.741	0.278	壺	中期後半	精良胎土	
22	12区	SD870	0.507	0.159	2.43	0.534	0.839	0.065	甕	中期後半		
23	12区	SD870	0.411	0.381	2.13	0.353	1.010	0.312	甕	後期中葉		
24	12区	SD870	0.422	0.259	1.78	0.408	0.824	0.167	甕	後期中葉〜後半		
25	12区	SD870	0.339	0.219	2.18	0.494	0.717	0.168	甕	古墳初頭		
26	12区	SD870	0.432	0.273	2.97	0.371	0.635	0.285	高坏	古墳初頭		
27	11区	SD754	0.406	0.323	2.03	0.423	1.120	0.283	鉢	古墳初頭		

土器生産と分配と消費形態，またはそれにかかわる集団構成は，固定的なものではなく，流動的に変化している可能性が高い。吉野ヶ里遺跡は，後期に北内郭と南内郭が形成され，外環濠が集落を大きく囲む集落景観をとるようになるとみられているが，中期から後期に元素分布のありかたが変化することと，集落の変動とが連動する可能性もあろう。なお後期に形成される北内郭と南内郭出土土器の元素組成には，大きな違いがあるとはいいがたい。土器生産と消費に関していえば，両区画には密接な関係があったとみられる。中期に比べると，調査地点ごとの元素分布のまとまりは弱く，時期的に土器生産と消費のありかたが変化し，土器生産と分配，消費がやや複雑になった可能性もあるが，それに対する具体的な評価のためにはもう少し分析を重ねる必要がある。

ところで，土器の生産および消費形態については，吉野ヶ里遺跡において明確な土器焼成遺構は検出されていないものの，焼成に伴う破裂痕跡をもつ土器や(田崎，2000)，ハケメ調整に用いたと推測される木製工具が出土(七田編，2003)(図54)していることから，吉野ヶ里遺跡内において土器を製作していたことはほぼ確実である。田崎はそれに関して，破裂痕跡をもつ土器が中期後半に吉野ヶ里地区VI区とII区に集中して出土することから，吉野ヶ里遺跡においては北内郭付近での集中

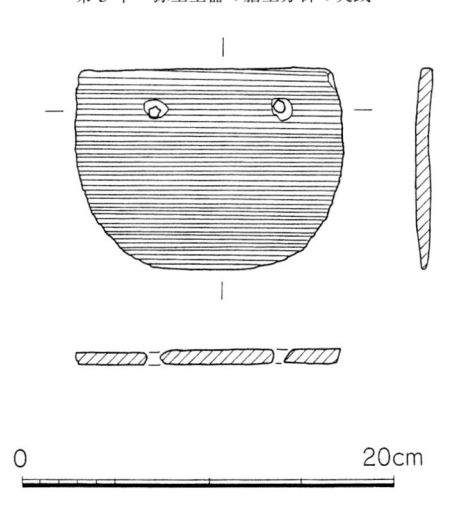

図 54 吉野ヶ里遺跡で出土したハケメ工具と思われる木製品(七田編, 2003)

的な土器生産を想定し，後期ではそうした集中的な生産が行われるとともに分散的な生産も行われたと評価した(田崎，ibid.)。

土器の破裂痕跡や焼成粘土塊の出土は，そこで土器生産が行われたことを示す有力な根拠となると考えられるが，破裂痕跡や粘土塊が検出されることのみが，土器生産の存在を示すわけではなかろう。北内郭周辺で破裂痕跡を残す土器が出土し，その一方で集落最南端の田手一本黒木地区でハケメ工具と思われる木製品が出土する事実も(七田編, 2003)，土器生産が単一のものではなく，ある程度分散的な生産が継続して行われたことを示唆するのではないだろうか。

次に，吉野ヶ里遺跡とその衛星的集落と考えられる松原遺跡との関係については，松原遺跡の各時期の分析資料をもう少し増やす必要があるものの，元素分布の重なりがみられ，類似した材料を採取したことが想定される。しかしながら，後期終末や古墳前期の Rb の分布とは若干異なり，双方の集落それぞれで土器を作り，土器を消費したといえるかもしれない。すなわち，どちらか片方の集落のみが土器を作り，もう片方の集落に分配したわけではないと解釈できるかもしれない。なお両遺跡間では，肉眼での観察上土器の形態や胎土にほとんど違いはみられないが，古墳時代初頭においては，畿内の布留系や伝統的 V 様式系土器が流入しており，松原遺跡では吉野ヶ里遺跡と比較して伝統的 V 様式系土器が顕著な流入を示している。そのことも，両遺跡間における生産単位の違いを示唆するかもしれない。ただし，両遺跡の元素組成は類似していることから，具体的な評価のためには今後も検討は必要である。

4.2 製作技術

弥生土器の製作技術に関しても若干検討したい。福岡市比恵・那珂遺跡群出土土器の分析では，中期後半の須玖式土器の胎土に鉄が比較的多く含まれ，また粒子も大きな砂粒があまり含まれない胎土の組織であること，それに対して後期土器は全体に鉄が少なく赤みの少ない色調で，やや粗い砂礫を多く含んだ胎土になることを指摘した。こうした比恵・那珂遺跡群の胎土の組織や鉄の変化は，

吉野ヶ里遺跡の胎土組織の観察でもほぼ同様な変化を見出すことができた。また後期土器はガラス化がみとめられ，一部にはムライトもみられた。

したがって，比恵・那珂遺跡などで指摘される中期から後期への粘土の選択や焼成技術の変化，あるいは古墳時代前期における器種ごとの胎土の緻密さや鉄の量の違いは，北部九州である程度共通する変化であると考えられる。そのことから，ある様式の土器を製作する際には，材料の採取，調整，そして製作に至るまで一定の取り決めにしたがって土器製作が行われ，そのような製作の各工程に関する細かな取り決めが，土器製作者間で広域にわたって共有されていたと評価されうるのではないだろうか。

4.3 材料の採取地

吉野ヶ里遺跡や松原遺跡において，土器製作に用いられた材料はどのようなものであり，また土器生産の際には，どこから材料が採取されたのかを推察してみたい。佐賀平野の背後には，主に後期白亜紀の花崗閃緑岩からなる脊振山地があり，遺跡周辺の地質が花崗閃緑岩に大きく影響を受け

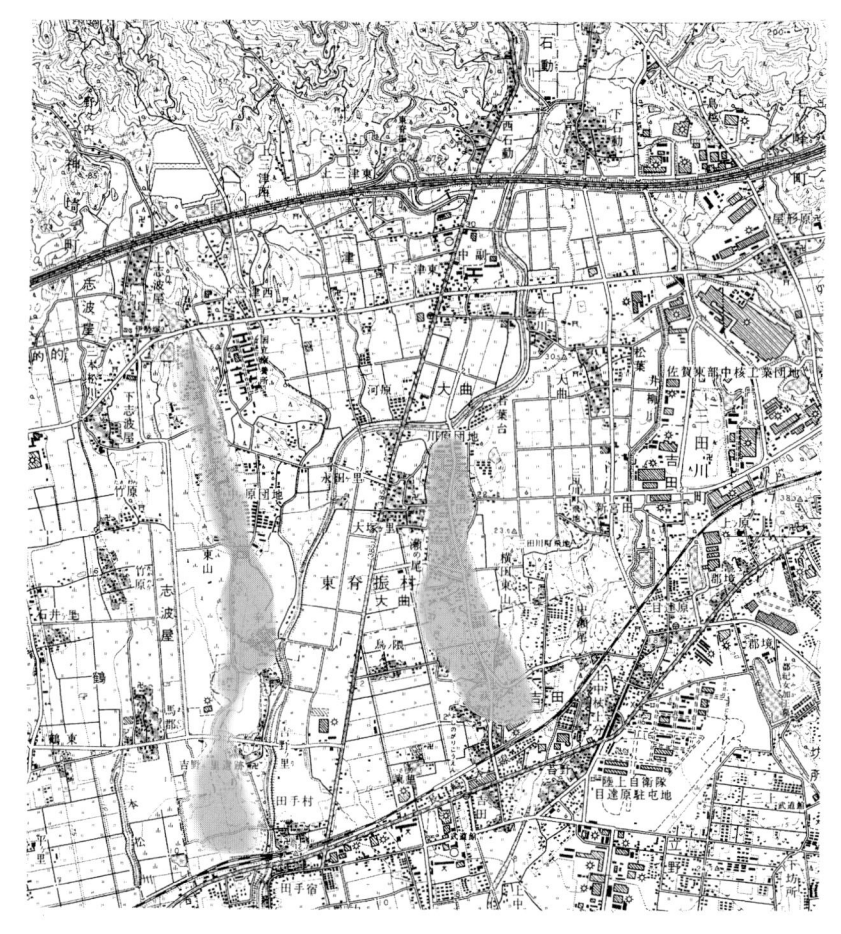

図55 吉野ヶ里遺跡・松原遺跡周辺の Aso-4 火砕流の分布（下山ほか，1994 をもとに作成）

たことは想像できる。佐賀市増田遺跡で出土した土器および遺構内検出の粘土になされた分析においてもその点が指摘されており，吉野ヶ里遺跡の胎土分析とほぼ同様な結果が示されている(パリノ・サーヴェイ株式会社，2002)。

そのような分析結果から，土器製作に用いられた粘土は花崗閃緑岩に由来するものとみることができそうであるが，No. 43やNo. 46には，溶結凝灰岩や，火山ガラスと思われる粒子もみられた(図49-2)。吉野ヶ里遺跡が位置する台地は，更新世に噴出したAso-4火砕流によって形成されている(下山ほか，1994)(図55)。土器中にはそれに由来すると考えられる溶結凝灰岩粒子が確認されたので，土器製作に用いられた材料は，吉野ヶ里遺跡や松原遺跡が位置する台地を構成するAso-4火砕流と関連すると考えるのが自然であろう。そして，胎土の鉱物組成としては，雲母類が比較的多い点などは花崗岩的な組成であるともいえる。こうした所見から，遺跡の背後にある花崗閃緑岩と，Aso-4火砕流の双方の要素をもった材料が，土器製作において選択されたと判断される。これは，比恵・那珂遺跡の状況とも比較的類似しており，土器製作の際に材料は集落内や集落近辺で採取することができた，と判断される。

第4節　糸島地域出土土器の胎土分析

1. 糸島地域および壱岐・対馬の弥生中期土器に関わる問題

本節では，福岡県西部の糸島地域の弥生時代中期土器の分析を行いたい。糸島は，弥生時代の遺跡が濃密に分布している。「伊都国」の中心地として知られ，豊富な副葬品をもつことから伊都国の「王墓」と評される三雲南小路遺跡や井原鑓溝遺跡，平原遺跡の存在からもうかがえるように，糸島が北部九州の弥生社会の地域間交流や対外交渉において重要な役割を果たした地域であることは容易に推察することができる。

ところで，福岡市西部や前原市，志摩町など福岡県西部で出土する弥生時代の中期後半の須玖式土器は，他地域の須玖式とは若干異なる特徴をもっており，特に丹塗り器種は暗文やM字状突帯を多用することなどが特徴的で，「糸島型祭祀土器」と呼ばれている(石橋，1992)。そして同様の土器が壱岐や対馬，朝鮮半島南部でも出土することから，糸島型祭祀土器の分布は伊都国の海上交易の掌握を示すものと石橋新次によって解釈されている(石橋，ibid.)。特に，壱岐の原の辻遺跡の土器は，糸島の土器と形態や文様などがよく似ていることから，多量の土器が糸島から壱岐に運び込まれたとする説も提示されている (e.g. 常松，2001)。糸島地域と特徴が共通する土器の広域に及ぶ分布は，弥生時代の交流を考える上できわめて興味深い問題を提供するが，実際に伊都国で作られた土器が遠隔地間で移動したかどうかは，詳細な検証がなされなくてはならない。これまでの議論では形態的な分析に基づく論が主体であったが，このような問題に対しては胎土の化学特性や鉱物組成，土器製作に関わる資源分布も含めて詳細な分析の手続きを経るべきであり，弥生土器生産と分配，消費のシステム全体を含めて評価を行うことも必要であろう。

本節では，このような問題に取り組むため，まず糸島地域での土器生産と分配，消費のありかたを胎土分析から検討する。そして第5節以降で壱岐や対馬の土器も分析を行い，海峡をはさんだ遠隔地間で土器自体の移動があったかどうかも若干考察することにしたい。

2. 分析試料

分析に供されたのは，以下に挙げる遺跡で出土した土器である(図56)(表7)。なお今回「糸島地域」とした地域は，志摩町などが位置する糸島半島側と，前原市などが位置する糸島平野側に分けられる。この糸島半島と糸島平野との間には，「糸島水道」と呼ばれる海成層が形成されており，中世以前には糸島半島と糸島平野の境界部は浅い水路のような状態にあったことが明らかにされている(下山ほか，1984)。したがって，考古学的にも双方は異なる地域単位として認識される可能性があるため，分析結果については糸島半島側と糸島平野側に分けて検討を行う。糸島半島側では岐志元村遺跡(宮本編，2000)の弥生時代中期初頭と後半の土器片を分析し，さらに糸島半島に近い福岡市の西端部の今宿五郎江遺跡(星野編，2003)の溝で出土した弥生中期後半〜後期前半の土器も分析し，糸島半島側に含めてデータの比較を行う。また糸島平野側では，寺浦遺跡(岡部編，1988)，井原上学遺跡(岡部編，1987)，本田孝田遺跡(林・角編，1993)の中期後半の土器から試料を採取した。分析を実施した土器のうち，主要なものは図57と図58で示している。

今回の分析データに加えて，糸島地域の大型甕棺に対しては，中園と三辻によって蛍光X線分析が行われている(中園・三辻，1999)。甕棺は今回分析の中心となる中期後半の須玖式よりも若干時期はさかのぼるものが多いが，分析の上で参照できるものと考え，甕棺の蛍光X線分析のデータも併せて検討することにした。

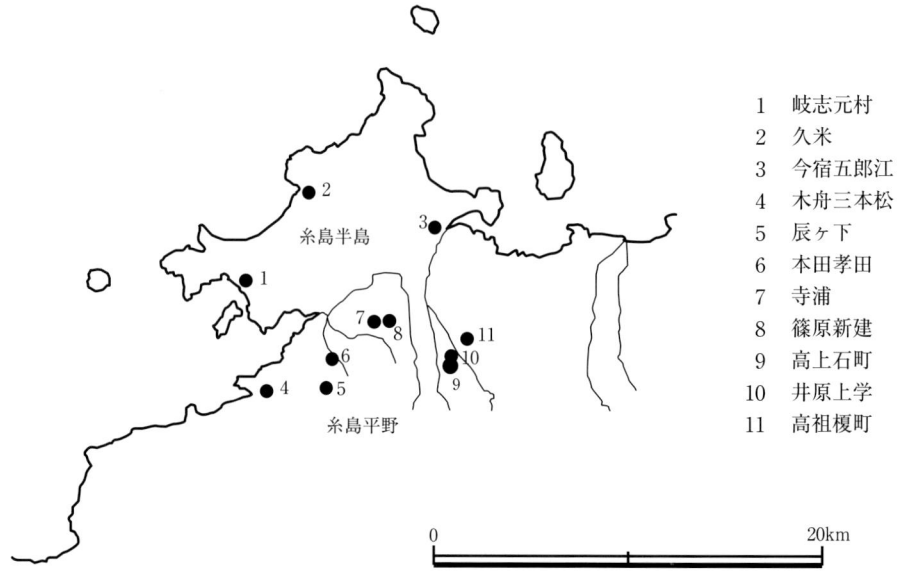

1	岐志元村
2	久米
3	今宿五郎江
4	木舟三本松
5	辰ヶ下
6	本田孝田
7	寺浦
8	篠原新建
9	高上石町
10	井原上学
11	高祖榎町

図56 分析で扱った糸島地方の遺跡の位置

第5章 弥生土器の胎土分析の実践

表7 糸島地域出土土器の分析試料と蛍光X線分析データ

今宿五郎江

No.	K	Ca	Fe	Rb	Sr	Na	遺構	器種	時期	備考	報告書頁	No.
1	0.551	0.245	1.96	0.62	0.634	0.144	SD01 9層	甕	後期初頭		14	40
2	0.597	0.215	1.32	0.715	0.697	0.194	SD01 9層	甕	後期前半		15	52
3	0.501	0.393	1.22	0.5	1.11	0.393	SD01 9層	甕	後期前半		15	53
4	0.486	0.443	3.22	0.457	0.669	0.249	SD01 9層	壺	後期初頭		19	74
5	0.617	0.305	2.1	0.662	0.751	0.211	SD01 9層	高坏	後期初頭	丹塗り	23	118
6	0.494	0.46	3.05	0.494	0.62	0.167	SD01 10層	甕	中期末	丹塗り	28	158
7	0.61	0.219	1.4	0.642	0.602	0.165	SD01 10層	甕	中期後半		28	163
8	0.522	0.411	2.4	0.54	0.75	0.19	SD01 10層	甕	中期後半		28	165
9	0.533	0.367	1.25	0.711	1.05	0.348	SD01 10層	甕	後期前半		30	178
10	0.411	0.698	3.56	0.432	0.811	0.27	SD01 10層	広口壺	中期末	丹塗り	32	188
11	0.472	0.67	4.07	0.463	0.653	0.245	SD01 10層	袋状口縁壺	中期後半	丹塗り	33	194
12	0.512	0.726	2.35	0.463	0.981	0.286	SD01 11層	甕	中期後半		38	241
13	0.448	0.711	3.12	0.421	0.922	0.276	SD01 11層	甕	中期後半		39	244
14	0.335	0.505	1.34	0.375	1.46	0.289	SD02 7層	甕	後期初頭		49	302
15	0.5	0.883	2.92	0.43	1.02	0.297	SD02 7層	広口壺	中期後半	丹塗り	50	309
16	0.392	0.484	4.64	0.418	0.486	0.204	SD02 9層	鉢	中期後半		54	345
17	0.532	0.429	2.84	0.494	0.678	0.202	SD02 9層	甕	中期後半		55	356
18	0.498	0.737	2.71	0.399	0.929	0.295	SD02 9層	甕	中期後半		55	358
19	0.39	0.587	3.41	0.345	0.618	0.229	SD02 9層	甕	中期後半		55	360
20	0.423	0.742	3.24	0.414	0.828	0.265	SD02 9層	短頸壺	中期末	丹塗り	57	368
21	0.353	0.7	3.51	0.351	0.834	0.253	SD02 9層	短頸壺	中期末	丹塗り	57	369
22	0.402	0.436	3.17	0.388	0.562	0.225	SD02 9層	鉢	中期末	丹塗り	57	375

岐志元村

No.	K	Ca	Fe	Rb	Sr	Na	遺構	器種	時期	備考	報告書頁	No.
1	0.533	0.357	2.12	0.508	0.984	0.143	A区3層	甕	中期初頭		45	48
2	0.421	1.36	3.54	0.391	1.67	0.272	A区3層	甕	中期後半		45	53
3	0.536	0.791	3.4	0.541	1.28	0.245	A区3層	壺	中期後半		45	51
4	0.427	1.06	4.01	0.421	1.31	0.253	A区3層	甕	中期後半		45	50
5	0.492	1.09	2.37	0.662	1.76	0.193	A区3層	甕	中期後半		45	49
6	0.618	0.57	1.94	0.565	1.27	0.206	A区3層	高坏	中期後半		45	52

井原上学

No.	K	Ca	Fe	Rb	Sr	Na	遺構	器種	時期	備考	報告書頁	No.
1	0.479	0.333	2.59	0.606	0.609	0.199	西区第3層	甕	中期中葉			
2	0.427	0.439	4.39	0.443	0.554	0.187	Ic区第3層溝1,2,3	甕	中期中葉			
3	0.468	0.154	2.33	0.479	0.448	0.134	西区第3層	甕	中期中葉			
4	0.496	0.397	2.23	0.587	0.733	0.245	北区第3層溝1,2,3	甕	中期後半			
5	0.428	0.321	3.83	0.544	0.563	0.193	西区第3層	甕	中期後半			
6	0.381	0.618	2.3	0.394	0.953	0.394	西区第3層	甕	中期後半			
7	0.385	0.421	2.35	0.493	0.645	0.17	下層灰褐色砂質土	甕	中期後半			
8	0.353	0.688	3.56	0.407	0.825	0.291	北区第3層溝覆土含	鋤先口縁壺	中期後半	丹塗り		
9	0.522	0.275	2.44	0.639	0.651	0.245	溝1下層砂レキ層	甕	中期後半			
10	0.359	0.569	4.84	0.349	0.732	0.245	第3層	高坏	中期後半	丹塗り		
11	0.371	0.587	4.8	0.377	0.714	0.247	溝1下層砂レキ層	鋤先口縁壺	中期後半			
12	0.449	0.164	1.57	0.551	0.508	0.112	西区第3層	鋤先口縁壺	中期後半			
13	0.353	0.592	4.56	0.383	0.704	0.24	西区第3層	甕	中期中葉			
14	0.349	0.472	4.59	0.464	0.564	0.212	灰褐色砂質土	壺	中期後半	丹塗り		
15	0.346	0.428	2.98	0.345	0.751	0.263	北区第3層	甕	中期後半			
16	0.424	0.392	2.58	0.648	0.688	0.168	第3層溝1,2,3覆土含	多条突帯壺	中期後半			
17	0.365	1.628	2.64	0.324	0.849	0.218	第3層	壺	中期後半			
18	0.452	0.169	1.637	0.564	0.483	0.104	西区第3層	壺	中期後半	丹塗り		
19	0.389	0.483	2.86	0.504	0.708	0.177	北区第3層	甕	中期後半			
20	0.33	0.519	5.01	0.475	0.616	0.203	北区第3層溝1,2,3	無頸壺	中期後半	丹塗り		

寺浦

No.	K	Ca	Fe	Rb	Sr	Na	遺構	器種	時期	備考	報告書頁	No.
1	0.316	0.278	5.78	0.334	0.387	0.14		高坏	中期後半		17	8
2	0.373	0.332	3.32	0.565	0.538	0.218		甕	中期後半	丹塗り	17	9
3	0.42	0.384	2.02	0.495	0.713	0.214		甕	中期中葉		18	18
4	0.365	0.26	2.45	0.458	0.522	0.134		甕	中期後半		18	21
5	0.45	0.316	2.3	0.584	0.661	0.218		鉢	中期後半		18	22
6	0.386	0.333	3.41	0.56	0.544	0.205		甕	中期後半	丹塗り	18	23
7	0.361	0.277	2.71	0.42	0.523	0.128		甕	中期後半		19	25
8	0.33	0.682	4.5	0.433	0.721	0.257		袋状口縁壺	中期後半	丹塗り		

本田孝田

No.	K	Ca	Fe	Rb	Sr	Na	遺構	器種	時期	備考	報告書頁	No.
1	0.379	0.58	2.66	0.458	0.984	0.272	G-2下層3層	甕	中期後半			
2	0.407	0.185	1.34	0.553	0.609	0.152		甕	中期後半			
3	0.333	0.506	3.58	0.462	0.71	0.197		甕	中期後半	丹塗り	23	75
4	0.402	0.391	2.26	0.568	0.762	0.211	G-2大溝3層	甕	中期後半			
5	0.323	0.365	3.32	0.368	0.599	0.216		壺	中期後半		23	77
6	0.389	0.166	1.94	0.522	0.571	0.128	G-2大溝3層	壺	中期後半			
7	0.392	0.308	1.789	0.583	0.775	0.207	B-2大溝3層	甕	中期後半	丹塗り		
8	0.401	0.194	1.886	0.521	0.654	0.136		壺	中期後半			

第 5 章　弥生土器の胎土分析の実践

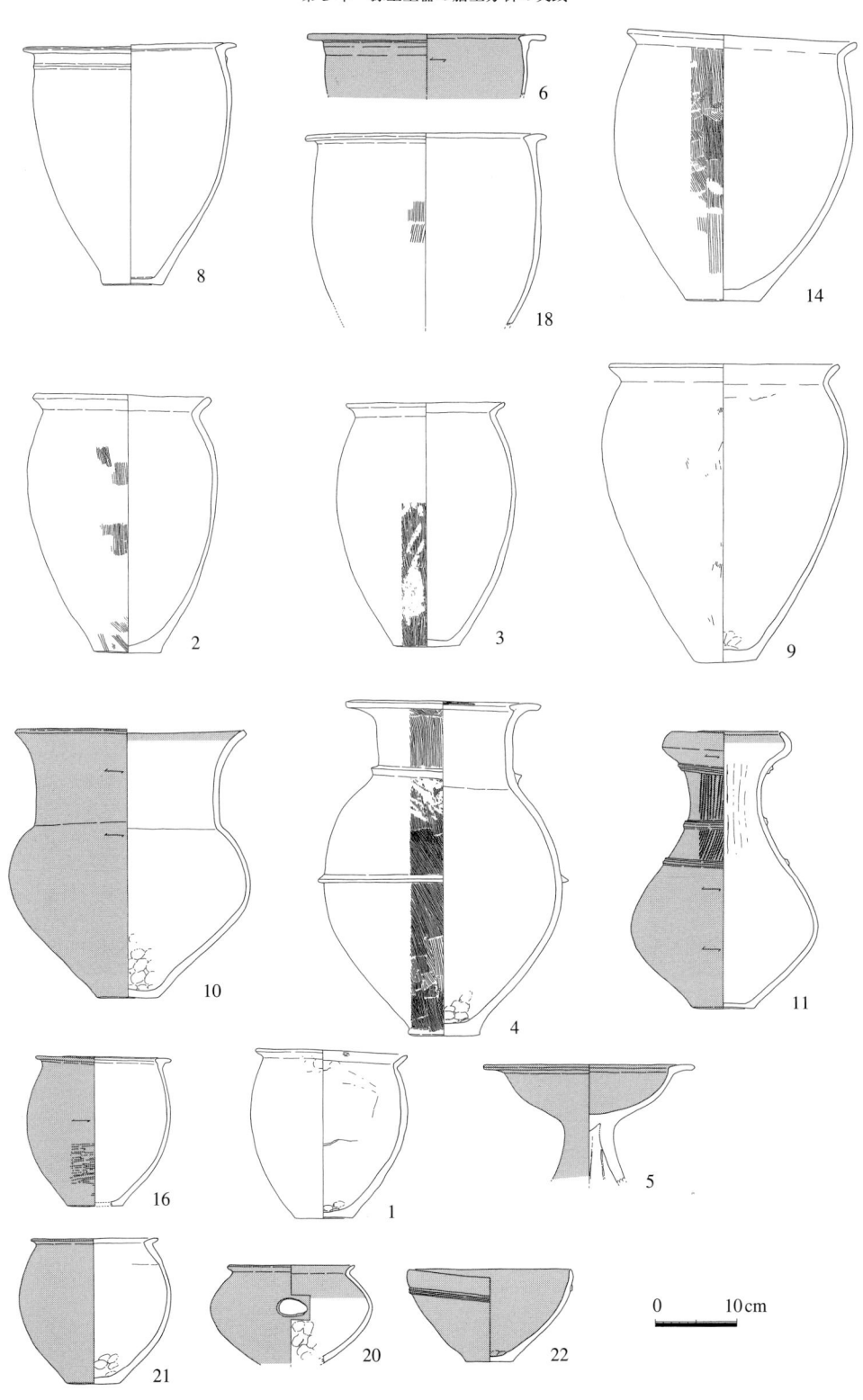

図 57　分析を実施した土器（今宿五郎江遺跡）（図中の番号は表 7 の No. と対応）

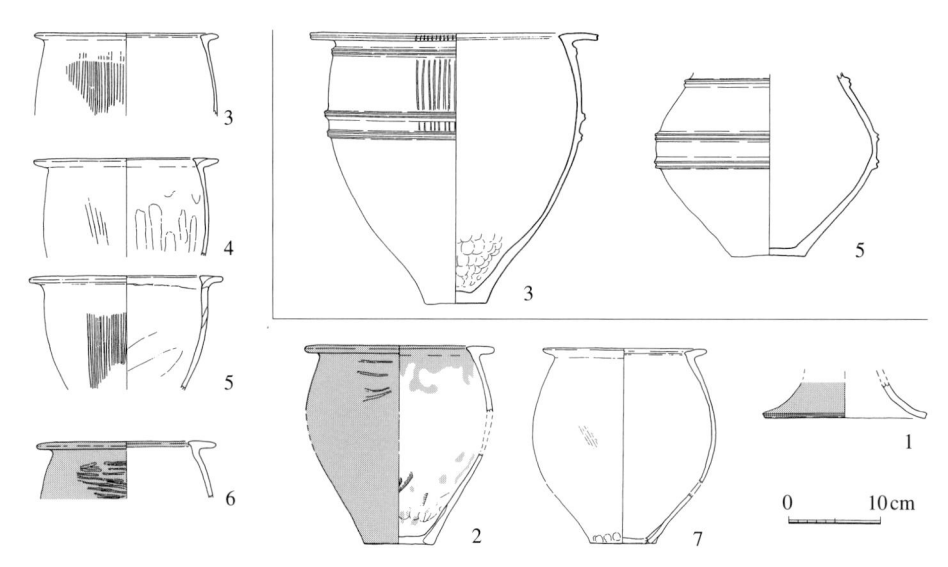

図58 分析を実施した土器(寺浦遺跡，および本田孝田遺跡 (No. 3・5))(図中の番号は表7の No. と対応)

3. 分析結果

3.1 蛍光 X 線分析

まず糸島半島側で出土した土器の元素分布をみてみたい(図59)。久米遺跡の甕棺は，KやRbが高い値を示し，CaやSrは低くまとまるようである。それに対して，今宿五郎江遺跡の土器はそれに比べてKやRbが低く，Caが高い値を示している。また岐志元村遺跡出土土器は，CaとSrが高い値を示し，なおかつばらつきも大きい。岐志元村遺跡内でも複数の胎土の化学組成をもっており，やや複雑である。こうした点から，各遺跡ではおそらくそれぞれで違う材料の採取地から採取した材料を使用して土器を製作し，集落内で土器を消費したとみられる。

なお，今宿五郎江遺跡における後期初頭から前半の土器の元素分布は，中期後半や中期末の元素分布と若干異なるようで，Rbが高い値を示し，またFeの値も低くなっている。後期の分析点数はやや少ないが，元素分布の変化から，今宿五郎江遺跡では中期から後期にかけて材料の採取地や素地の調整方法が変化した可能性があろう。

次に，糸島平野側の蛍光X線分析の結果を検討する(図60)。各遺跡出土土器の元素分布は全体に重なりが大きく，遺跡間や遺跡の位置関係と元素分布との明確な関係性は見出すのが困難である。たとえば，遺跡の位置関係としては，前原市の中心部に位置する寺浦遺跡と篠原新建遺跡は近接した地点にあるが，元素の分布は若干ずれがある。高上石町遺跡と井原上学遺跡も前原市の南側に位置しているが，高上石町はRbがやや低く分布し若干ずれがあるようであり，同じ南側の高祖榎町とも比較的明瞭な違いがある。こうした結果から，糸島平野側に関しては複雑な状況が読み取れる。

中期後半の須玖式を主に分析した寺浦遺跡，井原上学遺跡，本田孝田遺跡の間では，元素分布にばらつきがみられると同時に重なりもみられ，やや複雑な土器生産と分配，消費が行われた可能性

第 5 章　弥生土器の胎土分析の実践

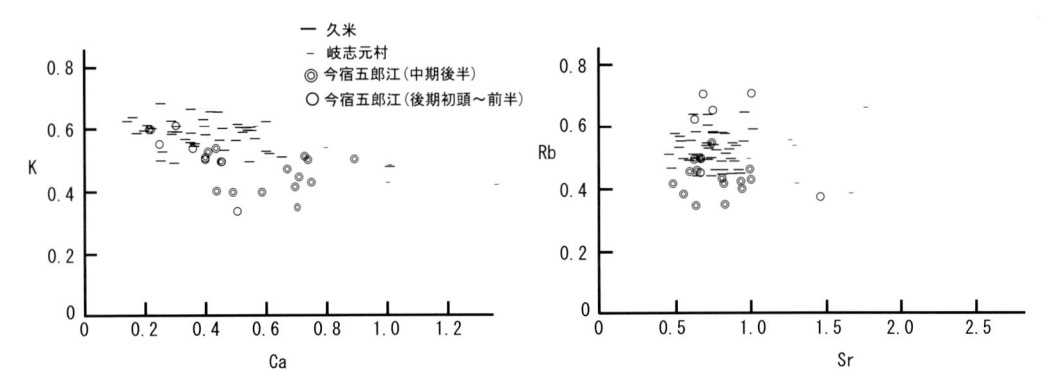

図 59　糸島半島側遺跡出土土器の K-Ca, Rb-Sr 分布図（甕 17，壺 6，高坏 2，鉢 2，甕棺 41）

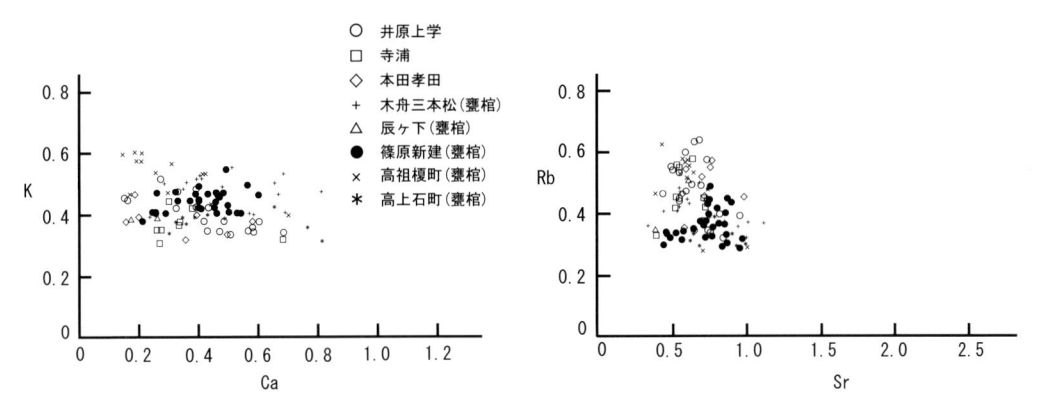

図 60　糸島平野側遺跡出土土器の K-Ca, Rb-Sr 分布図（甕 21，壺 13，高坏 2，鉢 1，甕棺 70）

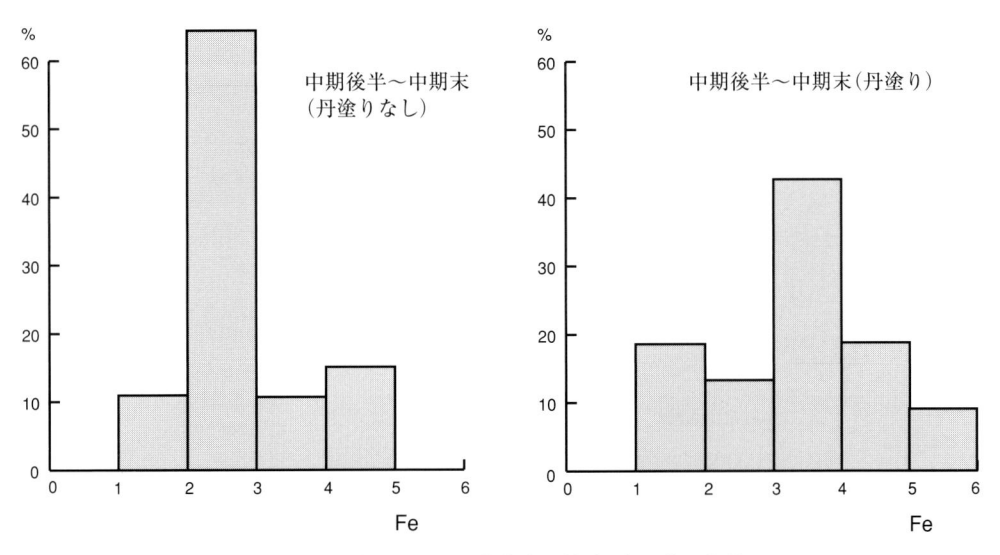

図 61　糸島平野側の中期後半の鉄（Fe）の値の比較

もある。土器の形態自体にはある程度の規格性が保たれているため，このような元素分布のありかたは，形態との対応関係をみとめるのは難しい。ただし，今回分析を行っていないが，三雲遺跡群の土器には若干赤みの強い胎土が一定量みられ，分析を重ねることができれば，もう少し材料の産地や生産単位に関連した胎土の分類が可能になるかもしれない。しかし本書の分析では，その点について深く検証を行うところまで及んでいない。

　そして糸島地域全体の元素組成で注目したいのは，中期における器種に応じた鉄の量の違いである(図61)。すなわち，中期後半の須玖式の丹塗り器種は，丹塗りが施されていない器種よりもFeの値が高いという傾向を明瞭に見出すことができた。このような器種による胎土の違いは，比恵・那珂遺跡や吉野ヶ里遺跡よりもさらに顕著な傾向を示すもので，器種に応じた胎土の発色の意図的なコントロールが行われた証左になると考える。

3.2　岩石学的分析

　弥生時代中期後半の須玖式土器を中心として，偏光顕微鏡による岩石学的分析を行った(図62・65)。まず，糸島半島側の鉱物組成をみると，岐志元村遺跡の中期後半の甕は輝石がやや目立つのに対して，壺は角閃石の含有量がやや多い。こうした点からも，岐志元村遺跡出土土器の胎土は複数の組成をもつものが含まれていることがわかる(図62)。また今宿五郎江遺跡では中期後半の甕と短頸壺には角閃石が多く含まれるが，後期前半の甕の角閃石の含有量は減少する(図63)。このように，後期段階に至って胎土に含まれる有色鉱物の量が減少する変化は，比恵・那珂遺跡や吉野ヶ里遺跡の鉱物組成の変化ともほぼ共通したものであるといえる。そして今宿五郎江遺跡の中期後半の須玖

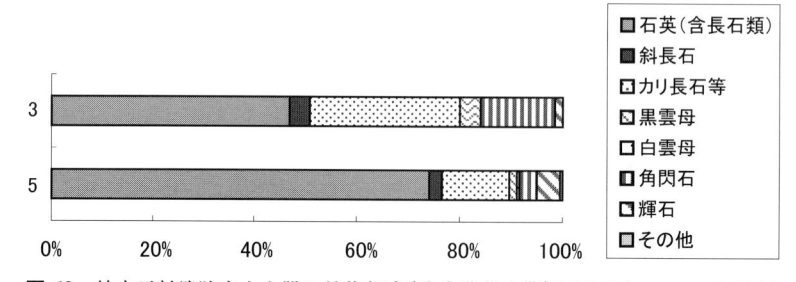

図62　岐志元村遺跡出土土器の鉱物組成(弥生時代中期)(番号は表7のNo.と対応)

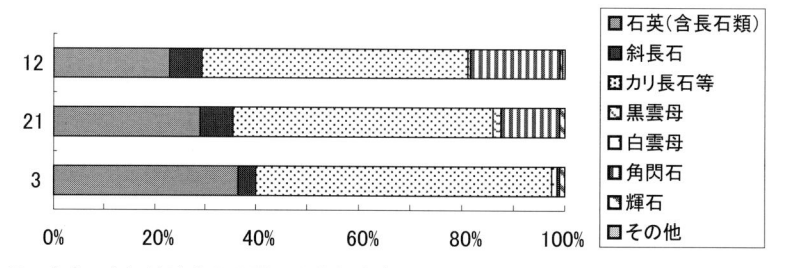

図63　今宿五郎江遺跡出土土器の鉱物組成(弥生時代中期・後期)(番号は表7のNo.と対応)

第 5 章 弥生土器の胎土分析の実践

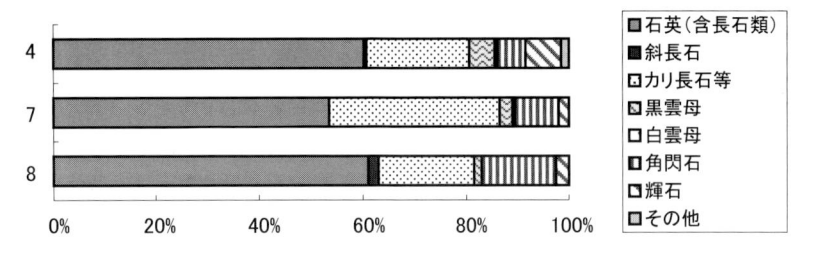

図 64 寺浦遺跡出土土器の鉱物組成（弥生時代中期）（番号は表 7 の No. と対応）

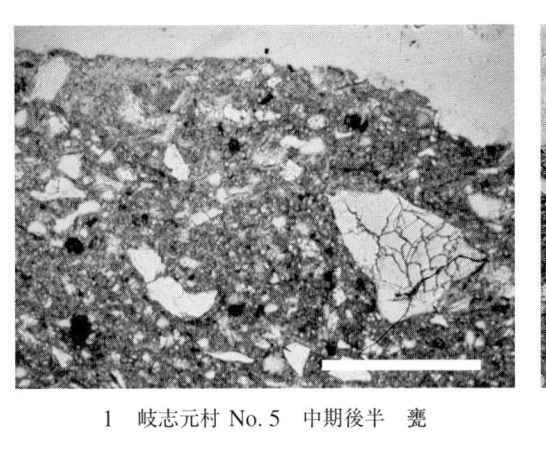

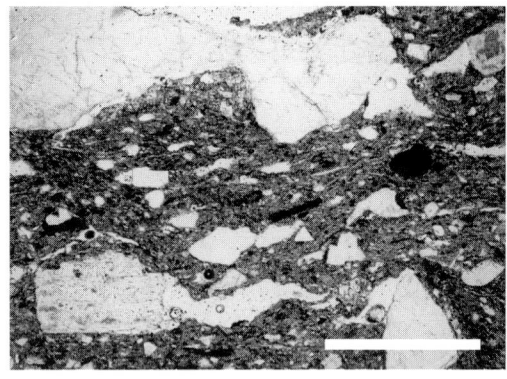

1　岐志元村 No. 5　中期後半　甕

2　寺浦 No. 4　中期後半　甕

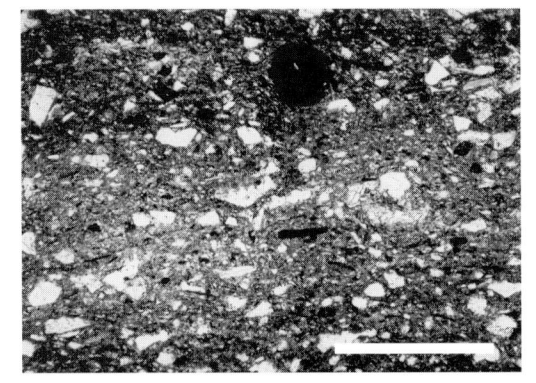

3　寺浦 No. 8　中期後半　袋状口縁壺（丹塗り）

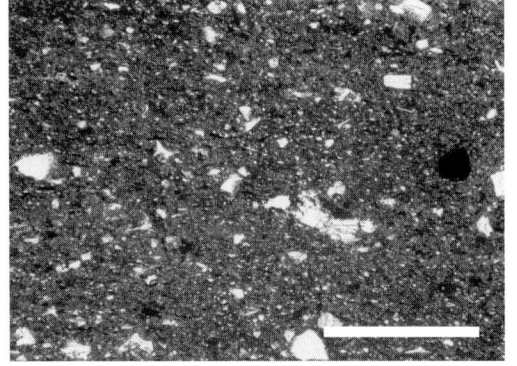

4　寺浦 No. 2　中期後半　甕（丹塗り）

図 65　糸島地域遺跡出土土器の偏光顕微鏡写真（スケール約 1.0 mm）

式土器では，丹塗り器種のほうが丹塗りがなされていない器種よりも粒子が細かく，大きな砂粒はあまり含まれていない。

　次に，糸島平野側の寺浦遺跡出土土器の鉱物組成をみると，石英と長石，斜長石，雲母類，角閃石，輝石類などが含まれ，糸島半島側とほぼ同じ鉱物組成がみとめられる（図 64）。ただし，井原上学遺跡の試料には若干角閃石が多く含まれるなど，やや違いもみられる。そして中期後半の須玖式では，甕形土器のような丹塗りがなされていない器種よりも丹塗り器種のほうが粒子が細かく，ま

た鉄が多く含まれているため赤みが強い(図65)。これは比恵・那珂遺跡群や吉野ヶ里遺跡などほかの地域よりも際立った特徴である。このような糸島地域での中期段階での器種に応じた胎土組織の違いは，素地の調整などの製作の初期段階で，丹塗り器種/非丹塗り器種の違いに応じた明確な差異化が図られたことを示すと考えられる。

4. 考　察

　蛍光X線分析と岩石学的分析結果にしたがい，糸島地域における土器生産と分配，消費について考察したい。糸島半島側では，元素分布は遺跡ごとにある程度のまとまりがみとめられた。元素分布のパターンは，第4章で挙げたモデルでは γ のパターンに相当すると考えられ，各遺跡ではおそらくそれぞれで違う材料の採取地から採取した材料を使用して土器を製作し，それぞれの集落内で消費されたとみてよいと思われる。ただし，岐志元村遺跡はやや複雑な様相が看取され，今後周辺遺跡の分析との比較をつうじて改めて評価を行う必要もあろう。一方，糸島平野側では，元素分布に遺跡ごとのまとまりはあまりみられない。やや複雑な生産と分配，すなわち β のパターンに相当するかもしれない。

　ただし，この前原市側の状況には，材料の採取地の問題が関係している可能性もある。すなわち，糸島平野側の元素分布は，遺跡ごとのまとまりが弱いが，元素の分布のばらつきの幅は，次節で述べる原の辻遺跡などに比べれば小さく，遺跡の数の割には元素の変異が弱いようにも見受けられる。以下で述べるように，地質学の研究成果を参照すると，糸島平野での土器製作のための材料採取地は比較的限られた地点に存在していた可能性がある。土器製作の際，限られた範囲の採取地から材料が採取されたとすれば，その材料をめぐって集団の動きが活発なものとなり，こうした結果にもなりうるかもしれない。今後，さらに検討を重ねていかなくてはならない問題である。

　次に，岩石学的分析を実施したが，糸島地域の土器は，胎土に石英や長石，雲母，角閃石，輝石類などが含まれる。特に中期後半の須玖式には，角閃石が比較的多く含まれているという点が看取される。ただし，今宿五郎江遺跡の分析でもうかがえるように，鉱物組成は時期的に変化するようである。そしてこの変化は，各地と連動したものであると判断される。

　糸島地域出土土器の鉱物組成から，土器製作の材料の採取地について検討してみたい。糸島地域には白亜紀の花崗岩類が広がっており，当該地域の基盤をなしているが，糸島平野には複数の段丘面からなる洪積台地が分布している。下山正一らの地質学の研究成果によれば(下山ほか，1984)，糸島平野の洪積台地の段丘面において，高位段丘面と中位段丘上位面には花崗岩類や結晶片岩類が含まれ，粘土や赤土化した層が見出されている。そして中位段丘下位面は白色粘土層および褐色火山灰層で構成され，これは「前原ローム層」として認識されている。この前原ローム層は，鉱物分析の結果斜長石や角閃石，輝石を含む火砕流堆積物であり，Aso-4火砕流の「鳥栖ローム」や「八女粘土」に相当するものであることが明らかになっている。土器の鉱物組成は，前原ローム層の鉱物組成と調和的であると考えられ，基盤にある花崗岩類とともにこの「前原ローム層」が土器製作時の材料として利用されたとみるのが妥当である。

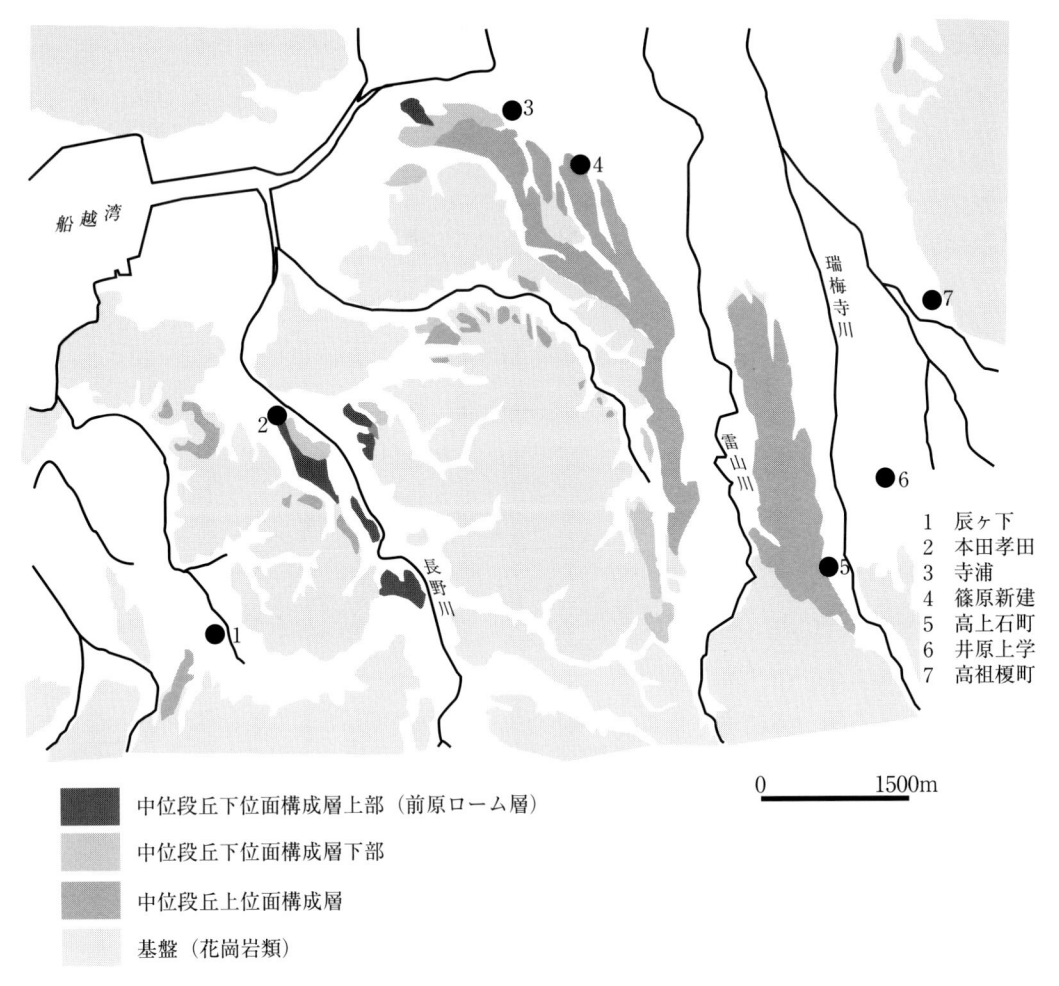

凡例:
- 中位段丘下位面構成層上部（前原ローム層）
- 中位段丘下位面構成層下部
- 中位段丘上位面構成層
- 基盤（花崗岩類）

遺跡:
1 辰ヶ下
2 本田孝田
3 寺浦
4 篠原新建
5 高上石町
6 井原上学
7 高祖榎町

図66 糸島平野の地質と遺跡の位置（下山ほか，1984をもとに作成）

　この前原ローム層の分布は，散在的であり，長野川流域や前原市の市街地の一部などにみられる（図66）。糸島半島側の地質学的調査はまだ行われていないようであるが，前原ローム層はおそらく糸島半島側にも点在すると推測される。糸島平野側の調査では，前原ローム層は，遺跡の立地に近接した場所でどこでも採取できるというわけではなく，分布はある程度限定的であり，土器製作者や製作集団は，限定的な資源に対して，ある程度のコストをかけて入手した可能性も考えられる。前述したような糸島平野側の元素分布のありかたは，こうした土器製作と資源分布や，それにともなうコストとの関係を反映したものと評価できるかもしれない。

　なお，製作技術に関して，弥生時代中期後半の須玖式は，大粒の粒子はあまり含まれておらず，緻密な胎土組織であることが指摘できる。そして，糸島地域の須玖式では，丹塗り/非丹塗りの器種に応じた胎土組織の違いが，かなり明確に作り出されていると考えられる。これは福岡平野や佐賀地方にもある程度確認される違いであるが，糸島地方ではそれがより顕著であり，また次節で取り上げる壱岐の中期後半の須玖式土器にもみとめられる。こうした点から，須玖式の丹塗り精製器

種には，形態や文様だけでなく胎土の面でも地域差が存在することが指摘できる。

第5節　壱岐原の辻遺跡・カラカミ遺跡出土土器の胎土分析

1. はじめに

　原の辻遺跡は，長崎県壱岐市に位置する九州の弥生時代の代表的な環濠集落である。原の辻遺跡では，以前から中国系や朝鮮半島系の文物が多く出土することで知られ，対外交渉の拠点となる集落として注目を集めてきた。弥生土器や朝鮮半島系土器，楽浪系土器は国内では最も多く出土しており，弥生時代の遠隔地間の交流を考察するにあたって，重要な資料を多く提供している。

　第4節で論じたように，原の辻遺跡では弥生時代中期後半の須玖式の丹塗り土器が多く出土しているが，丹塗り土器は福岡県西部の糸島地域と共通性をもっており，「糸島型祭祀土器」として伊都国が掌握した海上交易を示すものとして着目されている（石橋，1992）（図67）。そして原の辻遺跡と糸島地域の土器の形態や文様などの類似から，糸島から壱岐へ多量の土器が運び込まれたとする説も出されている（e.g. 常松，2001ほか）。

　このように多数の土器が糸島から壱岐へ持ち込まれたとする説は，何らかの内容物を土器に入れて物資の受け渡しが行われた結果として移動をとらえるよりも，むしろ土器自体を交易品とみなし，原の辻遺跡の土器生産のありかたに外部依存的な評価を与えているものと考えられる。もしそうならば，壱岐での弥生土器の組成は，他地域での胎土分析の結果などを勘案すると，かなり異質である。外部依存的な土器消費のありかたを論じるには，考古学的な検討のみでは限界もあり，自然科学の分析手法を取り入れて検討することも必要となる。

　また原の辻遺跡では，他地域の特徴をもつ土器が比較的多く出土しているということも特色である（安楽，2001ほか）。弥生時代の中期後半には，須玖式の九州東北部の地域色である「遠賀川以東系」土器（田崎，1985）が，多く出土している（図68）。また原の辻遺跡では，数は少ないものの，中九州の黒髪式や南部九州の入来式，瀬戸内系土器なども出土している。こうした異系統，他地域の様式をもつ土器が出土することについて，土器自体が何らかの目的をもって原の辻遺跡に持ち込まれたのか，または土器自体は移動せず人や情報が移動したとみるべきかを明らかにしておくことが，交流の具体像を示すためには必要である。これは考古学的な分析によって解決できる場合もあるが，土器製作に使用された材料採取や土器生産と分配，消費システムに対する全体的な見通しが得られないうちは，異系統土器や他地域の土器の流入に対する評価が難しい。

　さらに，原の辻遺跡の朝鮮半島系土器に関しては，朝鮮半島側の原型の土器に近いもの（朝鮮系無文土器）と，弥生土器の特徴を併せ持つ折衷的なもの（擬朝鮮系無文土器）の両者が出土していることはすでに指摘されている（片岡，2001）。こうした朝鮮半島に系譜をもつ土器の存在を，どのような人や情報の動きとして評価しうるのかということも重要な課題である。

　そこで，これらの原の辻遺跡での土器生産と分配，消費のありかた，および土器製作技術などを

第 5 章　弥生土器の胎土分析の実践

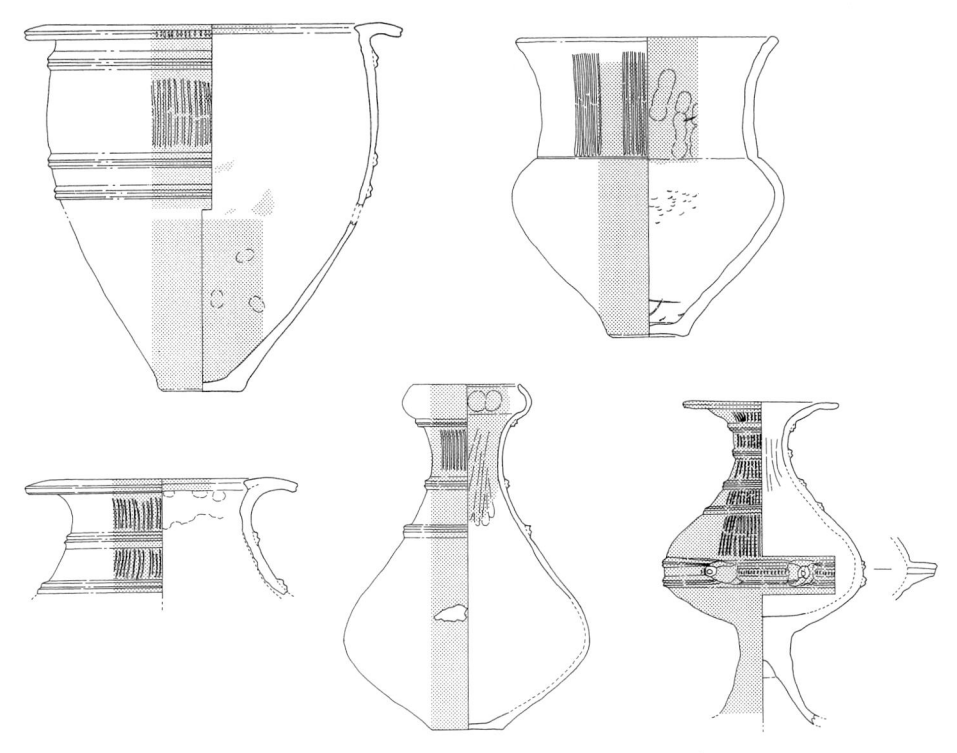

図 67　原の辻遺跡における「糸島型祭祀土器」

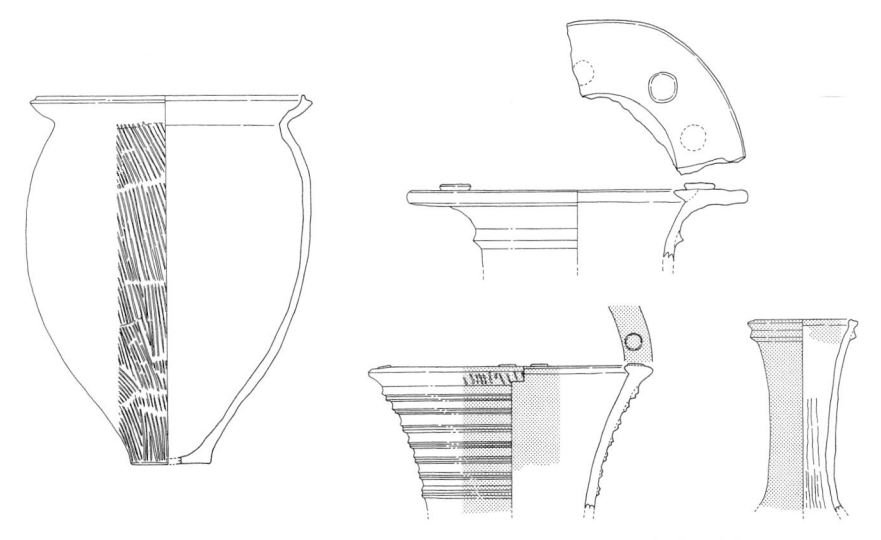

図 68　原の辻遺跡出土須玖式土器にみられる遠賀川以東系の要素

把握するため，胎土分析を実施した。そして原の辻遺跡よりも西側に所在するカラカミ遺跡出土土器に対しても，一部分析を行う機会に恵まれた。カラカミ遺跡は，東亜考古学会によって調査が行われ，その後数次にわたって九州大学や長崎県教育委員会，壱岐市教育委員会によって調査が実施されており，複数の環濠が集落をめぐる環濠集落であることが明らかにされているが，本節で扱う

のは東亜考古学会調査時の出土土器である(水野・岡崎,1957)。本節では原の辻遺跡の内部やカラカミ遺跡などを含めて,壱岐においてどのように土器が生産され消費されていたのか,そこからどのような人や情報の動きが読み取れるのか,ということを,胎土分析を通じて検討してみたいと思う。なお,胎土分析による朝鮮半島系土器など外来系土器の流入のありかたの解釈には,第3章にも示した水沢のモデル(水沢,1992・2004)も参照したい。

2. 分析試料

原の辻遺跡出土土器では,弥生時代中期から後期,古墳時代初頭から前半のものを対象として分析した(表8)。主要な分析対象としたのは甕形土器や壺形土器であり,高坏なども含めている。カラカミ遺跡は,中期後半のものを主体として選択した。朝鮮半島系土器も分析しているが,いわゆる原三国時代に属する「瓦質土器」や「楽浪系土器」とされる土器は,第6章で検討する。

なお,カラカミ遺跡出土土器は,九州大学考古学研究室によって現在報告書の作成作業が進行しており,今回カラカミ遺跡の1区出土土器を分析に供したが,遺跡の内容等に対する詳細な検討は,刊行される予定の報告書に委ねたい。

表8 原の辻遺跡出土土器の分析試料と蛍光X線分析データ

No.	K	Ca	Fe	Rb	Sr	Na	調査区	遺構	器種	時期	備考	報告書頁	報告書No.	文献
1	0.437	1.04	2.53	0.585	1.22	0.293	9集	3号旧河道	広口壺	中期後半	丹塗り	21	21	2
2	0.439	0.823	3.64	0.587	1.06	0.288	9集	4号旧河道	甕	中期後半		38	21	2
3	0.52	0.619	3.18	0.674	0.922	0.267	9集	4号旧河道	甕	中期後半	丹塗り	38	22	2
4	0.462	0.338	3.08	0.727	0.557	0.069	9集	4号旧河道	甕	中期初頭	如意状口縁	41	1	2
5	0.514	0.839	2.6	0.656	1.11	0.33	9集	3号旧河道	甕	中期初頭		26	13	2
6	0.57	0.521	2.16	0.661	1.11	0.32	9集	4号旧河道	甕	中期初頭		38	10	2
7	0.492	0.609	1.69	0.523	0.99	0.261	9集	4号旧河道	甕	中期初頭		37	7	2
8	0.517	0.654	3	0.539	0.814	0.227	9集	3号旧河道	甕	中期前半		26	16	2
9	0.578	0.354	1.96	0.67	0.54	0.101	9集	3号旧河道	壺	中期初頭		28	31	2
10	0.436	0.614	2.88	0.523	0.933	0.258	9集	C2区	甕	中期後半				2
11	0.438	0.51	2.24	0.539	0.828	0.176	9集	B8区	甕	中期後半	遠賀川以東系			2
12	0.427	0.833	2.45	0.528	1.12	0.235	9集	3号旧河道	甕	中期初頭		20	3	2
13	0.488	0.384	2.64	0.578	0.728	0.133	9集	3号旧河道	甕	中期後半	遠賀川以東系	21	12	2
14	0.517	0.357	2.08	0.613	0.87	0.245	9集	2号旧河道	甕	中期後半	遠賀川以東系	16	11	2
15	0.624	0.43	1.42	0.819	0.971	0.344	9集	2号旧河道	長頸壺	中期後半	丹塗り,遠賀川以東系	17	21	2
16	0.605	0.633	1.46	0.63	1.01	0.25	9集	B8区	短頸壺	中期後半	丹塗り			2
17	0.473	0.726	2.45	0.504	1.02	0.292	9集	4号旧河道	甕	中期後半		33	7	2
18	0.642	0.468	2.11	0.776	1.02	0.35	9集	3号旧河道	壺	中期初頭		28	37	2
19	0.493	0.77	2.05	0.528	1.07	0.279	9集	B11区	甕	中期後半				2
20	0.624	0.364	2.39	0.691	0.716	0.222	9集		甕	中期初頭	如意状口縁	25	3	2
21	0.546	0.999	3.5	0.571	1.89	0.32	高元・原	7区P374	甕	中期後半				5
22	0.821	0.688	2.32	0.701	1.84	0.29	高元・原	7区	甕	中期後半		51	28	5
23	0.643	0.186	2.7	0.513	0.646	0.243	高元・原	7区	甕	中期後半	遠賀川以東系	61	5	5
24	0.473	0.748	2.6	0.699	1.59	0.27	高元・原	7区	甕	中期後半		50	5	5

第 5 章　弥生土器の胎土分析の実践　　117

No.	K	Ca	Fe	Rb	Sr	Na	調査区	遺構	器種	時期	備考	報告書頁	報告書No.	文献
25	0.503	1.05	3.39	0.534	1.25	0.359	高元・原	6区	甕	中期後半		44	22	5
26	0.469	0.865	2.54	0.707	1.64	0.232	高元・原	6区	壺	中期後半		8	65	5
27	0.412	0.813	3.52	0.513	1.83	0.203	高元・原	7区	高坏	中期後半	丹塗り	57	8	5
28	0.467	0.71	3.43	0.657	0.962	0.317	9集	3号旧河道	甕		擬朝鮮系無文土器	30	57	2
29	0.559	0.458	2.77	0.758	0.778	0.238	9集	3号旧河道	甕		擬朝鮮系無文土器	30	58	2
30	0.645	0.578	1.59	0.683	1.03	0.194	9集	3号旧河道	甕		擬朝鮮系無文土器	30	62	2
31	0.41	1.13	3.43	0.562	1.58	0.28	高元・原	6区	甕	中期後半		44	22	5
32	0.588	0.716	1.48	0.826	1.64	0.301	高元・原	6区	袋状口縁壺	中期後半	丹塗り	48	60	5
33	0.52	0.56	2.76	0.571	1.26	0.208	高元・原	6区	甕	中期後半	遠賀川以東系	48	57	5
34	0.383	1.23	3.74	0.537	1.52	0.284	高元・原	6区	鉢	中期後半	丹塗り	46	38	5
35	0.507	0.346	2.04	0.525	0.841	0.225	19集	A区2号土壙	甕	中期初頭		68	19	6
36	0.439	0.574	4.33	0.413	0.805	0.198	19集	A区2号土壙	甕	中期初頭		68	20	6
37	0.499	0.417	2.14	0.544	0.798	0.208	19集	A区1号土壙	甕	中期中葉				6
38	0.435	0.804	4.2	0.363	0.89	0.241	19集	A区2号溝	甕	中期中葉		58	5	6
39	0.419	0.406	4.19	0.408	0.667	0.117	19集	A区2号溝	甕	中期後半		59	9	6
40	0.55	0.318	1.79	0.64	0.671	0.145	19集	A区1号溝	甕	中期後半		52	9	6
41	0.545	0.404	3.18	0.496	0.77	0.243	19集	C区1号溝	甕	中期末	遠賀川以東系			6
42	0.468	0.951	3.06	0.722	1.25	0.251	19集	1号旧河道	壺	中期後半	丹塗り	45	49	6
43	0.477	0.715	3.65	0.5	0.672	0.188	19集	C区1号溝	短頸壺	中期後半	丹塗り	54	23	6
44	0.427	0.483	3.16	0.47	0.706	0.136	19集	A区1号土壙	甕	中期中葉		67	5	6
45	0.569	0.241	1.81	0.546	0.611	0.122	19集	A区2号溝	甕	中期後半		58	6	6
46	0.375	0.745	5.37	0.425	0.697	0.175	19集	A区2号溝	袋状口縁壺	中期後半	丹塗り	61	24	6
47	0.457	1.46	2.61	0.582	2.14	0.238	19集	B区4C層	甕	勒島III式	朝鮮系無文土器			6
48	0.478	0.532	4.03	0.586	0.687	0.233	19集	C区1号溝	甕	中期後半				6
49	0.448	0.406	2.56	0.587	0.769	0.191	16集	C区SGI	甕	中期後半				4
50	0.424	0.522	2.95	0.621	0.745	0.193	16集	C区1号溝	壺	中期後半				4
51	0.48	0.512	3.37	0.569	0.791	0.182	16集	C区1号溝	甕	中期後半				4
52	0.622	0.355	2.38	0.612	0.842	0.18	16集	C区1号溝	甕	中期後半	遠賀川以東系			4
53	0.463	0.565	2	0.558	0.985	0.198	16集	A区2号溝	甕	中期中葉				4
54	0.405	0.495	2	0.578	0.856	0.211	16集	C区1号溝	袋状口縁壺	中期後半	丹塗り			4
55	0.378	0.795	3.18	0.5	0.916	0.244	16集		袋状口縁壺	中期後半	丹塗り			4
56	0.419	0.872	3.37	0.491	1.07	0.245	21集	D区	碗	中期後半	丹塗り	33	16	7
57	0.402	0.942	3.27	0.56	1.29	0.297	19集	E区	鋤型口縁壺	中期後半				6
58	0.453	0.528	2.29	0.635	0.912	0.197	21集	D区	甕	中期後半				7
59	0.353	0.747	3.01	0.474	0.986	0.239	19集	C区1号溝	袋状口縁壺	中期後半				6
60	0.453	0.248	2.3	0.531	0.818	0.386	9集		甕	中期後半	黒髪系か	38	14	2
61	0.51	0.513	2.46	0.522	0.933	0.2	19集		甕	中期末	遠賀川以東系	60	18	6
62	0.43	0.651	3.8	0.447	0.724	0.21	19集		甕	中期後半	丹塗り	59	13	6
63	0.448	0.712	2.6	0.438	1.06	0.245	16集	C区1号溝	甕	中期後半				4
64	0.41	0.871	3.79	0.607	0.865	0.292	9集	R101–20	壺	中期末	丹塗り			2
65	0.422	0.683	2.66	0.62	1.04	0.331	9集	R100–24VI	袋状口縁壺	中期末	丹塗り			2
66	0.433	0.934	4.04	0.558	0.887	0.303	9集	R100–19V	高坏	中期後半	丹塗り			2
67	0.464	0.802	2.8	0.665	1.05	0.253	9集	R100–24V	注口壺	中期後半	丹塗り			2
68	0.499	0.617	2.3	0.64	0.886	0.238	9集	R100–24V	高坏	中期後半	丹塗り			2
69	0.474	0.682	2.03	0.401	1.2	0.25	鶴田	10号甕棺上	甕棺	中期後半				1
70	0.409	0.708	3.68	0.393	0.85	0.283	鶴田	8号甕棺	甕棺	中期後半				1
71	0.512	0.222	1.34	0.563	0.624	0.168	鶴田	7号甕棺	甕棺	中期後半				1

No.	K	Ca	Fe	Rb	Sr	Na	調査区	遺構	器種	時期	備考	報告書頁	報告書No.	文献
72	0.433	0.599	3.23	0.513	0.733	0.217	鶴田	3号甕棺	甕棺	中期後半				1
73	0.445	0.342	3.19	0.558	0.634	0.165	鶴田	11号甕棺B	甕棺	中期後半				1
74	0.476	0.497	2.4	0.536	0.868	0.213	鶴田	12号甕棺	甕棺	中期後半				1
75	0.342	1.02	3.79	0.443	1.8	0.247	コヨウ	南区SD5	甕	中期後半	丹塗り			8
76	0.469	0.666	2.24	0.608	1.27	0.219	コヨウ	北区C.3.4SD5	甕	中期後半				8
78	0.381	1.02	3.36	0.462	1.94	0.257	コヨウ	北区B.3.4SD5	壺	中期後半	丹塗り	28	62	8
79	0.39	0.786	2.22	0.483	1.63	0.259	コヨウ	北区SD4	甕	中期後半				8
80	0.341	0.333	1.78	0.384	0.765	0.108	コヨウ	北区C.2.SD6	鉢	中期後半	丹塗り			8
81	0.422	0.398	2.1	0.508	0.902	0.191	コヨウ	南区SD5	壺	後期初頭				8
82	0.462	0.804	2.13	0.557	1.61	0.274	コヨウ	南区SD5	甕	後期前半				8
83	0.408	0.454	2.82	0.474	1	0.236	コヨウ	中区H2-3SD6	甕	後期前半				8
96	0.416	0.557	2.83	0.504	1.036	0.235	コヨウ	SD05	複合口縁壺	後期終末		34	123	8
97	0.441	0.636	2.51	0.425	1.19	0.306	コヨウ		甕	古墳初頭		23	24	8
98	0.353	0.486	3.31	0.388	0.93	0.207	コヨウ		甕	古墳初頭		33	116	8
99	0.389	0.865	3.89	0.381	1.775	0.216	コヨウ		高坏	古墳初頭		29	82	8
100	0.481	0.705	1.92	0.495	1.766	0.197	コヨウ	SD05	甕	後期前半				8
101	0.445	0.506	2.04	0.501	1.174	0.2	コヨウ	SD05	高坏	後期前半				8
102	0.419	0.597	1.59	0.51	1.738	0.2	コヨウ	SD05	複合口縁壺	後期前半				8
103	0.468	0.641	2.2	0.142	1.585	0.203	コヨウ	SD05	甕	後期中葉				8
104	0.357	0.449	2.36	0.426	0.589	0.119	髙元・原		複合口縁壺	後期中葉		188	23	3
105	0.39	0.344	2.31	0.488	0.702	0.201	髙元・原		甕	後期中葉		183	12	3
106	0.338	0.269	3.13	0.321	0.558	0.125	髙元・原		甕	後期後半		183	14	3
107	0.382	0.334	2.44	0.496	0.658	0.215	髙元・原		複合口縁壺	後期後半		188	24	3
108	0.468	0.35	2.73	0.451	0.837	0.314	16集		壺	中期後半	遠賀川以東系	52	19	4
109	0.394	0.628	2.84	0.376	1.056	0.282	16集	B区1号濠	甕	古墳前期				4
110	0.391	0.63	1.81	0.401	1.082	0.286	16集	2号濠	壺	古墳前期	山陰系			4
111	0.358	0.567	1.93	0.435	1.163	0.322	16集	2号濠	小型丸底壺	古墳前期		46	21	4
112	0.378	0.616	2.74	0.411	1.191	0.278	16集	2号濠	壺	古墳前期		46	19	4
113	0.43	0.444	1.74	0.516	1.008	0.265	16集	1号濠	甕	古墳前期		41	8	4
114	0.399	0.542	1.78	0.421	1.132	0.278	16集	2号濠	甕	古墳前期		44	8	4
115	0.396	0.546	2.85	0.413	0.878	0.314	16集	2号濠	浅鉢	古墳前期		46	30	4
116	0.283	0.597	5.38	0.27	0.786	0.158	16集	2号濠	小型丸底壺	古墳前期		46	20	4
117	0.459	0.482	3.1	0.554	0.963	0.224	髙元・原	7区(溝)	壺	後期初頭		70	2	5
118	0.403	0.443	2.17	0.428	1.177	0.114	髙元・原	7区(溝)	壺	後期初頭		60	6	5
119	0.539	0.406	1.45	0.58	1.518	0.225	髙元・原	7区(溝)	高坏	後期前半		74	4	5
120	0.532	0.349	2.15	0.508	0.692	0.162	髙元・原	7区(溝)	壺	後期中葉	瀬戸内系	61	11	5
121	0.473	0.694	2.89	0.57	1.631	0.183	髙元・原	7区(溝)	甕	後期中葉				5
122	0.523	0.227	2.26	0.642	0.719	0.211	髙元・原	7区(溝)	甕	後期中葉				5
123	0.344	0.563	1.77	0.526	1.583	0.18	髙元・原	7区(溝)	甕	後期後半				5
124	0.357	0.746	3	0.502	1.391	0.101	髙元・原	7区(溝)	甕	後期後半		66	27	5
125	0.43	0.698	2	0.52	1.903	0.195	髙元・原	7区(溝)	甕	後期後半				5
126	0.483	0.707	1.82	0.542	1.885	0.272	髙元・原	7区(溝)広口	壺	後期後半				5
127	0.448	0.619	2.47	0.471	1.726	0.151	髙元・原	7区(溝)	甕	後期後半		64	10	5
128	0.481	1.043	3.17	0.539	1.541	0.349	髙元・原	7区(溝)	甕	後期後半				5
129	0.44	0.528	1.4	0.439	1.032	0.184	19集	C区1号溝	甕	後期初頭				6
130	0.462	0.735	1.8	0.421	0.972	0.209	19集		甕	後期前半		55	42	6
131	0.55	0.223	0.87	0.606	0.673	0.124	19集		甕	後期初頭		60	19	6

No.	K	Ca	Fe	Rb	Sr	Na	調査区	遺構	器種	時期	備考	報告書頁	報告書No.	文献
132	0.404	0.371	2.89	0.393	0.635	0.163	19集		甕	後期中葉		60	17	6
133	0.394	0.77	2.61	0.433	1.676	0.174	高元・原	7T-5	甕	後期前半				5
134	0.333	0.859	1.95	0.293	2.555	0.151	高元・原	7T-5	複合口縁壺	後期中葉				5
135	0.386	0.832	3.77	0.376	1.687	0.223	高元・原	7T-5	甕	後期後半				5
136	0.538	0.496	2.03	0.56	1.075	0.226	19集	落6P74	甕	後期前半				6
137	0.567	0.609	1.77	0.686	1.684	0.363	車出		短頸壺	後期中葉				
138	0.588	0.372	1.18	0.727	1.115	0.249	車出		甕	後期中葉				
139	0.52	0.385	1.61	0.649	0.953	0.424	車出		甕	後期後半				
140	0.454	0.66	3.46	0.449	1.172	0.144	車出		複合口縁壺	後期後半				
141	0.408	0.693	2.22	0.51	1.591	0.207	車出		甕	後期後半				
159	0.63	0.332	1.61	0.555	1.189	0.138	19集	B区SK3P44	壺	中期初頭				6
160	0.56	0.402	2.37	0.536	1.349	0.231	19集	B区SK3P44	甕	中期初頭				6
161	0.658	0.18	2.7	0.584	0.524	0.215	19集	B区SK3P43	甕	中期初頭				6
162	0.563	0.413	3.36	0.45	0.817	0.205	高元・原	SD1II8	甕	中期後半		187	9	3
163	0.549	0.176	3.31	0.432	0.598	0.154	高元・原	SD1IIP91	甕	中期後半				3
164	0.48	0.377	2.83	0.408	0.664	0.09	21集	F区SXIP58	壺	後期前半				7
165	0.488	0.483	1.44	0.536	1.301	0.356	原	SD02 P32	甕	後期前半		139	1	3
166	0.642	1.02	4.51	0.56	1.288	0.3	21集	D区IV層	複合口縁壺	後期前半				7
167	0.564	0.279	3.12	0.39	0.584	0.383	21集	F区SX1・I	複合口縁壺	後期前半				7
168	0.421	0.647	1.86	0.461	0.997	0.193	21集	F区III	複合口縁壺	後期前半				7
169	0.63	0.428	1.13	0.666	1.921	0.248	21集	F区SX1III	甕	後期前半				7
171	0.452	0.312	1.52	0.459	1.058	0.223	コヨウ	SD05	甕	後期前半				8
172	0.674	0.45	2.01	0.525	1.069	0.193	コヨウ	南側トレンチ	甕	後期前半				8
173	0.646	0.437	2.67	0.556	1.319	0.176	コヨウ	SD05	甕	後期前半				8
174	0.514	0.797	2.44	0.479	1.652	0.28	コヨウ	SD05	甕	後期前半				8
175	0.384	0.946	2.95	0.341	1.957	0.131	原	SD01 P3	壺	後期前半				3
176	0.53	0.771	3.35	0.454	1.132	0.327	原	SD02 P7	広口壺	後期前半		140	14	3
177	0.475	0.619	2.26	0.45	0.91	0.2	21集	D区9-III	甕	後期後半				7
178	0.464	0.568	1.92	0.5	1.385	0.175	21集	D区9-III	甕	後期中葉				7
179	0.637	0.318	1.56	0.554	0.835	0.176	21集	SX1III	甕	後期中葉				7
180	0.419	0.693	2.92	0.4	0.967	0.207	21集	D区9-III	複合口縁壺	後期後半				7
181	0.481	0.654	1.76	0.497	1.3	0.207	26集		広口壺	後期後半		128	33	
182	0.373	0.709	2.77	0.575	1.209	0.208	原	G4-III	甕	後期後半				3
183	0.363	0.689	3.92	0.347	1.11	0.19	原	SD02 P3	複合口縁壺	後期後半				3
184	0.445	0.658	3.464	0.378	1	0.21	原	SD02 P31	高坏	後期後半		141	25	3
185	0.449	0.823	2.67	0.564	1.234	0.25	19集	E区落込8P43	甕	後期終末				6
186	0.493	0.215	2.95	0.472	0.582	0.217	21集	D区2-IV	甕	後期終末				7
187	0.427	0.378	2.38	0.466	0.773	0.164	高元・原	SD02 P26	壺	後期終末				3
188	0.417	0.549	4.12	0.356	0.838	0.226	高元・原	SH1 P3	甕	古墳前期		135	1	3
189	0.456	0.255	2.93	0.487	0.619	0.155	高元・原	SD01 P8	鉢	古墳前期				3
190	0.382	0.496	3.1	0.354	1.078	0.241	高元・原	SD6 P6	高坏	古墳前期				3
191	0.496	0.8	2.6	0.508	1.737	0.341	高元・原	A SD2 P28	壺	古墳前期				3
192	0.488	0.767	3.5	0.522	0.978	0.276	高元・原	SD01 P12	甕	古墳前期		138	3	3
193	0.408	0.244	3.56	0.416	0.473	0.071	高元・原	SD01 P4	壺	古墳前期				3
194	0.429	0.43	4.05	0.325	0.66	0.209	高元・原	C5 P5	甕	古墳前期				3
195	0.431	0.383	3.55	0.392	0.667	0.1	高元・原	D-SD2P3	甕	古墳前期				3
196	0.401	0.692	4.67	0.392	1.045	0.204	高元・原	A SH5P9	高坏	古墳前期		182	2	3

No.	K	Ca	Fe	Rb	Sr	Na	調査区	遺構	器種	時期	備考	報告書頁	報告書No.	文献
197	0.383	0.691	5.52	0.348	0.703	0.185	高元・原	D SH1P3	高坏	古墳前期				3
198	0.517	0.243	1.52	0.503	0.87	0.242	高元・原	D SD2P28	甕	古墳前期				3

文献 (1) 川口編, 1998; (2) 宮崎編, 1998; (3) 宮崎ほか編, 1999; (4) 杉原編, 1999; (5) 安楽ほか編, 2000; (6) 宮崎・杉原編, 2000; (7) 杉原・藤村編, 2001; (8) 小石編, 2002; (9) 副島・山下編, 1995

3. 原の辻遺跡出土土器の分析結果

3.1 蛍光X線分析

　まず原の辻遺跡において，調査地点による違いや土器様式，系統の違いなどに注目しつつ，K，Ca，Rb，Srの4元素を用いて分布図を作成した。原の辻遺跡は複数の調査区に分かれている(図69)。北側の調査区は低地が広がっているが，そこからは旧河道が検出され，弥生土器とともに擬朝鮮系無文土器および朝鮮系無文土器が集中して出土している。西側低地部には，複数の濠や溝がめぐる特定調査区とその南側のコヨウ調査区が設定されている。南西部には中期後半を中心とする甕棺墓地である鶴田調査区があり，遺跡中心部の台地には，高元・原調査区が設定されている。分析図や表には，図69に示した調査区名称や調査次数を使用している。

　まず中期初頭の状況をみてみたい。中期初頭の分析試料はやや数が少ないが，北側の旧河道出土土器と西側低地部の土壙出土土器の分析を行った(図73)。調査地点に応じた違いは元素分布からは見出しにくいが，西側調査区のB区SK3出土土器は，Srが高い値をとるものと低い値をとるものがあり，同一調査区内や遺構内でも元素組成の違いはみとめられる。また中期初頭の城ノ越式土器には，前期以来の突帯文系と板付系の系統による形態差が残存するが，原の辻遺跡にも双方の系統の土器が出土しており，板付系の伝統である如意状口縁の甕形土器は，CaとSrが若干低い値にまとまる傾向が看取される。今回は分析数が少なく，今後分析数を増やして再検討することも必要であるが，つづく中期後半の系統差に応じた元素分布のありかたをふまえるならば，系統差による製作地や材料の選択地の違いを反映している可能性がある。

　次に，中期後半の状況をみると，図74から明らかなように，元素の分布には，かなり広がりがみとめられる。他の遺跡で行われた蛍光X線分析と比較すると，2遺跡から3遺跡分の広がりをもっているといえよう。調査区ごとに元素にまとまりがみられるかどうかに着目したが，調査地点の違いに対応するように元素分布も違いを示している。

　中期後半のそれぞれの調査区出土土器の傾向をみると，まず北西部の旧河道および溝出土土器は，CaとSrが低い値を示している。その一方で高元・原地区やコヨウ地区出土土器は，CaとSrが高い値でまとまっているようである。それに加えてコヨウ地区出土土器は，Kが若干低い値をとっている。北側旧河道出土土器は，Srの値は北西部旧河道および溝出土土器の中間に分布している。このように，調査地点に応じた元素のまとまりが看取される。こうした元素の傾向に対して，胎土分析のモデルを参照すれば，原の辻遺跡の中期後半の土器生産と消費は，第4章で示したγのパターン，すなわち集落内でも複数の土器製作集団が存在し，それに基づき比較的自己完結的に土器

第 5 章　弥生土器の胎土分析の実践　　　　　　　　　　　　　　　　　　121

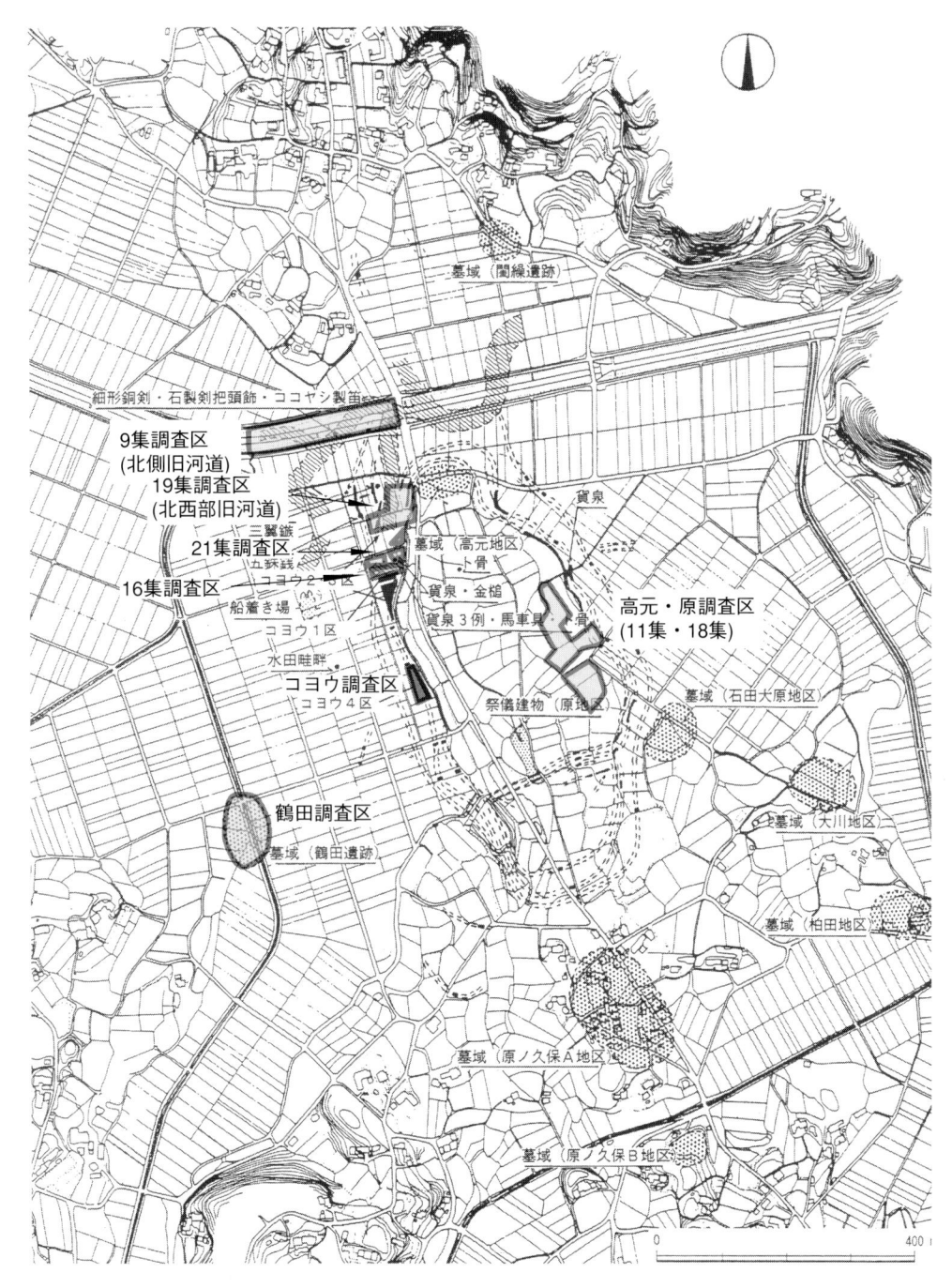

図 69　原の辻遺跡の調査区（小石・松崎編，2002 を改変）

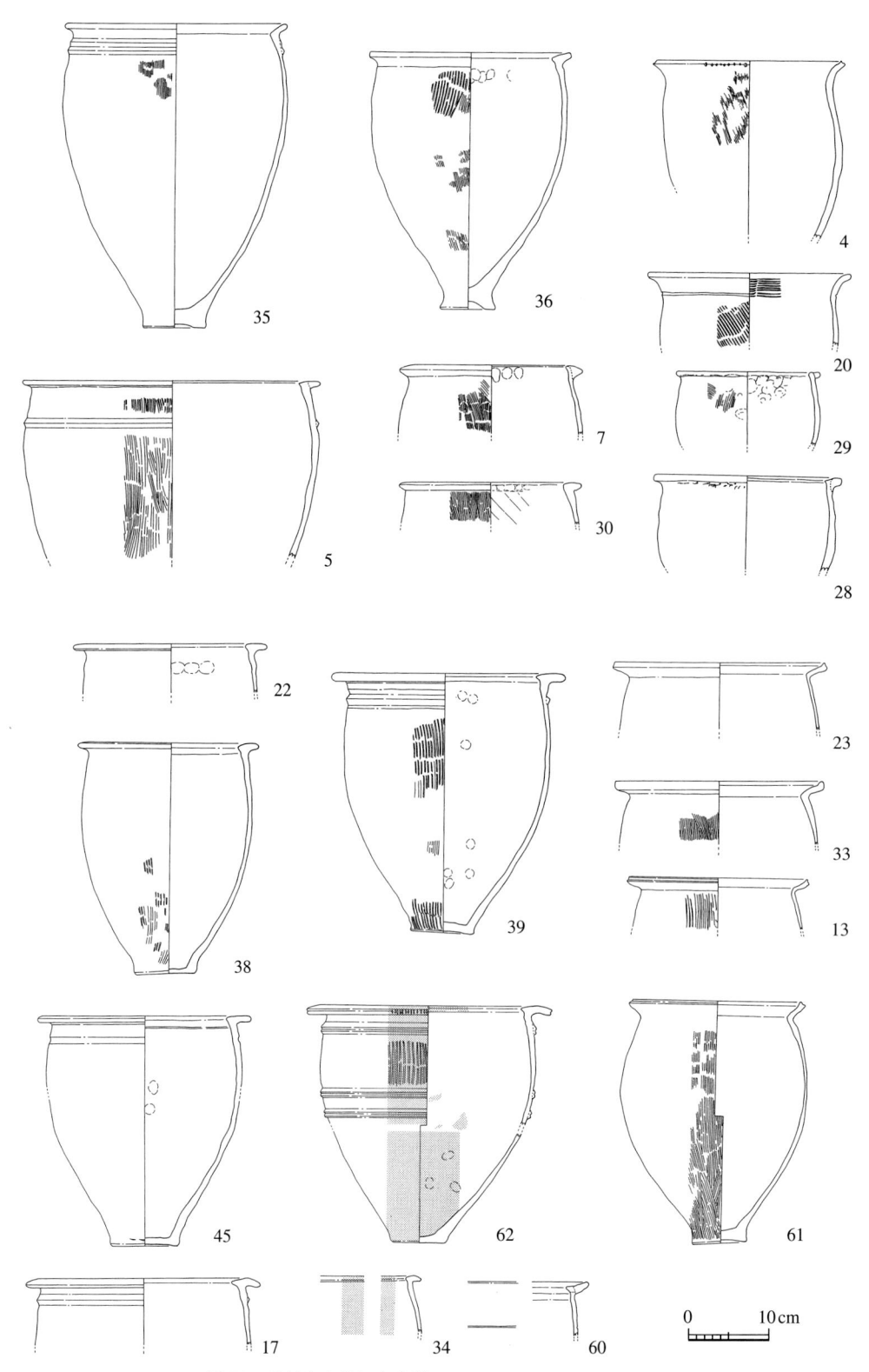

図 70 分析を実施した土器(図中の番号は表 8 の No. と対応)

第 5 章　弥生土器の胎土分析の実践

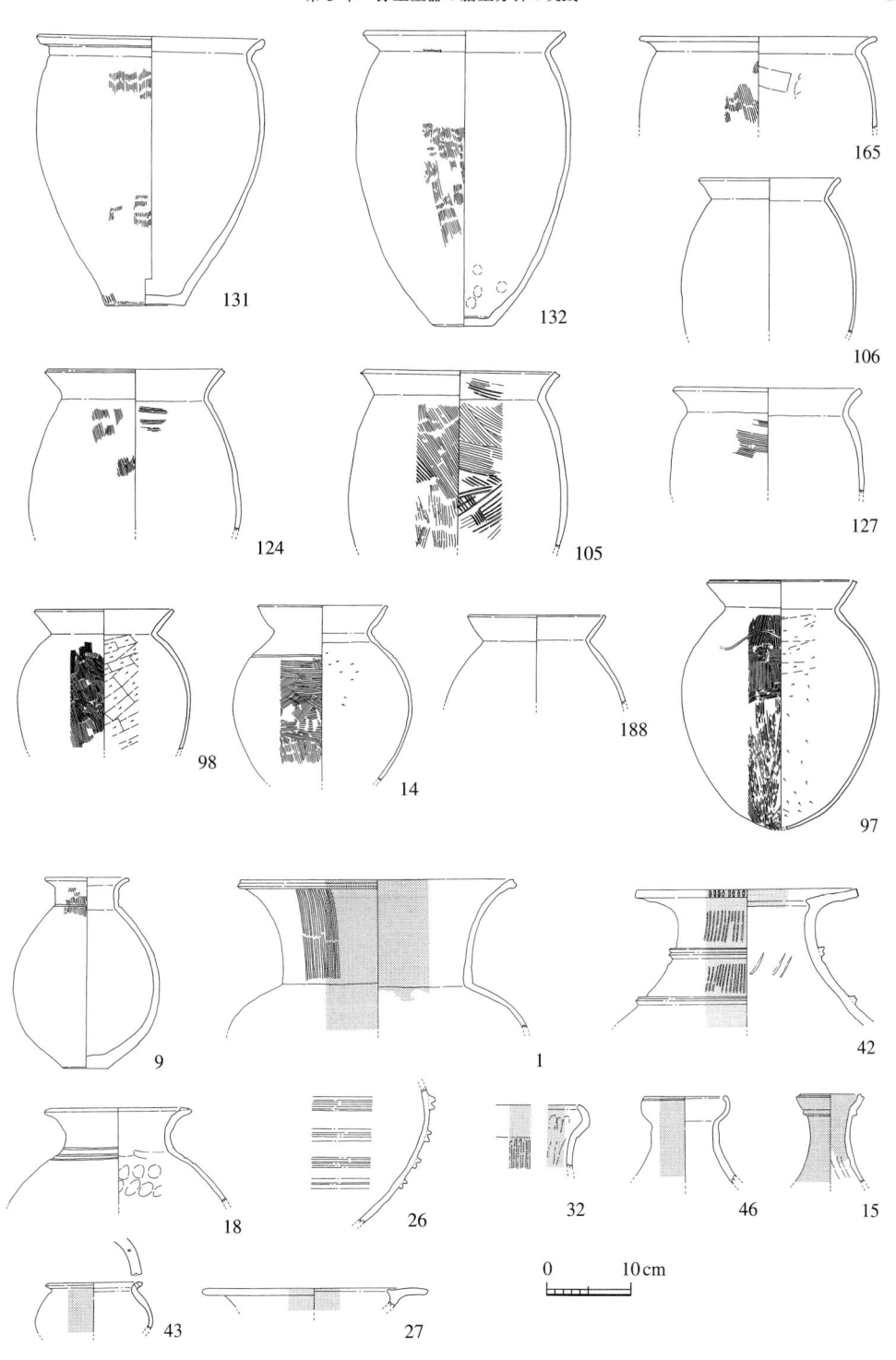

図 71　分析を実施した土器(図中の番号は表 8 の No. と対応)

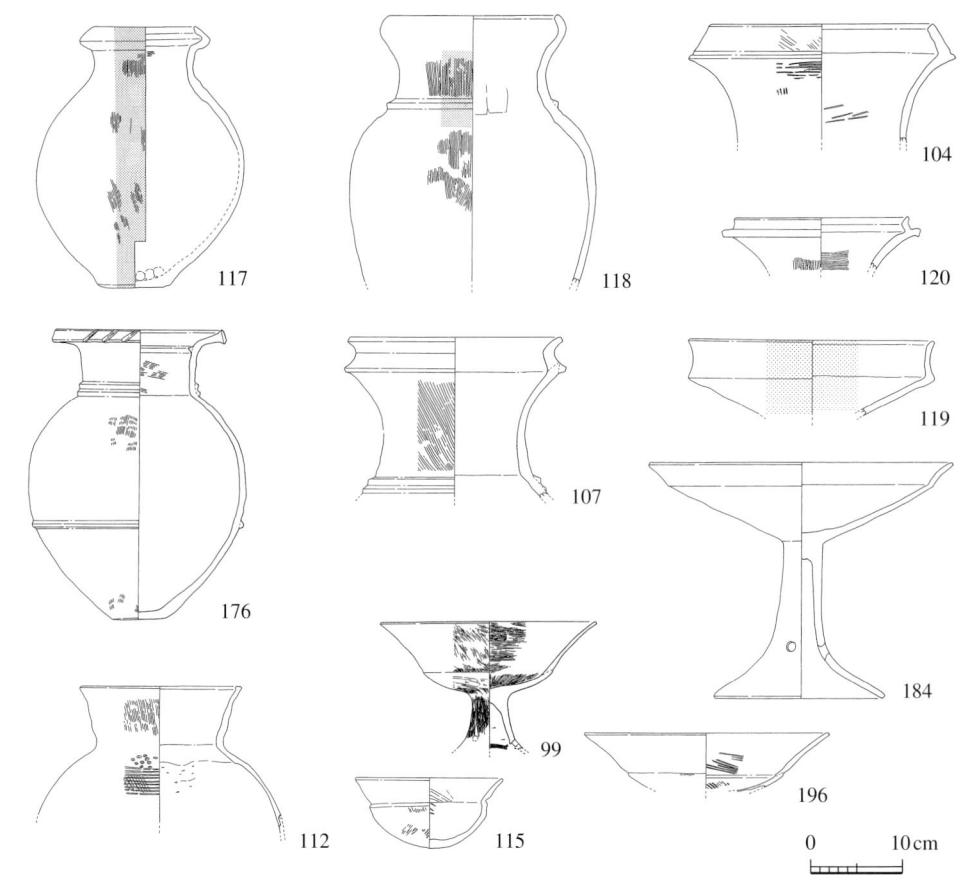

図72 分析を実施した土器（図中の番号は表8のNo.と対応）

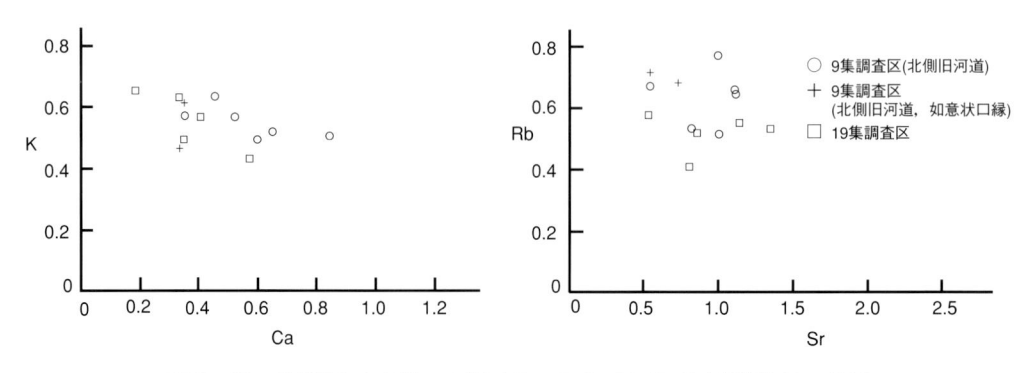

図73 原の辻遺跡出土土器 中期初頭のK-Ca, Rb-Sr分布図（甕10, 壺3）

生産と消費を行っていた状況が推測できる。

　なお，このような元素の分布に対応する土器にみられる考古学的な違いは，顕著にはみとめられないが，胎土に関してみると，高元・原地区出土土器は全体的に橙色を呈するものが多く，低地部や旧河道などの調査地点出土土器は，赤みが少なく白みを帯びた色調で，鉄の少ないものが多い。蛍

光X線分析のデータほど明確には分離できないが，肉眼観察でも，原の辻遺跡内で複数の胎土の特徴が存在するということがある程度は把握することができる。

　次に，器種ごとに異なる材料が使用されたかどうか検討してみよう。蛍光X線分析の4元素の分布のありかたからみると，器種間で違いはあまりみとめられず，中期後半の須玖式における丹塗り器種と丹塗りがされない器種との間においても，4元素の分布に大きな違いはみとめられない（図75）。ただし須玖式の丹塗りがされた器種には，素地にFeが多く含まれることが指摘できる（図81）。これは，糸島地域と共通する特徴である。

　また土器様式や系統差に応じた胎土の違いに注意すると，須玖式でも福岡平野東部から東北部九州地域の特色をもつ遠賀川以東系土器は，出土調査区が複数に及ぶにもかかわらず全体的にCaとSrが低い値にまとまっており，他の遠賀川以西系の須玖式と比べると元素の分布の違いが看取される（図76）。高元・原地区出土土器は，CaやSrの元素分布が高い値でまとまりを示すものの，遠賀川以東系は値が低く，他とは異なる材料で製作が行われた可能性を示している。遠賀川以東系は，中期初頭の如意状口縁の甕形土器の系譜を引くものとも考えられ，系統の違いに応じた材料の違いが前段階から引き続いて継続していると評価できるかもしれない。No. 15の長頸壺は，Rbが高い値を示し，やや異質である。また肥後の黒髪式と思われる甕形土器は，1点のみであるがCa，Srが全体の中でもやや低く分布している。

　次に，原の辻遺跡の弥生後期土器は，他の地域と同様須玖式の丹塗り器種が衰退し全体に粗製化の傾向が強まることを指摘できるが，元素分布をみると，中期とは若干異なる様相を示している。すなわち，各調査地点出土の土器の元素の分布のありかたをみると，たとえば中期では丘陵部の高元・原地区出土土器の元素分布は高い値でまとまりを示すが，後期後半における原・高元地区出土土器はCaとSrで高い値を示すだけでなく低い元素の域にも分布が広がっており，中期にみとめられたような元素の地点間のまとまりが弱まる点が看取される（図77・78）。後期前半のコヨウ地区の土器などにも，Srの分布にばらつきがみられ，地点に応じた元素のまとまりが弱まるようである。こうした元素分布のありかたは，複数の集団内で比較的自己完結的に土器が生産され消費された中期後半から，土器生産や消費のありかたがやや複雑なありかた，すなわちβパターンに変化したと考えられないだろうか。

　なお，他の遺跡との関係をみるために，壱岐市の郷ノ浦町側にある車出遺跡の後期後半の土器のデータも入れてみたが（図78），元素の重なりがみられるものの，一部にRbが高い値を示すものがあり，原の辻遺跡とは異なる材料で土器製作が行われたとみられる。また外来系土器として，西部瀬戸内の周防に特徴的な複合口縁壺（No. 120）も分析したが，特に他の土器と元素分布の違いはみられない。

　そして後期には器種ごとの元素分布の違いは特にみとめられず，中期後半のような丹塗り／非丹塗りに対応する鉄の量の差異は，丹塗り器種の衰退に伴って解消されたものと推察される。そして後期は，北部九州全体に赤みの少ないものが増えてくるが，原の辻遺跡でも他の地域ほど顕著ではないが同様の変化がみられ，おそらく後期に鉄の含有量の少ない材料を用いる傾向が強まったと推

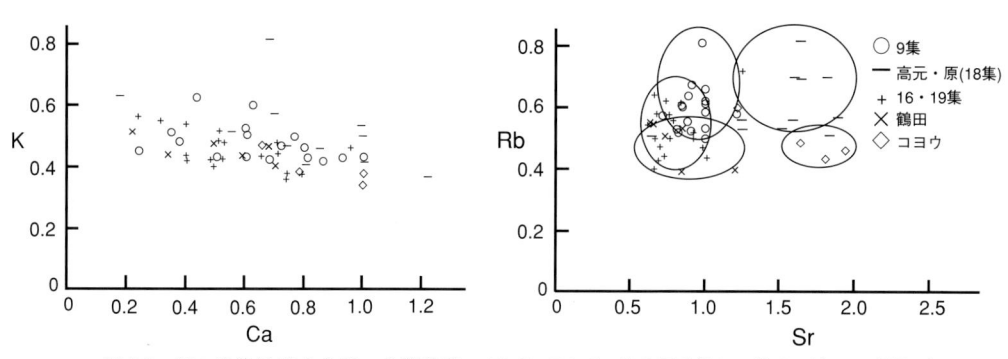

図74 原の辻遺跡出土土器 中期後半のK-Ca, Rb-Sr分布図(甕3, 壺6, 鉢1, 甕棺1)

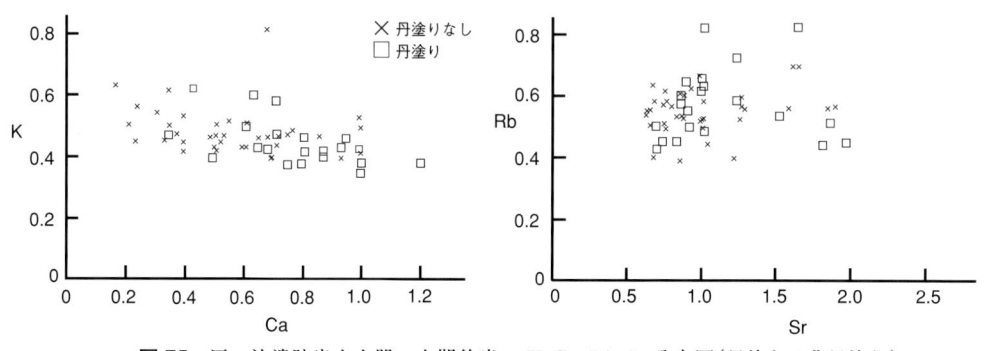

図75 原の辻遺跡出土土器 中期後半のK-Ca, Rb-Sr分布図(丹塗り/非丹塗り)

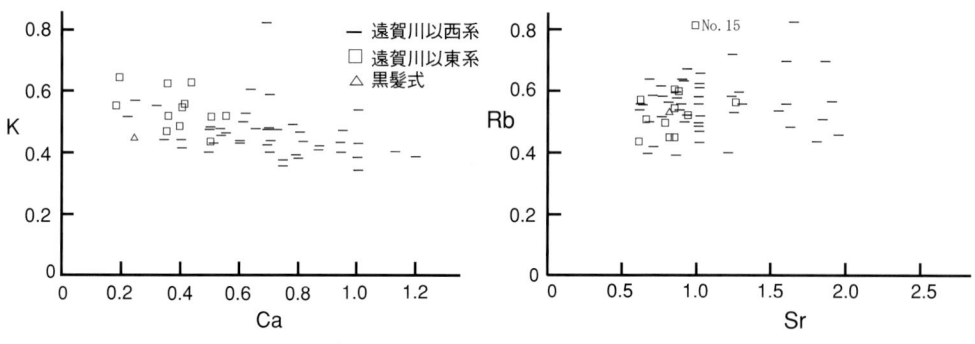

図76 原の辻遺跡出土土器 中期後半のK-Ca, Rb-Sr分布図(系統)

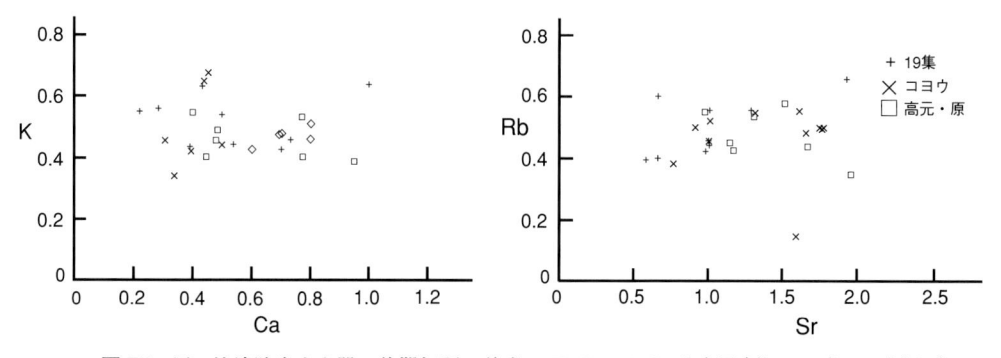

図77 原の辻遺跡出土土器 後期初頭〜前半のK-Ca, Rb-Sr分布図(甕14, 壺8, 高坏1)

第5章 弥生土器の胎土分析の実践　　127

測できる(図81)。九州各地で，中期から後期に胎土の変化がみられるが，原の辻遺跡でも連動した動態を示していることを確認できる。

　弥生終末から古墳前期では，原の辻遺跡でも北部九州の各遺跡と同様，畿内の布留系や山陰系の土器を受容しはじめる。原の辻遺跡の布留系甕や壺形土器は，在地の後期土器とほぼ同様な元素の分布傾向がみられるが，K が他の時期よりも若干低い値を示しており，また Sr の値もやや低く，後期に比較してやや元素の広がりが弱い(図79)。したがって，材料採取が，以前よりも特定の場所で行われる傾向が強まった可能性もある。古墳時代に入り，土器生産に関わる材料採取がやや集約的になった可能性を示すものかもしれない。それでも調査地点ごとに若干元素の分布にずれはみられることから，材料の採取地は，弥生時代に引き続き複数存在したことが推測される。なお，古墳時代の高坏や小型丸底壺には，Fe が高い値を示すものがあり，精製器種には鉄の多く含まれた材料が使用されたようである(図81)。

　さらに，弥生時代中期に併行する時期に相当する，朝鮮半島系土器と在地の弥生土器の比較をしてみた(図80)。北側の旧河道で出土した擬朝鮮系無文土器(中期初頭に併行)および原型の無文土器に近い朝鮮系無文土器を分析したところ，図をみても明らかなように，およそ弥生土器の元素分布の範囲に収まる値を示している。これは，朝鮮半島系土器の壱岐での在地生産の可能性を示すもの

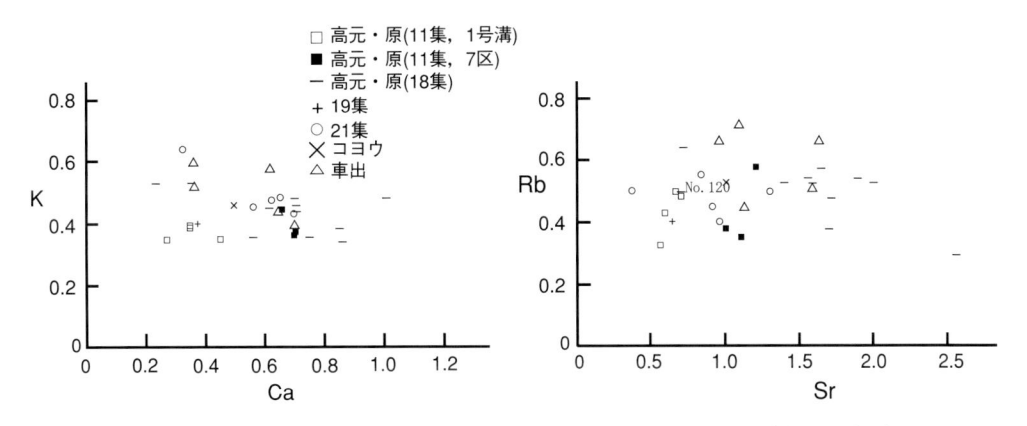

図 78　原の辻遺跡出土土器　後期中葉〜後半の K-Ca, Rb-Sr 分布図(甕16，壺6)

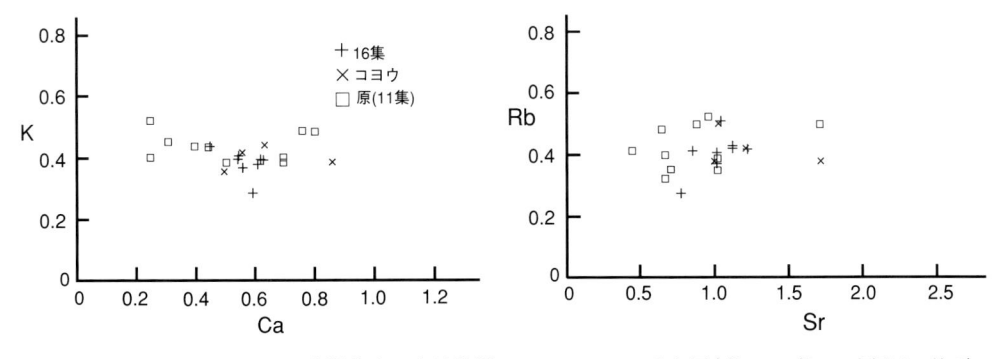

図 79　原の辻遺跡出土土器　後期終末〜古墳前期の K-Ca, Rb-Sr 分布図(甕12，壺8，高坏4，鉢2)

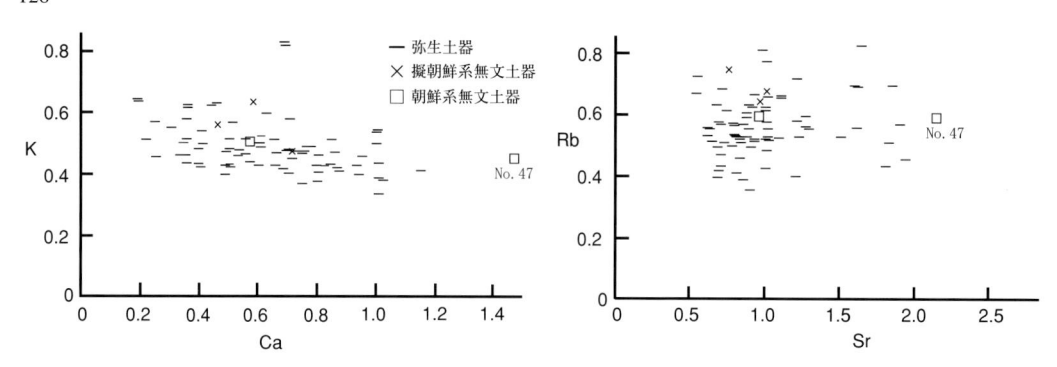

図 80　弥生土器と朝鮮系無文土器の元素分布の比較

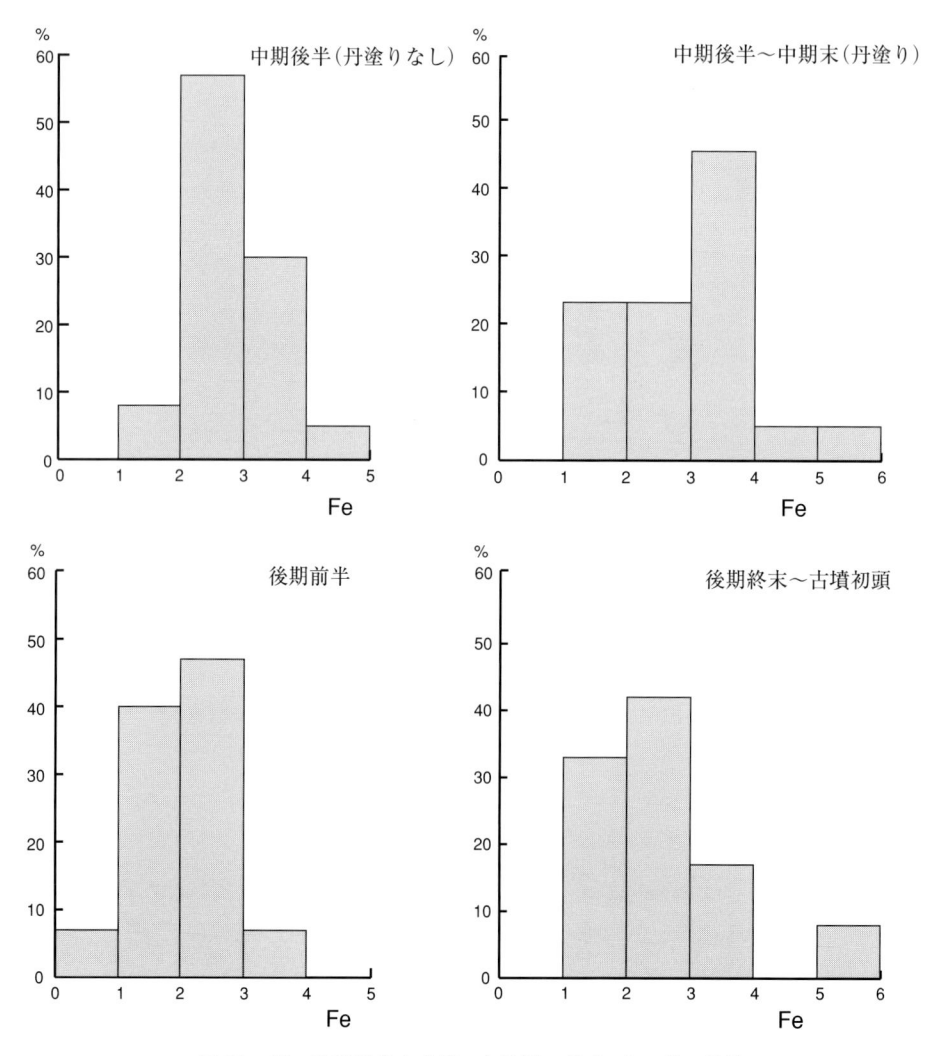

図 81　原の辻遺跡出土土器の各時期の鉄（Fe）の値の比較

第 5 章 弥生土器の胎土分析の実践

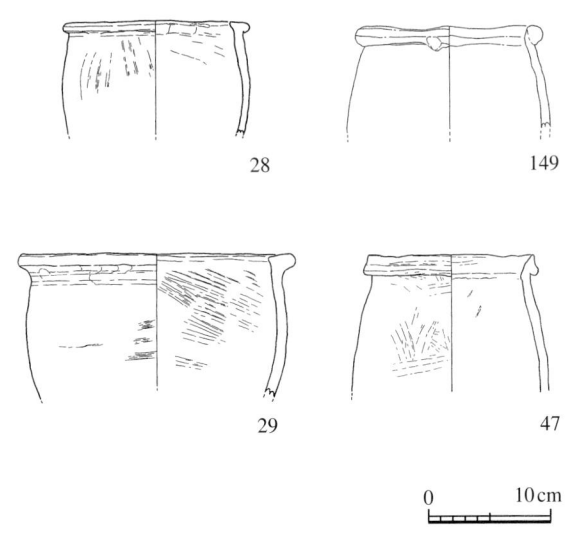

図 82 原の辻遺跡出土朝鮮系無文土器・擬朝鮮系無文土器(報告書および筆者実測図より作成)

であろう。ただし，勒島 III 式(釜山大学校博物館編，1989)に相当する断面三角形の口縁部をもつ朝鮮系無文土器(図 82-47)は，肉眼観察でも胎土が若干異なる印象を受けたが，蛍光 X 線分析でも他の弥生土器に比べて Ca と Sr が高くやや異質であり，次に述べる岩石学的分析の結果と併せても，朝鮮半島からの搬入品である可能性はあると考える。

3.2 岩石学的分析

次に，胎土の鉱物組成や胎土組織についての検討を行う。原の辻遺跡出土土器の鉱物組成は，石英や長石，雲母類とともに，角閃石や輝石といった有色鉱物が比較的多く含まれる点に特徴がある(図 83・84)。ただし，後期には有色鉱物の含有量が若干減少する(図 87)。鉱物組成からは材料の原岩を推測することは困難であるが，一部に深成岩的な粒子が含まれているものがあることにも注意される(図 88-2)。

鉱物組成に関して注目できるのは，系統の差異に伴う鉱物組成の違いである。須玖式の地域色である遠賀川以東系土器は，蛍光 X 線分析において，他の須玖式よりも Ca，Sr が低くまとまることを指摘したが，鉱物組成をみても，他よりも有色鉱物が少ないことが把握される(図 85)。遠賀川以東系土器が壱岐以外の場所から搬入されたものかどうかはまだ断定はできないが，遠賀川以東系には他の土器とは若干異なる生産と分配，消費システムが作用していたかもしれない。遠賀川以東系土器が搬入品として遺跡外部から持ち込まれた可能性と，遺跡周辺に特定の材料採取地が存在し，そこから選択的に材料を採取し製作した可能性もある。

胎土の組織の特徴についても検討してみよう。まず中期初頭の城ノ越式はやや大粒の砂礫が含まれる胎土組織であるが(図 88-1・2)，中期後半の須玖式になると，大粒の砂礫が含まれることは少なく，比較的均質で細かい粒子が含まれる組織である(図 88-4・5・6，図 90)。とくに丹塗りの器種に

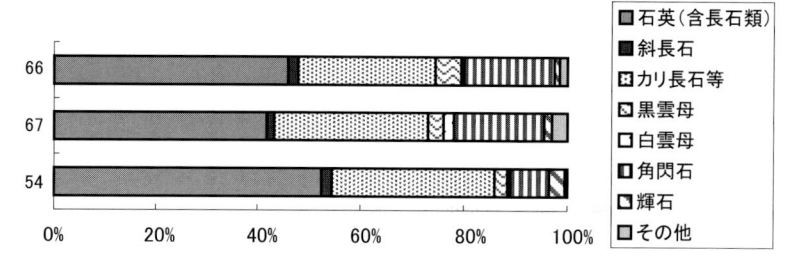

図 83　原の辻遺跡出土土器の鉱物組成(弥生時代中期後半(丹塗り))(番号は表 8 の No. と対応)

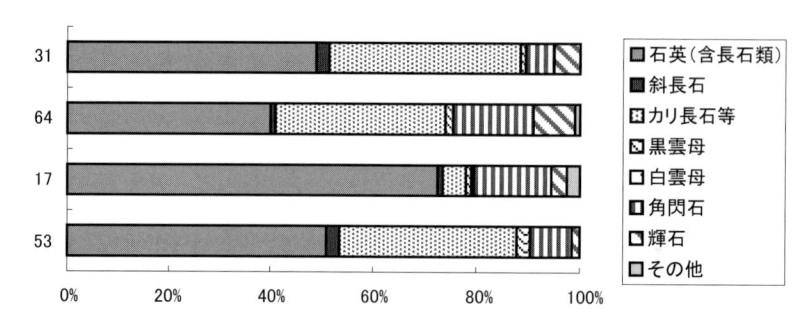

図 84　原の辻遺跡出土土器の鉱物組成(弥生時代中期後半(丹塗りなし))(番号は表 8 の No. と対応)

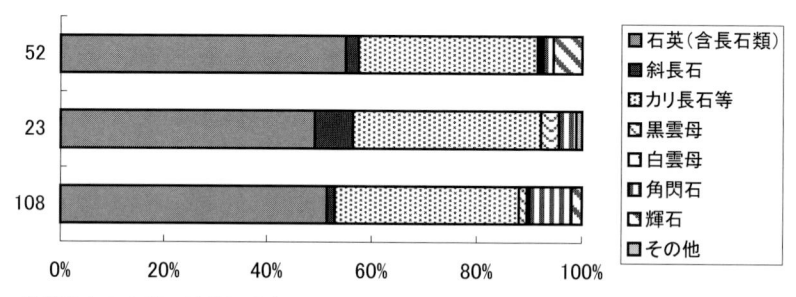

図 85　原の辻遺跡出土土器の鉱物組成(弥生時代中期後半,須玖式遠賀川以東系)(番号は表 8 の No. と対応)

は大粒の砂礫が含まれることはまれで，また赤みを帯びており褐鉄鉱が多く含まれた精良な材料を用いたことがうかがえる(図 88–5・6，図 90)。ただし，原の辻遺跡の特に北側の低地部で出土した丹塗り器種には，胎土中の鉄が少なく赤みの少ない色調のものが一定量含まれていることも注意される。

　後期には，蛍光 X 線分析で指摘したように，中期に比べてやや鉄の含有量が少ないものが増えるが，胎土組織も赤みの少ないものが増加するようで，後期土器の胎土に含まれる有色鉱物の減少と関連していると思われる。そして，中期後半の土器にみられた器種間における鉄の量の違いや，胎土組織の粗密の違いは，後期にはあまり顕著でなくなるようである(図 89–2・3・4)。

　しかし古墳時代前期になると，小型の精製器種の胎土には大粒の砂礫がほとんど含まれない精良なものがみられ，器種の違いに応じた素地の差異化が，ふたたび明瞭にみとめられるようになる(図

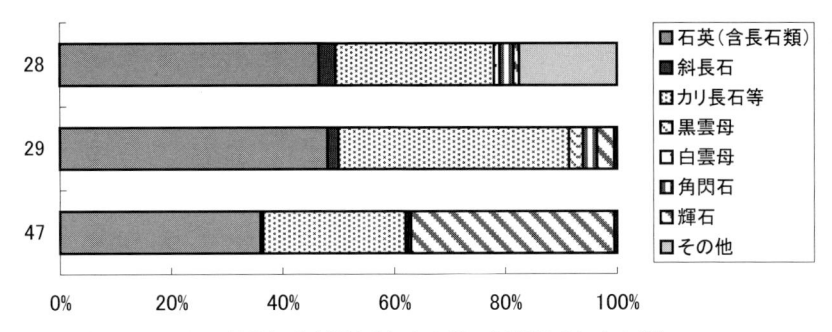

図 86 原の辻遺跡出土土器の鉱物組成(朝鮮系無文土器・擬朝鮮系無文土器)(番号は表 8 の No. と対応)

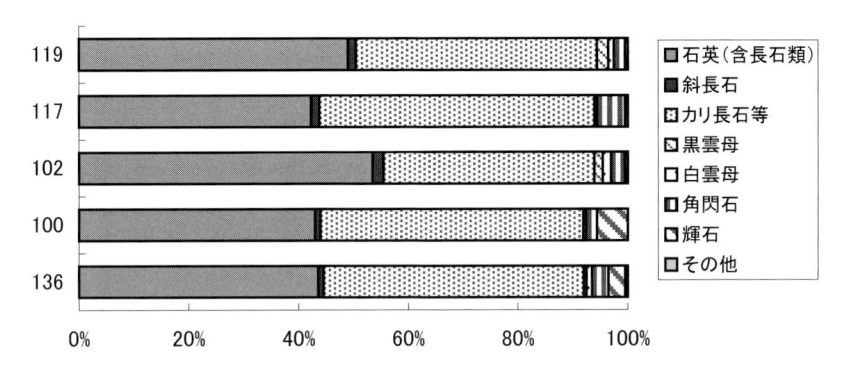

図 87 原の辻遺跡出土土器の鉱物組成(弥生時代後期前半)(番号は表 8 の No. と対応)

90)。こうした胎土組織に関する変化は,比恵・那珂遺跡や吉野ヶ里遺跡の古墳時代初頭から前期の分析結果とも類似するものであり,壱岐を含めた北部九州一帯で共通した技術的基盤と意識が存在したことを示唆している。

また,擬朝鮮系無文土器と朝鮮系無文土器の鉱物組成に関してみると,擬朝鮮系無文土器は,弥生土器に比べてやや粗い粒子が目立つが,鉱物組成としては他の弥生土器とは大差ない。擬朝鮮系無文土器の表面にはガラスのような付着物がみられ,また顕微鏡観察でも,胎土組織にガラス粒が確認される(図 86・89–5)。これがどのような来歴によるものなのか,その成因についてはまだ明らかにできていないが,製作に用いられた材料や焼成技術に関して,弥生土器と何らかの違いがあることを暗示するものかもしれない。口縁部断面が三角形をなす勒島 III 式に相当すると考えられる朝鮮系無文土器(図 82–47)は,鉱物組成として輝石が多く含まれるという特徴をもつ(図 86・89–6)。これは他の土器と比較してもかなり異質であり,また蛍光 X 線分析で得られた元素組成の違いと対応するとも判断されうるので,朝鮮半島からの搬入品の可能性はあるといえよう。

4. カラカミ遺跡出土土器の分析結果

4.1 蛍光 X 線分析

次に,カラカミ遺跡出土土器の蛍光 X 線分析の結果を検討してみたい。カラカミ遺跡は中期後

1　No.6　中期初頭　甕　　　　　　　2　No.5　中期初頭　甕（直交ニコル）

3　No.73　中期後半　甕棺　　　　　4　No.63　中期後半　甕

5　No.66　中期後半　高坏　　　　　6　No.67　中期後半　注口壺

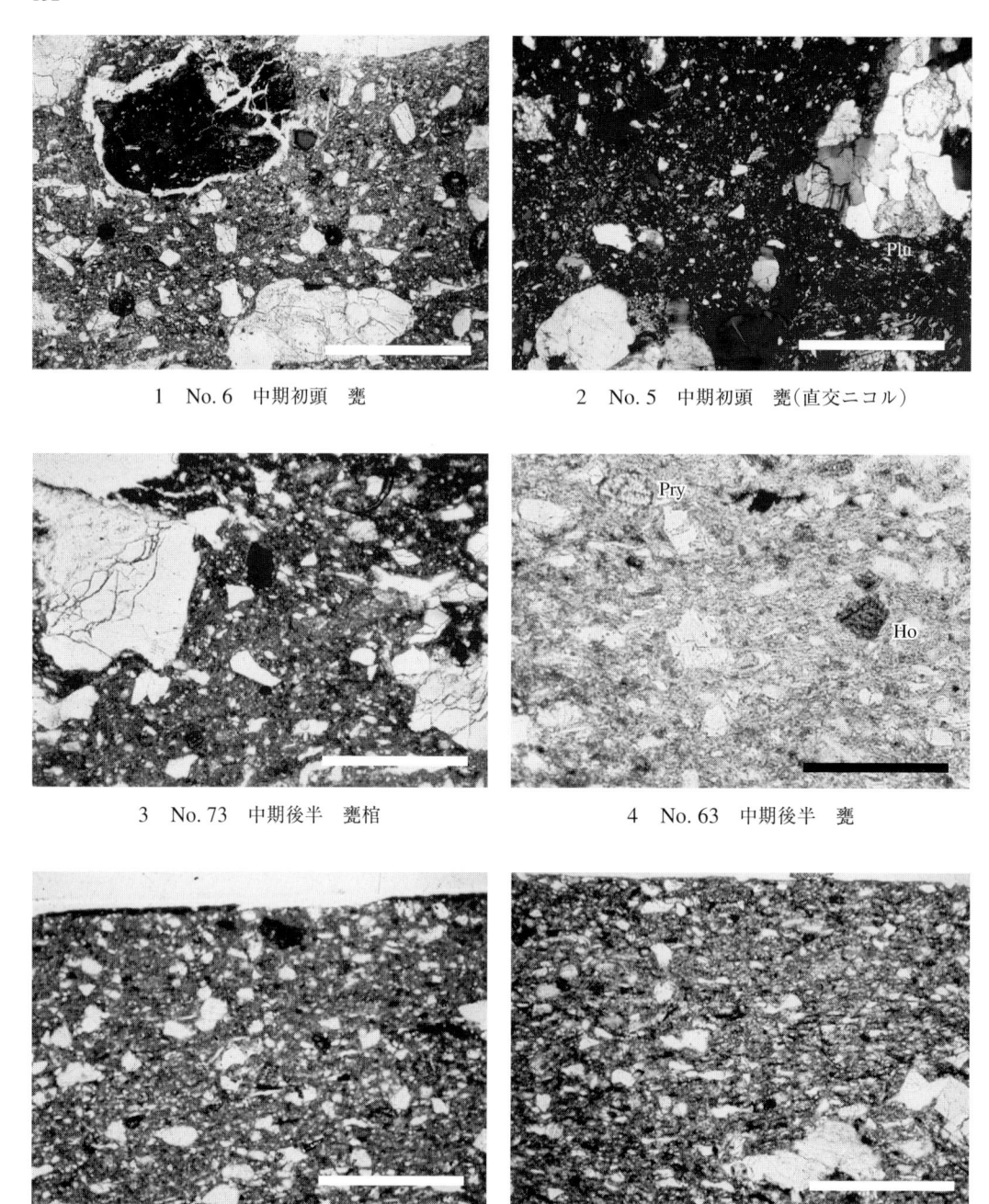

図88　原の辻遺跡出土土器の偏光顕微鏡写真（スケール約 1.0 mm）
Ho: 角閃石，Pry: 輝石，Plu: 深成岩

第 5 章 弥生土器の胎土分析の実践　　133

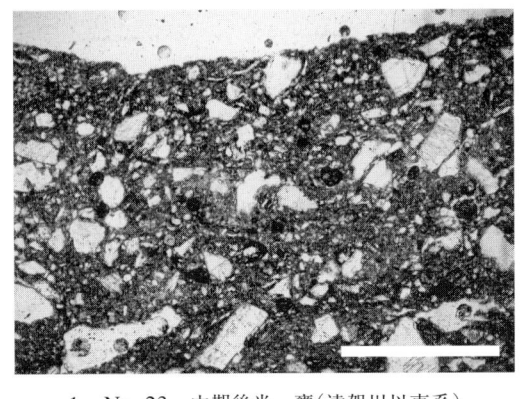

1　No. 23　中期後半　甕(遠賀川以東系)

2　No. 102　後期前半　複合口縁壺

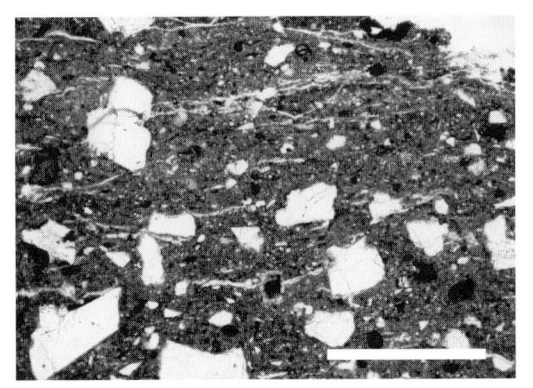

3　No. 127　後期後半　甕

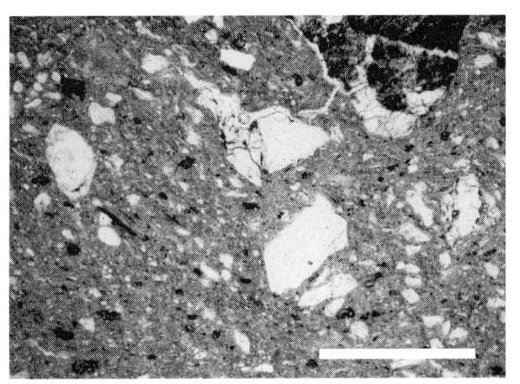

4　No. 104　後期中葉　複合口縁壺

5　No. 29　擬朝鮮系無文土器　甕

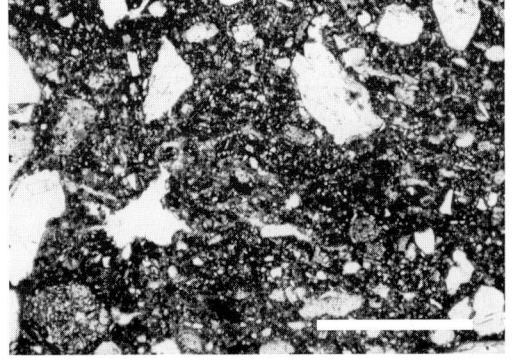

6　No. 47　朝鮮系無文土器　甕

図 89　原の辻遺跡出土土器の偏光顕微鏡写真(スケール約 1.0 mm)

図 90 原の辻遺跡出土土器の各時期の粒度

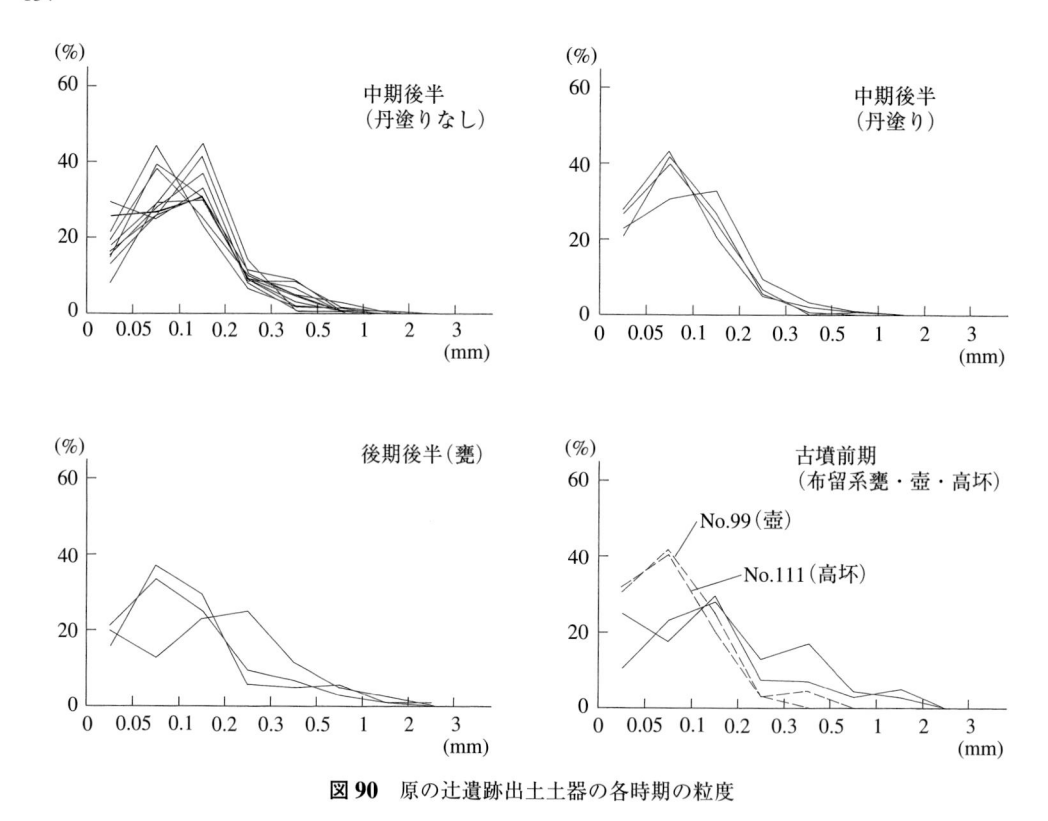

半の須玖式土器を主な分析対象としており，原の辻遺跡との比較を軸として検討を行う。図91と図92に分析対象とした土器を図示しており[1]，蛍光X線分析の結果を合わせて表9でリストを示している。

　カラカミ遺跡出土土器の元素組成は，かなりばらつきがあり，Caは0.3から1.3，Srは0.4から1.5付近までの分布の広がりがある(図93)。この分布の広がりは，材料の採取地や製作地が複数存在することを暗示すると思われるが，この広がりが材料のどのような違いによるかは確認できていない。なお，Ca，Srの分布は原の辻遺跡の分布とも重なりを見せており，材料の採取地は原の辻と共有されていた可能性もあるが，Rbの分布は，カラカミの方が若干高い値に重心があるようにも見受けられる。KとRb，Srが大きく離れて低い値を示すものが1点 (No. 19) あるが，これは跳ね上げ状の口縁の甕の破片で，外面に櫛描文が描かれており系譜としては九州以東のものと考えられ，搬入品の可能性があろう。

　次に，器種による違いに着目すると，丹塗り器種と非丹塗り器種との間には元素分布の重なりがみられ，器種に応じて異なる材料を使用したとは想定しづらい。しかし原の辻遺跡と同様，丹塗り器種ではFeが高い値を示し，器種の違いに応じた発色のコントロールが行われた可能性がある。

　系統の違いによる元素分布を検討すると(図94)，中期後半の須玖式の遠賀川以西系と以東系では

---

1) カラカミ遺跡出土土器の土器の図面作成には，徳留大輔氏，福田匡朗氏にご協力をいただいた。

第 5 章　弥生土器の胎土分析の実践

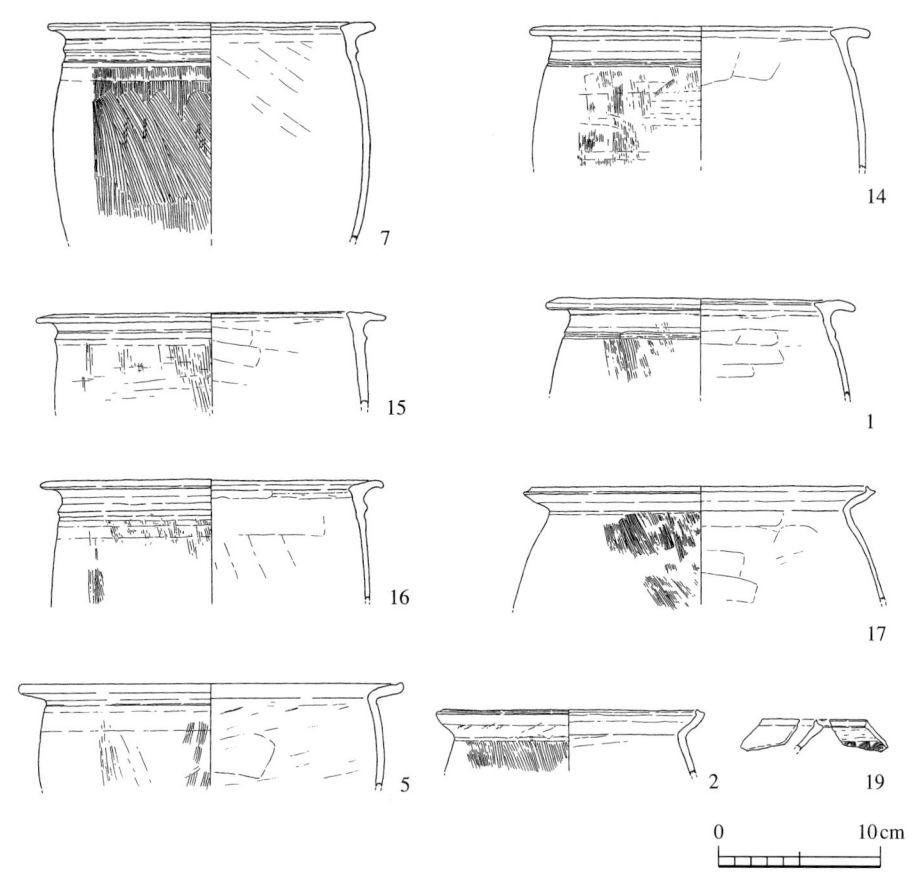

図 91　分析を実施した土器(図中の番号は表 9 の No. と対応)

元素分布に違いがみとめられ，原の辻遺跡と同様，系統の違いに応じて材料が異なるものが使用された可能性がある。そしてカラカミ遺跡の遠賀川以東系土器は，原の辻遺跡における遠賀川以東系土器と元素分布が若干異なる点にも注目される。遠賀川以東系土器が壱岐の外から搬入されたのか，あるいは壱岐の内部で製作されたのかは現段階では判断できないが，こうした蛍光 X 線分析の結果は，壱岐の須玖式の遠賀川以東系土器が単一の集団によって集中的に製作されたのではなく，複数の集団によって製作されたことを示唆するものであろう。

4.2　岩石学的分析

次に岩石学的分析によってカラカミ遺跡の胎土を検討する。カラカミ遺跡出土土器の鉱物組成は，石英や長石，雲母類とともに，角閃石や輝石といった有色鉱物が比較的多く含まれており，原の辻遺跡とほぼ同じ鉱物組成であると判断される(図 95)。ただし，No. 5 のように角閃石や輝石があまり含まれていないものもある。これは須玖式でも新段階で後期に近づきつつある形態のものであり，ほかの分析事例でも指摘したように，後期に鉄や有色鉱物の少ない胎土に変化することと連動したものといえるかもしれない。また遠賀川以東系土器の甕も 1 点分析したが，原の辻遺跡と同様やは

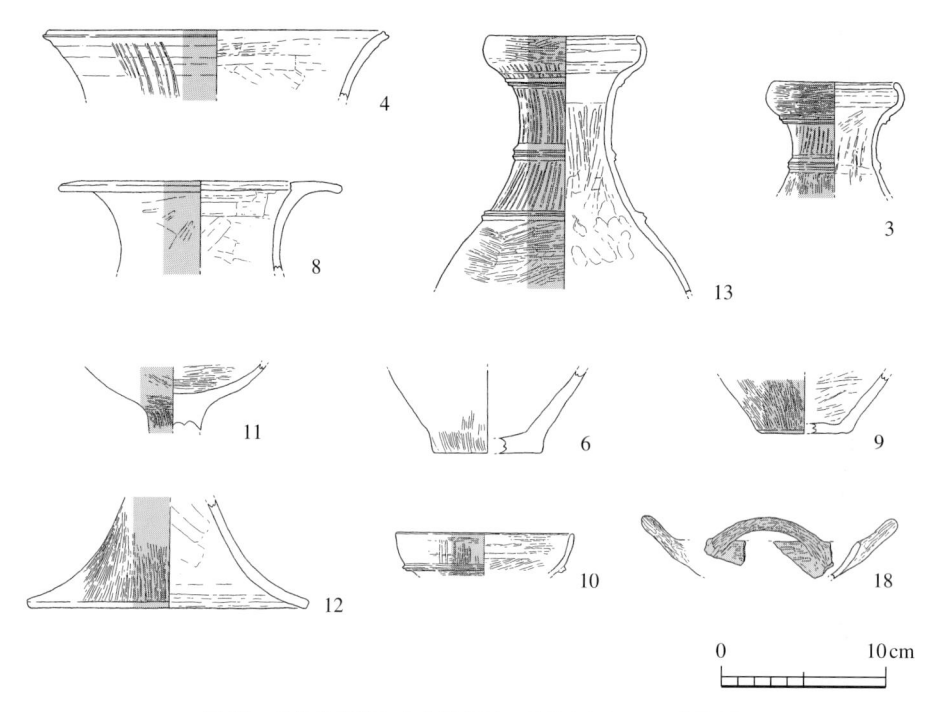

図 92　分析を実施した土器(図中の番号は表 9 の No. と対応)

表 9　カラカミ遺跡出土土器の分析試料と蛍光 X 線分析データ

No.	K	Ca	Fe	Rb	Sr	Na	遺構	器種	時期	備考
1	0.472	1.06	1.95	0.779	1.44	0.246	1-I	甕	中期後半	
2	0.439	0.73	2.45	0.53	1.05	0.2	1-I	甕	中期後半	遠賀川以東系
3	0.412	0.886	3.65	0.568	1.4	0.242	1-H	袋状口縁壺	中期後半	丹塗り
4	0.475	0.727	3.46	0.557	0.787	0.252	52 IH	広口壺	中期後半	丹塗り
5	0.55	0.542	1.42	0.572	1.59	0.383	54 IC-1 層	甕	中期末	
6	0.502	0.764	2.14	0.591	1.7	0.218	54 IC-1 層	甕	中期後半	底部
7	0.634	0.684	1.97	0.74	1.48	0.293	IJ	甕	中期後半	
8	0.508	0.612	2.19	0.742	1.09	0.208	52 IH	鋤形口縁壺	中期後半	丹塗り
9	0.52	0.631	2.07	0.691	1.19	0.248	5 区 IH	壺	中期後半	丹塗り
10	0.522	1.07	2.38	0.787	1.34	0.248	52 IH	高坏	中期後半	丹塗り
11	0.387	1.23	3.04	0.632	1.52	0.274	Ib-7 層	高坏	中期後半	丹塗り
12	0.58	0.397	2.99	0.665	0.599	0.319	52 IH	高坏	中期後半	丹塗り
13	0.407	1.04	3.17	0.625	1.65	0.262	IC	袋状口縁壺	中期後半	丹塗り
14	0.461	1.07	2	0.813	1.39	0.225	IJ	甕	中期後半	
15	0.473	0.884	3.14	0.847	1.36	0.258	IC-1 層 08–03	甕	中期後半	
16	0.469	0.805	3	0.743	1.49	0.271	IC	甕	中期後半	
17	0.43	0.738	4.64	0.444	1.33	0.249	IJ	甕	中期後半	遠賀川以東系
18	0.373	1.35	3.3	0.515	1.7	0.261	IK	鉢	中期後半	丹塗り
19	0.274	0.75	4.04	0.324	0.465	0.122	IK	甕	中期後半	櫛描文がみられる

第 5 章　弥生土器の胎土分析の実践

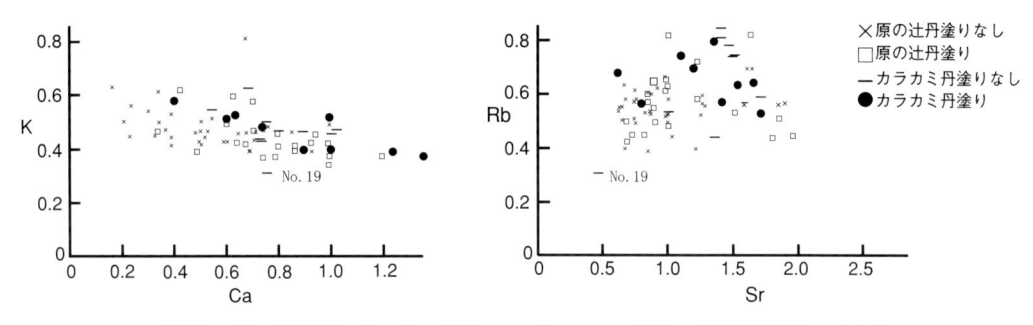

図 93　原の辻遺跡とカラカミ遺跡の K-Ca, Rb-Sr 分布の比較（丹塗りの有無）

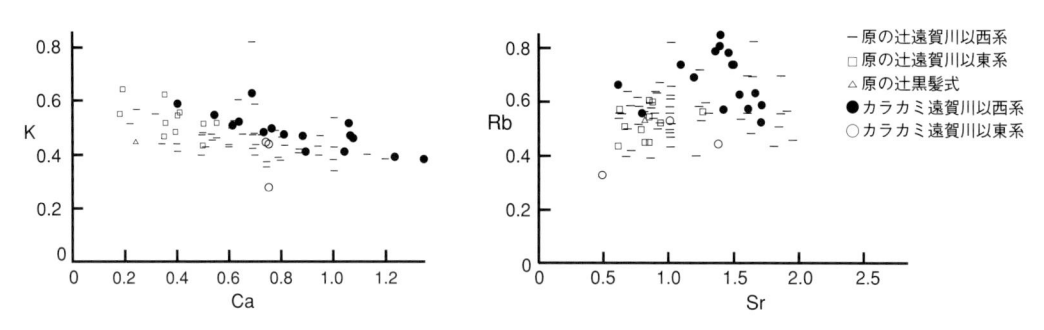

図 94　原の辻遺跡とカラカミ遺跡の K-Ca, Rb-Sr 分布の比較（様式・系統別）

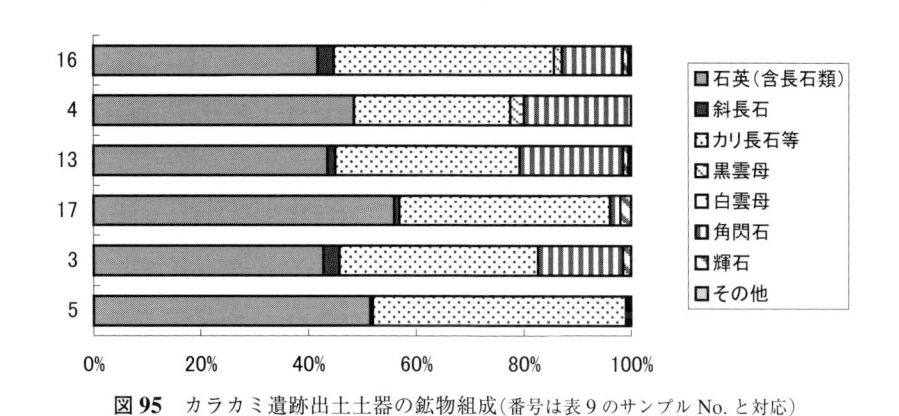

図 95　カラカミ遺跡出土土器の鉱物組成（番号は表 9 のサンプル No. と対応）

り角閃石や輝石といった有色鉱物の含有量が少ない。これは，蛍光 X 線分析による遠賀川以西系土器との元素分布の違いと対応したものであり，原の辻遺跡の遠賀川以東系とも同じ挙動を示しているといえよう。

5. 考　察

5.1　壱岐における土器生産と分配，消費

以上の胎土分析の結果に基づき，壱岐の土器生産と分配，消費の問題について考察を行いたい。

原の辻遺跡やカラカミ遺跡では，蛍光X線分析の元素の分布には広がりがみとめられる。これは原の辻遺跡やカラカミ遺跡内においても，複数の土器製作のための材料採取地が存在し，製作自体も複数の集団によって行われたことを示唆する。そして原の辻遺跡における中期後半の段階では，元素分布に調査地点ごとのまとまりがみられることから，生産と分配，消費のありかたとしては，第4章で挙げたモデルではγのパターン，すなわち複数存在する集団単位で材料を異なる地点から採取し，それをもとに各集団が土器生産と消費を自己完結的に行ったものとみたい。

　その一方で，カラカミ遺跡では，同じ調査区内の土器でもかなり元素のばらつきがみとめられ，中期後半の段階では，カラカミ遺跡のほうがより複雑な土器生産と分配，消費が行われた可能性もある。しかしながら，今回の分析は断片的なものにとどまっており，それについてはカラカミ遺跡の集落自体に対する今後の調査の進展をまって評価を与えることが適切であろう。

　原の辻遺跡では，後期になると中期のような元素の分布に地点ごとのまとまりが弱くなる。そして同じ調査区内でも，異なる元素分布がみとめられるようになる。そのような後期の元素分布の変化は，先のモデルではβのパターン，すなわち後期には複数の単位で土器が製作された後に，集団の単位を超えて複雑に土器が分配され，集団間で土器が交換される傾向が強まったと想定したい。北部九州では中期から後期にかけて器種構成や製作技術に変化がみとめられるのはすでに指摘したが，生産と消費のありかたにも変化が起こったことが推測されるのである。原の辻遺跡集落の内部は，中期同様後期でも複数の集団によって構成されていたことが元素分布からうかがえるが，後期では特にその消費のありかたが複雑なものに変化した可能性がある。

　これは，原の辻遺跡の組織や機能などに関わる何らかの要因が，土器自体の動きを複雑化させたものであると考えたい。原の辻遺跡は発掘調査が集落全域に及んでおらず，吉野ヶ里遺跡ほど集落の全貌が明らかでない。しかし，これまでの調査の結果，原の辻遺跡では中期段階で本格的に環濠が掘削され大規模な環濠集落が成立するが，中期末でこれらの環濠はいったん埋没し後期初頭から前半にかけては遺構が激減することが明らかにされており，弥生時代後期初頭に集落の大きな改変が生じたことが把握されている（福田・中尾編，2005）。中期から後期への集落構造の変化は，胎土分析からうかがえる土器生産と分配，消費のありかたの変化を考えるうえでも見逃せないものであり，このような集落の改変が土器生産と消費システムに変化を促したとみることもできよう。さらに，朝鮮半島系土器の出土状況をみると，中期では集落北側の旧河道部に擬朝鮮系無文土器や朝鮮系無文土器の出土が集中する一方，後期では三韓系瓦質土器や楽浪系土器が，集落全域で出土するようになる。こうした事実やこれまでの研究成果からも，原の辻遺跡が長期間にわたって対外交易において重要な役割を果たしたとともに，その構造や役割が通時的に変化していくことが把握される。胎土分析の結果は，そのような原の辻遺跡の集落内部の構造や組織，対外的な役割の変化の一側面を体現しているのかもしれない。

　次に，他地域の土器の流入のありかたについて考察したい。まず中期後半の須玖式の地域色である遠賀川以東系土器は，原の辻遺跡，カラカミ遺跡双方で元素分布や鉱物組成が他の土器群と若干異なる傾向が看取された。この結果から，遠賀川以東系土器は集落外からの搬入品か，あるいは集

落内でも他とは異なる一定の材料採取地から採取した材料を使用して，土器が製作された可能性が考えられる．すなわち，水沢のモデルでは，$\overline{\mathrm{TtC}}$ と $\overline{\mathrm{TtC}}$ のどちらかであると考えられる．ただ現状ではどちらかに解釈を断定することは難しいので，結論は保留しておきたい．また原の辻遺跡とカラカミ遺跡の間では，遠賀川以東系土器の元素分布が若干異なる点にも注意され，原の辻遺跡やカラカミ遺跡における遠賀川以東系土器を生産し使用する集団の意味や特質を考える上で興味深い．さらにカラカミ遺跡では，跳ね上げ状の口縁を呈し櫛描文が施される甕形土器も見出され，元素分布が大きく異なることから，これは搬入品と積極的に判断してよさそうである．

　原の辻遺跡では，後期でも豊前系や瀬戸内系の複合口縁壺など東九州地域の特色をもつ土器が出土し，福岡平野以東の地域，および瀬戸内地方との恒常的な交流が行われていたことがうかがえるが，後期の瀬戸内系の土器を分析したところでは，ほかの在地の後期土器と元素組成は違いがみられなかった．原の辻遺跡では，各地の土器が搬入品として集落に持ち込まれた可能性もあるが，それと同時に壱岐内で壱岐外の各地の様式や系統の土器が製作されること，すなわち $\overline{\mathrm{TtC}}$ の土器製作が少なくなかったと推測される．それは，壱岐以外の土地の特徴をもつ土器を製作し使用するということが，土器の機能を満たすだけでなく，製作者や使用者の社会的関係を再生産し，維持することと深く関わるということを示唆するのではないだろうか．

　同様なことは，古墳前期土器に対しても指摘できる．古墳時代の布留系の小型精製器種にみられる精良な胎土は，北部九州における畿内系の土師器の分析結果ときわめて近いものであり，細かな製作技術が広く共有されていたことをうかがわせる．しかしながら，土器製作のための材料自体はほかの在地系土器と違いはないとみられる．これは，在地で土器を製作しつつも，畿内の土器製作に関する情報がきわめて詳細に伝達され，共有されていたことを示すと考えられる．胎土組織の共有は，北部九州と壱岐との間で密接な技術交流があった証左となるものであり，また集団間で環境等は異なりつつも同じ土器を作ろうとする「意図」や情報のネットワークが存在したといえよう．

　朝鮮系無文土器，および擬朝鮮系無文土器に関しては，朝鮮系無文土器の一部に搬入品の可能性があるものが見出されたが，壱岐島内で製作されたものも多かったと考えられる．この分析結果は，朝鮮半島からの移住者が土器を持ち込むことがあったと同時に，壱岐においても朝鮮系無文土器の製作者があえて自らのスタイルで土器を製作したという解釈，すなわち $\overline{\mathrm{TtC}}$ や $\overline{\mathrm{TtC}}$ としての製作が行われたとする評価にもつながるものである．擬朝鮮系無文土器に関しては，片岡によって朝鮮半島からの渡来者が弥生社会に同化する過程として論じられており（片岡，1999），胎土分析の結果は渡来者のアイデンティティのありかたを検討する手がかりを与えるものであるが，渡来者の同化の度合いがどの程度か，ということや，その一方で搬入されたものに対してどのような評価を与えうるか，という点など，課題は残されている．

5.2　材料の採取地

　次に，原の辻遺跡およびカラカミ遺跡における土器製作のための材料の採取地について考えてみたい．鉱物組成からみれば，原の辻遺跡の土器は石英や長石類に加え，有色鉱物，すなわち角閃石

や輝石が比較的多く含まれるのが特徴である。

　そこで，まず原の辻遺跡出土土器が壱岐で採取された材料で製作されたと仮定して，材料の採取地を考えてみたい。調査区内でも粘土層がみとめられるため，当初遺跡内で材料を調達した可能性も考えたが，土器の胎土とは化学組成が符合しないようである。そこで壱岐の地質を地質学的研究成果に依拠して状況をみると(竹下ほか，1987)，壱岐では古第三期の勝本層，その上に中新世から更新世に相当する壱岐・芦辺・郷ノ浦層群が不整合に累重している。その中で，壱岐層群には流紋岩や安山岩類が含まれている。壱岐層群は原の辻遺跡南側で露出しており(図96)，壱岐層群の久喜累層には角閃石や黒雲母が含まれている。これは土器の鉱物組成とも調和的なもので，壱岐で材料を採取し土器を製作したとすれば，土器製作の際には壱岐層群の周辺で材料を採取した可能性がある。さらに，原の辻遺跡では深成岩的な粒子もみとめられたが，男岳・女岳安山岩は，石英閃緑岩類に由来する鉱物を外来結晶として含む。このような状況から，材料の原岩の候補となりうる地点は複数存在すると考えている。しかしながら，明瞭に採取地の候補として挙げられる地点は見出されておらず，今後壱岐において詳細な地質学的調査を実施する必要がある。

　なお，これまで壱岐ではテフラの分析はあまり行われてこなかったが，近年の調査では壱岐でもAT（姶良丹沢火山灰）の存在がみとめられ，さらにAso-4火砕流が分布している可能性も指摘されている(古環境研究所，2006)。福岡の比恵・那珂遺跡群や，糸島地域の土器の分析では，土器生産のための材料に関して，鉱物組成からAso-4火砕流との関連を推測したが，北部九州と比較的類似した鉱物組成をもつ壱岐の弥生土器の材料は，Aso-4火砕流との関連性をもうかがわせるものである。

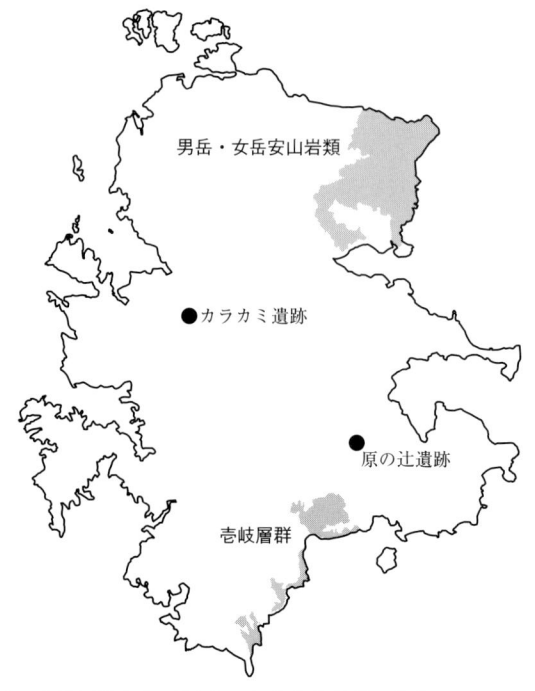

図96 壱岐における壱岐層群および男岳・女岳安山岩類の分布(竹下ほか，1987をもとに作成)

第 5 章 弥生土器の胎土分析の実践　　　　　　　　　　　　　　　　　141

壱岐におけるテフラの分布はまだ十分に研究がなされていないが，Aso-4 火砕流の分布状況を明らかにすることは，壱岐における土器生産のありかたを検討する際の 1 つの鍵となると考える。

5.3　壱岐への土器搬入説の検討

最初に述べたように，壱岐の原の辻遺跡で出土する土器，特に中期後半の須玖式の丹塗り器種に対して，大部分が福岡県西部の糸島から搬入されたとする説が提示されている。ここで，壱岐の原の辻遺跡の分析結果と糸島地域の分析結果をまとめ，特に弥生時代中期後半の時期に糸島から壱岐へ多量の土器が搬入されたかどうかを検討したい(図97)。

すでに論じてきたように，原の辻遺跡の蛍光 X 線分析のデータをみると元素分布のばらつきが大きく，集落内でもかなりの元素分布の変異がみられる。中期後半において Ca や Sr の値が少ないものは北側の旧河道部で出土した土器に多くみられる。その一方で，Ca や Sr の値が高いのは，低丘陵上に位置する高元・原地区や西側旧河道地区出土の土器である。原の辻遺跡出土土器は，集落内でも胎土は均質ではなく，おそらくは複数の集団単位で土器を製作し，それをもとに土器を消費したと現段階では推測する。

次に，糸島地域の土器の元素分布をみると，糸島地方でも糸島平野側の土器は，全体的に Ca と Sr が低く分布している点が特徴的である。これは，Ca や Sr の値が高いものが一定量存在する原の辻遺跡の元素分布とはやや異なる結果であるといえよう。糸島半島側では，岐志元村遺跡で元素分布にややばらつきがあるが，およそ遺跡ごとにまとまりを示す。遺跡間の元素分布は，大きく見

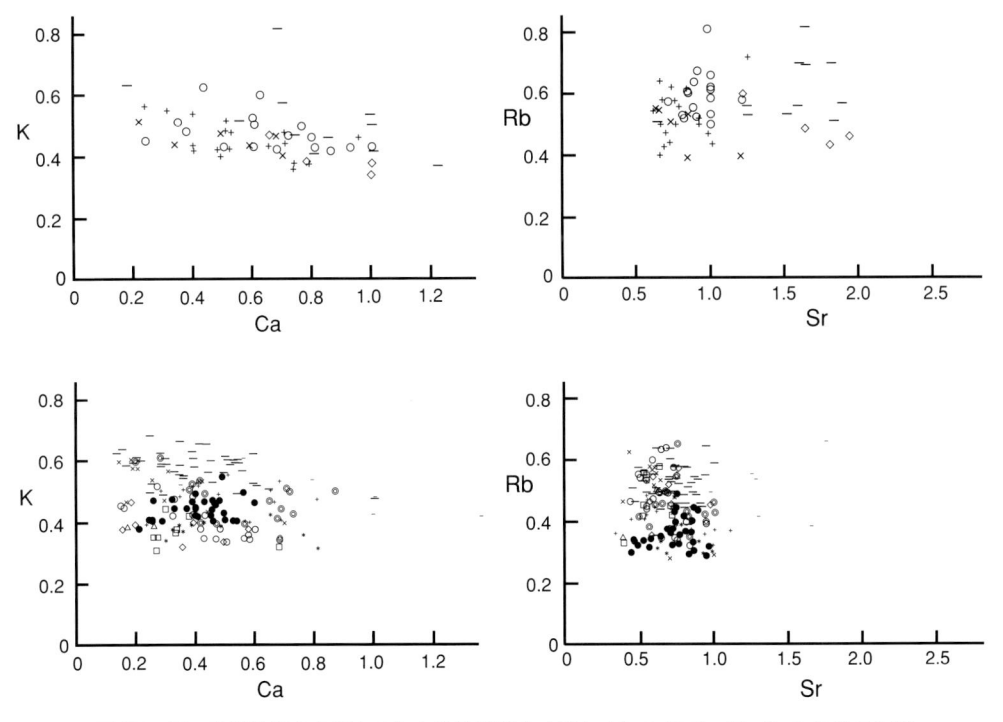

図 97　原の辻遺跡出土土器(上)と糸島地域出土土器(下)との K-Ca, Rb-Sr の分布の比較

ると北側の糸島半島側と南側の糸島平野側の遺跡ではKやRbの分布に若干違いがある。すなわち，糸島半島の久米遺跡や岐志元村遺跡の糸島半島側の遺跡出土土器のほうが，若干KとRbの値が高く分布しており，材料の基盤となる地質的な差異を表すと同時に，製品の分配や消費のありかたが広域に及ぶものではないことを暗示している（c.f. 中園・三辻，1999）。

このように，糸島地域出土土器の蛍光X線分析では，糸島地域内でも北側と南側で元素分布に違いがみとめられる。土器の生産や分配，消費の範囲や規模などに関しては，このデータのみでははっきりしないが，糸島において土器が特定集落のみで製作され，製品が広域にわたって分配されたとは考えにくいと思われる。

また，岩石学的分析によって両地域の胎土を比較すると，原の辻遺跡出土土器は，石英や長石類のほかに，角閃石や輝石の有色鉱物も比較的多く含まれている。ただし，胎土の色調が橙色系だけでなく，白みを帯びているものが一定量存在することには注意される。

糸島地域の土器は，石英や長石，雲母，角閃石，輝石などが含まれる。糸島の土器の鉱物組成は，原の辻遺跡と比較的よく似ているといえる。ただし，原の辻遺跡でみられたような白色を帯びた胎土は，あまりみられず，糸島地域の土器の色調は，橙色や黄褐色を呈するものが多い。

岩石学的分析によると，鉱物組成としては壱岐と糸島の土器は比較的類似している。岩石学的分析のみでは，壱岐の土器が在地生産であるか，それとも糸島で作られた製品が持ち込まれたのかという判断は困難であるが，両地域で均質な土器製作を目指し，それぞれの地域で類似した材料を使用した結果，土器の鉱物組成が類似するに至ったという可能性もある。そして，先述したように壱岐では近年ATやAso-4火砕流の存在が確認されており，Aso-4火砕流を材料として土器が生産されたとすれば，鉱物組成は自ずと糸島と類似したものになりうる。また，原の辻遺跡の低地部で一定量みられる白色を呈する胎土は，糸島地域ではあまりみられない。これらの状況からは，糸島地域から壱岐への大量の土器の移動という結論を直接導き出すことは難しい。

もちろん，今回のデータは，糸島地域から土器が搬入されたことを全く否定するわけではない。密接な交流があったとみられる両地域間で，土器が何らかの容器として，あるいは土器自体が商品的な価値を帯びて移動したとしても不思議ではなかろう。しかしながら，現状では壱岐と糸島の間で大量の土器の移動は想定しづらいと考える。

大量の土器の移動がなかったとすれば，両地域での土器の類似に対しては，海を隔てた両地域で同じ形や文様の土器を製作した，という解釈の選択肢が浮かび上がることになる。これは，土器の類似を土器自体の移動と結び付ける壱岐と糸島，そして対馬や朝鮮半島を含めた海峡地域の交流の従来のモデルについて，再考を促すものである。ここでは，両地域間で細かな調整技術に至るまで土器が類似する現象について，土器製作に関する情報を積極的に共有するという製作者の戦略的側面を重視したい。すなわち，壱岐と糸島との間では，互いに類似した土器を製作しようという戦略的な意図が存在し，移住やさまざまな交渉を通じて，土器製作集団間に製作上の変異が生じることが少ない，規格性に富んだ土器製作システムが形成されたと評価したい。

ただし，今回の分析は生産地などに関する具体的な証拠に欠ける以上，暫定的な結論に留まる。人

や情報の移動に伴う土器の移動が実際に行われた場合，どのような生産と流通システムが機能していたのか，それが考古学的状況や胎土分析などの分析結果にどのように反映されるのか，ということを整理することが今後求められる。また原の辻遺跡やカラカミ遺跡では元素分布の広がりが著しく，材料の採取地やそれに関連する地質の状況も，複雑であった可能性が高い。土器の生産と分配，消費システム，および土器の移動の問題を正確に把握するためにも，これに関わるさまざまな問題を整理し分析を継続することが今後も必要である。

第6節　三根遺跡，およびその周辺遺跡出土土器の胎土分析

1. はじめに

　本節では，最近調査された長崎県対馬市の峰町に所在する三根遺跡出土土器，及び近接した位置に所在する下ガヤノキ遺跡，大田原ヤモト遺跡出土土器の分析も行う。対馬の考古学的調査は，墳墓の調査が中心であった。そして墓から大陸系や朝鮮半島系の青銅器が出土してきたことから，対馬は日本と朝鮮半島，中国との交流に重要な役割を果たしたことが想定されてきたのである。しかしながら，集落遺跡などが本格的に調査されなかったこともあり，対馬における土器生産と分配，消費に関する研究が十分になされてきたとは言い難い。

　ところで，近年の三根遺跡の発掘は，対馬で集落遺跡がはじめてまとまった形で検出され，弥生土器とともに朝鮮半島系の無文土器や原三国時代の瓦質土器，楽浪系土器などが出土したという点で特筆すべきものがある(峰町教育委員会・峰町歴史民俗資料館，2003)。こうした三根遺跡の状況からも，対馬では集落を介して朝鮮半島と活発な交渉があったことが理解され，三根遺跡は海峡地域における先史時代の交流のありかたをうかがう際には，重要な遺跡であると評価されよう。

　これまでのように朝鮮半島系土器が墳墓から出土しただけでなく，三根遺跡のような集落からも出土した事実は，対馬の人々が朝鮮半島の人々と日常的に活発な交流を行っていたことを推測させる。朝鮮半島系土器は，三根遺跡だけでなく，壱岐の原の辻遺跡やカラカミ遺跡，福岡県前原市の三雲遺跡などでも出土しており，弥生社会における朝鮮半島系土器の出土に対しては，多くは朝鮮半島側からの搬入品であると考えられている。またそうした土器を媒介した交流において，土器を容器や運搬具とし，背後に何らかの別の物資の交易が行われたことを想定する見方(白井，2001)も提示されている。日本で出土する朝鮮半島系土器は，弥生土器に比べて出土量は圧倒的に少ないので，遺跡の中では客体的な評価をせざるをえないが，在地の弥生土器と朝鮮半島系土器との間には生産と消費のシステムに違いがあったのかどうか，またそれを製作し使用することにどのような意味があったのか，ということを今後掘り下げて考察することが重要となるであろう。

　また，朝鮮半島においては，従来の無文土器の酸化焔焼成に加えて，還元焔焼成の土器が加わることになる。そのいわゆる三韓系土器(武末，1985)や楽浪系土器の弥生社会における出土に対しては，出土遺跡や遺構の性格の違い，壺や鉢など器種構成の違いから，その流入や交流における背景

の違いが想定されている(武末,1991)。楽浪系土器は,対馬では今まで墳墓からの出土が多かったために,対馬の特殊性も想定されたが(川上,1995),今回はじめて対馬の集落遺跡から楽浪系土器が出土したことに伴い,その位置付けを問い直すとともに,考古学的分析と併せて自然科学の分析手法を活用した詳細な分析を行う必要があると思われる。

ところで,第5節でも述べたように,壱岐や対馬で朝鮮半島系土器や楽浪系土器だけでなく,北部九州や瀬戸内系などの土器が出土することから,弥生時代の土器の移動を積極的に評価し,その意義を論じる研究がみられる (e.g. 常松,2001)。対馬の弥生土器は,土器様式としてみると,北部九州と連動した動態を示している。その中で,土器が広範な情報の共有を基盤として対馬の在地で生産され,消費されたのか,あるいは交易などによる広域におよぶ土器の移動が行われたとみるべきか,など解明されるべき問題は多く残されている。

そこで,上述した問題に取り組むために,三根遺跡で出土した弥生土器,朝鮮半島原三国時代の瓦質土器と酸化焔焼成土器,および楽浪系土器を対象として胎土分析を行う。瓦質土器および楽浪系土器に関しては,第6章の遠隔地間の交流の中で改めて詳細を論じることにし,本節では三根遺跡出土の弥生土器や朝鮮系無文土器について検討を行い,さらに峰町の下ガヤノキ遺跡,大田原ヤモト遺跡出土土器の分析を併せて,峰町の遺跡間で土器がどのように生産され消費されたのか,また島外から土器が搬入されたかどうかを考えてみたい。

2. 分析試料

三根遺跡出土土器の分析試料は,図98および表10に示される。主に弥生時代中期~後期,古墳

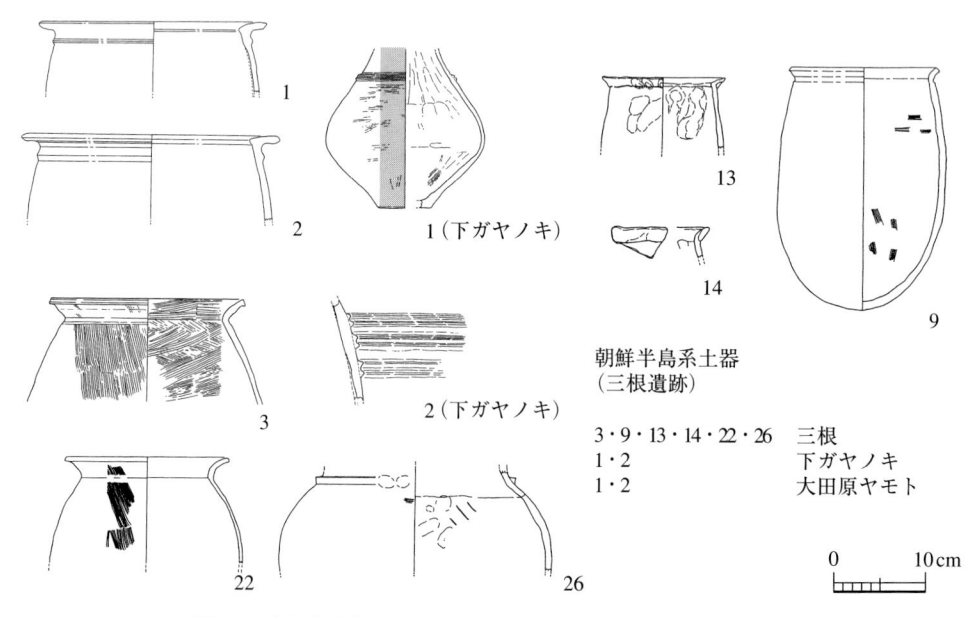

図98 分析を実施した土器(各報告書,および筆者実測図より作成)
(図中の番号は表10のNo.と対応)

第 5 章 弥生土器の胎土分析の実践

表 10 三根遺跡および周辺遺跡出土土器の分析試料と蛍光 X 線分析データ

三根

No.	K	Ca	Fe	Rb	Sr	Na	遺構(注記)	器種	時期	備考	報告書頁	報告書No.	文献
1	0.656	0.204	1.29	0.647	0.824	0.252	1.20・17.2.543	甕	中期末				1
2	0.541	0.388	3.78	0.423	0.592	0.311	17.D.308–5・18.E.302	甕	後期後半〜終末				1
3	0.196	0.779	2.67	0.163	0.557	0.289	16C.386–12・16C.286–13・16C.386–1	甕	後期後半〜終末				1
4	0.447	0.342	2.34	0.424	0.839	0.248	17.D.452–1.1.2	甕	後期後半〜終末				1
5	0.488	0.25	2.17	0.604	0.8	0.314	17.D.10–1・17.D.10–2・17.D.10/19	甕	後期後半〜終末				1
6	0.451	0.334	2.07	0.44	0.902	0.304	12.19–4・12.19–5・12.19–1	甕	後期後半〜終末				1
7	0.449	0.26	3.98	0.373	0.6	0.222	17.D.309–1	甕	古墳前期				1
8	0.376	0.252	5.12	0.416	0.55	0.208	18E.462–2	甕	古墳前期				1
9	0.323	0.156	2.93	0.386	0.48	0.089	N10.23–32	甕	原三国後期	瓦質的焼成か		98	1
10	0.365	0.085	4.61	0.507	0.279	0.043	17.D.516–1	甕	原三国後期				1
11	0.477	0.128	3.73	0.488	0.396	0.102	12.13.711–3	甕	原三国後期				1
12	0.475	0.358	1.56	0.504	0.497	0.142	16C.374–41・374–9・374–6・374–37	甕	原三国後期				1
13	0.431	0.116	3.55	0.389	0.295	0.096	623・624・645・650・664・687	甕	原三国前期			71	1
14	0.646	0.077	4.05	0.725	0.314	0.033	270拡②11/9	甕	原三国前期			74	1
21	0.555	0.158	1.98	0.665	0.461	0.194	8–2–10–ヲ–50–1	瓶	原三国後期				1
22	0.526	0.441	4.14	0.41	0.601	0.333	18D 273–1・283–5	甕	古墳前期			47	1
23	0.434	0.425	4.97	0.305	0.484	0.238	17C 41–2	甕	後期後半〜終末				1
24	0.528	0.142	1.35	0.567	0.575	0.156	16.C.389–1.2	甕	後期後半〜終末				1
25	0.51	0.146	2.61	0.451	0.591	0.232	17.D.174–1.2	甕	後期後半〜終末				1
26	0.319	0.233	1.69	0.344	0.466	0.162	16.C.389	壺	後期後半〜終末			37	1
27	0.451	0.629	3.12	0.354	0.78	0.273	43.2–390	甕	中期後半				1
28	0.615	0.447	2.71	0.437	0.969	0.389	14.D.173	甕	中期後半				1
29	0.369	0.131	2.985	0.387	0.435	0.123	19.C.67–1	甕	中期後半				1

下ガヤノキ

No.	K	Ca	Fe	Rb	Sr	Na	遺構(注記)	器種	時期	備考	報告書頁	報告書No.	文献
1	0.448	0.583	3.175	0.507	0.733	0.29	1号石棺 E.2.11・E2.8	壺	中期後半	丹塗り	16	18	2
2	0.51	0.383	2.49	0.613	0.644	0.219	E161	壺	中期後半		16	17	2
3	0.437	0.276	3.14	0.536	0.463	0.215		壺	中期後半		16	15	2

大田原ヤモト

No.	K	Ca	Fe	Rb	Sr	Na	遺構(注記)	器種	時期	備考	報告書頁	報告書No.	文献
1	0.448	0.453	1.45	0.484	0.837	0.182		甕	中期後半		11	6	3
2	0.425	0.945	4.06	0.401	1.043	0.288		甕	中期後半		11	5	3

文献 (1) 峰町教育委員会・歴史民俗資料館編, 2003; (2) 阿比留編, 1998; (3) 阿比留編, 1993

時代前期土器，および朝鮮半島系土器の分析を実施した。三根遺跡では，弥生時代前期の土器も出土しているが，ここで扱うのは中期後半以降のものである。なお三根遺跡の朝鮮半島系土器は，原三国時代に属するものが多いようで，原三国時代前期の甕形土器は，口縁部は断面三角形の形状をなす無文土器後期から脱して「く」の字状を呈しており，外面にはハケメがみられるものもある(図98–13・14)。弥生時代後期初頭に併行するものと考えられる。さらに，原三国時代後期に相当すると考えられる甕形土器も出土している(図98–9)。口縁部は「く」の字状をなしており，底部はほぼ丸底化している。外面にハケメはみられず，ナデ調整であり，内面にはケズリ状の調整がみられる。朝鮮半島では茶戸里遺跡の52号墓出土土器や下垈遺跡44号墓出土土器，大谷里遺跡の甕形土器などと似た特徴をもっているので，朝鮮半島の瓦質土器に対する李盛周の編年では(李，1999)，およそII–1段階の「新式瓦質土器」に相当すると判断される。

還元焔焼成のものは，縄蓆文タタキをなす白色土器の壺や，福岡県志摩町御床松原遺跡と同タイプの壺，鉢が出土しており，比較的軟質な焼成である。鉢形土器には轆轤の痕跡がみとめられ，これらは楽浪系土器の特徴と判断されよう。対馬の還元焔焼成がなされた三韓系瓦質土器や楽浪系土器については，次章で詳細に検討したい。

さらに，三根遺跡周辺の下ガヤノキ遺跡，大田原ヤモト遺跡出土の弥生中期後半の資料も併せて分析する。下ガヤノキ遺跡出土土器は，中期後半の壺形土器3点を対象とした。大田原ヤモト遺跡出土土器は，中期後半の甕形土器2点を分析した。

3. 分析結果

3.1 蛍光X線分析

これまでと同様，K，Ca，Rb，Srの4元素の挙動に着目し，分布図を作成して，土器の様式差や系統差，あるいは遺跡間に対応する違いが見出されるかどうかを検討する。

まず弥生中期土器の元素分布をみると，三根遺跡，下ガヤノキ遺跡，大田原ヤモト遺跡間の元素の分布には若干ばらつきがあり，遺跡ごとの元素まとまりは把握しづらい傾向となっている(図99)。全体としては，壱岐の原の辻遺跡と比べて，CaやSrが比較的低い値にまとまるという傾向を見出すことができる。しかしながら，大田原ヤモト遺跡出土土器におけるNo.2の中期後半の須玖式の甕形土器は，CaとFeが高い値を示し，やや異質である。このように，蛍光X線分析でCaが高い値をとる傾向は，前節の分析でも理解されるように，壱岐の原の辻遺跡やカラカミ遺跡の土器の中にみとめられる。したがって，集落外からの搬入品と判断される場合には，壱岐からの搬入の可能性も考えられるが，今後対馬内の周辺の遺跡の土器も分析し，データを検討する必要があろう。

つづいて三根遺跡の弥生後期土器は，主に後期後半から終末のものが中心であり，一部古墳前期に入るものも含めている(図100)。Kは0.3から0.5，Caはおよそ0.2から0.5にまとまる。またRbは0.3から0.5，Srは0.5付近と，0.8から0.9付近に分布するものがある。ただしNo.3の甕形土器は，Ca，Srが高く，K，Rbが低い値をとり，やや異質な組成を示す。考古学的にみても，No.3は外面のハケメの調整の仕方や口縁部の仕上げなど，他の後期甕形土器とは若干異なる特徴

第 5 章　弥生土器の胎土分析の実践　　147

をもっており（図 98–3），次の岩石学的な分析でも，蛍光 X 線分析のデータの分布の違いを追認しうる違いがみとめられる。

　次に，朝鮮半島系の土器に対して他の弥生土器との元素分布の比較を試すと，朝鮮半島の原三国時代前期に相当する酸化焔焼成の粘土帯土器の甕を 2 点分析したが，No. 14 は K と Rb が若干高い値を示しており，やや異質である。しかし No. 13 はほぼ他の弥生土器と同様なデータが得られている。したがって No. 14 は搬入品の可能性もあるが，No. 13 の朝鮮系無文土器は，対馬島内で製作された可能性がある。

　朝鮮半島の原三国時代後期に相当する甕形土器（No. 9・10・11・12）は，Ca，Sr が他の弥生土器に比べて若干低い値をとっている。また，Na も低い値を示している。Na は，三角粘土帯土器においても弥生土器に比べて低い値をとっている。したがって，これらの朝鮮半島系土器の製作に用いた材料は，弥生土器の製作に用いられた材料と化学組成が異なるとみなすことができる。ただし，Na は材料の地域差を明確には示さない元素であり，また Ca と Sr の値が低いとはいっても，弥生土器との違いはさほど大きいものではなく，これらの土器が朝鮮半島からの搬入品であると即断はできない。なお，九州大学考古学研究室によって 2001 年に調査された峰町吉田遺跡出土の縄文土器でも，このように Ca と Sr，Na が低い値をとるものが一定量対馬に存在することがわかってい

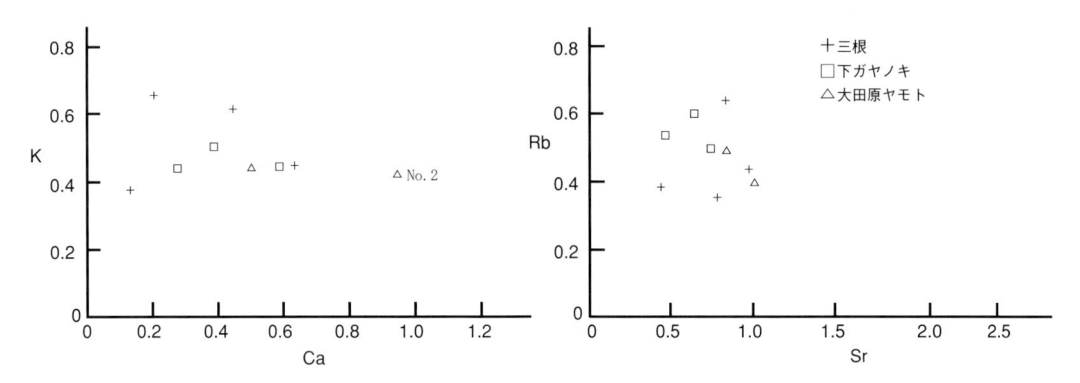

図 99　三根遺跡，および周辺遺跡　中期後半の K-Ca, Rb-Sr 分布図（甕 6，壺 2）

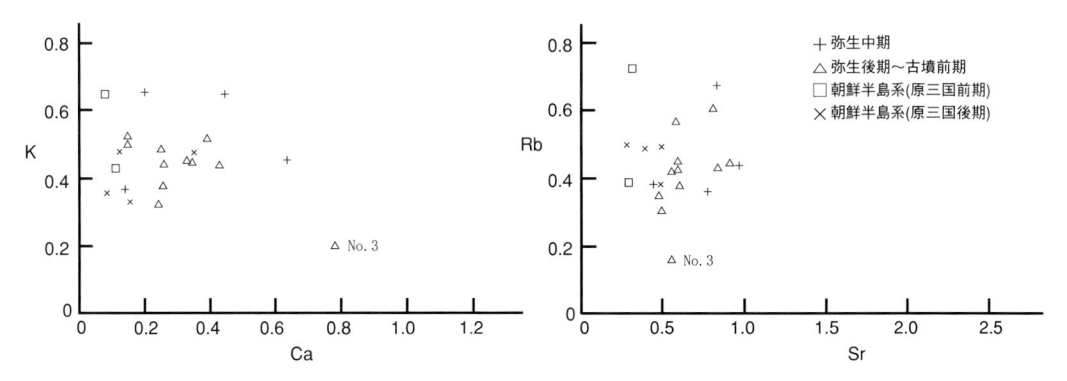

図 100　三根遺跡　中期～古墳前期の K-Ca, Rb-Sr 分布図（甕 14，壺 1，甑 1）

るので(鐘ヶ江・三辻, 2004)，これらの朝鮮半島系土器は，対馬内で材料を採取し，製作された可能性も捨てきれない。

3.2 岩石学的分析

三根遺跡およびその周辺部の土器の鉱物組成や組織を観察すると(図101・102)，石英・長石類が多く，角閃石や輝石も少量みとめられるが，後期では角閃石が少なく，やや輝石が多いことが指摘できる。鉱物組成や胎土組織などには遺跡や時期，系統によって差異もみとめられる(図103・104)。

まず，弥生時代中期後半から中期末のものは，下ガヤノキ遺跡や大田原ヤモト遺跡のほうが三根遺跡よりもやや赤みを帯びており，褐鉄鉱が比較的多く含まれる。特に，下ガヤノキ遺跡の壺形土器や大田原ヤモト遺跡 No. 2 は角閃石が比較的多く含まれている。そして長石粒子には，一部熱変成作用に関係すると思われる再結晶がみとめられる(図101-2)。また大田原ヤモト遺跡出土の甕形土器も同様に，粒子が細かく組織は精良であり，角閃石や輝石粒子が少量含まれる(図101-3・4)。したがって，下ガヤノキ遺跡や大田原ヤモト遺跡出土土器は，三根遺跡とは若干異なる材料が用いられた可能性が高く，土器生産はそれぞれ別の生産単位に基づいて行われ，消費されたことが推測される。下ガヤノキ遺跡 No. 1 や大田原ヤモト遺跡 No. 1 には，大粒の砂粒があまり含まれず，胎土組織が精良である。

三根遺跡の弥生後期後半から終末，古墳初頭の土器は中期とあまり変化はないが，角閃石がわずかに含まれ，輝石は少量含まれることが特徴である。素地の赤みはあまりなく，粒子は比較的大きさがそろう。

また三根遺跡 No. 3 は蛍光 X 線分析でやや異質なデータを示した弥生後期土器の甕であるが，有色鉱物として輝石がやや多く含まれ，石英に褐鉄鉱が含まれた変成岩的粒子が目立つのが特徴である(図102-4)。他の弥生土器に比べると異質であり，三根の集落外から持ち込まれた可能性は高いといえよう。

朝鮮半島系土器に関してみると，三根遺跡 No. 13 や No. 14 の原三国時代前期の甕形土器，No. 10 や No. 11 の原三国時代後期に相当する甕形土器では石英・長石類が大半を占め，赤みがあり，粒子は大きさがそろう。基質のガラス化がややすすんでおり，焼成温度は一般的な弥生土器よりも若干高かったと考えられる(図101-5・6)。また No. 9 の原三国時代の甕形土器は素地自体が精良ではあるが，大粒の再結晶がみとめられる粒子や，砂岩と思われる堆積岩系の粒子が含まれる。基質にガラス化がみとめられ，焼成温度も若干高い可能性もある(図102-5・6)。

4. 考　察

4.1 土器の生産と分配，消費

以上の胎土分析の結果をもとに，土器生産と分配，消費のありかたや，各系統の土器の胎土の差異，材料採取地，土器の製作技術等について考察してみたい。まず弥生時代中期土器は，蛍光 X 線分析の元素分布にばらつきがある。また鉱物組成には遺跡ごとに若干違いがみとめられる。こうし

第 5 章 弥生土器の胎土分析の実践　　149

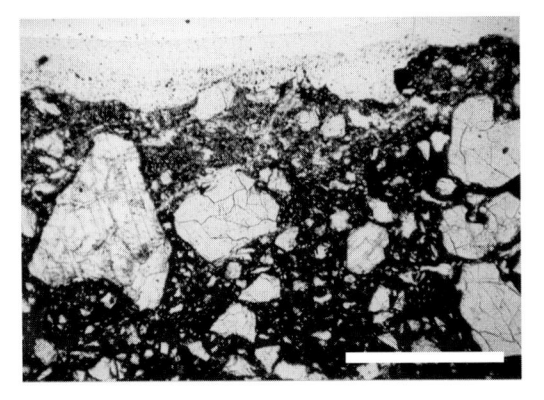

1　三根 No. 1　中期末　甕

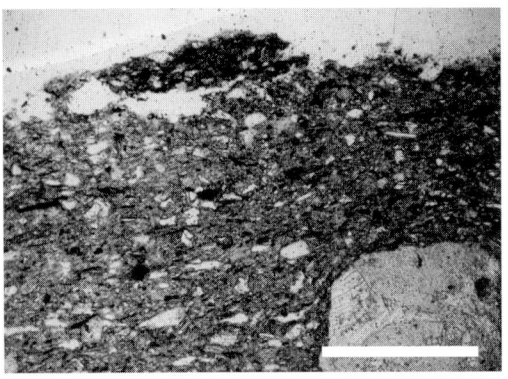

2　下ガヤノキ No. 1　中期後半　壺

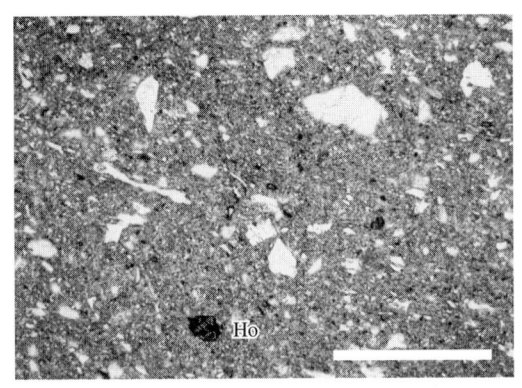

3　大田原ヤモト No. 1　中期後半　甕

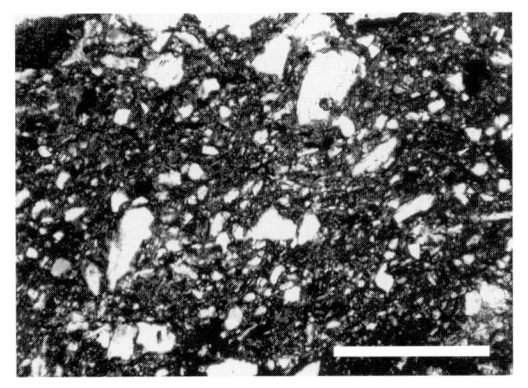

4　大田原ヤモト No. 2　中期後半　甕

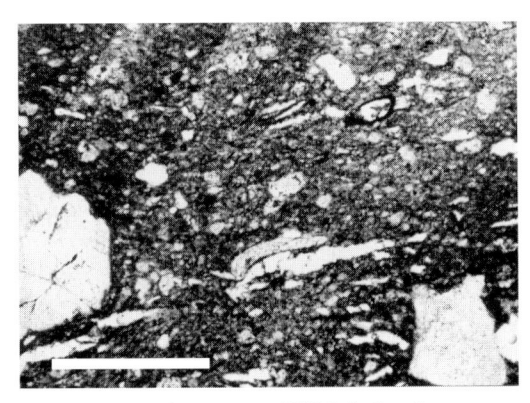

5　三根 No. 14　朝鮮半島系　甕

6　三根 No. 14　朝鮮半島系　甕（直交ニコル）

図 101　三根遺跡および周辺遺跡出土土器の偏光顕微鏡写真（スケール約 1.0 mm）
　　　　Ho: 角閃石

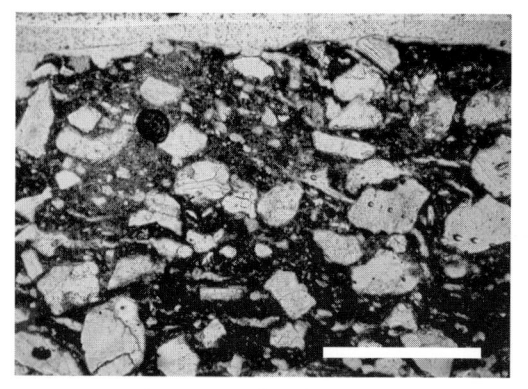

150

1　三根 No. 25　後期後半〜終末　甕 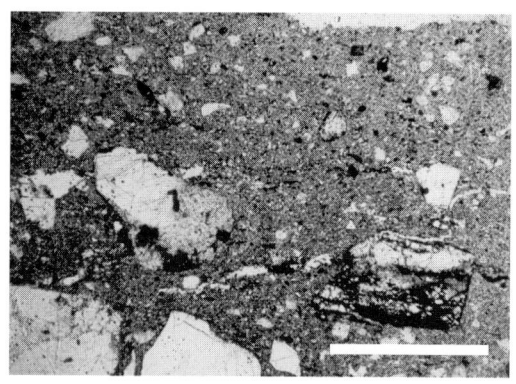　　　　2　三根 No. 26　後期後半〜終末　壺

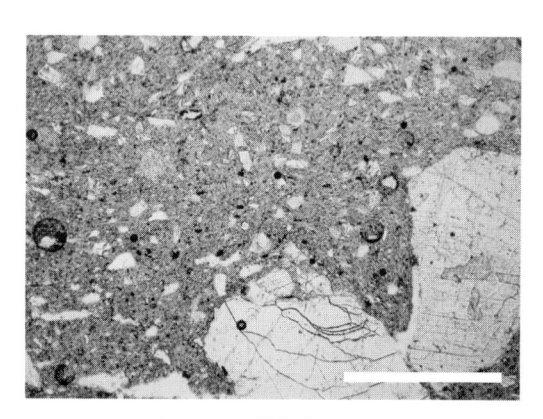

3　三根 No. 6　後期後半〜終末　甕 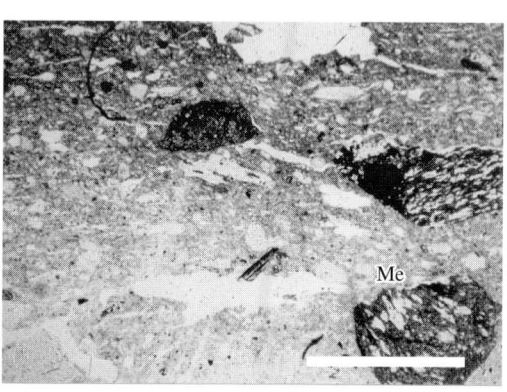　　　　4　三根 No. 3　後期後半〜終末　甕

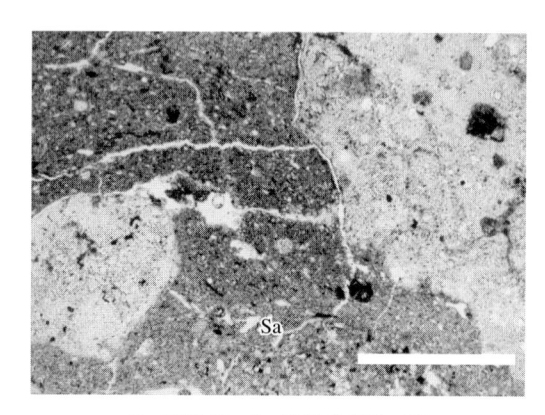

5　三根 No. 9　朝鮮半島系　甕 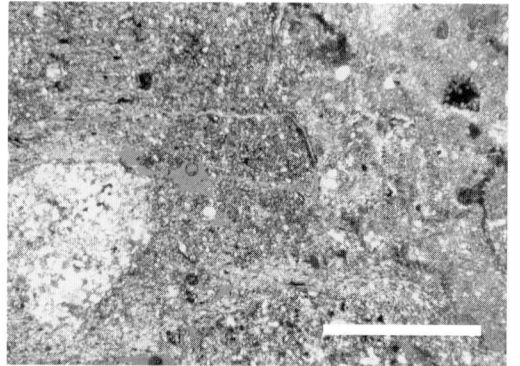　　　　6　三根 No. 9　朝鮮半島系　甕（直交ニコル）

図 102　三根遺跡および周辺遺跡出土土器の偏光顕微鏡写真（スケール約 1.0 mm）
Me: 変成岩，Sa: 砂岩

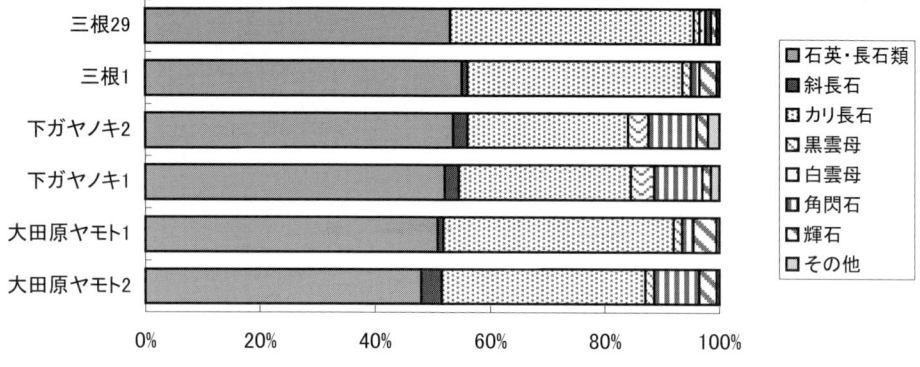

図 103 三根遺跡，および周辺遺跡出土弥生時代中期土器の鉱物組成(番号は表 10 の No. に対応)

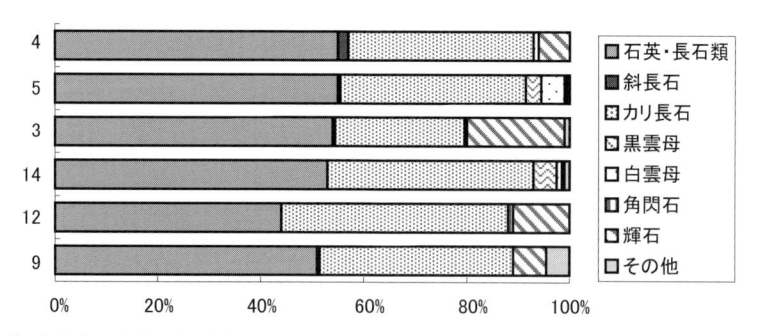

図 104 三根遺跡出土弥生時代後期土器，および朝鮮半島系土器の鉱物組成(番号は表 10 の No. に対応)

た鉱物組成の違いは，土器製作の際の材料の採取地が複数存在したことを示すと考えられる。蛍光 X 線分析では遺跡ごとのまとまりは見出しにくいものの，鉱物組成を勘案すれば，およそ各遺跡単位で生産と消費が行われたものと推測したい。

はじめに触れたように，弥生土器の遠隔地間での移動が論じられてきており，対馬の中期後半の須玖式土器も，下ガヤノキ遺跡出土の袋状口縁壺のように，北部九州の土器様式の特徴をよく備えたものがある。しかし蛍光 X 線分析や岩石学的分析の結果から考えると，有色鉱物の量や長石類の再結晶などに違いがあり，対馬外からの搬入とするよりも，およそ対馬内で製作されたとみたほうが妥当性は高いように思われる。

なお，蛍光 X 線分析で異質なデータを示した大田原ヤモト遺跡の No. 2 は，角閃石など有色鉱物が多いのと同時に斜長石も若干多く含まれる。したがって，壱岐などを含め，島内や島外からの搬入品の可能性はあるが，さらにデータを蓄積させて再検討する必要があろう。

三根遺跡の後期土器は，角閃石がわずかで輝石がやや増えるなど，中期土器から若干鉱物組成が変化していることが看取される。そして No. 3 は蛍光 X 線分析のデータで異なる元素の分布を示したが，鉱物組成をみても輝石が多く含まれ，また変成岩的粒子が含まれるなど，他の土器とは若干違いがある(図 104)。したがって，他の集落からの搬入の可能性が考えられるが，変成岩的な粒子は他の北部九州の地域では確認できておらず，むしろ対馬の地質から考えると，対馬内での材料の

採取の可能性を想定できるもので，No.3は対馬内の別集落から搬入されたとみたい。いずれにしても，このような別の集落からの搬入品と推測されるものが少量含まれる点について，具体的な背景はまだ明らかにできていないが，今後データを蓄積させ土器の移動に対する評価を与えていく必要がある。

4.2 三根遺跡における朝鮮半島系土器の流入に関して

次に，三根遺跡で出土する朝鮮半島系土器について検討したい。原三国時代前期や後期の甕形土器は，弥生土器の胎土と元素分布が若干異なることが把握された。すなわち，三根遺跡で出土した朝鮮半島系土器はCaやSrが低くまとまるなど，弥生土器との違いがみとめられる。しかしながら，両者の分布の違いはさほど大きいものではない。また，岩石学的分析においても，弥生土器と朝鮮半島系土器との間には違いがみられる。そしてNo.9の朝鮮半島系土器には，砂岩粒子も確認される。しかしながら，それは対馬の地質が砂岩や泥岩のような堆積岩を基盤とすることと矛盾しない。また朝鮮半島系土器と弥生土器には，双方に長石の再結晶が一部みとめられるという共通点も指摘できる。したがって，朝鮮半島系土器は朝鮮半島から持ち込まれたとするよりも，弥生土器と同様，対馬で材料を採取しつつも，それぞれ若干異なる地点から材料を採取して土器を製作したと考えたほうが妥当性は高いように思われる。すなわち，対馬への移入者が対馬内部で土器を製作するありかた，水沢のモデルでは $\overline{TtC}$ のパターンが想定されるのである。しかしながら，搬入品か在地生産かの判断は今後の朝鮮半島側でのデータの蓄積に委ねられる部分も大きい。

4.3 胎土の組織からうかがえる技術交流

次に胎土の組織にも注目してみたい。下ガヤノキ遺跡や大田原ヤモト遺跡の中期後半の須玖式土器は，胎土自体に赤みがあり，特に丹塗りがなされた袋状口縁壺は，鉄が多く含まれ粒子の大きさがそろう緻密な胎土である。このような胎土の組織は，北部九州各地とほぼ共通した特徴を呈するとみなすことができる。それは，三根遺跡や下ガヤノキ遺跡，大田原ヤモト遺跡など対馬内の集落における土器製作者が，材料の選択から調整，成形など，北部九州の弥生中期土器の一連の土器製作の作業工程の取り決めを理解しそれに従った結果を示していると考えられよう。そうした土器製作に関する細かな情報の共有は，対馬の集落が福岡や壱岐など各地と移住や交易活動など頻繁な交流があったことを裏付けるものである。

ただし，弥生時代後期には，北部九州一帯では素地に粗い砂礫を含むものが増え，鉄の含有量が少なく灰白色や黄灰色を帯びるものが多くなるが，三根遺跡の後期土器には，そうした変化は顕著にはみられず，対馬において独自性が保たれたのかもしれない。それでも鉱物組成は中期から後期にかけて変化しており，全体の形態などを含めた土器様式としては，三根遺跡の土器は各地と連動した動態を示していると考えられる。

4.4 材料の採取地

　最後に，土器製作に使用された材料の問題について若干検討しておきたい。鉱物組成としては，三根遺跡や周辺遺跡の特徴として，石英や長石とともに，有色鉱物，すなわち黒雲母や白雲母，角閃石や輝石類が少量含まれていることが把握された。また，長石の一部に再結晶がみとめられる。

　そこで対馬の地質について検討すると，漸新世から中新世前期に属する対州層群は，全体的に砂岩や泥岩が大部分を占めるが，上部には火山砕屑岩類を形成している層がある（高橋，1976）。ただし火山砕屑岩は粒子が粗いため土器の材料としては想定しづらい面はあるが，それに加えて，対馬では対州層群より新しく形成された火成岩の貫入岩体が，比較的多く分布している[2]。たとえば，対州窯の製作には，こうした石英斑岩の貫入岩体を用いている。峰町周辺でも，貫入岩体としてドレライト（粗粒玄武岩）やデイサイト（石英安山岩），石英斑岩等の火山岩が分布している場所が存在し，土器の鉱物組成を考えるとこれらが材料の採取地と関連する可能性がある（図105）。弥生土器や朝鮮半島系の土器にみられる石英や長石類，有色鉱物類を中心とする鉱物組成や，再結晶がみとめられる粒子を含む胎土は，このような火山岩に由来するものであろう。

　そして，鉱物に再結晶がみとめられることは，材料の採取地が，貫入現象にともなって，地質的に熱変成作用を受けやすい状況にあったことを推測できる。さらに朝鮮半島系土器の分析値のうちCa，Sr，Na が低い値をとることは，朝鮮半島系土器の製作に用いられた材料が，そのような熱変成作用によって，斜長石類が溶脱したものであることを示しているかもしれない。そして一部の土器には変成岩的な粒子もみとめられたが，熱水変成作用のみとめられる地質では，変成岩の存在は

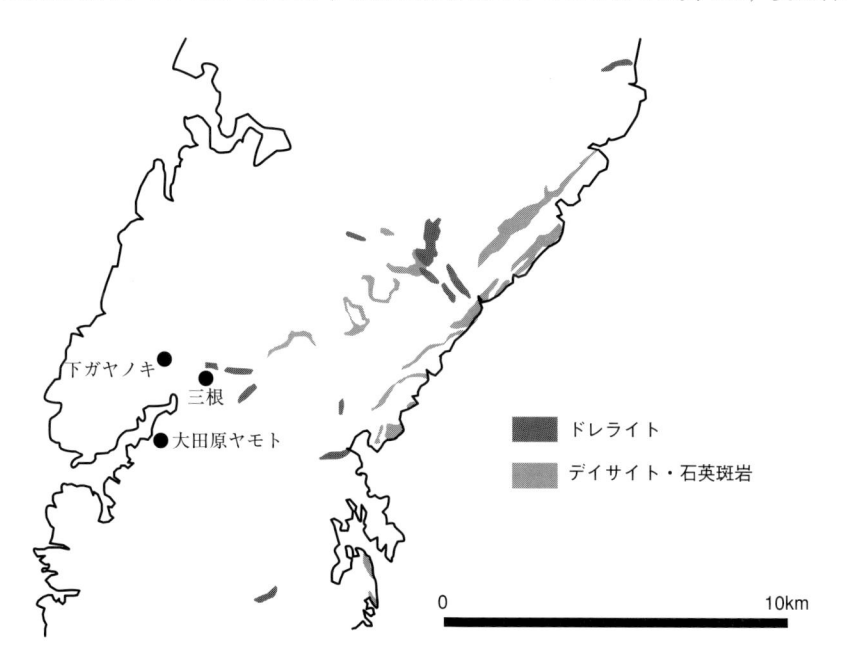

図 105　三根遺跡周辺におけるドレライトおよびデイサイト・石英斑岩の分布（猪木，1995 をもとに作成）

---

[2]　対馬の貫入岩体などの地質の状況については，大阪市立自然史博物館の中条武司氏にご教示いただいた。

十分想定されうることである。

　ところで，上に述べた再結晶がみとめられる鉱物の存在は，三根遺跡出土土器だけでなく，九州大学によって調査された峰町吉田遺跡の縄文土器にもみとめられる（鐘ヶ江・三辻, 2004）。したがって，こうした再結晶がみとめられる粒子の存在は，対馬で採取された土器材料であることの根拠となるもので，対馬内での土器製作を考える手がかりの1つとなるものである。

　砂岩や泥岩のような堆積岩を主体とする対馬において，土器製作の際，火山岩に由来する材料が使われたとすれば，土器製作者が土器作りに適した材料を把握し，選択したといえよう。そのことは，経験的にしろ，製作者が居住地の地質をある程度把握していたとも解釈できるのではないだろうか。

　しかしながら，土器作りに用いた材料を，具体的にどこから採取したのかは，現段階では十分に明らかにできていない。特に近接した遺跡間にもかかわらず，三根遺跡と下ガヤノキ遺跡，大田原ヤモト遺跡出土土器との間の鉱物組成には，比較的明瞭な違いがみとめられ，また三根遺跡の中期土器と後期土器には若干鉱物組成の変化がみられる。今後こうした鉱物組成の違いと対応するような材料の違いを把握するために，周辺の地質を詳しく調査する必要がある。

第6章

弥生時代の遠隔地間交流の再検討
──勒島出土土器および壱岐・対馬出土瓦質土器・楽浪系土器の分析をつうじて──

第1節　はじめに

　この章では，胎土分析から遠隔地間の交流について検討を試みたい。

　遠隔地間の土器の移動に対する研究は，胎土分析の有効性を発揮できる分野であるといえよう。欧米では，早くからピーコックやシェパードらが岩石学的手法を用いて遠隔地間の土器の移動を論じており，アンフォラなどの移動に対する研究は現在でもさかんに行われている。日本でも，縄文土器の遠隔地間の移動が岩石学的分析によって明らかにされ，古墳時代においても陶邑産の須恵器がきわめて広域に流通したことが論じられている。先史時代から，土器の移動の空間的範囲が想像以上に長距離に及んでいたことは，大きな驚きをもって欧米の先史時代の研究者や日本の研究者に受け入れられることになったが，このような研究成果が，先史時代や歴史時代の社会像の形成に一定の貢献を果たしてきたことは確かであろう。

　弥生時代においても，弥生時代前期における遠賀川系土器の拡散や，中期における大陸と朝鮮半島との交渉に対する議論からうかがえるように，遠隔地間の交流が弥生社会の形成や発展過程において重要な役割を果たしてきたということが認識されてきている。特に，北部九州の社会発展を考える上では，大陸や朝鮮半島との交流が重要であったことが容易に推測されるが，筆者は韓国の東亜大学校の協力をいただき，近年注目を集めている韓国の勒島遺跡出土の無文土器および弥生系土器の一部を分析する機会を得た。そこで，第6章では，勒島出土土器の分析結果を示すとともに，現状で収集できたデータをもとに勒島で出土した弥生系土器の移動の問題を検討する。

　さらに，壱岐や対馬で出土した朝鮮半島系の三韓時代（原三国時代）の瓦質土器，および漢の出先機関である楽浪郡の特徴をもつ楽浪系土器も一部分析を行うことができた。現段階で得られたデータをもとに，これらの朝鮮半島系土器の流入に対して若干の考察を行いたい。ただし，こうした朝鮮半島系の瓦質土器や楽浪系土器については，搬出先あるいは情報の発信源である楽浪郡や朝鮮半島側のデータが用意できていない。その意味でまだ試論の域を出ないことをお断りしておきたい。

　遠隔地間の土器の移動を立証するには，考古学的な状況とともに，胎土に関するデータや材料の基盤となる地質の状況が，土器の移動という状況と合致しているか，という点が重要である。すなわち，岩石学的な研究では，土器の鉱物組成が出土した遺跡や製作地と目される遺跡の位置する地質に対応しているかどうかということ，蛍光X線分析では，他の土器との間に移動を示唆するデ

ータの類似性や差異が見出されるか，ということが，分析の手続きとして必要となる。さらに土器の材料を産出する地質は，地質図での記載以上に複雑に構成されており，距離が離れた地点間でも偶然に地質が類似することも少なくない。このような問題を解決するためには，土器の生産地や移動のありかたを特徴づける，胎土に関する多くのデータを収集し蓄積させることが基礎となる。ここで提示する論は，弥生時代における遠隔地間の交渉の具体的な内容やその変容を明らかにするための第一歩であり，暫定的なものにとどまることを了解願いたい。

第2節　胎土分析からみた勒島出土弥生系土器の評価

1. 勒島における弥生系土器の出土と近年の研究状況

　勒島遺跡は，慶尚南道泗川市の南西部に所在する勒島に形成されている遺跡で，以前から無文土器にともなって多数の弥生系土器が出土することで注目されている(図106)。最近の調査では弥生系土器に加え，楽浪系土器も出土しており(東亜大学校博物館，2000)，当時の国際性豊かな交流の一端をうかがうことができる，日韓の交渉史の研究上きわめて重要な遺跡と評価されている。

　勒島では，弥生系土器のほかに，楽浪系土器や，貨泉などの大陸系の遺物が出土することから，勒島の交易拠点的な性格が日韓の研究者から注目され，勒島における弥生系土器の出土は，交易を目的とした倭人からの積極的な営みの証であると評価されており，弥生社会と楽浪郡との交渉を仲介する勒島の役割を重視した解釈が提示されている(李健茂，2001; 西谷，1986・2001; 白井，2001 ほか)。

　一方，勒島だけでなく朝鮮半島の後期無文土器の時期に相当する南海岸域の遺跡では，弥生土器を模倣した土器や無文土器と弥生土器の両者の特徴をもつ折衷土器(中園，1993)，弥生土器にきわめ

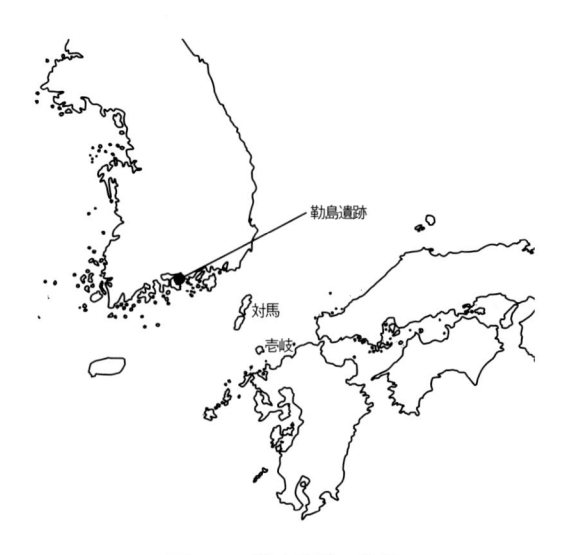

図 106　勒島遺跡の位置

て近い形態の土器が出土することが知られている。朝鮮半島南海岸域の弥生系土器について，勒島遺跡や釜山広域市の萊城遺跡(釜山直轄市立博物館，1990)などにおける弥生系土器の出土状況から，釜山や金海地域では弥生人の短期的な居住が想定されるのに対して，勒島に代表される西側の海岸の遺跡は，長期間にわたって継続的に訪問し，居住した結果であると考えられている(釜山直轄市立博物館, ibid.)。

さらに，勒島では無文土器的な特徴と弥生土器的な特徴を併せ持つ，いわゆる折衷的な土器がみとめられることは以前から注意され，中園は製作者の意識的・無意識的な製作行為に着目して解釈を提示したが(中園, ibid.)，最近ではそれに加え日本から搬入されたと見受けられる典型的な「弥生土器」ともいえる土器も出土していることが注目されている(平，2001)。

このような勒島，そして朝鮮半島南部で出土する弥生系土器は，形態や文様の特徴を検討すると，糸島など福岡西部の特徴をもつものが多く含まれることが指摘できる(石橋，1992；平, ibid.)。なお，これは石橋によって設定された「糸島型祭祀土器」と呼ばれるものが含まれるが，前述したように，糸島型祭祀土器の分布に北部九州，壱岐，対馬，さらに朝鮮半島が含まれることに対して，弥生人の広範な活動をみとめようとする説が提示されている。さらに瀬戸内系の凹線文土器(沈・中園，1997)や，須玖式の遠賀川以東系の特徴をもつ土器なども搬入されている可能性が指摘されている(田中，2001)。このような弥生系土器の出土状況は，弥生社会と勒島そして朝鮮半島との交流が密接で多元的であったことをうかがわせるが，それらの土器が日本から搬入されたか，あるいは在地で弥生社会からの移住者によって製作されたものなのか，など弥生系土器が内包する問題はまだ十分に明らかにされていない。勒島での弥生系土器が，搬入されたとすればどこから，どのようなルートで持ち込まれたかなど，課題は依然多く残されており，こうした交流の詳細に迫るには，考古学的な分析に加えて自然科学の分析法を活用することも必要である。

そこで，東亜大学校によって発掘調査が行われた勒島遺跡 C 地区出土土器の中でも，典型的な北部九州の須玖式の特徴をもつ土器について，その生産地や搬入経路，背後にある弥生社会と勒島遺跡の交流の具体像を追究するための基礎とするために，胎土分析を実施した。勒島の出土資料はまだ整理過程にあり，また本章では膨大にある勒島の発掘資料のわずかな部分の分析を行ったにすぎない。ここでは分析を実施できた範囲で，胎土分析によって把握できた点について整理し，それをもとに若干の考察を試みたいと思う。なお，勒島で出土した土器の一部は以前三辻によって蛍光 X 線分析が行われている(三辻，1995)。そのデータも一部参照しつつ検討をすすめる[1]。

---

1) 勒島遺跡出土土器は三辻によって胎土分析が行われており，K-Ca, Rb-Sr の 4 元素の分布図が示されている(三辻，1994)。しかし分析が行われた土器の系統や器種，6 元素の標準化された数値が公表されておらず，今回の分析結果との詳細な比較やそれに基づく統計的な処理が困難であった。したがって，本節では主に今回の分析結果を軸に検討を行っている。

2. 分析試料

今回は，2000年度の3次発掘調査で出土した弥生系土器を4点，1999年度の2次調査で出土した無文土器を6点，合計10点を分析した（表11）（図107）。

無文土器は，勒島 III 式（釜山大学校博物館編，1989）に相当すると思われる甕形土器と壺形土器の口縁部近くの破片を採取した（No. 5～10）。

弥生系土器は，およそ須玖 II 式古段階に相当すると考えられるもので，甕形土器はほぼ完形のもの1点，丹塗り壺形土器の小破片2点，丹塗りの高坏の脚部と考えられる小破片1点を分析した。壺形土器2点のうち1点は丹塗り壺形土器の口縁部と思われ，残り1点は丹塗り袋状口縁壺の頸部と考えられる破片である（No. 1～4）。勒島出土土器は，報告書作成のための整理作業が現在すすめられており，遺物の全体的な組成や編年的位置づけ等の詳細は報告書中で論じられることになろう。

そして，北部九州からの搬入品かどうかを検討するため，これまで行ってきた北部九州の弥生土器の胎土分析のデータと比較も行う。

ところで，分析にあたっては，弥生系土器の考古学的な検討も必要であるが，平美典は勒島出土の弥生系土器の検討を行い，北部九州の須玖式でも福岡西部の土器の様相のものが多く含まれることを指摘している（平，2001）。今回分析された土器も，甕形土器のプロポーションや突帯の形状，壺形土器の突帯や調整など，福岡西部の糸島地域や壱岐，対馬などで出土する須玖式土器の特徴をも

表11 勒島遺跡出土土器の分析試料と蛍光X線分析データ

No.	K	Ca	Fe	Rb	Sr	Na	調査次数	系統	器種	備考
1	0.472	1.06	1.95	0.779	1.44	0.246	3次	弥生系	甕	ほぼ完形
2	0.439	0.73	2.45	0.53	1.05	0.2	3次	弥生系	壺	丹塗り
3	0.412	0.886	3.65	0.568	1.4	0.242	3次	弥生系	高坏脚部か	丹塗り
4	0.475	0.727	3.46	0.557	0.787	0.252	3次	弥生系	袋状口縁壺	丹塗り
5	0.55	0.542	1.42	0.572	1.59	0.383	2次	無文土器	甕（折衷系か）	
6	0.502	0.764	2.14	0.591	1.7	0.218	2次	無文土器	甕	
7	0.634	0.684	1.97	0.74	1.48	0.293	2次	無文土器	甕	
8	0.508	0.612	2.19	0.742	1.09	0.208	2次	無文土器	甕	
9	0.52	0.631	2.07	0.691	1.19	0.248	2次	無文土器	壺	
10	0.522	1.07	2.38	0.787	1.34	0.248	2次	無文土器	壺	

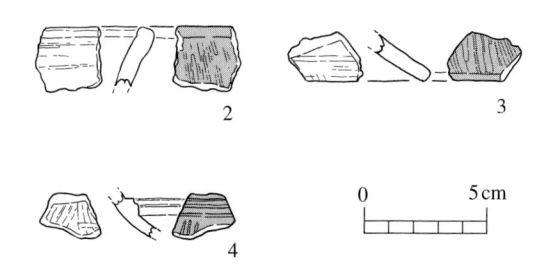

図107 分析の対象とした土器（弥生系）（筆者実測）

第 6 章 弥生時代の遠隔地間交流の再検討

っていると考えられる。さらに，これまで行われてきた胎土分析のデータと照らし合わせても，福岡平野に位置する比恵・那珂遺跡での分析結果は，後述する勒島の弥生系土器に比べて Ca や Rb の値が低いなど明確な違いがみられる。したがって勒島遺跡出土弥生系土器の分析結果の比較の対象としては，対馬と壱岐，糸島地域の中期後半の須玖式土器に絞ることにした。

対馬では，峰町に所在する三根遺跡や下ガヤノキ遺跡，壱岐では原の辻遺跡とカラカミ遺跡，糸島地域では，岐志元村遺跡と今宿五郎江遺跡，寺浦遺跡，井原上学遺跡，本田孝田遺跡で出土した中期後半に相当する甕形土器，壺形土器などの分析データを比較に用いた。

3. 勒島遺跡出土土器の分析結果

3.1 蛍光 X 線分析

蛍光 X 線分析では K，Ca，Fe，Rb，Sr，Na の 6 元素の標準化値を得ているが，これまでの分析データから，K，Ca，Rb，Sr の 4 元素が，粘土の地域差を示す最も有効な元素であると考えられる。今回の分析においても，4 元素の挙動に着目し，K-Ca，Rb-Sr の分布図を作成した（図 108）。

それぞれの図をみると，およそ Ca，Sr の値が高い群と，低い群の 2 つに分かれることがみてとれる。その中でいわゆる弥生系土器は，全体に Ca と Sr が高い分布を示すことが指摘できる。ただし無文土器にも Ca と Sr が高い傾向を示すものがあり，無文土器と弥生系土器の元素の分布には重なりもみられる。加えて弥生系土器は，Rb が比較的高い値をとっていることも元素分布の特徴として挙げられる。

次に弥生系土器について 4 元素以外のデータにも着目すると，丹塗り器種は No.2 を除いて Fe が高い値を示しており，胎土中に鉄が多く含まれていることを示しているが，甕形土器はそれに比較すれば Fe の値は低い。須玖式土器でも，丹塗り器種には素地自体に鉄が多く含まれることが，壱岐の原の辻遺跡やカラカミ遺跡，対馬の下ガヤノキ遺跡，糸島地域の寺浦遺跡や今宿五郎江遺跡出土土器などで実施した蛍光 X 線分析においても把握されており，器種に応じた発色の差異化のためのコントロールや材料の選択が，壱岐や対馬，糸島と共通した技術的基盤をもとにして行われたことを示唆している。それに対し，無文土器は全体的に Fe の値は低い。

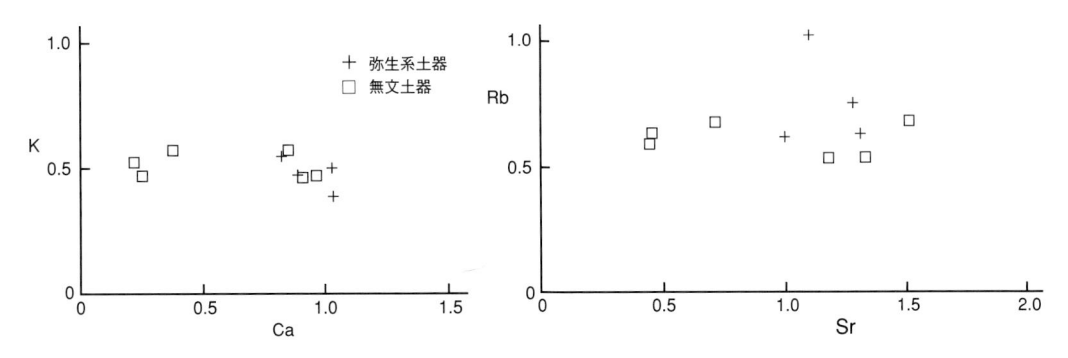

図 108 勒島遺跡出土土器の K-Ca, Rb-Sr 分布図

1　No.1　弥生系土器　甕　　　　　　　　2　No.1　弥生系土器　甕（直交ニコル）

3　No.2　弥生系土器　壺　　　　　　　　4　No.3　弥生系土器　高坏

5　No.4　弥生系土器　袋状口縁壺　　　　6　No.5　無文土器　甕

図 109　勒島遺跡出土土器の偏光顕微鏡写真（スケール約 1.0 mm）
　　　　　Pl: 斜長石　Ho: 角閃石

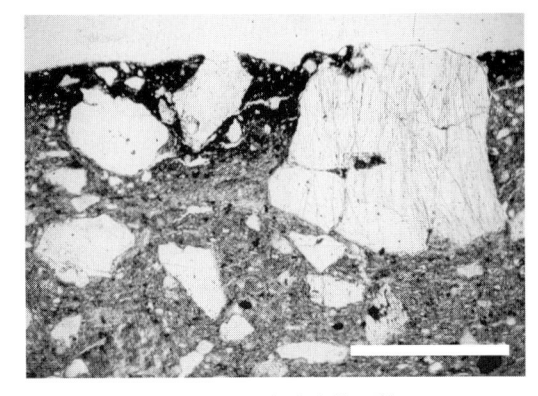

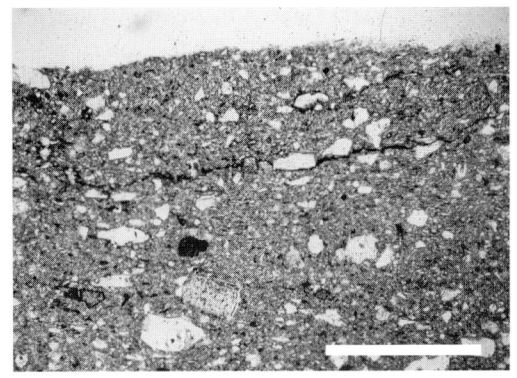

第 6 章　弥生時代の遠隔地間交流の再検討　　　　　　　　　　　　　　　　　　　　161

1　No.6　無文土器　甕　　　　　　　2　No.10　無文土器　壺

図110　勒島遺跡出土土器の偏光顕微鏡写真(スケール約1.0 mm)

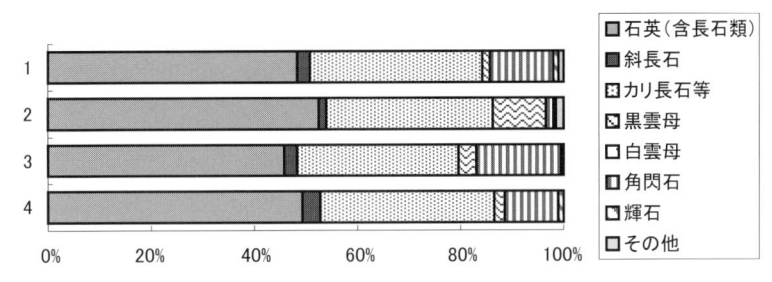

図111　勒島遺跡出土弥生系土器の鉱物組成(番号は表11のNo.に対応)

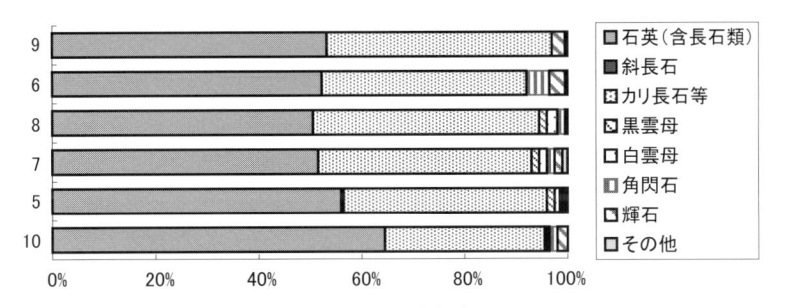

図112　勒島遺跡出土無文土器の鉱物組成(番号は表11のNo.に対応)

3.2　岩石学的分析

　次に，蛍光X線分析でみられたデータの相違について，鉱物組成からも検討してみたい(図111・112)。勒島遺跡出土の無文土器には，石英や長石などのほかに有色鉱物である角閃石や輝石が含まれるが，量的にはわずかである。そして石英と輝石が複合した粒子が一部みとめられるのも特徴のひとつである。

　なお，遺跡が位置する慶尚南道泗川市一帯は，中生代の堆積岩類とそれに貫入あるいは噴出した火成岩類によって構成されている。無文土器の鉱物組成は，その地質を反映するものとみられる。

一方，弥生系土器は，No.2を除いて角閃石が多く含まれ，また斜長石がやや目立つ鉱物組成であることから，無文土器とは明確に鉱物組成が異なる（図111・112）。弥生系土器は，無文土器とは異なる材料を用いて製作された，と考えたほうがよさそうである。

No.2の場合，他の弥生系土器に比べると，角閃石の量が少なく，黒雲母が多く含まれ，弥生系土器や無文土器の鉱物組成と違いがあり若干異質である。他の弥生系土器とは異なる材料で製作されたと推測されるが，この個体に対する産地推定は現時点では保留したい。

なお胎土組織をみると，無文土器は甕形土器にやや粒子が粗いものがあるものの（図110），粒子は全体的に細かく，器種によって大きな違いがあるとはいえないが，弥生系土器は，壺形土器や高坏の粒度はきわめて細かく，それに比べて甕形土器はやや大きめの粒子が含まれ，器種に応じた砂粒の細かさの差異は明瞭である（図109）。さらに焼成温度についても検討すると，無文土器は高温焼成のため基質にガラス化がみられるものが多く，焼成温度が高かったことがうかがえるが，弥生土器に関してはガラス化はあまりみられない。土器焼成に関しても，勒島の無文土器は弥生土器と異なる焼成技術をもっていたのではなかろうか。

4. 壱岐・対馬および糸島地域との比較

以上のように，勒島出土の弥生系土器は，元素分布では無文土器と重なりがみられるものの，無文土器とは鉱物組成で違いがあることが確認された。弥生系土器は島外からの搬入品の可能性がある。そこで弥生系土器が搬入品であると仮定した場合，弥生社会の内部における生産地を推定するため，糸島地域および壱岐，対馬出土土器の胎土分析のデータを再度整理し比較してみよう。

まず対馬からみると，峰町三根遺跡および下ガヤノキ遺跡，大田原ヤモト遺跡では，Kが0.4から0.6付近に位置し，Caは幅があるが0.1から0.5付近に分布する。Rbが0.3から0.6付近，Srにはばらつきがあるが，0.4から0.9付近にまとまりがみられ，勒島の弥生系土器とは分布が異なる。

壱岐では，原の辻遺跡の土器はKが0.4から0.6あたりにまとまるが，Caには広がりがあり，0.3から1に分布する。Rbは0.5から0.7付近におよそ集中し，Rbがやや高い値を示すものもある。カラカミ遺跡についても，原の辻遺跡と同様に元素分布に広がりがみられ，Kは0.3から0.5付近でまとまるが，Caは0.6から1.3と広がりがあり，Rbは0.5から0.8と比較的高い値を示すという特徴が指摘できる。原の辻遺跡やカラカミ遺跡の中にRbが高い傾向がみられることは，勒島出土の弥生系土器にも同様な分布の特徴が看取されることを勘案すると，注目すべきであろう。Srは，Caと同様に0.6から1.5とばらつきは大きい。このように，壱岐の土器に対する蛍光X線分析において，勒島の弥生系土器と比較的近い元素分布を示すものがあるのは，注目される。

次に，糸島地域については，糸島半島側の岐志元村遺跡の資料がKはおよそ0.3から0.4付近でまとまりがあり，Caは0.3から1まで広がりがみられる。Rbは0.4から0.5くらいでおよそまとまるが，Srは1から1.7付近まで広がりがあり，やや複雑な様相を示している。糸島平野側の前原市の井原上学遺跡では，Kは0.3から0.4付近に集中し，Caは0.2から0.5付近にまとまりがみ

第6章 弥生時代の遠隔地間交流の再検討

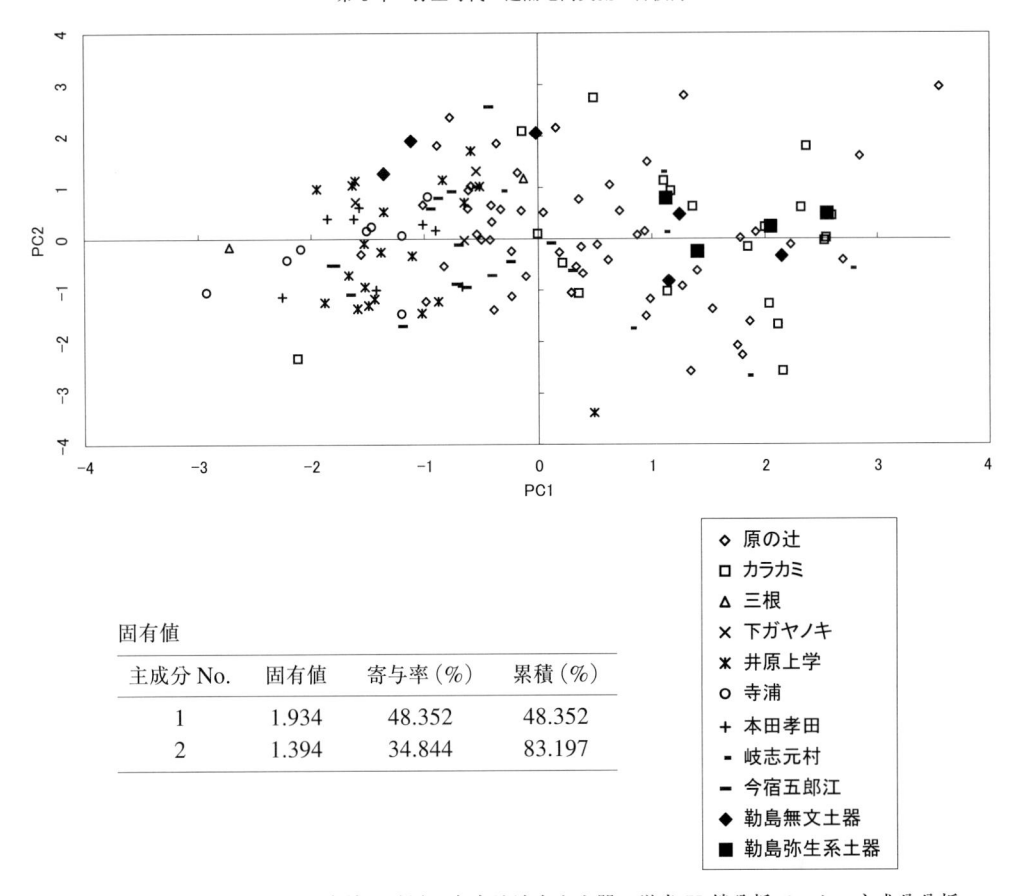

固有値			
主成分 No.	固有値	寄与率(%)	累積(%)
1	1.934	48.352	48.352
2	1.394	34.844	83.197

図113 勒島遺跡，および壱岐・対馬・糸島地域出土土器の蛍光X線分析データの主成分分析

られる。Rbは0.4から0.6，Srは0.5から0.7あたりにまとまりがみられる。前原市寺浦遺跡でもほぼ同様であるが，Caが0.3くらいとやや低く，本田孝田遺跡も，ほぼ同様な結果であった。

このようなK-Ca，Rb-Srのデータを用いて，主成分分析を行ったのが図113である。蛍光X線分析のデータの主成分分析は，元素分布の関係性を把握するのに有効であり，甕棺の胎土分析でもその有効性が確かめられている（中園・三辻，1996・1999）。主成分得点の分布図からも，勒島遺跡の弥生系土器は，原の辻遺跡やカラカミ遺跡の元素分布と比較的近い関係にあることが確認できよう。

次に，勒島遺跡出土の弥生系土器と類似した鉱物組成をもつ土器が北部九州や壱岐，対馬に存在するかどうか，検討する。まず対馬では，三根遺跡や大田原ヤモト遺跡の甕形土器は角閃石の量が勒島の弥生系土器よりも少ない。下ガヤノキ遺跡での鉱物組成も，角閃石の量は勒島の弥生系土器よりも少なく，また鉱物組成以外にも長石類に再結晶がみられるなど，勒島の弥生系土器の鉱物とは異なる特徴がみとめられる。したがって，勒島出土弥生系土器の製作地としては否定的である。

壱岐の原の辻遺跡とカラカミ遺跡出土土器の鉱物組成をみると，全体に角閃石の量が多いという特徴は共通している。そして斜長石も比較的多く，勒島出土の弥生系土器と比較的近い鉱物組成であると指摘できる。

糸島地域出土土器の鉱物組成についても検討すると，石英や長石類とともに，全体に角閃石が多く含まれる特徴があり，輝石も少量含まれている。したがって，糸島地域の土器も勒島遺跡の弥生系土器と比較的近い鉱物組成をもつといえよう。

5. 考　察

今回勒島遺跡出土土器に対して実施した胎土分析は，まだ分析点数が十分な量を満たしているわけではなく，今後調査を継続する必要があるが，現段階での分析結果から，以下のように推察したい。

まず勒島出土弥生系土器は，他の無文土器とは蛍光 X 線分析によって得られた元素組成を比較すると重なりもある。したがって，元素組成からは弥生系土器が勒島周辺で作られた可能性も考えられる。しかし，偏光顕微鏡で胎土組織を観察する限りでは，両者の鉱物組成には比較的明確な差異が認められる。したがって，今回分析を行った弥生系土器は，勒島の無文土器とは異なる材料を用いて製作されたと考えられる。断定はできないが，勒島出土弥生系土器は島外からの搬入品である可能性が高いとみたい。

そしてこれらの弥生系土器が北部九州からの搬入品であると仮定した場合，鉱物組成の特徴は，斜長石や角閃石の含有量が比較的多いことから，壱岐および糸島地域出土の土器に比較的近い。したがって鉱物組成のみでは壱岐か糸島か判断しづらいが，Ca および Rb が高い値を示すという点で，壱岐のデータと関係性が強いことを指摘することができ，それは主成分分析でも裏付けられるのである。

従来は，壱岐で出土する弥生土器の大半は糸島地域からの搬入品と想定されることが多かったため，壱岐からの土器の移動という視点ではあまり検討されてこなかったように思われる。今回の分析結果から，勒島では壱岐で製作された土器が一定量搬入された可能性が強いと推測する。交易拠点的な性格の強い勒島遺跡が，壱岐の集落と密接な交流をもっていたことに対して，今後朝鮮半島と弥生社会との交流史における歴史的な位置付けが必要となろう。

勒島遺跡の交流における位置づけに関して，白井克也は，日本国内における朝鮮半島系土器の出土状況から，弥生時代中期後半までは勒島が重要な交易拠点であったのが，後期以降は原の辻遺跡がそれに代わって交易拠点となったと解釈している（白井，2001）。白井の見解は適切なものであると考えるが，今回の分析結果をふまえるならば，弥生時代中期に壱岐と勒島の間で土器自体の移動を含めた密接な交流が行われ，それが朝鮮半島と北部九州，山陰，瀬戸内など各地との間の交易活動が営まれる際の基盤となったことが指摘できるのではなかろうか。

また弥生時代中期後半以降の壱岐・対馬の位置付けは，北部九州の結合体が主導する大陸や朝鮮半島との交渉における，仲介者の役割として評価されている（後藤直，1979；平，2001）。その評価は妥当であろうが，元来土器はきわめて日常的な性格を帯びた道具でもあり，弥生土器でも甕のような煮炊きなど日常的に使用する器種が朝鮮半島側で出土することから，遠隔地間の交流自体が日常的な営みを基盤としていたことが推測できる。したがって，勒島における弥生系土器の出土は，壱

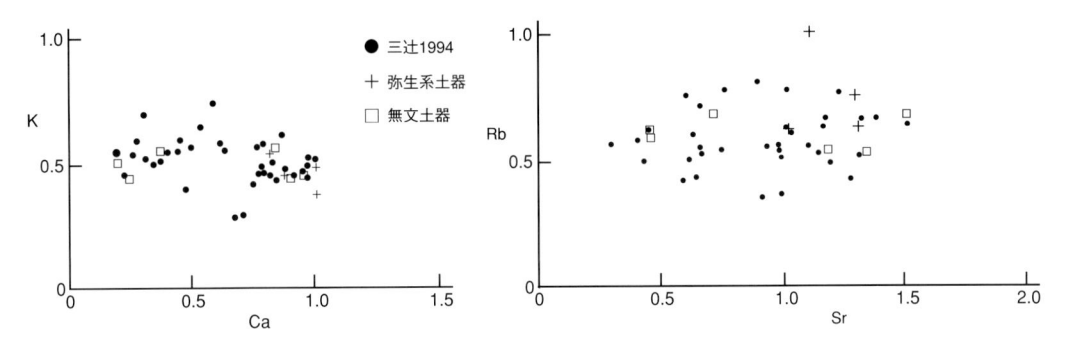

図 114 勒島遺跡出土土器 三辻分析(三辻, 1994)と本章での分析結果の比較

岐の人々が北部九州の結合体としての政治的な性格を帯びた交流を行っただけでなく，壱岐を拠点とした日常性の強い独自の経済的交渉が行われていたことをも示唆するとみたい。

もちろん，今回行った分析資料は全体からみてまだわずかな量であり，分析結果は暫定的なものにすぎず，さらに分析を継続しデータを蓄積させていく必要があるのはいうまでもない。また弥生系土器の中でも No.2 に関しては産地推定の結論は保留しており，勒島周辺，あるいは北部九州のその他の地域で製作された可能性も考慮する必要があろう。さらに勒島出土土器に対しては，三辻によって蛍光 X 線分析が行われているが(三辻, 1994)(図114)，今回の分析結果は，元素分布において三辻の分析結果とも重なりを見せており，弥生系土器が勒島周辺で製作された可能性も含めて今後再検討しなくてはならない。弥生系土器の生産に関しては，勒島遺跡 3 次調査において土器焼成遺構に関連すると思われる焼土の堆積を含む層が検出され，その中から弥生土器片が出土していること，弥生系土器の胎土や色調の特徴が日本でみられる典型的な弥生土器とは若干異なるという見解から，韓国南部地方での生産を考える意見もある(東亜大学校博物館, 2000; 沈・金, 2001)。これらの問題に対して，今後残された資料の分析を継続するとともに，勒島周辺の地質の状況なども含めて総合的に検討を行う必要がある。

第3節　壱岐・対馬出土三韓系瓦質土器・楽浪系土器の胎土分析

1. はじめに

前節では，勒島の弥生系土器について検討を行った。本節では朝鮮半島の原三国時代を特徴づける還元焔焼成の瓦質土器(三韓系瓦質土器)や楽浪系土器の弥生社会への流入について考察することにしたい。朝鮮半島の土器の胎土分析は，朝鮮半島側の土器の製作地が十分に明らかにされていないため，現段階で朝鮮半島系土器生産と弥生社会への流入のありかたについて詳細にトレースするのは困難である。今回の分析は国内で出土した朝鮮半島系土器を中心としており，そこでの立論も仮説の域を出ないが，現時点で収集できたデータに基づき検討をすすめる。

三雲遺跡や原の辻遺跡などで，朝鮮半島の原三国時代に相当する還元焔焼成の瓦質土器が出土す

ることに対して，これまでも検討がなされてきている。瓦質土器に代表される原三国時代の朝鮮半島系土器は，弥生時代中期後半から後期にかけて，壱岐の原の辻遺跡やカラカミ遺跡，対馬の各遺跡，糸島平野の三雲遺跡などで出土しており，そのような朝鮮半島系土器の出土状況に対して，多くは朝鮮半島側からの搬入品であると考えられている（武末，1991aほか）。また弥生社会と朝鮮半島との交流において，土器の移動については，それを容器や運搬具とし，背後に内容物として何らかの別の物資の交易が行われたことを想定する見解（白井，2001）も提示されている。さらに朝鮮半島系土器自体の流入のみならず，朝鮮半島系土器のもつ要素が部分的に弥生土器や土師器に取り入れられているものも散見されており，寺井誠は日本の弥生後期土器や古墳時代の土師器にみられる格子目タタキの導入から，日本と朝鮮半島との交流を検討している（寺井，2001）。

　また，弥生社会における朝鮮半島系土器の出土の仕方には，パターンがあることが指摘されている。原三国時代に相当する土器，いわゆる三韓系土器の概念については武末によって整理されており（武末，1985），そして三韓系土器や楽浪系土器が弥生社会において出土することに対して，出土する遺跡や遺構の性格の違い，壺や鉢など器種構成の違いから，その流入や交流の背景の違いが想定されている（武末，1991b・1994）。武末は，日本での楽浪系土器を含めた朝鮮半島系土器の出土の様相を，「対馬型」「カラカミ型」「三雲番上型」に分類している（武末，1994）。「対馬型」は，楽浪系土器が1～2点みられるもので，楽浪郡との対馬国の人々自体の交易活動を示す。また「カラカミ型」は，原の辻遺跡のように多種多様な器種の楽浪系土器が出土するもので，より大規模で公的な対外交渉の結果を示すとする。さらに「三雲番上型」は，各種の楽浪系土器がまとまって出土するもので，楽浪郡からの漢人が居住した可能性を示している。

　このように，朝鮮半島系土器の出土する状況は，対馬と壱岐，北部九州の間で若干異なることが認識されており，対馬を除いて瓦質土器や楽浪系土器は集落遺跡から出土することが多い。一方対馬では，楽浪系土器は墳墓からの出土がみられることから，対馬の特殊性も想定されたが（川上，1995），三韓系瓦質土器や楽浪系土器が出土する状況を包括的に検討し，それらが壱岐や対馬，北部九州で出土することの意義を問い直すとともに，考古学的分析に加えて自然科学の分析手法を活用し，詳細な分析を行う必要があると考える。瓦質土器や楽浪系土器は搬入品とされる一方で，それ以前の無文土器は胎土分析などから在地の弥生集落で製作されたことも想定されており，瓦質土器についても実際すべて半島から搬入されたかどうか検証する必要があろう。また搬入される経路について，単一の生産地から日本に持ち込まれたものなのか，あるいは複数の生産地から，複雑な経緯を経て流入したものであるのか，ということも検討が求められる。

　さらに弥生社会で出土する朝鮮半島系土器の胎土分析を行うことは，渡来人のアイデンティティの問題を考えるのに重要な手がかりとなると考える。すなわち，朝鮮半島系土器がどこで生産され，どのように流通し消費が行われたのかを明らかにすることは，当時の朝鮮半島と日本との交流の一端を描き出すとともに，異文化間の交流において，人々のアイデンティティが物質文化にどのように投影されているのか，という問題の解明に貢献しうる。これまで朝鮮系無文土器に関しては一部胎土分析がすすめられ，それに伴って渡来人のアイデンティティについて考察されているものの，ま

だ十分とはいえず，特に原三国時代以降の土器の生産や流入のありかたについては，さらに検討される余地がある．日本で出土する朝鮮半島系土器は，在地の弥生土器に比べて出土量は圧倒的に少ないので，遺跡の中では客体的な評価をせざるをえないが，朝鮮半島の瓦質土器，楽浪系土器の生産と分配，消費システムは弥生土器と比べて違いがあるのかどうか，土器製作や使用の際に，製作者や使用者にとってのアイデンティティが土器にどのように表出しているか，などの問題は詳細に考察されるべきであり，またそれに対するアプローチの方法を洗練させる必要があろう．

そこで，本節では，壱岐・対馬や北部九州で出土した朝鮮半島の原三国時代に相当する瓦質土器，および楽浪系土器に対して，胎土分析を行い，上述したような日本における朝鮮半島系土器の流入の問題に取り組むにあたっての手がかりを得ることを目指したい．

2. 分析試料

分析には，壱岐の原の辻遺跡とカラカミ遺跡，対馬の三根遺跡出土の朝鮮半島原三国時代に相当すると考えられる土器，および楽浪系土器を用いた(図115)[2]．また遺構の時期は古墳前期に相当するが，前原市西町遺跡で出土した瓦質土器の壺(鐘ヶ江・三辻，2004)のデータも検討に加えた．対象とした器種は，主に瓦質土器や楽浪系土器の壺形土器や鉢形土器である．分析試料のリストは表12に示している．なお瓦質土器や楽浪系土器は，胎土が精良である上に高温焼成され，基質のガラス化が進んでいる．そのため鉱物組成の分析は困難であり，ここでは蛍光X線分析を軸に検討をすすめる．

分析に用いた朝鮮半島系土器は，原の辻遺跡のように溝などから他の弥生土器とともに出土し，なおかつ複数時期にまたがる遺構から出土したものが多く，詳細な時期は決めがたい．ただし，瓦質土器の短頸壺については，李盛周がタタキ工具や硬度などの技術的な変化に基づき，瓦質土器から陶質土器への変遷過程やその画期を提示している(李，2000)．李の論考では，瓦質土器における格子目タタキ技法の導入はおよそ紀元後2世紀中葉頃と想定され，擬似縄蓆文は，嶺南地方では3世紀前半頃に短頸壺などに取り入れられると考えられている(李，ibid.)．また瓦質土器のうちモース硬度で4以上のものは，「新式瓦質土器」や「陶質土器」の範疇でとらえてよいと考えられ(崔鍾圭，1995; 李，1988ほか)，短頸壺に関してはタタキ工具や硬度との関連からある程度の相対的な変遷が推測可能になってきている．それらの研究を参考にして，不十分ながらおよその時期や土器の系統を判断した．

3. 蛍光X線分析による検討

3.1 原の辻遺跡瓦質土器と楽浪系土器

原の辻遺跡は，前章でも触れたように，朝鮮半島系土器が比較的まとまって出土することで知られる．そして瓦質土器や楽浪系土器の出土は，弥生土器やその他遺物とともに溝に投棄された形で

---

[2] 土器の実測の際には，榊原俊行氏にご協力をいただいた．

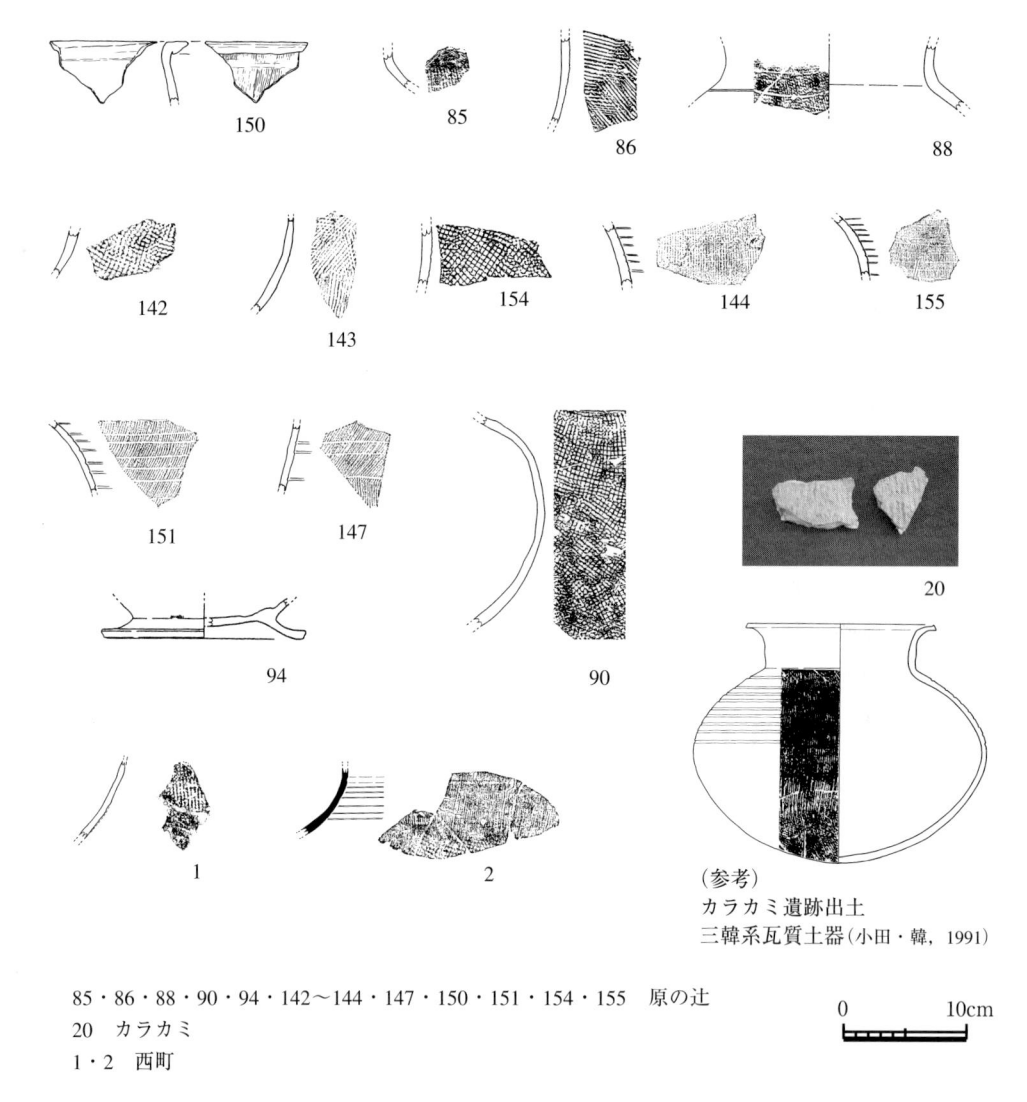

85・86・88・90・94・142〜144・147・150・151・154・155　原の辻
20　カラカミ
1・2　西町

0　　　　10cm

図 115　分析を実施した三韓系瓦質土器(各報告書および筆者実測図より作成。番号は表 12 の No. と対応)

検出され，特別に貴重なものとして扱われたような状況は看取することができない。瓦質土器や楽浪系土器は，おそらく朝鮮半島からの渡来人が壱岐で移住や交易活動などを行ったことを示すとともに，他の土器と同様日常性の高い使用の痕跡を示すものであると推測する。

　まず，原の辻遺跡出土土器の瓦質土器は，外面に縄蓆文タタキが施される壺形土器を中心に分析を行った(図 115)。瓦質土器の大半は小破片で出土するので詳細な時期は決定しがたいものの，おそらく器種としては短頸壺が大半を占めると考えられる。

　瓦質土器は，モース硬度が 2〜3 程度の軟質で吸水性を残すものと，硬度が 4〜6 程度の硬質な焼成のものがみとめられる。比較的軟質なものは時期的にやや古く，また硬質な焼成のものは「新式瓦質土器」とされており(崔鐘圭，1995)，硬質な焼成の新式瓦質土器は，弥生後期後半以降のものに

表12 三韓系瓦質土器の分析試料と蛍光X線分析データ

原の辻

No.	K	Ca	Fe	Rb	Sr	Na	地区	遺構	器種	系統	備考	頁	No.	文献
84	0.487	0.318	2.78	0.625	0.584	0.25	コヨウ	中区SD6	壺	楽浪系土器	黒色化	34	138	8
85	0.371	0.128	1.72	0.564	0.665	0.213	コヨウ	中区4a	壺	三韓系瓦質土器		35	158	8
86	0.497	0.239	2.43	0.667	0.641	0.193	コヨウ	南トレンチ21	壺	三韓系瓦質土器		31	111	8
87	0.389	0.429	1.43	0.547	1.5	0.209	コヨウ	中区G2.3SD6	壺	三韓系瓦質土器		34	136	8
88	0.472	0.179	2.45	0.738	0.657	0.23	コヨウ	北区5	壺	三韓系瓦質土器		35	155	8
89	0.544	0.626	3.43	0.548	1.56	0.219	コヨウ	中区4.5SD5	壺	楽浪系土器	黒色化	31	110	8
90	0.359	0.282	3.02	0.463	0.832	0.089	コヨウ	北区B.3SD5	壺	瓦質(陶質)土器		31	109	8
91	0.469	0.351	3.37	0.447	1.03	0.198	コヨウ	北区溝上9	鉢	楽浪系土器		35	152	8
94	0.411	0.921	3.62	0.374	1.474	0.235	コヨウ	南SD5	壺	三韓系瓦質土器		29	76	8
142	0.543	0.287	2.2	0.631	0.964	0.28	原地区	原S7–28H	壺	三韓系瓦質土器		186	5	9
143	0.56	0.323	3.18	0.624	0.659	0.244	原地区	原T11–34IV下	壺	三韓系瓦質土器		182	9	9
144	0.336	0.559	3.67	0.338	0.805	0.182	原地区	原R5–32IV上	壺	三韓系瓦質土器		184	9	9
145	0.59	0.343	2.42	0.687	0.54	0.305	原地区	原Q5–18IV上	壺	瓦質土器(楽浪)		182	10	9
146	0.468	0.398	2.88	0.613	0.864	0.34	原地区	原T18–14IV上	壺	瓦質(陶質)土器				6
147	0.441	0.157	4.09	0.495	0.325	0.151	原地区	原特定B-18, IV6	壺	瓦質(陶質)土器		48	82	6
148	0.58	0.275	2.8	0.694	0.485	0.3	北西部旧河道	11トク6–18落3	壺	瓦質土器(楽浪)		50	7	6
150	0.489	0.31	0.736	0.559	1.22	0.291	北西部旧河道	11トクE-19 6.1IIIA	甕	三韓系瓦質土器				6
151	0.448	0.143	3.96	0.52	0.336	0.137	北西部旧河道	11トクE-20落3-II	壺	瓦質(陶質)土器				6
152	0.648	0.247	3.85	0.669	0.436	0.163	北西部旧河道	13トク35. 503II	鉢	楽浪系土器				
153	0.567	0.227	2.94	0.654	0.512	0.183	北西部旧河道	13トク23. IIIA	鉢	楽浪系土器				
154	0.652	0.154	2.86	0.697	0.537	0.221	原地区	原S7–13IV上	壺	三韓系瓦質土器				
155	0.639	0.233	0.918	0.819	1.04	0.32	北西部旧河道	13トク34. IIIA	壺	三韓系瓦質土器				
156	0.474	0.233	2.76	0.583	0.54	0.277	北西部旧河道	13トク17. IIIb	鉢	楽浪系土器				
157	0.584	0.35	2.31	0.605	0.685	0.303	原地区	原S7–21IV上	鉢	楽浪系土器				

文献 (6) 杉原編, 2000; (8) 小石編, 2002; (9) 副島・山下編, 1995

カラカミ

No.	K	Ca	Fe	Rb	Sr	Na	遺構	器種	系統
20	0.525	0.339	2.19	0.917	0.606	0.19	IJ	壺	三韓系瓦質土器

三根

No.	K	Ca	Fe	Rb	Sr	Na	遺構	器種	系統
15	0.463	0.226	2.22	0.462	0.538	0.224	111-C.39.3・14C39–1	壺	楽浪系土器
16	0.458	0.254	2.22	0.445	0.63	0.234	17-E.711–1・15E.272–1・16E3.24–1	壺	楽浪系土器
17	0.398	0.141	2.78	0.536	0.458	0.194	14.C.283–1・14.C.283–2	壺	楽浪系土器
18	0.493	0.178	2.86	0.572	0.519	0.211	570	鉢	楽浪系土器
19	0.508	0.183	2.64	0.637	0.614	0.183	127.17.D303–1・127.17.D303–2	壺	三韓系瓦質土器
20	0.463	0.253	3.49	0.599	0.52	0.212	16C・38C–1・10.C・32C–4・16.C.3.de-3	壺	三韓系瓦質土器

西町

No.	K	Ca	Fe	Rb	Sr	Na	遺構	器種	系統	頁	No.
1	0.389	0.159	2.866	0.503	0.451	0.134	1号掘立柱建物	壺	三韓系瓦質土器	15	35
2	0.532	0.184	3.4	0.575	0.45	0.145	1号掘立柱建物	壺	三韓系瓦質土器	15	36

伴う可能性が高い。原の辻遺跡では，「新式瓦質土器」に相当する短頸壺が割合として多いと推測するが，ここでは「瓦質土器」と一括しておく。さらに硬度が高まる三国時代の「陶質土器」の段階のものも出土している。原の辻遺跡出土土器については，こうした技術の変化に伴って，元素分布も変化するかどうか注意したい。なお無文土器時代後期終末に相当する甕形土器の形状を呈するにもかかわらず，瓦質の還元焔焼成がなされた甕形土器も1点分析している（No. 150）。

楽浪系土器は，壺形土器と鉢形土器を分析した。壺形土器には縄蓆文タタキが認められ，外面に焼成後の黒色化処理を行ったものもある（図116–84・89）。また鉢形土器には外面に轆轤による調整の痕跡が認められる。

原の辻遺跡出土三韓系瓦質土器と陶質土器，および楽浪系土器の蛍光X線分析のK-Ca，Rb-Srの元素分布を検討する（図117）。Caは全体的に低い値でまとまるが，瓦質土器の一部にCaが高い値を示すものがみられる。No. 94は台付壺と考えられるが，この1点のみCaが特に高い値で，Srも高い。またNo. 89は楽浪系土器と思われる個体であるが，CaやSrが他よりも若干高い値を示している。表面を観察すると，外面は黒色化処理がなされており，細かな縄蓆文のタタキを施し，内面は同心円文状の当て具痕跡を残している。外面の特徴は，他の楽浪系土器とは若干異なる特徴をもっており，そうした調整の違いが，元素分布に表れている可能性もある。

Rb-Srの分布をみると，瓦質土器のNo. 87やNo. 94はSrが高い値を示している。No. 87は短頸壺と考えられ，外面に格子目タタキが施されているが，他の格子目タタキがなされた個体と大きく異なる点は見出されていない。No. 94はCaも高い値を示しているが，No. 87とNo. 94が他の土器と考古学的に明らかな違いがあるかどうかは判然としない。No. 155はRbが高い値を示している。これも短頸壺と考えられ，細かな縄蓆文が施される。またCaやSrの値が低いものがあるのにも注意すべきであろう。No. 147やNo. 151の個体はCaやSrが低い。両者は硬質な焼成で，「陶質土器」といえる古墳時代前期に併行する土器であると考えられる。

こうしたデータから，原の辻遺跡の瓦質土器や楽浪系土器は，単一の生産地で作られたものではなく，複数の生産地や製作技術の系統があったことが推測されよう。

さらに，瓦質土器と楽浪系土器の元素分布には，重なりもみられ，元素分布からは，明確に材料が異なるという状況を示していない。主成分分析による第1主成分と第2主成分の得点分布をみても，瓦質土器と楽浪系土器との間で明確な違いは見出せない（図118）。ただしやや異なる元素分布を示す個体も存在する。第1主成分の得点で正の値を示しているものが数点あり，瓦質土器ではNo. 94の台付壺，楽浪系土器ではNo. 89の壺形土器やNo. 91の鉢形土器のSrが若干高い値を示しているものがそれにあたる。また第1主成分得点で負の方向にやや離れて位置しているのがNo. 155の瓦質土器である。元素分布ではRbが他の瓦質土器よりも高い値を示しており，異質な傾向が主成分得点にも現れている。第2主成分得点において，負の方向でやや離れているのは陶質焼成のNo. 147とNo. 151である。

このようにみると，原の辻遺跡出土の朝鮮半島系土器全体ではばらつきがみられるが，瓦質土器と楽浪系土器の間では，元素組成が明確に分離されない部分もあるという点には注意される。これ

第6章 弥生時代の遠隔地間交流の再検討　　　171

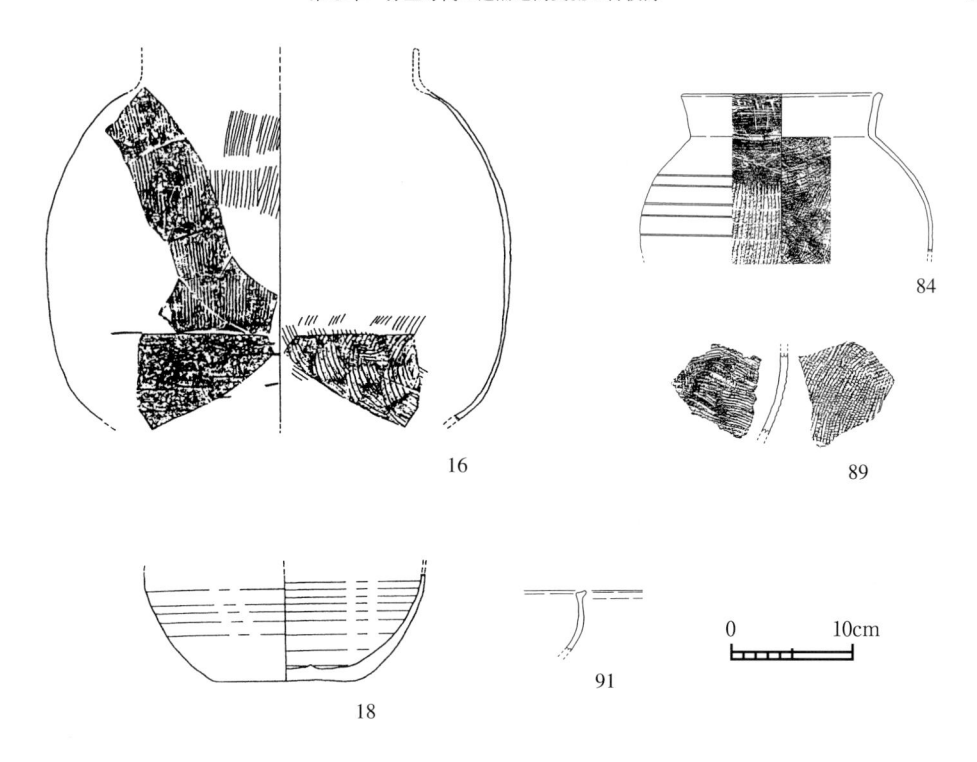

16
84
89
18
91
0　　　10cm

16・18　三根
84・89・91　原の辻

図116　分析を実施した楽浪系土器(番号は表12のNo.と対応)

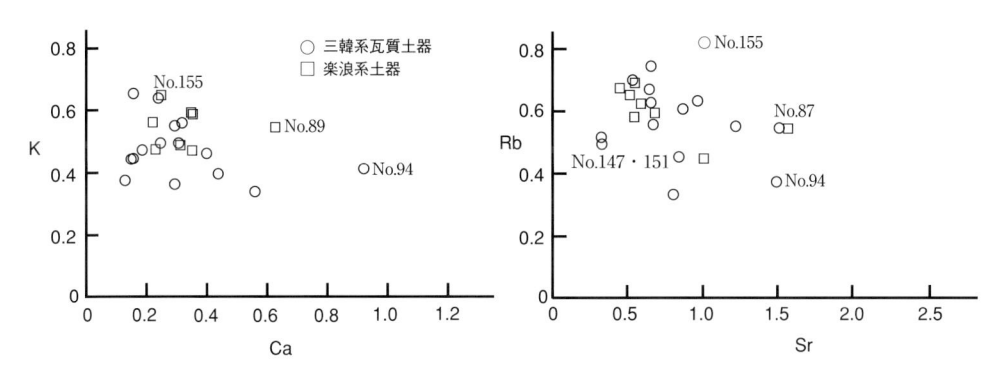

図117　原の辻遺跡出土三韓系瓦質土器・楽浪系土器のK-Ca, Rb-Sr分布図

にはいくつかの解釈の可能性はあるが，土器生産と原の辻遺跡内への流入の経緯が，かなり複雑であったことを示すのかもしれない。さらに原の辻遺跡出土瓦質土器に対する評価で問題となるのは，須玖式土器の甕形土器の形態でありながら還元焔焼成がなされた瓦質土器の存在である(小田，2000)。この個体の口縁部の形状や，口唇部の刻目などの特徴は，須玖式の丹塗りの甕形土器に多く認められるものである。これに対してはまだ胎土分析を行っていないが，こうした土器の存在は，瓦

固有値

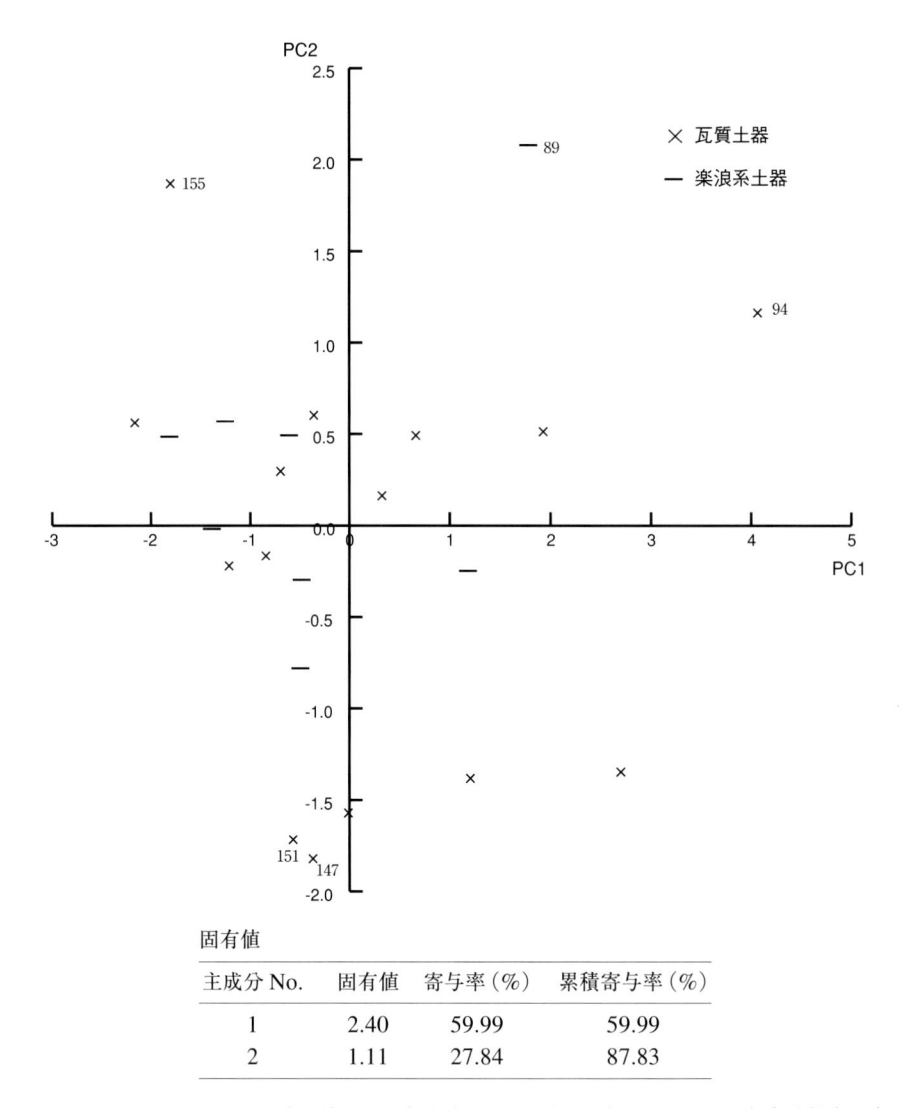

主成分 No.	固有値	寄与率(％)	累積寄与率(％)
1	2.40	59.99	59.99
2	1.11	27.84	87.83

図118 原の辻遺跡出土三韓系瓦質土器・楽浪系土器の蛍光X線分析データの主成分得点分布図

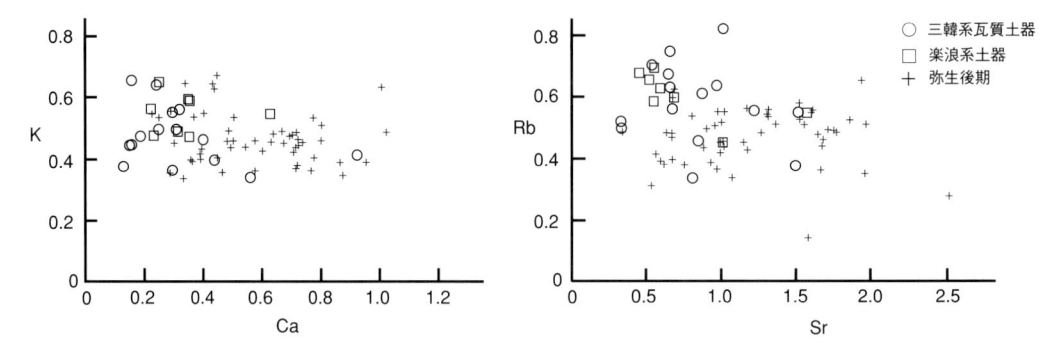

図119 壱岐出土三韓系瓦質土器・楽浪系土器と弥生後期土器(原の辻遺跡)の元素分布の比較

質土器の製作者の中にも弥生土器の製作技術を理解する者がいたということを示すとともに，原の辻遺跡内でも瓦質土器を製作していた可能性を示しているのではなかろうか。

　さらに，原の辻遺跡の瓦質土器や楽浪系土器を，他の弥生後期土器と比較した（図119）。瓦質土器や楽浪系土器は，CaやRbが低く分布しているのがわかる。また弥生土器よりもKとRbは高い値をとっている。ただし，弥生土器の一部にも類似した分布を示すものもある。弥生土器と三韓系瓦質土器，および楽浪系土器は，元素分布において分離できるが，それぞれに似た分布を示すものもあり，すべて截然と分けられるわけではないことには注意される。

　原の辻遺跡出土土器の蛍光X線分析のデータを，先に述べた蛍光X線分析の元素分布のパターンと比較すると，瓦質土器や楽浪系土器は相対的にCaやSrが低く分布するという点で，朝鮮半島から原の辻遺跡内へ土器が持ち込まれた可能性が浮かび上がる。先に提示した第4章のモデルにおいて，X①のパターンの元素の分布であると考えれば，①のように朝鮮半島南部や楽浪郡から土器が持ち込まれたと評価できる。ただし，弥生土器によく似た形態をもつ瓦質土器の甕形土器が存在すること，また弥生土器と元素分布が重なり，三韓系瓦質土器と楽浪系土器との間で元素分布が明確に分離できない部分もあるという点では，原の辻遺跡内で土器が製作された可能性も捨てきれない。そうなると，原の辻遺跡内で朝鮮半島の各系統の特徴をもつ土器を製作した，Y②のパターンの元素分布であり，データを眺める限りでは，②のように朝鮮半島南部や楽浪地域の人々が，壱岐でそれぞれの土器を製作した，と解釈できる余地も残している。

3.2　カラカミ遺跡

　次に，カラカミ遺跡で出土した瓦質土器について検討する。今回分析を行ったのは東亜考古学会調査で出土した壺の小片1点であるが，特徴からすでに公表されている三韓系瓦質土器の短頸壺と同一個体の可能性がある（図115-20）。外面には細かな縄蓆文が施され，沈線がめぐる。そしてモース硬度で表すと4程度の硬質な焼成であり，新式瓦質土器あるいは陶質土器段階に相当すると考えられる。

　カラカミ遺跡出土瓦質土器は，Ca，Srが低く，Rbがかなり高い値を示している。壱岐で出土する弥生土器の元素組成においてこのような値を示すものはなく，また本書で分析を行った限りでは北部九州全体でもこの元素分布はみとめられないため，現時点では朝鮮半島からの搬入品の可能性が考えられる。なお，福岡市西新町遺跡出土の胎土分析においても（三辻，2002），朝鮮半島系土器の一部にRbが高い値を示すものがあり，他の土器と胎土が異なる領域外のものと判断されているが，朝鮮半島系土器の中には，このようにRbがかなり高い値を示すものが一定量みとめられるという点には注意すべきであろう。この元素分布の特徴は，確実に朝鮮半島からの搬入品と認定しうる1つの基準となるかもしれない。しかしながら現時点ではまだ分析点数が少なく，また生産地の状況も十分に明らかにされていないので，今後もデータの蓄積が必要である。

3.3 三根遺跡

対馬の三根遺跡では，第5章でも触れたように朝鮮半島系土器が出土しており，原三国時代の酸化焔焼成の無文土器の系譜を引く甕形土器，還元焔焼成の三韓系瓦質土器，楽浪系土器を含む。

三根遺跡の弥生土器と朝鮮半島系土器の蛍光X線分析の元素分布を再度確認すると，酸化焔焼成の朝鮮半島系土器はCaやSrが他の弥生土器に比べて若干低く分布している。したがって，それらの朝鮮半島系土器は在地の弥生土器とは胎土が若干異なるということが理解されるが，元素分布の違いはそれほど大きくなく，また朝鮮半島系土器を偏光顕微鏡で観察すると，甕形土器は石英や長石類を主体とし，一部砂岩の粒子もみられた。これは砂岩や泥岩など堆積岩を主体とし，火山岩の貫入岩体が散在する対馬の地質と矛盾するものではない。したがって，前章の分析ではこれらの朝鮮半島系土器は対馬の中で製作された可能性もあることを指摘した。

一方三根遺跡の瓦質土器や楽浪系土器の元素分布をみると，酸化焔焼成の土器とも比較的元素分布が近く，瓦質土器と楽浪系土器は明確に元素分布が異なるわけではない(図120)。そして弥生土器とも，比較的分布が類似する点には注意される。この結果から，朝鮮半島や楽浪郡からの搬入の可能性もあるが，第4章のY①やY②のパターンとして，これらの土器が対馬内の在地で生産されたという可能性も捨てきれないと考える。

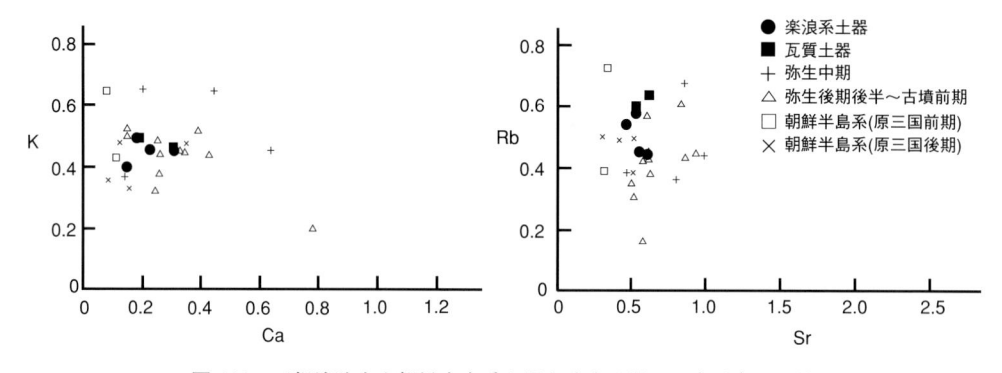

図120 三根遺跡出土朝鮮半島系土器と弥生土器の元素分布の比較

3.4 原の辻遺跡とカラカミ遺跡，三根遺跡および西町遺跡出土三韓系瓦質土器・楽浪系土器の元素分布の比較

以上の結果をふまえ，原の辻遺跡とカラカミ遺跡，三根遺跡出土の三韓系瓦質土器の蛍光X線分析データの比較をしてみたい。また前原市西町遺跡でも，朝鮮半島系の瓦質土器の壺が出土しており，このデータも加えて元素分布を検討した(図121)。

まず瓦質土器は全体的にCaが低くまとまるものが多いが，その一方で原の辻遺跡の分布には，ばらつきがあることが看取される。こうしたばらつきが，考古学的にどのように対応するかは，厳密には把握ができていないが，原の辻遺跡の瓦質土器の胎土が単一の材料採取地によるものでないことは明らかである。西新町遺跡出土陶質土器の分析では，CaとSrの値の低い部分で陶質土器の元素分布の領域が想定されたが(三辻, 2002)，それより外側のものは領域外として，胎土が異なる

とみなされており，原の辻遺跡も，CaやSrの値が高く，他の遺跡の分布の領域から外れるものがみられる。またカラカミ遺跡出土の壺形土器は，Rbが高い値を示し，他の遺跡出土のものとは明らかに材料の化学組成が異なる。カラカミ遺跡出土の壺形土器は，北部九州内の土器の元素組成から勘案してもある程度確実に朝鮮半島からの搬入品と解釈できるものであろう。西町遺跡出土土器は，CaとSrの値が低く，原の辻や三根のデータと元素分布に一部重なりをみせている。こうしたデータは，日本で出土する三韓系瓦質土器の流入のありかたは少数の製作地から一元的に持ち込まれたものではなく，多元的で複雑な経緯があったことをうかがわせる。

3.5 原の辻遺跡と三根遺跡の楽浪系土器の検討

次に，原の辻遺跡と三根遺跡の楽浪系土器を取り上げて検討してみる（図122）。楽浪系土器の元素分布を比較すると，三根遺跡の楽浪系土器のほうがKやRbの値が低く分布している。これは，両遺跡の楽浪系土器の材料は異なるということを示唆しているといえよう。さらにこれらの楽浪系土器は，表面のタタキ工具などの調整や色調においても違いがあり，三根遺跡の楽浪系土器の壺は縄蓆文のタタキが施されるが，外面の下部は平滑な工具でタタキが施され，原の辻遺跡の楽浪系土器とは外面の調整が異なる。したがって，蛍光X線分析の元素分布は，楽浪系土器の製作技術や色

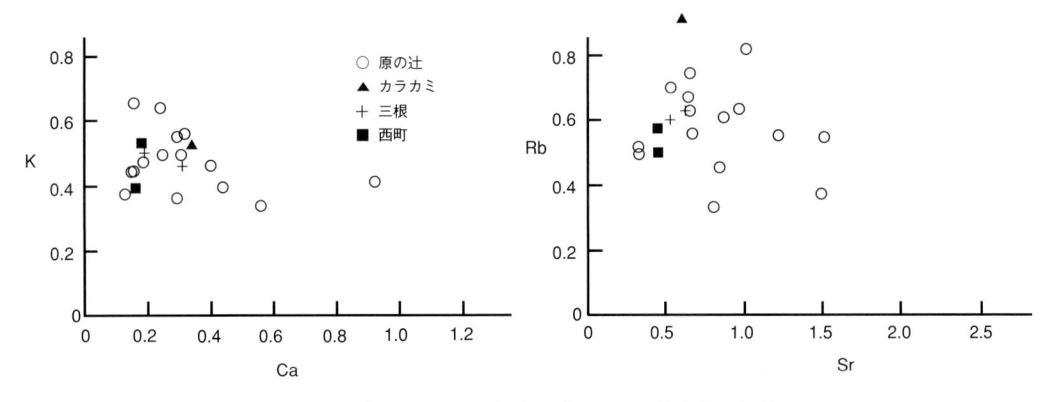

図121 各遺跡出土三韓系瓦質土器の元素分布の比較

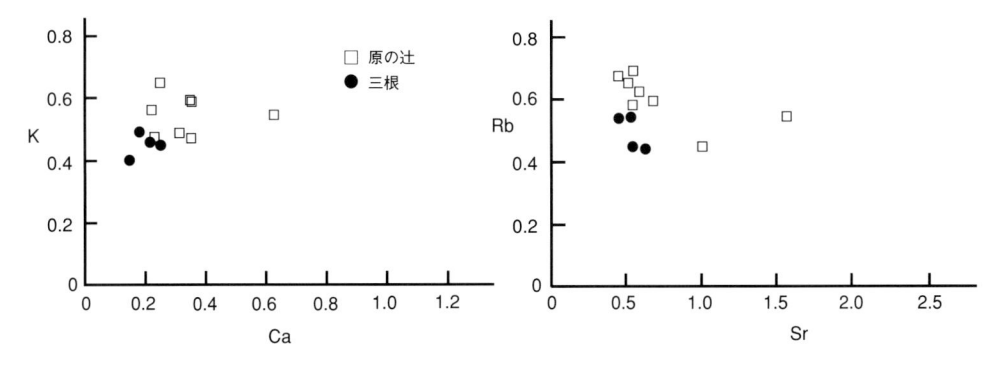

図122 原の辻遺跡および三根遺跡出土楽浪系土器の元素分布の比較

調にみられる違いとも対応しているといえよう。

4. 解　　釈

　以上のような蛍光X線分析の元素分布や，考古学的な検討から暫定的な解釈を提示しておきたい。まず弥生時代後期から古墳時代前期にかけて流入する楽浪系土器や朝鮮半島系土器は，蛍光X線分析から，限られた生産地から壱岐や対馬，北部九州に搬入されたのではなく，複雑で多元的な交渉の結果として弥生社会に流入したものであることを推察した。

　なお，北部九州で出土する瓦質土器や楽浪系土器との直接的な関係は薄いが，近年漢城期百済の土器に対する中性子放射化分析による胎土分析がすすめられており，窯跡出土土器と消費地出土土器の元素組成の比較が行われている。それによると，消費地に近接した場所に窯があったとしても，その窯の製品のみでなく，ほかの窯の製品も流入しており，複雑な土器の流通と消費を示すとされている（趙ほか，2004）。こうした結果も，壱岐や対馬での朝鮮半島系土器や楽浪系土器の複雑な流入の状況を考える上で示唆的であるといえよう。

　さらに，壱岐や対馬で出土した朝鮮半島系土器の分析でも指摘したように，瓦質土器や楽浪系土器はすべて搬入品というわけではなく，中には壱岐や対馬，北部九州内でも製作されたものが存在した可能性も考慮しておく必要がある。対馬の三根遺跡では，朝鮮半島系の甕形土器は他の弥生土器とは胎土が若干異なるものの，鉱物組成として対馬で製作されたとしても矛盾するものではないことから，対馬内での製作の可能性もあり，瓦質土器や楽浪系土器も，元素の分布は弥生土器と比較的類似することから，対馬内での生産の可能性も含めて検討を行う必要がある。さらに壱岐の原の辻遺跡でも，形態は弥生時代中期後半の須玖式土器そのものでありながら，焼成は瓦質焼成であるものもみられる。このような土器は，土器自体の移動だけでなく，情報の移動として評価できるものでもある。したがって，もちろんすべてが在地生産されたというわけではないが，三韓系瓦質土器や楽浪系土器の一部には壱岐や対馬，北部九州内で製作されたものも存在したと想定したい。

　こうした想定を補強するものとして，古墳時代前期の西新町遺跡で出土した朝鮮半島の三国時代の陶質土器，及び畿内系土器，在地の西新式土器の蛍光X線分析が挙げられる（三辻，2002・2003）。それによると，陶質土器は他の庄内系・布留系土器や西新式土器と胎土に若干違いはみられるものの，違いは大きくなく，西新町遺跡周辺で製作された可能性も示唆されている。陶質土器は慶尚南道や全羅南道の地域色をもつ土器で構成されているが（重藤編，2003；武末，2002），そのような地域差は，蛍光X線分析における元素分布の差としては明確には現れていない。さらに西新町遺跡では布留系土器の形態をもちながらも，外面には朝鮮半島に特徴的な斜格子タタキが施されるものもあり，朝鮮半島の土器製作技術をもった人物が，西新町遺跡で土器を製作したということをうかがわせるものである。

　朝鮮半島側でも，外来系土器に対する評価は複雑なものになりつつある。勒島で出土した楽浪系土器は，東京大学所蔵の楽浪土城で出土した同タイプの土器とは胎土などに違いがあり，楽浪系土器が勒島周辺で製作された可能性が指摘されている（李健茂，2001）。また，京畿道を中心に楽浪系土

器の出土が報告される事例が増加しつつあるが，華城旗安里遺跡のように楽浪系土器の在地生産が推測されている事例もあり，そうした楽浪系土器の在地生産は，製鉄にかかわる楽浪の集団の移住と関連するものと考えられている(金，2004)。このような事例は，外来系土器の流入のありかたについて，モノの移動が行われただけでなく，情報の伝播を含めた複雑な様相を示すことを，如実に表している。

　朝鮮半島系土器の日本での出土状況は，壱岐や対馬が日本と朝鮮半島との交渉における仲介者としての役割を担った(後藤直，1979)ことをうかがわせるものではあるが，土器自体には，政治的な意図や，権力者やエリートのもとに土器が集約され再分配されたような痕跡は弱いといえよう。むしろ，土器の動きは日常的な経済活動のレベルでのものであり，複雑で多元的な性格の強い交渉の一端を示すものであると考える。そして一部で移住者が移住先で自らの出身地の土器を作るという状況があるならば，これをエスニシティという脈絡で解釈することも有効性をもちうると考える(c.f. 松本直子，2002)[3]。土器を製作し使用することは，移住者自らのエスニシティを維持・確認し，社会的関係を再生産するという側面においても重要であったということがうかがえるのである。移住者にとっては，材料の採取の段階から土器を焼き上げ，それを使用するに至るまでの一連の工程が，自らの出身地や系譜，社会的関係を再確認し再生産する意義をもっていたのではないだろうか。

---

[3]　エスニシティについては，松本が縄文時代から弥生時代への生活様式の変化について，モデルを構築する際に有効性をもつものとして評価を行っている(松本，2002)。ジョーンズの議論(Jones, 1997)に依拠する松本の整理にしたがうと，エスニック・アイデンティティは他者・他集団との文化的差異の認識に基づく自己の集団の帰属意識であり，それに関連するすべての社会的・心理学的現象がエスニシティであると規定される。エスニシティに関しては，「原初主義」と「道具主義」の2つの立場がある。「原初主義」は，個人のエスニシティは血統や皮膚の色など生まれながらに備わっている本源的な性格によって規定されると考えるものである。一方「道具主義」は，経済的・政治的資源を獲得するため，エスニシティは合理的な個人によって操作されるものであると考えるものである。これまでは，主にバルト(Barth, 1969)による道具主義的な立場が重視されてきたようであるが，現在のエスニシティに関する議論は，エスニシティは完全に選択性や順応性のあるものではなく，ある程度の制約もあることが指摘されている(Lucy, 2005)。操作可能であると同時に制約もあるエスニシティについて，物質文化の側面から議論を深めていく必要があろう。

第7章

土器の色調変化からみた九州弥生土器文化の特質

第1節　土器の色調研究への視座

　これまで，弥生土器の編年や地域色研究は，主に形態や文様に着目した分析を軸とした研究に蓄積があり，特に編年については全国的に完成に近づきつつあるといえるが，時代や地域に特有の特徴をもつ土器が，どのような交流や関係を基盤として生み出されたのか，という根本的な問題に対して，これまで十分に議論が尽くされてきたとはいいがたい。そこで，第7章では多様な時間的・空間的変化をみせる弥生土器の動態について，従来あまり言及されなかった色調に着目することにより，新たな議論や方法論の開拓を模索したいと思う。

　土器は，粘土の高温焼成による化学変化を利用したものである。土器の色調は，粘土の質や焼成温度・焼成の雰囲気などの焼成技術を理解する手がかりとなる属性であるが，同時に同じ型式／様式の範疇としてとらえられる土器は，出土地が離れていても，色調をはじめとする胎土の特徴は共通することが多く，破片であっても比較的容易に認識されるということが重要である。これは，特有の色や気風・雰囲気をもつ土器に仕上げることを目指した製作者の営みの結果であることの証左であるといえよう。

　土器の色調に注目した研究は数少ないが，縄文時代後晩期の土器の色調変化に着目した松本直子の注目すべき研究があり，認知考古学的な視点により新たな解釈の可能性を見出している（松本, 1996）。土器の色調という属性は，過去の集団や個人の間の交流における，モノを媒介とした情報処理の過程を研究対象として扱う認知考古学に適した素材であるといえよう。

　色彩認知のメカニズムや，色の社会的・文化的な意義に関する研究は数多いが，ここで松本による理論的検討や，人類学，民俗学などの研究成果に基づき，若干整理してみたい。

　人間が色を認識するのは，目が物体の表面から反射される光を感知することに基づくものである。光は電磁波の一種であるが，色として認識されるのは電磁波の中でも限られた範囲の波長のもので，色の違いは，物体に反射する光に含まれるさまざまな波長の量的割合によって決定される。

　そうして人間が感知する色彩の波長の領域は，本来切れ目なく連続しているが，人はそれをどのように分類し認識しているのだろうか。色は，それぞれの文化のもつ言語によって恣意的に分類されるとする伝統的な解釈に対して，バーリン Berlin とケイ Kay は異なる見解を提示した（Berlin and Kay, 1969）。

バーリンらは，世界各地の98の言語における色彩名を調べ，色彩語彙の発展過程には，世界的に普遍性がみとめられるという仮説を提示した。すなわち基礎色彩語彙の形成において，すべての言語には「白・黒」の色が存在し，色彩名が3つの場合には「白・黒・赤」という組み合わせとなり，そして4つの場合には「白・黒・赤・緑」あるいは「白・黒・赤・黄」という組み合わせで発展の過程をたどる，という色彩語彙の発展過程の普遍的なモデルを示したのである。このバーリンらの仮説は，分析手法や民族事例による反証から現在では批判もなされている。しかしながら色彩語彙と色の認識の普遍性に関する研究を飛躍的に発展させたものと評価できよう。

　こうした色彩語彙の形成に関する研究は日本でも行われており，例えば万葉集などの文献資料や民俗学的資料から，佐竹昭広が古代色彩語彙について検討を行った研究は注目される（佐竹，1956）。佐竹は，日本の古代の色を表現する形容詞は，元来色彩を表現するというよりも，むしろ光の感覚を担う語ではないか，としている。すなわち，古代の日本語の色彩感覚は「赤し」「黒し」「白し」「青し」という4つの形容詞を基幹として構成され，それぞれ「アカ」は「明」，「クロ」は「暗」，「シロ」は「顕」，アヲは「漠」というように，色の明るさ，暗さを基調とする光に対する感覚の対立関係から派生したと考えた。

　また，色は記号論的なコードであり，人や集団，モノや出来事が文化的秩序において差異化され，また結び付けられる意味的構造として，社会関係の体系における記号として機能すると考えられている（Sahlins, 1976）。色はシンボリズムと密接に関係することが知られており，色彩の象徴性の問題は，文化人類学で多くの研究が行われている。特に構造主義人類学が注目したのは，汎世界的に存在する構造として理解されうる色の象徴性である。たとえば赤は生命，血などポジティブな意味を表すのに対して，黒は死などネガティブな意味をもつ，といった色彩と結び付いた二項対立的な世界観が，文化構造を解釈するうえで重視されてきた。このような色彩の象徴性は，土器の色を考える上でも重要な示唆を与えてくれる。

　赤は昼や生命，熱いものと関連し，黒は夜，死，冷たいものと関連するといったような色の意味とそれに関わる思想体系が，土器の色のカテゴリーにまで及ぶとする民族調査の事例もある（Kaplan and Levine, 1981）。またインドのカースト社会においても，色は清浄と穢れという対立関係に関わるもので，その世界観は土器の色や使用方法にも反映される。すなわち赤色土器は儀礼的な場面で使用されるが，黒色の土器は調理など世俗的日常雑器としての性格が強く，象徴体系のなかで色と土器の用途が深く結び付いているという（Miller, 1985）。

　しかしながら，色の象徴性については，再検討もされている。文化人類学者ターナー Turner の色の象徴論を批判的に検討したスペルベル（Sperber, 1974）と，その論を整理し議論を発展させた吉田憲司（吉田，1995）は，色そのものが絶対的に何かを象徴し，そして色自体が何らかの固有のメッセージを伝えるものではないとしている。彼らが主張するように，特定の色を媒介として，人々が個々の状況を関係づけ，組織化する行為が，色の象徴を生み出すという側面も重要である。

　このように，色彩の認識のメカニズムや象徴性はさまざまな研究分野からアプローチがなされ，注目されてきたが，考古学においても色に注目する意義は少なくないと考えられる。ここで扱う土器

の色調に関しては，地域間の交流や製作技術との関連性，そして色の認知や情報処理という側面も含めて，弥生土器文化の理解にむけて，新たな方法論が展開される可能性があると考える。さらに考古学の側から，物質文化における色の社会的・文化的意義を提示することにより，文化人類学や民族学的研究の見解とも相互に議論を深め，研究を発展させることにもつながるのではないだろうか。

そこで，第7章では以上のような視点に基づき，九州地域の土器を対象とした色調とそれに関わる胎土の組織の分析を行う。次に，色調の分析の方法とその解釈，土器の発色に関わる諸要因について整理しておきたい。

第2節　土器の色調の技術的・環境的要因

1. 胎土の化学組成と発色のメカニズム

最初に，土器の色の違いは何に由来するのか，という基礎的な問題を検討しておく。土器の色調は，材料採取地の地質や焼成状態，さらには埋没環境に影響されうると考えられる。特に埋没環境

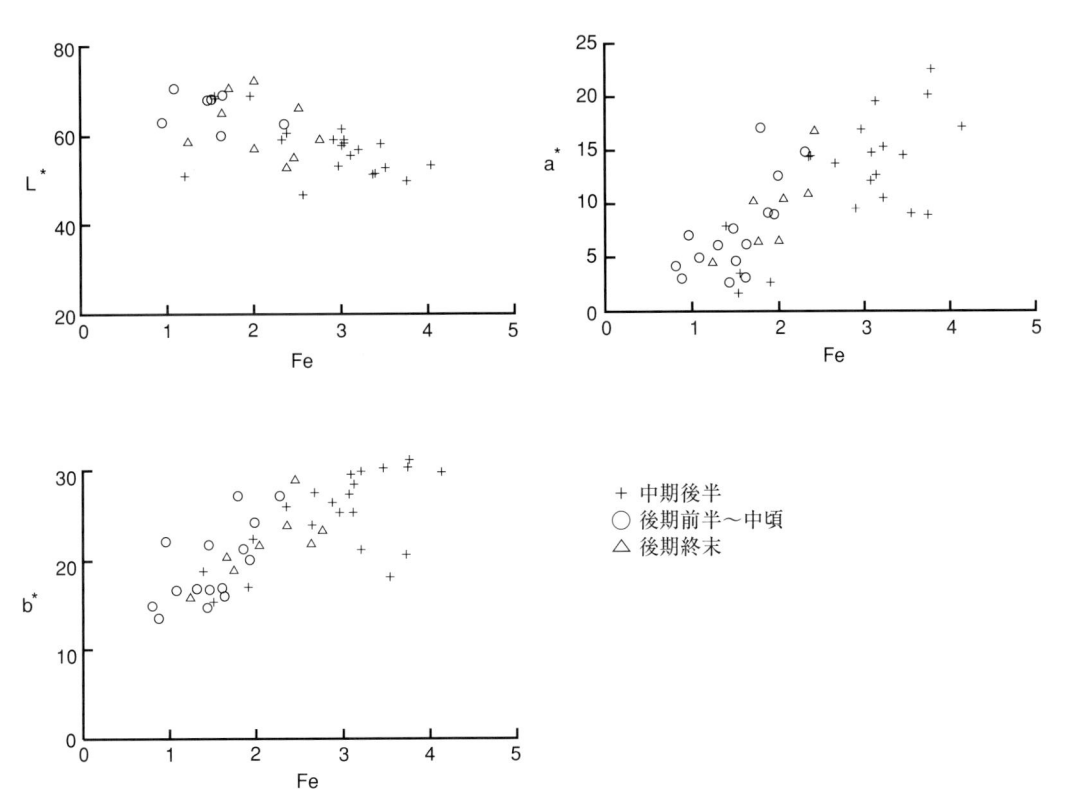

図123 比恵・那珂遺跡群出土土器における胎土の色調（L*a*b*）と鉄（Fe）との関係

の問題についてクリアにするのは難しいが，これまでの胎土分析などの研究成果からみると，弥生土器のような酸化焔焼成の場合，色調はおよそ粘土に含まれる鉄（Fe）の量に影響される部分が大きいと考えられる。

このことを確認するために，福岡市比恵・那珂遺跡出土弥生土器を対象として，分光測色計を用いて色調を計測し，CIE（国際照明委員会）のL*a*b*による色空間座標で示した。それと蛍光X線分析で得られた胎土のFeとの関係を図に示したのが図123である。なお，Feは蛍光X線分析によるX線強度をJG-1のX線強度で標準化したものである。Feのデータは第5章第2節を参照されたい。L*は明度，a*は赤/緑，b*は黄/青の色調バランスを表している。

分光測色計によれば，およそ弥生土器の色調が橙色や黄褐色を呈すると認識されることが多いのは，明度が高く，a*とb*の値のうちb*の値が高いこと，すなわち黄みが強いことに由来するものであることが示唆される。さらにL*a*b*のデータを胎土中に含まれるFeの値と比較すると，

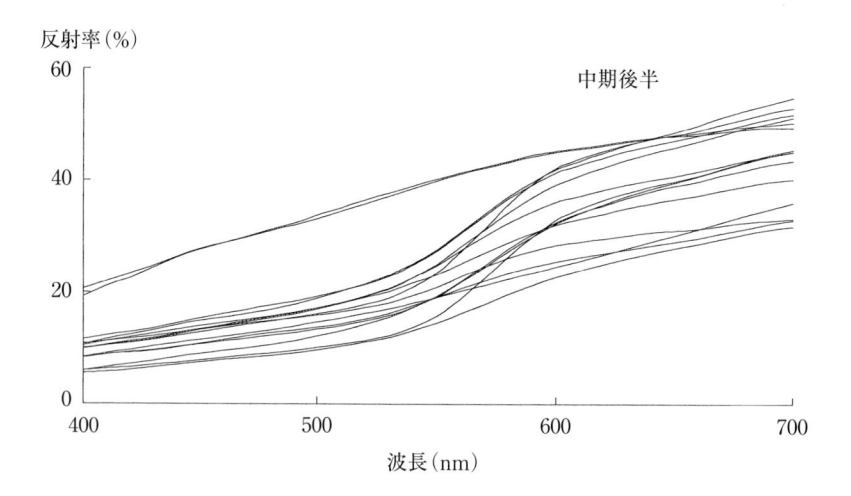

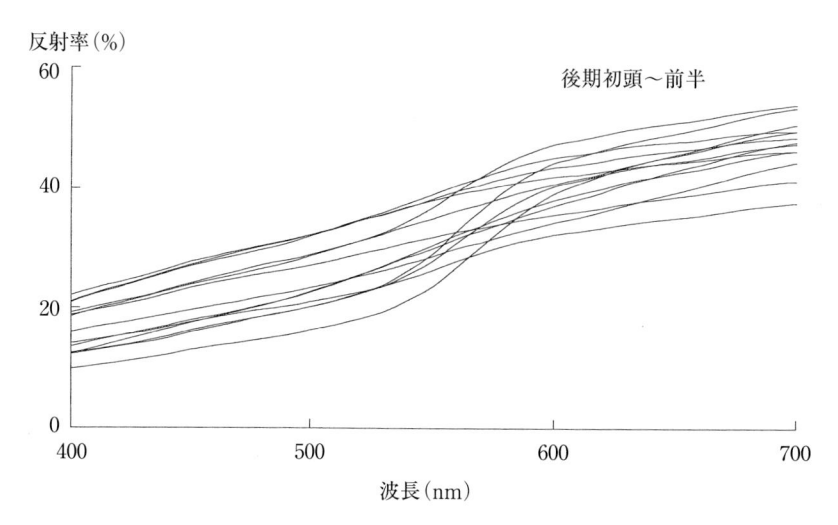

図124 福岡市比恵・那珂遺跡群出土土器の分光反射率のスペクトル曲線

Feが高くなるにしたがって明度が少なくなり，赤みと黄みが増すという傾向がみられ，特に赤みの強い印象を受ける土器は，L*が少なく，a*とb*の値が高まると同時に等量に近づいている。

　この色調を分光反射率のスペクトル曲線でも確認すると，中期後半の須玖式は橙色の色調を呈することが多いが，スペクトル曲線では400 nmから550 nmの波長の反射率が低い一方，600 nmから700 nmの黄や赤色の反射率が高いことが把握される。形状に屈曲が強いのは，黄や赤色の純度が強いこと，すなわち彩度が高いということを示している（図124上）。その一方，後期初頭から前半の高三潴式では，胎土分析によればFeの少ないものが増えることが把握されたが，400 nmから550 nmの波長がやや高い反射率を示し，スペクトル曲線の形状はなだらかなものが多い（図124下）。したがって，これは色調に赤みが少なく，灰色をやや多く含んでいて，くすんだ色調で彩度が低いことを示している。

　以上の胎土中に含まれる鉄と色調との関係は，弥生土器のような酸化焔焼成の土器の場合，胎土に含まれる鉄が多いほど赤みと黄み，そして彩度が増し，暗い色合いとなることを示している。逆に鉄が少ないほど赤みと黄み，彩度が減り，明るい色調となるようである。これは，吉野ヶ里遺跡など他の地域の土器を分析しても，およそ同様の傾向がみとめられた。したがって，土器の色調は，焼成の雰囲気や埋没環境にも影響され，また彩度は原岩の性質によって異なる可能性があるものの，土器の材料に含まれる鉄の量に大きく左右されるということが理解されるのである。

　弥生土器は，それぞれの様式において特徴的な色調を呈することが多いので，材料の選択や調整の際，特有の発色を意図してコントロールが行われたことも想定されうる。これは，土器を通じた地域間関係や，材料の選択や性質，製作者，消費者の器の色に関する意味づけ，色の認識に関する情報処理の過程などを検討する上で，重要な手がかりとなろう。

2. 自然環境上の制約

　上で述べたように土器の材料に含まれる鉄が土器の色調に大きく影響するとすれば，土器は特定の時代や地域に特有の発色を呈することが多いため，意図的に発色のコントロールがなされた可能性がある。しかし材料を産出する地質などの環境条件が，そのような土器製作の際の発色を制約する要因として作用したことも想定しておく必要がある。したがって，特有の色を呈する土器の製作には，製作者のおもわくだけでなく，材料を産出する居住地の環境要因も深く関係しており，環境条件ともバランスをとりつつ，土器を作り上げるという過程が考えられる。土器の発色に関しては，製作者が置かれた環境の中で材料採取の方法や発色に対する選択，決定がどのように行われたかを考察することも重要な鍵となろう。

第3節　分析の方法

　以上のような視点を念頭に置き，土器の色調や胎土の違いはどのような技術体系や環境，交流関係によって生み出されたのかを検討してみたい。分析の対象とする地域および時期は，主に九州内

の弥生時代早期から後期土器を対象とし，一部朝鮮半島の無文土器も分析を行っている。なお，対象とする九州各地の弥生土器の並行関係については，主に中期から後期が問題となるが，近年各地の土器編年のクロスデーティングが可能となる良好な資料が検出されつつあり，ここでは主に中園 (中園，1996)と西谷彰(西谷，2002)の編年の並行関係に対する見解に従うものとする。

色の表現には，『標準土色帖』の土色名およびマンセル表色系，L*a*b* 表色系を併せて用いる。色調の計測や認定は，ススやコゲなどの付着物のない外面の部分を主に選択し，色調にムラのある場合は全体の色合いをおよそ代表すると思われる部分を判断し計測した。分析の対象は主に甕や壺，高坏を対象とし，報告書に色調の記述があるものはそのデータも援用した。

第4節 分 析

1. 弥生時代前期から中期の土器の色調

まず，北部九州の早期と前期土器についてみてみたい。早期と前期土器の色調は，北部九州ではにぶい橙色のものが多いようであるが，早期～前期前半段階の壺形土器には，赤みの少ないにぶい黄橙色を呈し，硬質で緻密な胎土をもつものがある。福岡県粕屋町の江辻遺跡では，第2地点の弥生早期の夜臼式期のものを計測したが，色調は，甕は 10YR5/3～10YR6/3 のにぶい黄橙色のものが多く，また赤みのある明赤褐色 5YR5/6 のものもみられ，色調にはややばらつきがある。それに対して壺は，10YR6/3 や 10YR7/2 のにぶい黄橙色を呈するものが多く，赤みのあるものはあまりみられない。甕と壺の a* と b* の値を比較すると(図126)，分布に重なりがあるものの，壺の色調は a* と b* の両方で低くまとまる。これは，壺の製作時に鉄が多く含まれた材料を避けるなど，器種に応じた発色の差異化を意識した結果であるかもしれない。

このような器種に応じた色調の違いは，韓国の慶尚南道の大坪里遺跡出土土器(趙ほか，1999)(図125)でも同様の傾向が看取され，壺や鉢の精製器種は a* や b* の値が低くまとまる(図126)。そして壺は，大坪里遺跡と江辻遺跡のいずれにおいても，胎土に大粒の砂礫があまり含まれない精良な

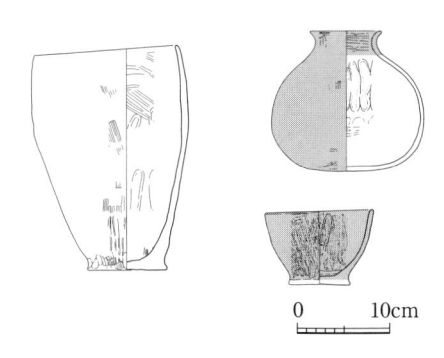

図125 大坪里遺跡出土土器(趙ほか，1999)

第 7 章　土器の色調変化からみた九州弥生土器文化の特質　　　185

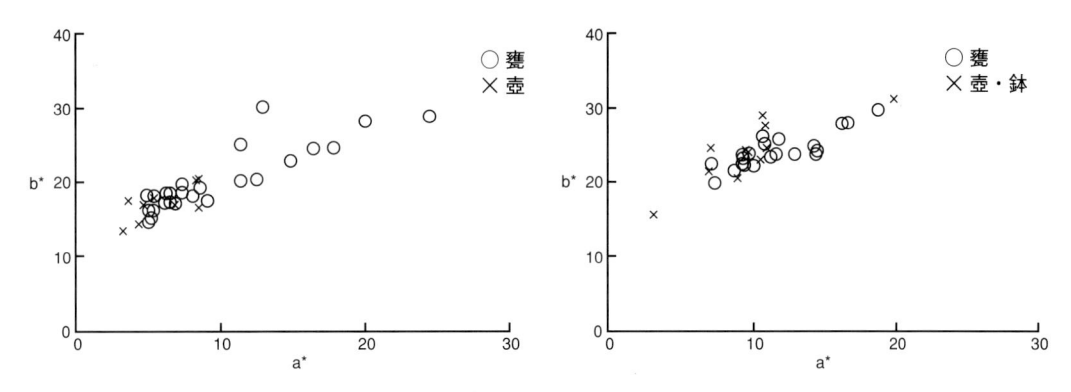

図 126　江辻遺跡(左)と大坪里遺跡(右)出土土器の a*, b* 値の比較

ものが多い。早期段階に，朝鮮半島で行われた器種に応じた素地材料の使い分けが，江辻遺跡にも取り入れられた可能性もある。ただし，現段階では朝鮮半島側の計測データが少なく，この評価に対しては今後のデータの蓄積をまって再検討が必要である。

　一方，ほぼ同時期の福岡市雀居遺跡の弥生早期段階の土器(下村編，1995)をみると，深鉢，浅鉢の素地はともに 10YR6/2 や 10YR6/3 のにぶい灰黄褐色やにぶい黄橙色の発色を呈するものが多い。また同じ早期から前期の甕棺が多数調査された佐賀市大和町の礫石遺跡出土土器(田平編，1989)では，器種ごとの違いがあまり明瞭でなく，色相が 2.5YR から 5YR，明度が 5 から 6，彩度が 4 から 6 付近のにぶい橙色やにぶい赤褐色の赤みのある色調の傾向がみられ，他の地域と比較するとやや異質である。礫石遺跡の胎土には，器種を問わず全体に鉄が多く含まれていると推測される。このような色調の違いは，製作者の意図した発色が地域的に異なっていた可能性があるとともに，材料を採取した地質の状況の違いから色調に地域差が発現したのかもしれない。

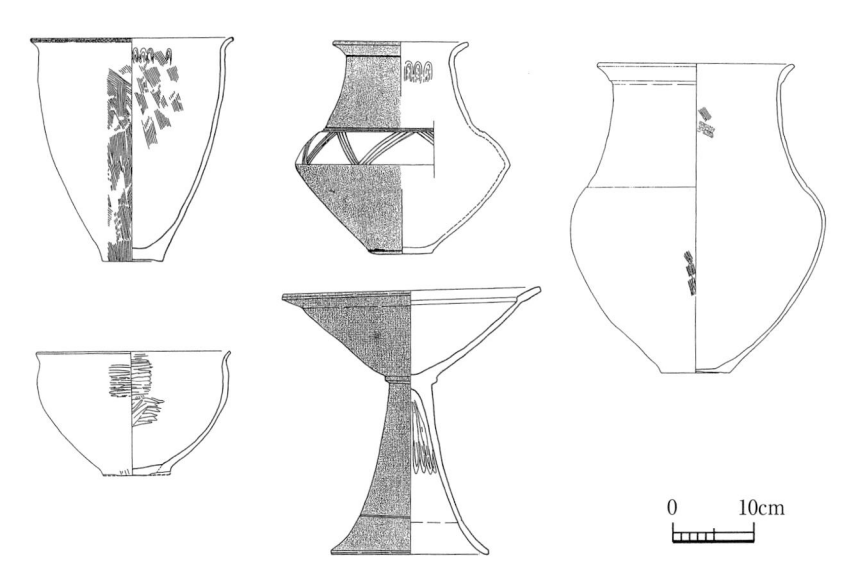

図 127　今川遺跡出土土器(伊崎・酒井編，1981)

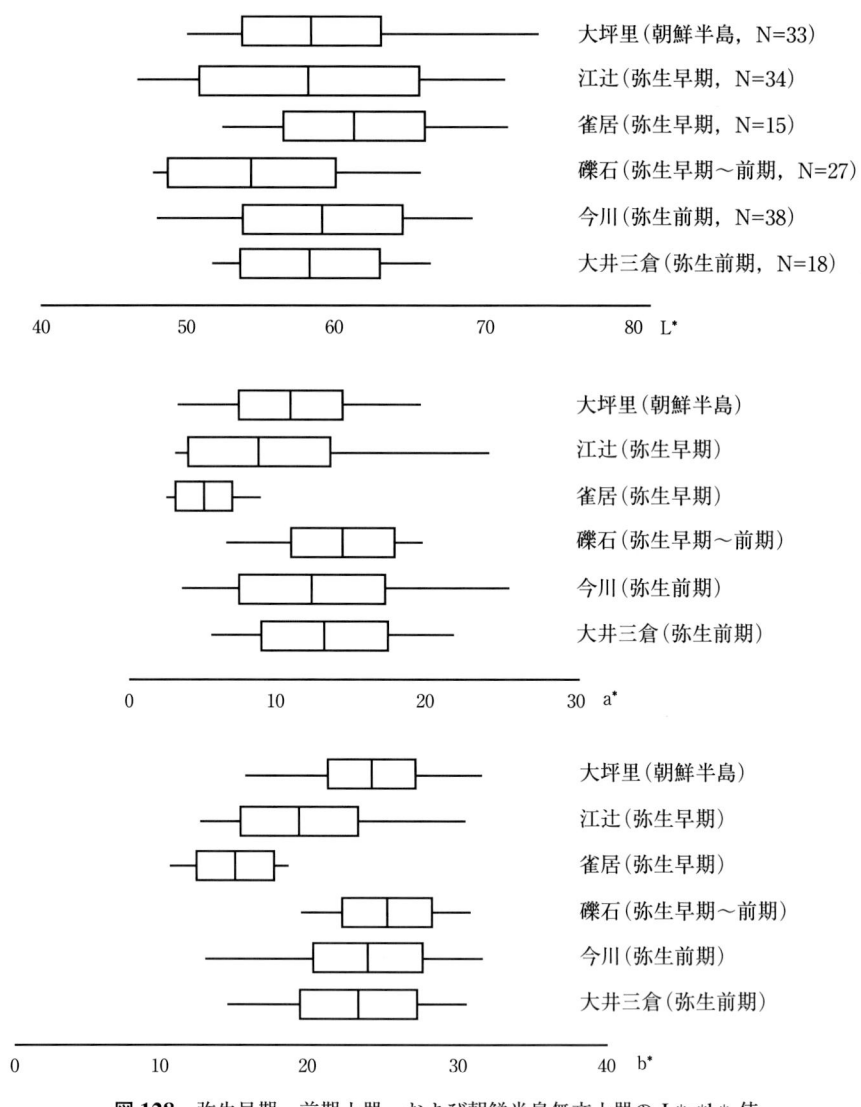

図 128　弥生早期〜前期土器，および朝鮮半島無文土器の L*a*b* 値

　次に，板付Ⅰ式から板付Ⅱa式段階の福岡県福津市の今川遺跡(伊崎・酒井編，1981)(図127)では，色調にばらつきもあるが5YR6/6の橙色や10YR6/4のにぶい黄橙色を呈するものが比較的多い。壺は丹塗りが施されたものがあるが，甕形土器と壺形土器の素地を比較すると，色調や砂礫の粗密などに特に大きな違いはみとめられない。板付Ⅱb式に相当する宗像市大井三倉遺跡出土土器(酒井編，1987)でも，ほぼ同様な特徴がみられる。
　早期および前期の土器の色調を，L*a*b* の値でみると，以上のような傾向が具体的に把握される(図128)。線の先端は最小値と最大値を，ボックスは標準偏差を表している。前期段階は全体ににぶい黄色や黄橙色の黄色系の色調が多いようであるが，礫石遺跡のようにa*やb*が高い値を示すものもあり，ばらつきもみとめられる。このような傾向は，中期前半頃まで継続すると考えられ

図 129 弥生中期〜後期土器の L*a*b* 値

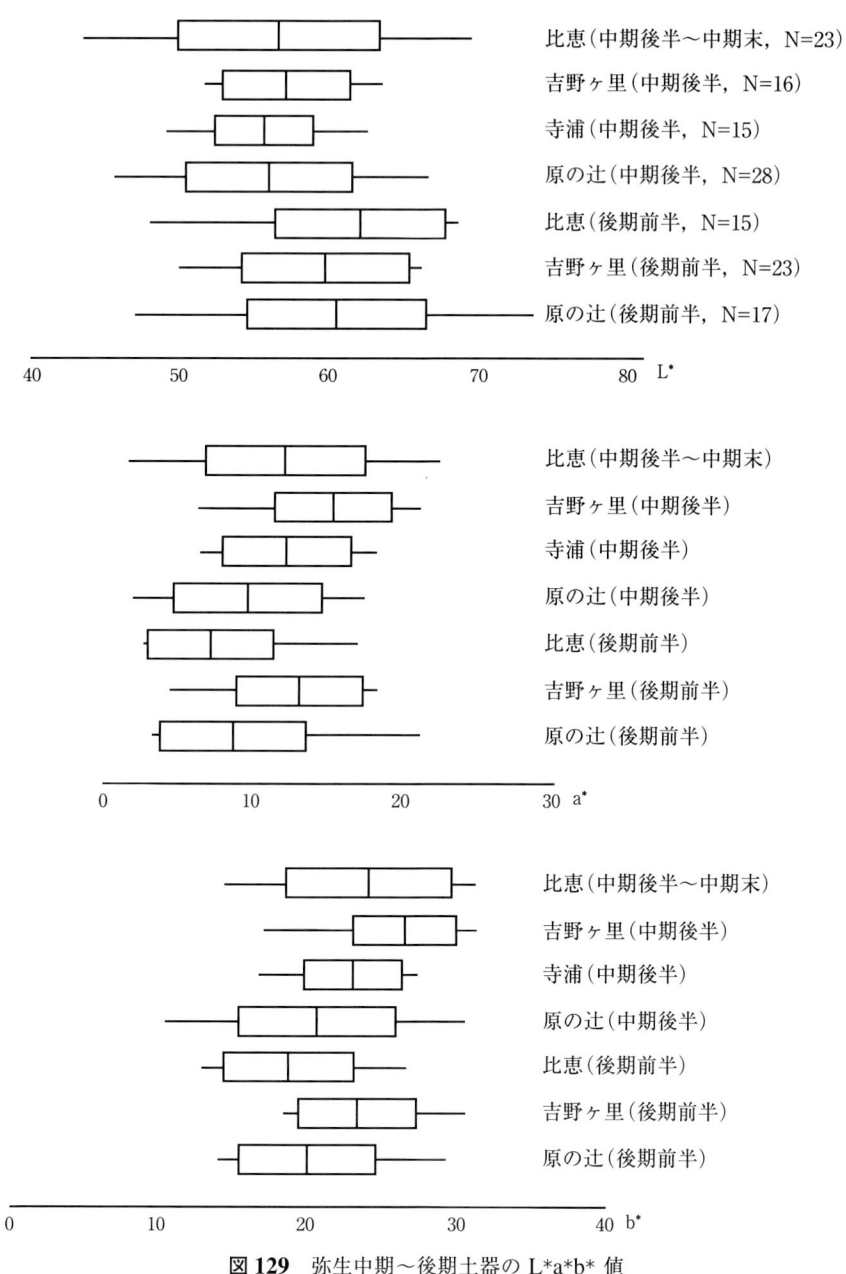

る。

次に，北部九州の中期後半から中期末の須玖式土器の色調や胎土組織を検討する。須玖式は鋤形口縁をなす甕や壺，高坏，鉢などに代表されるもので，洗練された器形と製作技法に特徴があり，以前から注目されている。北部九州における須玖式の色調は，色相が7.5YRから10YR，明度が6から7，彩度が6付近の橙色から黄褐色系の発色をなすものが多い。そして胎土には砂礫があまり含まれず，緻密であることに特徴がある。L*a*b* のデータをみると，前期に比較して全体的に L* が

やや低く，a*とb*がやや高い値を示していることがうかがえる(図129)。

　これは，すでに行ってきた分析の結果から，鉄が胎土にやや多く含まれることによるものであり，また胎土の緻密さは，大粒の砂礫をあまり含まない比較的精良な材料を用いたことに由来するものと判断できる。この特徴は，日常土器だけでなく，中期後半に盛行する大型甕棺においても看取される。そして須玖式に特徴的な丹塗り器種において，素地に赤みがある材料を使用することは，スリップ赤彩の発色をよくする効果にもつながることが想定されている(徳永，2000)。

　さらに，須玖式は表面に黒斑の付着が少なく，傾きなど黒斑のつきにくい焼成方法が採用されたことも，須玖式の技術的な特質である(小林正史ほか，2000)。こうした須玖式の技術から，全体に質の高い土器作りを目指した製作者の意図を読み取ることができよう。

　このような須玖式の特徴は，福岡平野以西から糸島平野，壱岐・対馬，筑後，佐賀とほぼ同様な特徴をもつようであるが，須玖式の「遠賀川以東系」(田崎，1985)が分布する福岡平野以東地域では，大粒の砂礫の含まれることが少ない緻密な素地であり，色調に赤みがやや少なく，福岡県築上郡築城町安武深田遺跡(木下・水ノ江編，1991)や苅田町の法正寺木ノ坪遺跡(木下編，1987)などでは，甕や壺は10YR6/2から10YR7/3付近の全体に灰黄褐色やにぶい黄褐色の明度が高く彩度が低い色調を呈する。顕微鏡で素地を観察すると遠賀川以東系土器には有色鉱物や褐鉄鉱の含有量が少なく(図130)，こうした色調の差異は胎土に含まれる鉄が少ないことによると考えられる。九州東北部は福岡平野や筑後地方などとは若干地質が異なるが，鉄の少ない粘土を産出するような地質が卓越していたとは考えにくく，意図的な素地の選択が考えられる。このように，須玖式の発色には系統による違いがあることにも留意される。

　以上のように，中期の須玖式土器は形態や胎土の細かさ，焼成技術を含めた製作技術に質の高さへの志向性がみられるが，東九州や南九州，阿蘇などの中九州では，色調や胎土の質の違う異系統の土器様式が並存するという現象がみとめられる。

　たとえば，豊後地方では，弥生時代中期の「東北部九州系」の甕形土器と，弥生時代前期より豊前から豊後に広く分布し，口縁部に一条または二条の突帯をめぐらし，篦状工具で刻みを施す特徴をもつ甕形土器である「下城式」とが，同一遺構から出土することが多い。胎土に関しては，両者は若干異なる特徴をもつ。すなわち，大分市下郡遺跡の出土例をみると(大分市教育委員会編，1996)，東北部九州系甕は橙色～黄橙色で，大粒の砂礫をほとんど含まない緻密な胎土であるのに対し，下城式は大粒の砂礫を多く含み，にぶい橙色～橙色を呈する。また製作技術に関しても，器壁は東北部九州系甕が約4～5mmの厚さに対し，下城式は約6～8mmで厚く，両者にはタタキ技法の有無など製作過程にも違いがあったことが想定される(坪根，2001)(図131)。

　このような異系統土器の並存は日向地方でもみられ，たとえば一ツ瀬川流域の宮崎県新富町の新田原遺跡(石川編，1986)などでは，下城式と，「く」の字状の口縁をなし胴上部に列点文をもつ在地系甕が並存し，在地系土器はにぶい橙色，下城式は黄みの強い橙色で，胎土には系統に応じて若干色調差がある。

　胎土の質感が異なる異系統土器の並存は，豊後地方の内陸部，すなわち阿蘇外輪山の東側や久住

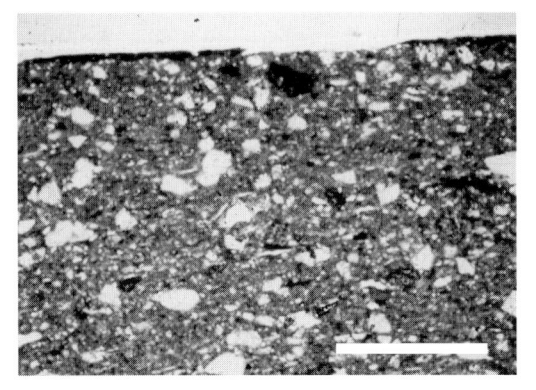

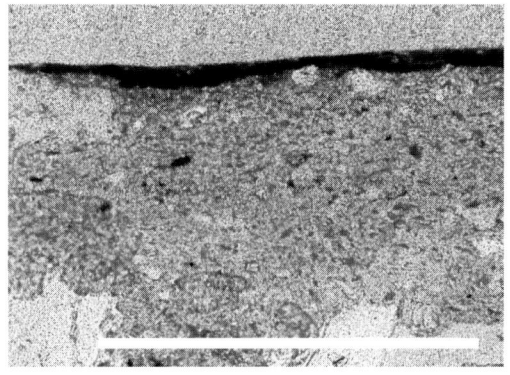

図 130 須玖式土器における遠賀川以西系(左)と遠賀川以東系(右)の胎土の比較
左: 原の辻遺跡，右: 法正寺木ノ坪遺跡，スケール約 1.0 mm

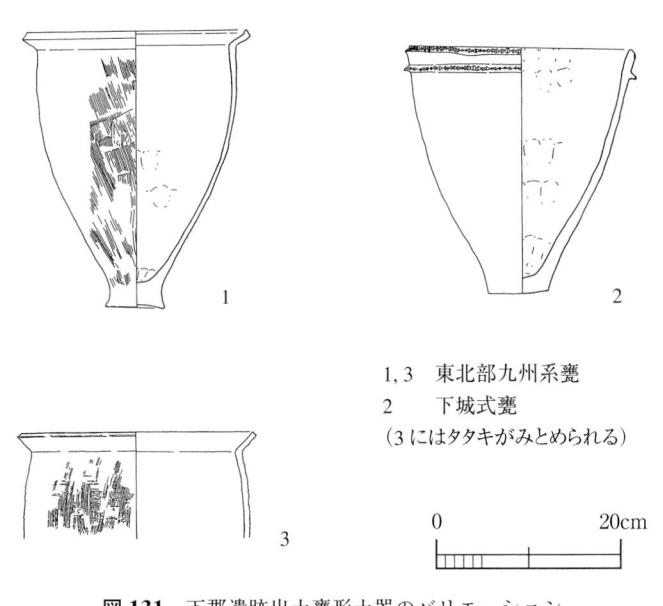

1, 3 　東北部九州系甕
2 　　下城式甕
（3 にはタタキがみとめられる）

図 131 下郡遺跡出土甕形土器のバリエーション
（大分市教育委員会編，1996 および筆者実測図より作成）

山麓の高原地帯において特に顕著である。豊後地方の内陸部では，「粗製甕」と呼ばれる土器が分布する。すなわち，これは外面に突帯や沈線を施すものや，あるいは無文のものがあり，製作技法は弥生土器に一般的なハケメ技法を用いずナデを基本とした調整で，器壁が厚い甕形土器である。そして豊後内陸部では，肥後中期の土器様式である黒髪式，遠賀川以東系の須玖式土器や東北部九州系甕が分布しており，これらの土器が住居跡など同一の遺構から共伴して出土することが多い。大分県竹田市久住町トグウ遺跡(榛浦編，2000)や石井入口遺跡(後藤一重編，1992)など住居跡の出土状況をみると，粗製甕はやや暗い色調で，色相が 5YR 付近で明度が 5，彩度が 3 から 4 で明度，彩度とも低くにぶい赤褐色を呈し，角閃石など大粒の砂礫を含む。

粗製甕のような胎土の特徴は，他の九州地方の弥生土器と比較しても異質であるが，これは阿蘇外輪山を控えた当該地域の地質的な特性とも関わると考えられる。すなわち，粗製甕が出土する地域は阿蘇火砕流で覆われており，土器の材料の採取の際には，そのような火砕流が風化した材料を用いた可能性が考えられる。それがやや暗い色調で角閃石粒を多く含む粗製甕の独特な胎土の要因となった可能性があるのである。

その一方で，黒髪式系の甕は明黄褐色～浅黄橙色の明度が高い色調で，大粒の砂礫が含まれることが少ない比較的緻密な胎土である。豊後で出土する須玖式も，粗製甕とは明らかに胎土が異なる。豊後の内陸部では色調や調整技術などが明瞭に異なる土器が，住居跡などから一緒に出土することが特徴である。

次に南部九州の土器をみると，鹿児島県の大隅半島では口縁が逆L字状で口縁下に数条の突帯をもつ甕を特徴とする「山ノ口式」土器が主体を占め，一方薩摩半島側では「黒髪式」が分布し，山ノ口式も出土する。山ノ口式は色相が5YRから7.5YR，明度が5から6，彩度も5から6と明度，彩度が低い赤褐色の色調で，器壁が厚くどっしりとした重量感がある。一方黒髪式は器壁が薄く，色調は明るい橙色をなすものが多い。鹿児島県南さつま市金峰町松木薗遺跡(本田，1980)などでは山ノ口式が黒髪式に伴って出土している，それぞれの土器には形態とともに色調にも違いが見られ，互いの様式間で折衷されることはあまりない。

このように，異なる様式の土器が並存することは，北部九州の須玖式土器圏では少ないが，東九州や中九州では比較的多くみとめられ，また南部九州では，上述したように薩摩半島では黒髪式，大隅半島では山ノ口式というように形態や色調などの特徴が明瞭に違う土器様式が隣接して存在し，あるいは同一遺構から出土することもある。須玖式や黒髪式などが，豊前や豊後内陸部で在地的な土器様式と並存している場合，須玖式や黒髪式土器が広範にわたって流通した状況も想定されうる。しかし煮炊きという共通した目的に用いられる甕にも異なる質感のものが並存することについては，土器の広範囲におよぶ流通や機能性といった要因のほかに，特有の型式・様式を意図的に創出し異なる土器を併用することで，何らかの意味を創出した可能性は考えられないだろうか。また胎土にみられる土器の動態には，土器材料を産出する環境的な要因も考慮されるべきであり，これについては，後で考察する。

2. 弥生時代後期の土器の色調

弥生時代後期になると，中期の個性の強い土器様式から変化する。北部九州では須玖式の丹塗り器種はほぼなくなり，甕は「く」の字状口縁のものが増え胴部に丸みをもつようになり，高坏の形態や器種構成など全体的な様相は，西日本全体の土器様相に近いものとなる。

土器の色調についてみると，最初にもふれたように，北部九州地域では「高三潴式」や「下大隈式」に相当する後期の甕や壺，高坏等は，中期に比較して赤みが弱まり，色相が10YRから2.5Y，明度が7から8，彩度が2から4の明度が高く彩度が低い浅黄色，灰白色の色調を呈するものが増える。また，胎土中には2mmから3mm程度のやや大粒の砂礫が多く含まれる傾向がみとめら

れる。さらに後期土器には，黒斑の付着があまり目立たない須玖式土器とは対照的に，胴部に明瞭な黒斑がみられる場合が多い(小林正史ほか，2000)。

　後期土器の同様の傾向は，筑後地方の多重環濠集落である福岡県朝倉市平塚川添遺跡(松尾編，2002・2004)，佐賀県吉野ヶ里遺跡などで出土した土器にもみとめられ，明度が増し，彩度が低く赤みが弱い色調となり，胎土の組織にも粗い砂礫がやや目立つ。土器片を顕微鏡によって観察しても，第5章でも述べたように中期と後期とでは胎土の組織が明瞭に異なることが把握される。後期土器は，ハケメ調整など全体に粗雑なつくりのものが多くなるが，胎土の面についても，全体に粗製化と関連するものと考えられる。ただし，福岡県西部の糸島地域などでは，後期のおわりまで中期と同様に赤みの強い橙色を呈する土器が継続して作られており，胎土の変化にもある程度の地域差がみられることに留意する必要がある。

　次に，中期において異系統の土器が並存した地域では，後期に色調の変化がみられるかどうかを検討してみよう。まず豊後地方では，たとえば国東半島低地部の大規模集落である大分県国東町安国寺遺跡の出土状況(国東町教育委員会編，2001)をみると，他の後期環濠集落と同様，完形品に近い土器が溝に大量に投棄された状態で検出されているが，土器の色調は後期後半から終末に灰白色を呈するものが多く，北部九州地域の後期土器の色調変化と連動しているとも考えられる。一方大分平野に所在する大分市下郡遺跡では，後期中葉から終末の土器には橙色や明黄褐色が多く，安国寺遺跡とは異なる色調を呈している。

　また南部九州地域の後期土器は，甕の脚台の形状に地域性がみられるものの，中期の山ノ口式や黒髪式というような明瞭な違いはみられず，甕形土器の口縁部は「く」の字状に変化し，南部九州一帯で類似性が高まる(中村，1987)。色調においても，後期は全体に黄みを帯びた色調に変化する。大隅半島では，後期前半に相当する鹿屋市鎮守ヶ迫遺跡の資料(中村編，1984)は，色相が10YR，明度が6，彩度が7から8の明黄褐色を呈するものが多い。その後の後期後半の資料は数が少ないが，甕などはおよそ10YR6/7付近の明黄褐色を呈するものが多いようである。薩摩半島側では，南さつま市金峰町の松木薗遺跡出土の後期初頭から前半の土器(本田，1980)をみると，色相が10YRから2.5Y，明度が7から8，彩度が5から6の浅黄橙色のものが多く，それに後続する指宿市山川町の成川遺跡(出口ほか編，1983)では，後期後半の土器は色相が7.5YR，明度が5から6，彩度が7から8と彩度が高い値を示しており，橙色や明黄褐色の色調である。後期後半になると，薩摩半島と大隅半島の後期土器の色調は比較的類似したものとなるようである。日向では，宮崎市の熊野原B遺跡(永友編，1988)などの土器は，7.5YRから10YRで明度は6から7，彩度が3から6でにぶい黄橙色やにぶい橙色，明黄褐色を呈する。都城市中大五郎第2遺跡(重山・東編，1996)は5YRから7.5YR，明度が6から7，彩度が4から6のにぶい橙色や橙色，浅黄橙色のものが多く，薩摩や大隈の土器の色調とは若干異なる。

　このように，豊後や日向，薩摩・大隈など中九州や南部九州では，後期に黄みを帯びた色調となるが，彩度などに地域差もみられ，南部九州では，北部九州の後期土器の灰白色や黄灰色の色調を呈するものはほとんどみられない。形態や器種構成などは全体に均質化し，西日本一帯の様相に近

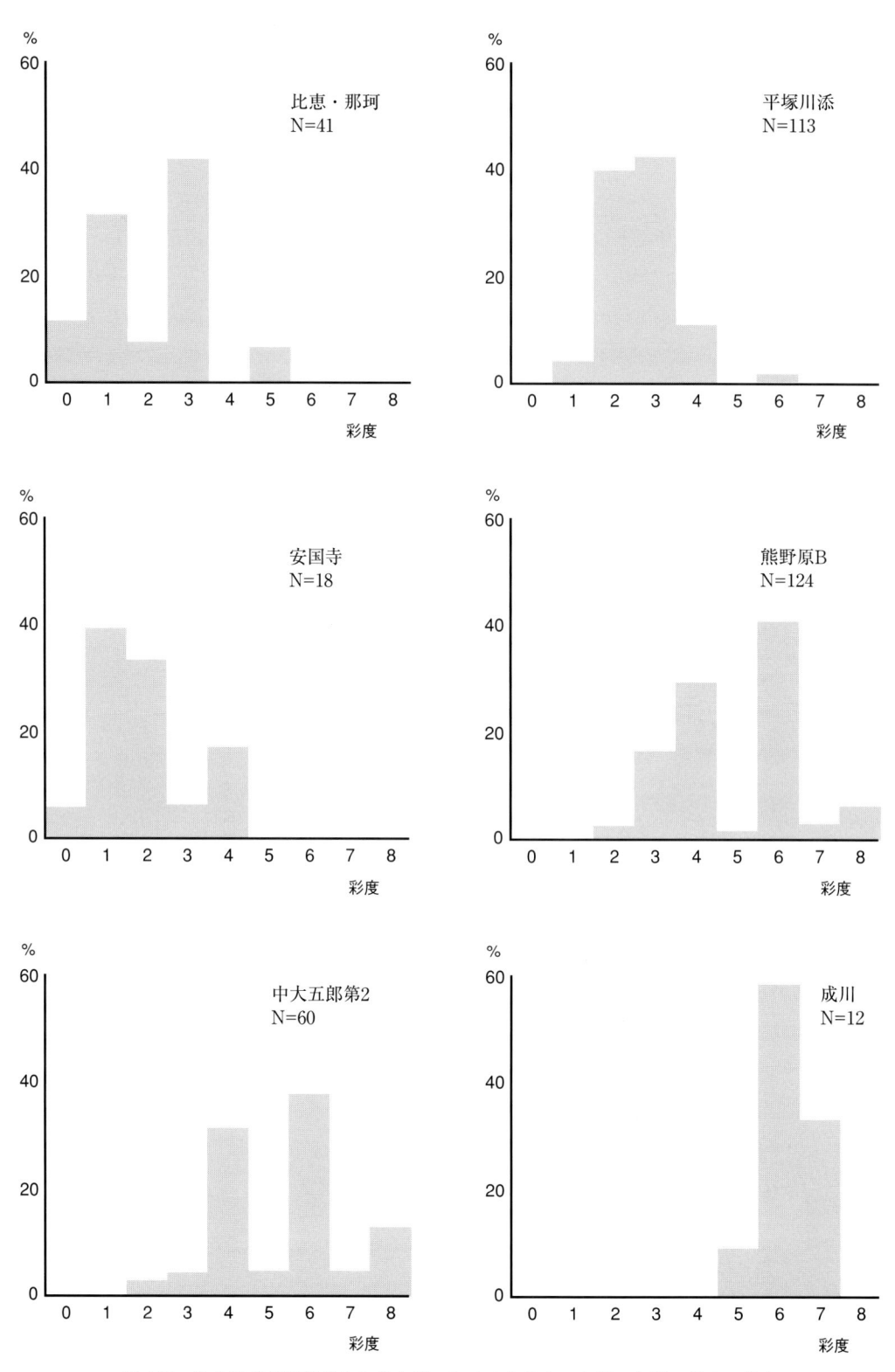

図 132　弥生時代後期後半から終末期における九州内の土器の色調の彩度の分布

づくにもかかわらず，胎土の色調には北部九州とは比較的明瞭な違いがみとめられる(図132)。

3. 豊後内陸部の独自性

ところで，豊後の内陸部は九州の他地域の弥生後期とはやや状況が異なる。すなわち阿蘇外輪山山麓部や久住高原地帯などの豊後内陸の高地では，中期的な異系統土器様式の並存が，後期でも継続される。竹田市石井入口遺跡(後藤一重編，1992)や内川野遺跡(小林・小柳編，1987)などでは，住居跡から粗製甕，肥後系甕と壺，口縁部に文様を施す加飾性の強い複合口縁壺などが出土するが，それぞれ色調や胎土の質が異なることが指摘できる。粗製甕は，色相が2.5YRから5YR，明度が5から6で彩度が6から7と明度がやや低く彩度が高い明赤褐色を呈するものが多い。一方肥後系甕と壺，複合口縁壺は色相が10YR，明度が7，彩度が5から6の明度が高い明黄褐色を呈する。技術面に関しても，肥後系の甕や複合口縁壺などは弥生時代に一般的にみられるハケメ技法を用いているが，粗製甕は外面調整がナデを基調とし，内面に粘土紐の接合痕を残す場合もあり，それぞれに固有の技術体系をもっていたと考えられる。

色調の違いに関しては，胎土分析によって，胎土に含まれる鉄の量が最も大きな要因であることが示唆される。竹田市石井入口遺跡出土土器の蛍光X線分析の結果を用いて，各器種の鉄の量の違いをグラフに示す(三辻，1992)(図133)。各グラフの線の先端は最小値と最大値，ボックスの先端は第1四分値と第3四分値，中の線は中央値，四角の記号は平均値を表している。これをみると，粗製甕はFeが最も多く，複合口縁壺はそれに比べてFeが少なく，肥後系の甕と壺が最もFeの少ない値を示しており，胎土に含まれる鉄の量と器種に応じた色調の違いとが対応していることがわかる。蛍光X線分析の他の元素のデータをみると，粗製甕はFeが高いと同時に，CaとSrの値も高い。これは，粗製甕の胎土の化学組成が他の器種や様式と異なり，製作に使われた材料が異なることを示唆している。

当該地域は，阿蘇の火砕流で覆われた地質であり，それが土器の材料を産出する基盤となったことが推測される。そこで，阿蘇の火砕流など各地のテフラの化学組成のデータを点検してみると(町田・新井，1992)，豊後内陸部では阿蘇の火砕流が台地を広く覆っているが，Aso-4火砕流よりも，Aso-3火砕流のほうがやや分布範囲は狭く，またFeとCaが多く含まれており，それは各地のテフラを比較しても高い含有量である(図134)。したがって，土器製作の材料にこうした阿蘇の火砕流が関与しているとすれば，粗製甕の赤みの強い暗い色調の胎土は，苦鉄質のAso-3火砕流が風化・変成してできた材料を，意図的に選択した結果であると想定される。逆に，黒髪式や須玖式の胎土には，こうした苦鉄質の材料は避けられたと推測される。

このように，豊後の内陸部では，中後期を通じて甕と壺など器種や様式に応じて色調に違いが顕著にみとめられ，土器様式や系統の違い，器種の違いに応じて材料の選択がなされた可能性があるのである。

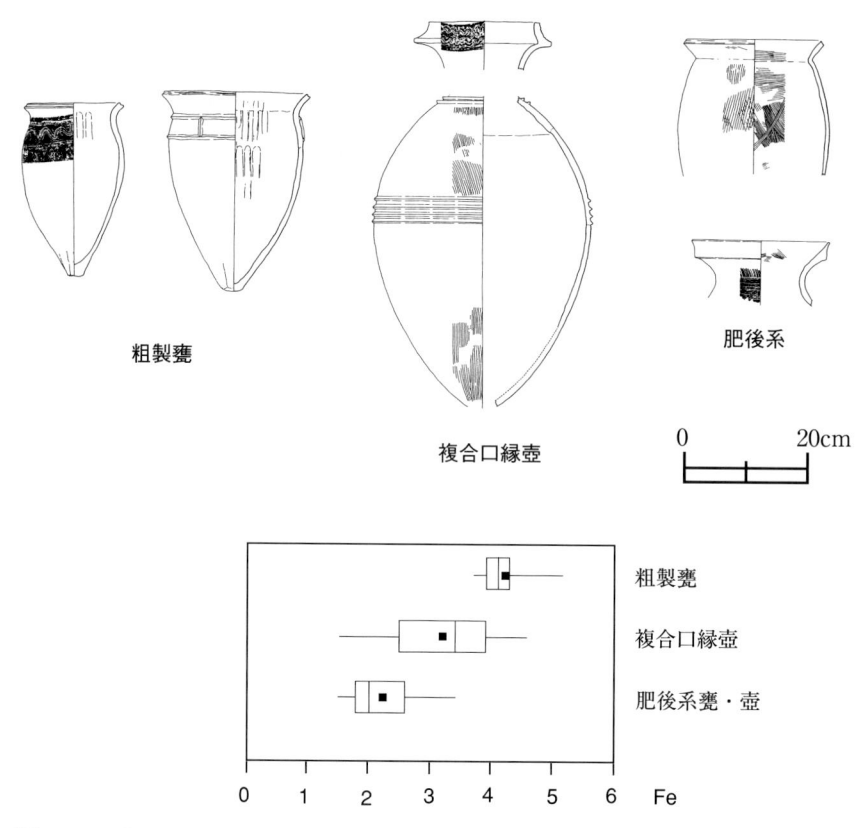

図 133　石井入口遺跡出土土器の器種別・様式別の Fe 値の分布（三辻，1992 をもとに作成）

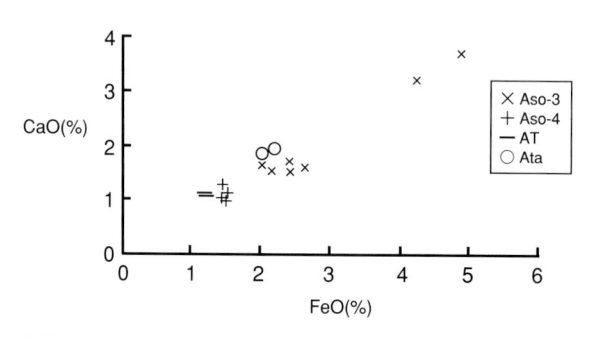

図 134　九州における主要なテフラの化学組成（町田・新井，1992 をもとに作成）

第 5 節　考　察

　以上の分析より，土器の色調の動態については以下のように整理してみたい。北部九州において，前期では肌色に近いにぶい橙色の色調が比較的多いようであるが，地域色もみとめられる。これは，各地域で材料の採取方法が異なると同時に，土器製作のための材料を産出する地質が土器の発色に

影響を与えている可能性もある。そして夜臼式の段階に，江辻遺跡で甕と壺の間で素地の色調や緻密さに若干違いがみられるのは注目でき，壺は a* や b* が低くまとまる。福岡市内では弥生早期から前期段階に同様な胎土の特徴をもつ壺が出土している。このような器種間の違いは，朝鮮半島の大坪里遺跡出土土器でもみとめられ，壺や鉢のような精製器種は a* や b* が低く分布する点で双方には共通性がみられることから，弥生早期における素地に関する朝鮮半島からの技術の伝播を想定できるかもしれない。ただし，この評価を確かなものにするには今後の分析の蓄積が求められる。

　前期的な土器の色調の傾向は中期前半頃まで継続するが，中期後半には橙色のものが多くなる。注目できるのは，丹塗り精製器種(中園，1998)が盛行する須玖式の胎土である。北部九州の弥生時代における中期後半の須玖式は橙色の傾向が最も顕著であり，全体的にみても特異な現象とみるべきであろう。

　須玖式が分布する福岡平野や佐賀，筑後地方は，花崗岩や，Aso-4 火砕流などが地質の基盤をなしており，Aso-4 火砕流は，分析データを参照すれば(町田・新井，1992)，鉄の含有量はさほど多くない。Aso-4 火砕流が土器の材料として関与したとみた場合，それのみでは赤みの少ない色調を呈すると想定され，須玖式の橙色系の発色には，他の鉄を含んだ材料をまぜるなどの発色のコントロールがなされた可能性がある。さらに胎土の質という点においても，須玖式には大粒の砂礫が含まれることが少なく緻密な胎土組織をなすので，須玖式土器の製作者には胎土の質感に対する強い意識があり，粗い砂粒を取り除くなどの作業が行われたのであろう。また土器焼成の際は，黒斑の付着を避けるなどの工夫もなされた可能性があり，それだけ多くの手間やコストをかけて土器が製作されたことが想定される。

　一方，南部九州の中期後半の大隅半島側に主に分布する山ノ口式は，やや暗い赤褐色の色調を呈するが，おそらく胎土に含まれる鉄が多いことによると考えられる。一方薩摩半島側では黒髪式が分布するが，黒髪式は黄みの強い色調で，山ノ口式と黒髪式の胎土には違いがある。蛍光 X 線分析によれば，薩摩半島の黒髪式と大隅半島の山ノ口式では，化学組成が異なることが把握されており，花崗岩が分布する大隅半島とそうでない薩摩半島の間で地質が異なることが背景にあると指摘されている(中園，2004)。

　ただし，発色に影響する胎土の鉄の含有量という点から地質について検討すると，有色鉱物の含有量が少ない酸性岩である花崗岩に由来する材料のみでは，土器が赤褐色に発色するとは考えにくいと思われる。南部九州は AT やアカホヤなどの火砕流で覆われており，土器の製作には花崗岩的な要素に加えて，火砕流に由来する材料が用いられた可能性が高いと推測する。土器の発色には製作者の意図によるものだけでなく，基盤となる岩石とテフラを含めた地質構造が深く関わっており，それが土器様式に伴う特有の発色につながるという側面は無視できないと考える。

　同様のことは，豊後の内陸部を中心に分布する粗製甕にもあてはまる。粗製甕の存在は，高原地帯の厳しい環境に由来する当該地域の閉鎖的な性格から，縄文土器の伝統が残存したものととらえられることもあったが，粗製甕の胎土はむしろ火砕流が広く分布する阿蘇の高原地帯の地質の特性

が基盤となったものであり，それが特有の形態や胎土をもつ土器様式を構成する要素の1つとなったとも評価できるのである。

さらに，弥生中期では，東九州や中九州で異系統の土器が並存するが，それぞれの系統の土器には特有の色調や胎土の砂礫の特徴を備えていることを指摘した。これは，人や情報，そして土器自体の活発な動きをうかがわせると同時に，土器製作者にとってある形の土器にはこの材料を使用する，といったような取り決めがあり，土器製作者の連鎖的な営みとして安定した土器製作システムが確立していたことをも示すのではないだろうか。

次の弥生時代後期には，北部九州では須玖式の胎土に対する質の高さへの志向性は解消され，全体に大粒の砂粒が含まれた粗い胎土のものが目立つ。色調は，北部九州や佐賀，筑後では地域差がみられるものの，赤みの少ない黄灰色や灰白色を帯びるようになる。

このように，弥生時代後期に胎土中の鉄の量が少なくなるという変化は，製作者が土器の発色の操作を行った可能性もある。しかし，須玖式の製作において発色のコントロールのために手間をかけたのに比較すれば，そのような手間が後期には「省略」されたとも考えられるもので，後期土器の胎土には器種を問わず大粒の砂粒が含まれることなど含めると，後期土器は製作にかかるコストを減らす方向で推移したと評価したい。

弥生後期土器は，西日本全体で粗製化がすすみ，須玖式を構成した丹塗り精製器種はほぼなくなる。土器の胎土の変化は，西日本全体における土器の粗製化への流れと連動したものであるといえよう。弥生土器における胎土の色調や組織は，土器の様式構造を構成する要素として，他の属性とも連関するものであったと考えられる。

一方で，豊後内陸部の高原地帯では，中期の異系統の土器が並存する状況が後期も継続する。この現象は九州全体からみると異質なものであるが，前にも述べたように当該地域を結節点とする広域におよぶ交流を示唆するものであり，また後期の土器製作は中期の安定した土器製作システムを基盤としていたことによると考えられる。さらに，甕と壺との間に胎土の違いがみとめられることにも注意され，系統による違いだけでなく，器種ごとに土器製作の技術体系が異なっていた可能性もある。

なお，古墳時代初頭から前期土器の色調は，北部九州では後期と同様に赤みの少ないものが多いが，比恵・那珂遺跡や吉野ヶ里遺跡における庄内系・布留系の高坏や小型丸底壺のような精製器種は，大粒の砂礫がほとんど含まれない緻密な胎土であると同時に，蛍光X線分析では鉄がやや多めに含まれる傾向がみとめられる。このような器種の違いに伴う胎土の違いは，畿内でもみとめられるものであり，古墳時代における外来系土器の受容の際に，形態や整形技法だけでなく，材料の採取や調整方法を含めた畿内の土器製作技術が体系的に九州内に導入された結果であるといえよう（c.f. 次山，1993）。

このように，土器の色調や胎土の組織の変化，その地域性について，検討を加えた。土器製作時には，器としての使用に関わる機能性，そして機能性以外の社会的な意味，象徴性などから，土器製作者にとって意図した質感を得ることが重要であったと推測される。そのためには，材料採取地

と集落の立地との関係などから生じる土器製作にかかるコストという制約を越えて，あえて発色や砂礫の緻密さなどをコントロールする作業も求められたと推測される。ただし，そのような胎土に関わる意義付けには，時期的・地域的な揺らぎもみとめられ，土器が粗製化する際には，胎土に関するコントロールが省略される状況もありうるであろう。さらに，胎土は材料を生み出す環境的な状況と無関係とはいえず，豊後内陸部などの状況からは，土器製作者が材料を産出する自然環境にいかに適応し，それを活用するか，ということも看過できない側面であったといえよう。

　このように考えると，九州における土器の動態は，土器製作や使用に直接結びつく機能性だけでなく，社会的なコンテクストや環境条件に影響を受けたものであるといえるかもしれない。最後の第8章では，これをふまえて胎土からみた弥生土器の特質と，それをとりまく弥生社会との関係性について論じてみたい。

第 8 章

考　察
——胎土分析からみた九州弥生土器文化の特質——

第 1 節　土器製作における材料の採取方法とその環境的・社会的要因

1. 土器製作の材料採取地に関わると推測される遺跡周辺の地質

　本書では，胎土分析によって北部九州を中心とする弥生土器の生産と分配，消費のありかたについて検討を加えた。さらに，勒島の弥生系土器や壱岐・対馬で出土する楽浪系土器，朝鮮半島系土器の分析をつうじて，遠隔地間の交流のありかたについても検討した。そして土器の色調にも着目し，技術的な特質や資源との関係についても論じた。

　土器生産と消費のメカニズムは，第 2 章でも述べたように土器製作に用いられる材料の性質や採取場所，それにかかるコストや社会関係などと密接に関わると考えられ，その点については民族誌などの研究からも示唆されるところである。そこで，胎土分析から新たに理解されたことや，残された課題について以下で検討したい。

　まず，弥生時代の土器製作の際に，材料はどこで採取され，またその選択はどのような要因から決定されたのであろうか。現状では粘土採掘坑の遺構など製作地を示す具体的証拠が少ないものの，土器の化学組成や鉱物組成から土器製作に用いられた材料の由来を検討することで，材料採取地としての可能性がある空間的範囲を推測することも可能となる。

　第 2 章でも述べたように，粘土は岩石や火山灰が風化，変成，続成作用を受けた結果生成される。最終的に粘土に至るにはきわめて複雑な過程があったと考えられるが，粘土の質は，粘土が生成される前の岩石や火山灰に規定される部分が大きいと考えられる。従って土器の化学組成や鉱物組成の把握が，材料採取地や土器生産地を推測するための重要な手がかりになりうる。

　土器製作のための材料採取に関しては，ある程度意図的な採取地や材料の選択が行われたのかどうかが問題となる。土器を作るための材料を採取する際，それにかかるコストをできるだけ抑えるような採取地の選択が図られたかもしれないし，あるいは別の社会的要因も働いたのかもしれない。土器生産において，材料採取地がどのように決定され使用されたかという問題は，土器生産と消費システム全体に変動を及ぼす可能性もある（Arnold, 1985）。

　そこで，第 5 章で行った各遺跡出土土器の分析結果に基づき，土器製作に用いられた材料の採取地やその基盤となる地質の性質，材料採取の際に働いた経済的・社会的要因などについて考察す

ることにしたい。なお，第2章や第3章では土器製作における混和材について言及したが，胎土に意図的に混ぜられたと判断できる粒子の存在は，分析中では明確に把握できなかった。そこで，以下では土器の材料は混和材としての粒子の存在の可能性も含めて，胎土の特徴を包括的にとらえ，そこから推測される材料の採取地について議論をすすめる。

まず，九州島はいうまでもなく火山活動が活発な島であり，九州の土器では，火砕流の分布が土器の材料の採取や選択に大きく影響を及ぼしたことは容易に推測される。土器製作のための材料が，基盤となる花崗岩とその上に堆積したAso-4火砕流と関係すると想定したのは，比恵・那珂遺跡群出土土器や糸島平野の寺浦遺跡，井原上学遺跡などで出土した土器であり，また佐賀では吉野ヶ里遺跡や松原遺跡出土土器である。さらに，基盤となる岩石は異なるが，原の辻遺跡，カラカミ遺跡も火砕流に由来する材料を使用した可能性がある。

比恵・那珂遺跡群が位置する丘陵は，Aso-4火砕流の堆積物からなり，下層は粘土化して八女粘土と呼ばれている。遺跡内で検出された井戸や溝の下部には，Aso-4火砕流の堆積物が露出していることが多い。Aso-4火砕流には，有色鉱物として角閃石や輝石類が含まれていることが明らかにされており，それは土器の鉱物組成とも矛盾しない。それから勘案すると，比恵・那珂遺跡での土器製作には，遺構の掘削時に露出した粘土を，そのまま土器製作に用いた可能性もある。Aso-4火砕流は，福岡県西部の前原市内でも分布しており，糸島平野での土器製作も，この噴出物に由来する材料を使用したとみられる。

また吉野ヶ里遺跡と松原遺跡が位置する佐賀平野は，背後に糸島花崗閃緑岩が広がっており，平野の大部分は花崗閃緑岩に由来する沖積平野である。そして吉野ヶ里町から神埼市に広がる低い台地は，比恵・那珂遺跡群と同様にAso-4火砕流の堆積物によって形成されており，遺跡もその台地上に位置している。胎土中にも凝灰岩と思われる粒子がみとめられることから，比恵・那珂遺跡と同様，Aso-4火砕流堆積物に由来する材料を土器製作に用いた可能性は高いと考えられる。

ただし，比恵・那珂遺跡群出土土器の蛍光X線分析による主成分元素の組成をみると，特に中期後半の須玖式の胎土には鉄(Fe)が多く含まれている。八女粘土はケイ素(Si)の質量濃度が土器よりも高く，鉄とアルミニウムの質量濃度が低いため，八女粘土のみでは土器胎土と整合しないと考えられる。土器胎土における鉄やアルミニウムの多さは，Aso-4火砕流以外の影響も考える必要があり，別の材料を混ぜるなどの作業が行われた可能性も考えておかなくてはならない。比恵・那珂遺跡群出土土器の場合は，八女粘土と，那珂川や御笠川流域に分布する花崗岩などが，胎土を構成する基礎となったと推察できるが，それに加えて塩基性岩に由来する鉄を含む材料を混ぜるなど，胎土を調整する過程が介在したことが推測される。その一方，後期は鉄の含有量が少なくなるが，これは第7章でも示したように，鉄の量の変化は北部九州各地で連動したものであり，鉄を含む材料を混ぜる作業を省くなど，胎土に対する調整方法が変化した結果であるとも考えられる。

北部九州における阿蘇の火砕流自体の分布状況の詳細はまだ十分に明らかにされていないものの，福岡県西部の前原市でも分布は部分的ではあるが確認されており，糸島平野での土器生産は，比恵・那珂遺跡群と同様にこの火砕流が粘土化した前原ローム層が使用された可能性が高い。さらに原の

第8章 考察

辻遺跡やカラカミ遺跡が所在する壱岐は，最近のテフラの調査では，AT や Aso-4 火砕流が分布している可能性が指摘されており，壱岐島内で土器生産が行われたとすれば，この火砕流に由来する材料を用いた可能性がある。Aso-4 火砕流は広域に分布しており，今後のテフラの調査によってこれまで分布が確認されていなかった地域でも検出される可能性が考えられる。第 5 章では大友遺跡出土土器や対馬出土土器と Aso-4 火砕流との明確な関連性を指摘していないが，これらの遺跡も今後のテフラの調査の進展によって阿蘇の火砕流との関連が見出されるかもしれない。

壱岐は玄武岩が広く分布する島であるが，土器の鉱物組成や主成分元素から，土器製作に使われた材料は比恵・那珂遺跡群と同様に酸性岩や中性岩的な組成のものであったと推測される。壱岐には福岡平野や佐賀平野のような花崗岩類は分布していないものの，原の辻遺跡の近辺では遺跡南側に流紋岩が比較的まとまって分布しており，遺跡北側では安山岩類が分布している。壱岐で土器が製作されたとすれば，土器製作に用いられた材料は，遺跡周辺の流紋岩や安山岩類が基盤となったとみることができ，また今後の調査の進展にしたがって Aso-4 火砕流との関連も明らかにされうると考える。

対馬では，峰町周辺に分布する遺跡出土土器の胎土分析を行ったところ，土器製作の材料は火山岩類が母岩として推測された。そして変成作用に関係すると思われる粒子がみとめられたことから，材料の採取地は変成作用を受けやすい場所であったと考えられる。対馬の地質は，大部分が砂岩や泥岩のような堆積岩が基盤となるが，砂岩や泥岩に貫入する火成岩類が分布している。貫入は，粘土の生成に結びつく変成作用を生み出し，貫入がみられる地点では陶磁器類の製作に適した粘土が採取されることが知られており，峰町周辺出土の土器の製作に使われた材料は，それらの貫入岩体に関連するものであった可能性が高い。峰町周辺にも貫入岩体が分布しており，土器製作にはその近辺から材料を採取した可能性が考えられる。また鉱物組成には遺跡間で若干の違いがみられることから，それぞれ遺跡近辺にある異なる採取地で材料を採取し，土器を製作したことが推察される。

以上の集落遺跡とは状況とは異なるかもしれないが，甕棺墓群で構成されている佐賀県の大友遺跡では，甕棺や日常土器の鉱物組成をみると花崗閃緑岩類が材料と結びつくものであったと考えられるが，大友遺跡周辺は玄武岩を基盤とする地質であり，遺跡近辺では土器製作の材料の採取を想定することは困難である。しかし大友遺跡から少し離れた唐津平野周辺では花崗閃緑岩が多く分布しており，土器の鉱物組成と整合的であることから，唐津平野周辺で採取された材料を持ち込み遺跡近辺で製作したか，あるいは唐津周辺で製作された甕棺を大友遺跡の墓地に利用するため運び込んだことが想定される。また甕棺だけでなく，日常用と思われるような器種も胎土の鉱物組成は類似しており，土器が唐津平野付近からすべて搬入されたとも考えにくい。唐津平野付近で採取した材料を大友遺跡近くに持ち込み，遺跡近くで製作した可能性も視野に入れておく必要がある。

2. 材料の採取方法を決定する環境的・社会的要因

各遺跡出土土器の分析結果は，各地の膨大な土器資料のうち，ごくわずかな部分の分析にすぎず，

今後もデータを蓄積させる必要があるが，第5章で行った胎土分析の結果から，土器製作の際の材料の採取地や採取方法を決定する要因について，若干の考察を行いたい。

まず，民族考古学的調査でも議論されるように，土器製作者は材料の基盤となる地質を認識できていたのかどうかということが問題となるが，本書の分析に基づくと，ある程度選択的に材料を採取していた可能性があり，経験的に居住地周辺の地質の性質を把握できていたとも解釈できるかもしれない。たとえば，対馬のように，堆積岩が主体となる地質であっても，火山岩に由来する材料を認識し，意図的に選択した可能性が高いという見通しが得られたことは，土器製作に関わる地質やそこから生成された材料の性質を，製作者がある程度経験的に理解していたことを示すのではなかろうか。これは，製作者が材料の化学的性質をある程度理解し，それに応じてカテゴリーを形成するという民族誌からの指摘ともふれあうものである (Arnold, 1971)。そして，材料の採取と土器製作には，材料を産出する環境への適応という要素が関わっていることは無視できない。

しかしながら，材料の採取地の選択は，それを産出しうる地質，すなわち自然環境によって規定される部分は少なくないものの，実際には，社会的・経済的な要因など複合的に決定されるものであろう。

経済的な要因としては，材料を採取するのに必要となるコストの問題がある。比恵・那珂遺跡群や吉野ヶ里遺跡のように，集落が材料採取地の可能性がある空間の中に位置している場合は，集落内で土器製作が行われたとすれば，それにかかるコストを削減できるという点で生産には有利であろう。特に比恵・那珂遺跡群や吉野ヶ里遺跡のように集落が大規模になれば，それだけ煮炊きや貯蔵などの用途のため，土器の需要は高まる。そこで，増加する土器生産を支えるため，材料採取や燃料などコストへの問題解決の必要性が，集落の立地や，土器の製作地の選択に反映されたとも考えられる。

しかし，集落や製作地の立地は単に土器製作のコストを抑えるために選定されたわけではなく，その他のさまざまな要因によるものであろう。土器製作自体が，社会関係の形成や維持などの意義をもっていた可能性がある (Nicklin, 1979)。土器製作における材料採取地の選択は，カリンガなどの民族調査によると，土器の機能性などの技術的要因だけでなく，集団間の社会的関係の構築や維持という目的とも結び付いていると考えられている (Aronson et al., 1994)。そう考えると，大友遺跡のようにやや離れた場所で材料が採取され，それが長期間に及んで継続したと推測される場合，特定の場所から材料を採取すること自体に，集団関係の維持など社会的な意義を帯びていた可能性もある。大友遺跡に埋葬された集団が唐津平野域で採取された材料で製作された土器を使用することは，唐津平野域の集団となんらかの関係をもっていたことを示唆し，一定の採取地を維持することは，社会的関係性を維持することにもつながったと評価できるかもしれない。土器に限らず，材料の産地と製品の分布との関係は，集団のアイデンティティと密接に関わっているという指摘は興味深い (Jones, 2002)。これについては，次節でさらに議論したい。

さらに，福岡県の糸島平野の地質の状況のように，土器製作のための資源が広範囲にわたって分布するのではなく，限られた範囲の採取地から材料採取が想定されるならば，材料の管理が集団間

でどのように行われていたか，という問題も重要である(小杉，1991)。具体的な管理のありかたを明らかにするのは困難であるが，今後さらに追究すべき課題であろう。いずれにせよ，土器製作のための材料の採取地の選択は，それを取りまく経済的・社会的関係などさまざまな要因に規制されており，単なる土器製作のための材料採取の行為にとどまるだけでなく，それによって集団間の関係性を作り出し，維持することにつながったとも想定できるのではなかろうか。

第2節　弥生時代集落の土器生産と分配，消費システムの理解のための胎土分析の有効性

1. 弥生土器生産と消費形態についての再検討

次に，弥生土器の生産と分配，消費のありかたや規模，生産組織などについて分析結果をもとに検討することにしたい。須恵器のように生産地が明らかになっている場合には，生産地で製作された土器の化学組成が基礎的なデータとなり，製品の流通をトレースすることになる。しかし産地が明確に検出されていない際には，土器生産や分配，消費の形態と，胎土分析のデータがどのように対応するかをモデルとして提示し，実際の胎土分析の結果や考古学的な事象と照らし合わせてモデルを検証していく作業が必要となると考える。第4章では，土器生産・消費と胎土分析の結果との対応関係のモデルを提示した。

そこで，第5章で分析した北部九州の弥生土器の分析結果を，第4章のモデルと比較しつつ検討してみる。分析結果には，提示したモデルとのある程度の類似点が見出された。

2. 蛍光X線分析の元素分布のパターンとその解釈

2.1　集落内で，元素分布に複数のまとまりがみられるパターン

第4章において，製作集団が製作した土器が，その集団単位を基礎として自己完結的に内部で消費される場合を γ パターンとして挙げた。第5章では，吉野ヶ里遺跡と原の辻遺跡の中期土器の分析において，遺跡内でも元素分布のまとまりが複数抽出されることに注意したが，これは一遺跡内でも γ パターンの土器生産と消費が行われたことを示すと推測する。

この2遺跡は，弥生時代における大型の環濠集落として知られるが，弥生時代中期の段階で調査地区ごとに元素分布にまとまりがみられるという点で共通している。吉野ヶ里遺跡では，北側の志波屋四の坪地区と南側の田手二本黒木地区で元素の分布に違いがみとめられる。また原の辻遺跡でも，北側の旧河道部や西側の環濠，中央の高元地区というような調査地点の違いに応じて元素分布の違いがある。原の辻遺跡の低地部の特定調査区の環濠部とやや高い地点に位置する原地区や高元地区では，元素分布だけでなく胎土の色調に関しても違いがみられ，肉眼でも胎土の種類が複数あることは確認できる。

こうした元素の分布のありかたとそれに対応する土器の胎土の特徴，および設定したモデルから，

吉野ヶ里遺跡と原の辻遺跡の弥生時代中期の段階では，環濠集落内においても土器製作と消費が複数の集団を基盤として行われ，しかもそれぞれの集団内で比較的自己完結的に消費と廃棄が行われたと想定される。

また，吉野ヶ里遺跡と松原遺跡，原の辻遺跡とカラカミ遺跡のような近接した遺跡間でも，蛍光X線分析では元素分布において有意な違いがみとめられるようである。さらに対馬の分析でも，峰町の近接した遺跡間でも鉱物組成に若干違いがみられたので，近接した遺跡間であっても，土器生産はそれぞれ異なる集団単位を基礎として行われたと推測される。

ところで，原の辻遺跡や吉野ヶ里遺跡のように集落の内部において土器の元素分布にわずかな違いがみられる場合，集落外の複数の場所で作られた土器が集落内に持ち込まれた結果であるのか，または複数の異なる材料が集落内に持ち込まれ，製作された結果と判断すべきか，という問題が残される。

本書では，産地の異なる材料を集落内に持ち込んで集団ごとに土器を製作した結果が，原の辻遺跡や吉野ヶ里遺跡のような元素分布の違いとして表出していると考えておきたい。吉野ヶ里遺跡では，ハケメ工具と考えられる木製品が出土し，原の辻遺跡では，石器類など各種の日常的に使う道具を製作した痕跡もみとめられる。弥生時代の大規模な集落内においても，各種の日常的な道具類の製作は一般的に行われていたとみられる。日常品の外部依存的なありかたは，他の地域では可能性はあるものの，第5章で分析を行った地域では一般的ではなく，各集落で土器をはじめとする日常品を製作し，使用することが多かったとみたい。

このモデルを図に表すと，図135のようになる。吉野ヶ里遺跡や原の辻遺跡のような大規模集落の内部において，集団単位を示すような土器の差異は明瞭には把握されず，ある程度の規格性がみとめられる。そして集落内において，複数の単位によって製作された土器が，その単位を基礎として消費され廃棄されるモデルとして提示するものである。これは，大型の環濠集落といえども土器製作と分配，消費は複数の単位を基礎としたものであり，特定の限られた集団が土器を集中的に製作し，土器を製作しない集団に分配したのではなく，各集団単位で比較的分散した生産と消費が行われたことを想定するモデルである。

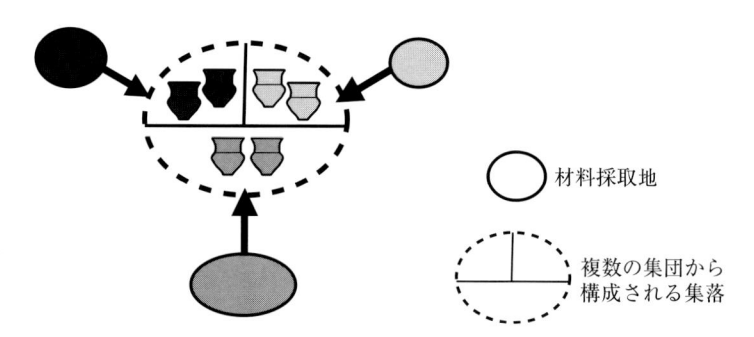

図135 集落内で複数の元素分布のまとまりがみられる際に想定される材料採取と土器生産，消費

第 8 章 考　察

　これによれば，吉野ヶ里遺跡や原の辻遺跡のような大規模な環濠集落においても，内部には複数の集団単位が存在したことになるといえよう。それでは，このような胎土分析の結果から看取される集団単位とはどのようなものであろうか。

　吉野ヶ里遺跡の場合では，各調査区でも竪穴住居群や掘立柱建物群は複数存在しており，また原の辻遺跡では，住居など居住に関係する遺構の検出がまだ十分でないが，溝からの土器など遺物の出土量は多い。そうなると，胎土分析にみられるまとまりは，第1章で触れた住居が十数軒程度の「単位集団」や「世帯共同体」のような最小単位のものではなく，それ以上のある程度まとまった規模の集団を想定せざるをえない。

　弥生時代集落の構成に関する議論の中で，溝口は吉野ヶ里遺跡のような大型の環濠集落であっても，内部にサブクラン/リネージのような，血縁関係に基づく集団が複数存在した可能性を示しており（溝口，2001），若林も，畿内の大型集落は複数の血縁関係からなる「基礎集団」が複合した，複合的集落であると考えている（若林，2001）。土器生産や消費の単位がどのような集団単位でとりおこなわれたのかは，まだ議論の余地が多く残されているが，土器生産の基礎をなす集団が，このような血縁関係等の社会関係を基盤とした集団単位と対応する可能性もあると考える。

　胎土分析から得られる情報は，文化的なファクターを含んでいるものであるが（Arnold et al., 1991），胎土のデータ自体は土器製作に用いられた材料の相違に関するものである。そのデータから集団の単位や関係性を読み取るには遺構との対応や集団構成に関する検討など，多くの検証が必要となるが，原の辻遺跡や吉野ヶ里遺跡のような大規模集落においても，内部には複数の土器生産と消費の単位が存在するということは想定でき，それは溝口や若林の想定するような血縁関係を基盤とする単位である可能性もあろう。また，それらの概念よりももう少し分節した単位である可能性もある。

　ところで，物質文化のスタイルが，血縁など社会関係と対応するという仮説に基づき，土器文様などのパターンと居住のパターンとの関係を探る分析がすでにディーツ Deetz やヒル Hill らによって行われているが (e.g. Deetz, 1968; Hill, 1970)，実際には，文様や形態などさまざまな要素からなる土器のスタイルが，どのように社会的集団と結び付いているかということは，明確に把握するのが難しい。それでも，土器製作と集団との関連性を指摘する研究事例はみられ，たとえばアーノルドの民族考古学的調査にもとづく議論では，土器製作技術の学習や伝達は，血縁集団を基盤としたものであると指摘されている (Arnold, 1989)。そして土器の製作と土器の装飾の側面とに分け，土器製作は特定の動作習慣（Motor Habit）の長期的な習得，装飾は認知的な知識に関わるものであるとしている。このような民族学的調査成果は，土器生産やその技術の伝達と社会関係を考えるのに示唆的である。カリンガの民族誌からも同様に，土器生産と分配自体が，血縁などの社会関係の維持と関わることが指摘されている (Stark, 1994)。土器生産と分配，消費自体が，こうした集団関係を基盤とするものであるならば，吉野ヶ里遺跡や原の辻遺跡出土の弥生時代中期土器では，土器生産と消費自体が，集団関係を構築し，維持するという意義をもっていたことを示しているといえるかもしれない。

　さらに，土器製作だけでなく，消費，廃棄を含めた一連のプロセスは，それぞれに固有のアイデ

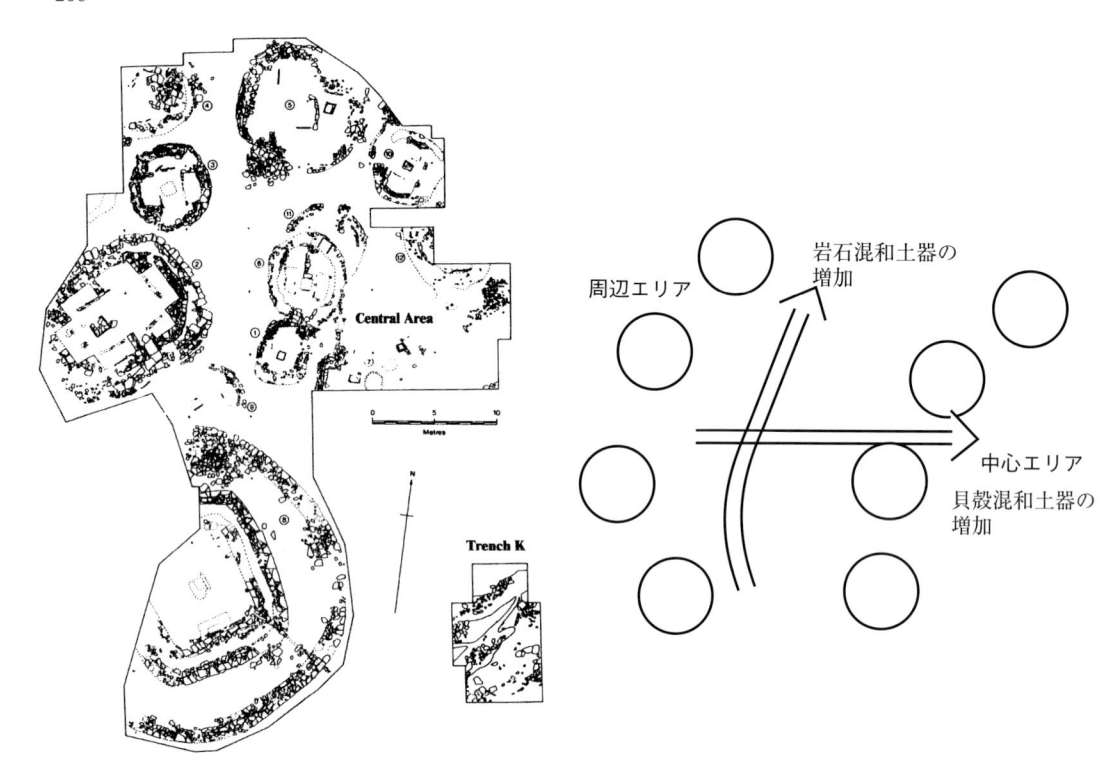

図 136 バーンハウス遺跡における遺構のプラン(左)と，異なる混和材の土器の分布状況の模式図(右)
（Jones, 2002 を改変）

ンティティの問題と関わるかもしれない。ジョーンズは，そのような観点からスコットランドのオークニー島でのバーンハウス遺跡出土の新石器時代土器を分析している。そこでは貝や岩石の複数の混和材をもつ土器が出土しており，混和材の種類の違いが，土器が廃棄される際の住居の空間的な関係に一致することが明らかにされている(図136)。そこで，混和材を採取する地点と，土器にその混和材を混ぜることが，社会的アイデンティティの表現を構成し，住居とコミュニティを結びつけるメタファーを提供することになるとジョーンズは主張している (Jones, 2002: 130)。さらに，土器の製作から消費，廃棄にいたるそれぞれの異なるカテゴリーは，異なるコンテクストと関連づけられ，社会的アイデンティティを差異化することになると指摘している。

　土器製作の材料を採取することと，製品を使用し廃棄することは，実際的な目的を達成するだけでなく，集団の社会的関係を表示し維持する意義をもっていた可能性がある。原の辻遺跡や吉野ヶ里遺跡の中期段階では，材料の採取のカテゴリーと土器の消費のカテゴリーに関してみると，同一の集団のアイデンティティに基づき土器材料の採取と製作，消費がとりおこなわれたとも評価しうるのではないだろうか。

2.2　集落内でも，元素分布が複雑でまとまりが看取されにくいパターン

　次に，北部九州で出土した土器の蛍光 X 線分析における元素の分布には，遺跡の内容や時期に

よって差異がみられ，遺跡内で元素分布のまとまりがみとめられず，複雑な元素分布を示す場合も看取された。やや複雑な元素分布がみられたのは，比恵・那珂遺跡群出土土器や原の辻遺跡の後期土器であり，吉野ヶ里遺跡の後期土器も中期と比較してやや複雑な状況になるようである。また糸島地域の糸島平野側出土の中期土器も，元素分布の変異は大きくないが遺跡単位でもまとまりは顕著ではなく，やや複雑な状況がみとめられた。

　福岡市比恵・那珂遺跡群では，各時期をつうじて蛍光X線分析の4元素のデータはかなり複雑に分布しており，1遺構出土土器の元素分布をみてもばらつきがみられ，分布の幅も広い。単一の材料採取地から材料を採取し，限られた製作集団によって生産され，それを基盤として消費され廃棄されたとは考えにくい。原の辻遺跡出土土器の蛍光X線分析では，中期は調査地点ごとに元素の分布のまとまりがみられるものの，後期に入ると元素分布がやや複雑となり，地点ごとのまとまりは顕著でなくなる。また，吉野ヶ里遺跡では，後期になると中期のような元素分布からは若干変化する。この分析結果は，土器生産と消費のありかたが集落内で固定したものではなく，通時的に変動するということを如実に示している。そこで，比恵・那珂遺跡群出土土器や原の辻遺跡の後期土器の状況は，第4章で挙げたモデルでは，βのパターンをとるものと考えたい。吉野ヶ里遺跡もこのパターンに相当する可能性があるが，データを蓄積させ再検討することが必要である。

　それでは，こうした分析結果からうかがえる元素の分布は，どのように解釈すればよいのであろうか。βのモデルでは，この元素分布のパターンに対応する材料採取のありかたとして，材料の採取地や消費地は土器生産地に近接しており，採取は集約的に行われたか，あるいは各集落単位で分散して行われたと想定した。そして土器の動きとしては，市などを媒介して分配され，複雑に消費されることも想定した。ただし，それだけでなく，材料自体が集落内外で移動したかどうかも考慮する必要があり，また弥生時代の土器自体が商品的な価値をもっていたかどうかも難しい問題である。

　土器ではなく，材料の移動があったかどうかの問題に関していえば，原の辻遺跡の状況はその可能性は捨てきれないものの，第5章で取り上げた分析では，材料の鉱物組成は集落が位置する場所の地質の状況と整合的なものが多い。したがって，集落環境からみると，製作のための材料が商品的な価値を帯びた移動は可能性がうすいように思われる。材料自体は，交易品的な価値をもちうるかは証明が難しく，むしろこの分析結果の解釈としては，土器の移動や人の移動の結果を示すとみたほうが妥当性は高いと考える。ここでは，βのパターンの場合，集落内の複数の集団が，土器を製作し，その製品が集落内外で複雑に分配され消費されるモデルを提示しておきたい(図137)。

　このような土器の生産と分配，消費形態は，集落組織やその動態と関連があるのではなかろうか。たとえば比恵・那珂遺跡群は，各時期の遺構の密集度がきわめて高いことが明らかにされているが，吉留は，中期後半に台地上が縦横に条溝で区画され，掘立柱建物はそれに沿った配置を示すことに注目し，都市的性格をうかがわせるものと評価している(吉留，1999)。久住も，比恵・那珂遺跡群を縦断する道路状遺構の存在などをもとに，同様な見解を提示している(久住，1999・2000)。中園も，これらの議論を受けて弥生時代の大規模集落にみられる都市的性格について論じている(中園，

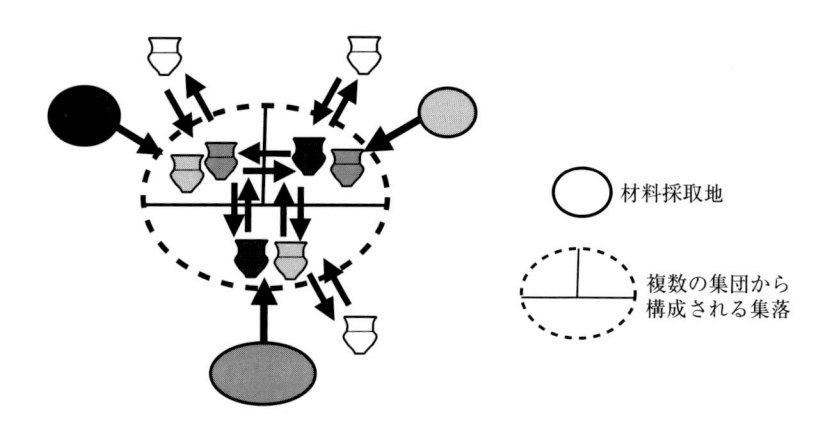

図137 複雑な元素分布から推測される材料採取と土器生産，消費

2004)。弥生時代の都市という評価についてはその用語や定義について議論される余地が残されているが，武末も春日市須玖遺跡群に対して青銅器生産関係の遺構の密集度の高さから，都市的性格を積極的に評価するように(武末，1998)，比恵・那珂遺跡群のような集落には，集住の度合いの高さや情報を集約する機能を想定してよいだろう。いずれにせよ，集落形態や集落の構成の違いや変化が，胎土分析のデータの動態とも対応する可能性を示したことは，注目すべき成果であろう。

　なお，中期における糸島地域の糸島平野側の元素分布の状況は，材料となる資源の分布の制約によるものかもしれない。すなわち，土器の材料に関わると考えられる前原ローム層は，遺跡の立地に近接した場所でどこでも採取できるというわけではなく，分布はある程度限定的である。この資源をめぐる製作者や製作集団の移動や競合などが行われた結果として，元素分布がやや複雑になっている可能性もある。

　また中期段階における吉野ヶ里遺跡や原の辻遺跡の元素分布は，材料採取から土器製作，消費にいたる一連の過程と集団単位との関連性を推測させる。しかし後期はそれから変化し，元素分布がやや複雑になり，土器生産と分配，消費の過程が，中期とは別の原理で行われたということを示していると考えられる。

　前述したように，土器の元素分布がやや複雑な状況では，集落内外の土器の動きが活発になった可能性があると考えるが，この動きを土器が商品的な価値を帯びて流通したと仮定した場合，自給自足的な生産と消費システムを超えて，集落内にモノが集まり，そこから新たに分配が行われる「市」とも評価できるようなセンターの存在を想定することも可能であるかもしれない。

　ただし，そのようなセンターは，集落の規模や組織，機能などの変動に応じた流動的な組織であったと推測する。ここでの「市」は，首長のような有力者による物資の集積と再分配という性格に限られるものではなく，むしろ情報や物資などを集約させる機能をもつ集落において，多様な需要を満たすため自律的な物資の集約と分配が行われる場であったと推測したい。

　また，この分析結果に対して，土器が商品価値をもったものとして動いたのではなく，内容物の運搬のための道具とみなし，それを携えた人の頻繁な移動があったとも解釈できるかもしれない。そ

の場合，元素分布の複雑さは，土器を消費し溝や土壙などの遺構に捨てるまでの過程で，土器の内容物が，集落内外で頻繁に移動するような社会的状況が存在した，とも評価できる。どちらの解釈を基盤とすべきか難しいが，元素分布の複雑さは，集落組織や，それに伴う人，物流の複雑さにある程度対応するものであると考えたい。

なお，北部九州の環濠集落は，前期から中期にかけては断面がV字状の深い環濠を掘削することが多いなど，防御の性格を強く帯びていると考えられている (e.g. 吉留，1994)。しかし後期に入ると，断面が台形を呈し，平面形態は方形志向のものが多くなり，規格性を増すことが指摘されており，後の豪族居館につながるような階層表示と結び付いた集落形態となることが指摘されている (武末，1990; 吉留，ibid.)。これは吉野ヶ里遺跡の後期中頃以降に顕著に看取されるが，胎土分析から示された土器生産と分配の変化が，集落構造とどのように対応するかはまだ明確に把握できていない。しかし，吉野ヶ里遺跡では，後期に集落全体をめぐる外環濠が掘削され，また内部に北内郭・南内郭とよばれる区画が形成されるが，北内郭の溝などの遺構中に，後期土器に混じって中期の土器の破片が散見されることなどから，中期から後期にかなり大規模な集落の改変が行われた可能性がある。吉野ヶ里遺跡における中期と後期集落の状況変化は，胎土分析における中期から後期の元素分布の変化と連動する可能性が高い。原の辻遺跡の集落動態においても，中期末でこれらの環濠はいったん埋没し後期初頭から前半にかけては遺構が激減することが明らかにされており，弥生時代後期初頭に集落の大きな改変が生じたことが推測されている(福田・中尾編，2005)。このような集落の改変が，土器生産と消費システムに変化を促したとみることもできよう。

このように，集落動態の変化と土器生産・消費システムとの関係性が把握されたが，前述したような土器製作から消費，廃棄にいたるカテゴリーとアイデンティティという観点によれば，後期では材料採取に関わるアイデンティティのありかたと使用，廃棄時におけるアイデンティティの表示のありかたが異なっていたとも理解できるかもしれない。原の辻遺跡や吉野ヶ里遺跡の中期段階では，材料採取や製作のカテゴリーおよび消費のカテゴリーに関してみると，土器の材料採取や製作，消費が同一の集団のアイデンティティに基づきとりおこなわれたと推測したが，集落の改変が中期的な関係を崩し，土器の消費，廃棄と社会的アイデンティティとの新たな関係性を生み出したとも評価できるのではないだろうか。

3. 古墳時代初頭における畿内系土器の受容

弥生時代終末から古墳時代前期にかけて，畿内の土器様式が全国的に拡散する。その過程において，土器生産と分配，消費システムがどのように変化したのかという問題も重要であり，第5章では，古墳時代初頭から前半に相当する土器について数は十分ではないが分析を行った。

その結果，比恵・那珂遺跡群では，弥生時代終末から古墳時代初頭の遺構に庄内系，布留系および山陰系土器が出土しているが，蛍光X線分析では，これらの外来系土器の在地での生産が推測された。また原の辻遺跡でも同様に，布留系の様相をもつ古墳前期土器は他の土器と元素分布に差異がないことから，在地生産が推測されると同時に，元素分布がやや狭まることから材料の採取地

の選択が集約的なものになった可能性を指摘した。古墳前期に元素分布が集約的になる傾向は，島根県の弥生時代から古墳初頭にかけての土器の胎土分析でも指摘されている（丹羽野・三辻，2000）。この結果から，古墳時代に入って従来の土器様式の中に畿内系土器様式が組み込まれる過程で，土器生産システムが変化したことが推測できる。しかし古墳時代に生産組織全体の大きな改変があったというよりも，弥生時代からの土器生産組織はおよそ維持されつつ，畿内からの製作技術に関する情報を積極的に取り入れた結果，材料の採取方法などを含めた新たな土器製作システムが在地の土器製作集団の中で定着したのであろう。

なお，福岡市西新町遺跡出土土器の蛍光X線分析では，西新町遺跡周辺で作られたと考えられる畿内系土器の元素分布に，調査地点によっても違いがみとめられることに注意されている（三辻，2003）。古墳時代において，庄内系・布留系土器が各地に取り入れられるにいたっても，土器製作と消費のサイクルは既存の集団関係を基盤として行われたことが，このデータからも判断できるのではないだろうか。

このように，古墳時代では北部九州においても畿内の土器様式が伝播し受容されるが，それは畿内の集団の移住などによる結果とするよりも，既存の集落内の集団関係を基盤として，新たな土器製作技術の体系が導入されたとみたほうが妥当であろう。畿内系土器に関して久住は，首長層が関与した北部九州における畿内系土器の受容と，それに関する独自の生産をみとめるとともに，福岡市比恵・那珂遺跡群や博多遺跡を畿内系土器の受容と拡散の中心と評価しており，その中核的遺跡群からは工人の移動を伴う技法の伝播や，土器自体が搬出されている可能性を考えている。また沿岸部に位置する西新町遺跡などの「津」的な集落における畿内系土器の受容には，首長層間の交渉の結果というよりも，「市」のネットワークによって，消費者の需要に応じた情報や工人の移動，土器そのものの移動が行われたとする（久住，1999a）。

胎土分析の結果は，古墳時代初頭から前期に比恵・那珂遺跡群や原の辻遺跡の集落内で畿内系土器を製作したことを示しており，土器そのものの移動というよりも，畿内からの技術の受容とみたほうがよいであろう。ただし，本書では分析点数が限られており，久住の主張のように（久住, ibid.）北部九州の中心域で作られた畿内系土器や，あるいは畿内で作られた土器が各遺跡に持ち込まれたこと，あるいは，またその製作を担う工人が移動した可能性も十分あると推測する。福岡市の西新町遺跡でも，畿内系土器の一部には畿内から持ち込まれたと考えられるものが存在することが，蛍光X線分析から指摘されており（三辻，2002），吉野ヶ里遺跡でも布留系の甕が搬入品と推測された。古墳時代における庄内系土器や布留系土器の技術の伝達と受容には，情報のみならず人や土器そのものの移動が，大部分とはいえなくともある程度のウェイトを占めていたと考える。

4. 土器生産と消費システムの複合性

以上の結果から，弥生時代の土器生産は，基本的には専業的な少数の製作集団による集中的生産と広域にわたる分配という形というよりも，土器製作集団は分散して存在しており，比較的小規模な単位を基礎として土器製作を行っていたと考えられる。また，集落の構造や組織の差異に応じて，

土器生産と消費システム自体は変動するものであったと理解したい。さらに，生産と消費のシステムは，斉一的なものではなく，複数の異なるシステムが並存していた可能性もある。

壱岐の原の辻遺跡やカラカミ遺跡では，中期の須玖式の遠賀川以東系土器が遠賀川以西系と並存しており，両者の間には元素分布や鉱物組成に若干違いがみとめられる。それ以前の中期初頭の時点でも，前期の突帯文系と遠賀川系の系譜をひく甕形土器には元素分布に若干の差異が看取される。この遠賀川以東系土器は，壱岐外から持ち込まれた可能性と，壱岐内で他とは異なる材料を使用して製作された可能性とがあり，現状では判断が難しい。遺跡内で生産されたとすれば，他とは異なる製作の材料を，壱岐の内部で意図的に選択し採取したことになる。

原の辻遺跡のような交流の結節点となる遺跡では，移住などを含めた交流の結果として，土器が他地域から持ち込まれ，あるいは異系統の土器を作る集団が遺跡内で共存し独自の生産と消費システムを維持していたとしても不思議ではない。注意したいのは，原の辻遺跡の中期後半では調査地点ごとで元素分布の違いがみられたが，須玖式の遠賀川以東系に関しては，遠賀川以西系のものと若干元素分布や鉱物組成が異なるとともに，地点による明確な分布のまとまりはみられないことである。壱岐においては，遠賀川以西系と以東系では，異なるアイデンティティや意義のもとに材料の採取や土器製作，消費および廃棄が行われたと解釈できるかもしれない。このように一連の生産と消費，廃棄のありかたが異なるシステムが，同一集落内で並存していた可能性を指摘することができたのは，今回の分析の大きな成果のひとつであると考える。

5. 土器生産組織と規格性

弥生時代の土器生産が限られた集団によって集中的に行われ，製品が広域に流通・分配するという状況を見出すことは困難であり，比較的分散した生産形態が主であったことを推測した。しかしながら，原の辻遺跡や吉野ヶ里遺跡で看取されたような地点による元素分布の違いは，形態や調整法などの考古学的な特徴ではあまり明瞭に確認されない。さらに，中期の壱岐の土器と糸島の土器とでは形態的にきわめて類似する特徴をもつが，元素分布を比較すると若干違いがみとめられる。これまで糸島から壱岐への土器の移動が論じられてきたが，第5章では壱岐での在地生産が行われた可能性を指摘した。こうしたことから勘案すると，土器の形態や文様などの規格性は，その生産や消費に関わる集団の単位とは別のレベルで考える必要があるのではなかろうか。

土器の規格性の高さは，しばしば土器の専業生産と結び付けられる傾向にある。しかしながら，民族事例などを参照すると，土器の形態的な規格性の高さが，必ず専業生産と結び付くとは限らない（c.f. 小林青樹, 1998; Stark, 1994）。従来の研究において，専業的な生産と広域におよぶ分配が想定されていたものについて，蛍光X線分析や中性子放射化分析などによって，より複雑な生産と流通システムが機能していたことが明らかにされた研究事例は，世界的にみても増加しつつあるといえる。たとえば，メキシコのアステカ帝国の中心で生産される赤地に黒色の線文が施される土器は，その規格性の高さから集約的な生産と分配が想定されてきたが，中性子放射化分析によれば，実際には複数の集団や地域の間で共通したスタイルの土器を生産した結果であるということが明らかに

されている（Hodge et al., 1992）。

　本書の分析結果でも，弥生時代の土器の規格性の議論に対する問題提起がなされたと考える。すなわち，弥生時代では分散した小規模な土器生産が主であっても，その規格性は保持しうるような集団間のネットワークが形成されていたのであり，そのような土器生産組織や集団間のネットワークはどのように形成され維持されていたのか，ということについて検討する必要性が浮き彫りとなったといえよう。そして比較的小規模な生産の背景には，コストを抑えつつ多様な社会的需要を満たす，きわめて合理的なシステムが存在したことを示唆している。小規模な土器生産であっても，たとえば製作者をある程度制限するなど，個人差や変異を小さくし，様式的な規格性が保たれるメカニズムが機能していた可能性がある（森岡，2002）。

　この複雑な土器製作に関する情報のネットワークと，土器生産と分配，流通システムの理解のためには，胎土分析を含めた多角的な分析が，研究の進展を促すことになろう。

　なおここで提示したモデルと議論は，今後もデータ自体の蓄積や，土器の観察，出土状況などを含めて検討し，修正させ発展させることが必要である。田崎（田崎，2000・2002）が重視するような，焼成破裂痕跡など製作が行われた状況を直接的あるいは間接的に示すデータを胎土分析の結果と比較対照させ，双方向的な分析や議論が行われることが望まれる。本書ではそれに関する十分な検討を行うには至っていないが，胎土分析は，以上のような問題に取り組むための有効な手段になりうることを示せたと考える。

第3節　弥生時代における土器の遠隔地間の移動の意義

1. 勒島遺跡出土弥生系土器の移動に関する背景

　第6章では，朝鮮半島南部の勒島遺跡で出土した弥生系土器や，壱岐や対馬で出土した楽浪系土器や朝鮮半島系土器の分析を行った。全体を網羅し総合的な評価を行うには分析数が不足しており，仮説の域を出ていないといわざるをえないが，分析結果をもとに，遠隔地間の人やモノの移動を通じた交流に関する議論をすすめたい。

　まず，近年注目を集めている勒島遺跡で出土した弥生系土器と在地の無文土器を比較した結果，鉱物組成において明確に分離されることが明らかになった。無文土器と弥生系土器の間では，形態や製作技法などにおいて違いがみとめられるが，胎土の化学組成や鉱物組成においても違いを指摘できたのは，これまでの形態的な要素に基づく議論からは一歩前進できたといえよう。蛍光X線分析に関しては，現在の段階では分析点数が少なく，無文土器と弥生系土器との間に元素分布の重なりもみられるため，日本側からの搬入品であると断定はできない。しかしながら弥生系土器が搬入品であるとした場合，蛍光X線分析のデータなどから勘案すると，壱岐から持ち込まれた可能性が高いことを示した。

　ここで解釈において問題となるのは，外来系の特徴をもつ土器が外部から搬入されるか，あるい

第 8 章 考 察

は在地で外部の特徴をもつ土器を製作するかというような生産や流入の仕方の違いは，どのような背景によるものであるのか，ということである。勒島出土弥生系土器の分析では，弥生系土器とされるものに対して壱岐からの搬入品の可能性を指摘したが，勒島での土器の出土状況からみると，おそらく搬入品だけでなく，勒島の中で弥生土器が製作される場合や，無文土器と弥生土器の折衷的な土器（中園，1993）が作られる場合もあり，弥生系土器の流入のありかたはさまざまであったと考えられる。さらに，瀬戸内の第IV様式の壺形土器も出土しており（沈・中園，1997），勒島は壱岐や北部九州，瀬戸内，あるいは楽浪郡をつなぐ朝鮮半島南部の交易拠点として重要な役割を果たしたと推測される（西谷，2001; 沈・金，2001ほか）。

勒島出土の弥生系土器は，甕や壺など多様な器種が出土しているが，第6章で分析したのは典型的な弥生土器に酷似したものである。筆者が東亜大学校の調査分の遺物を実見したところでは，形態的な特徴だけでなく，胎土などを含めた質感からも，壱岐からの搬入の可能性をもつ土器が一定量存在するのではないか，と推測したが，それではこうした搬入と考えられる土器は，弥生社会と朝鮮半島の無文土器時代の社会との交流においてどのような意味をもっていたのだろうか。

勒島遺跡と，壱岐の原の辻遺跡やカラカミ遺跡では，いずれも卜骨が出土するように，朝鮮半島南海岸と壱岐は，経済的な交流関係だけでなく祭祀・儀礼体系も共有するものは多かったと推測される。両地域間で密接な交流が行われたことはまちがいなく，土器が移動することも不思議なことではない。壱岐から勒島への土器の移動を想定した場合，壱岐など弥生社会で作られた土器が何らかの内容物を伴って勒島へ持ち込まれたのか，あるいは交易品的な意味で他のものと交換されたのか，またはその他の理由で勒島に訪問，あるいは移住した弥生人が土器を携えてきたのか，というような，土器の移動の背景にある具体的な要因は判然としない。

時期的な様相からみると，弥生時代の中期初頭から中期後半の時期に，勒島遺跡をはじめとする朝鮮半島南海岸域で弥生系土器が比較的まとまって出土する事実は注目に値する。慶尚南道釜山広域市に所在する福泉洞莱城遺跡では，住居跡から出土した土器の大多数が弥生系土器で占められており，実見したところでは，甕形土器は糸島から西北九州にかけての弥生時代中期初頭～前半のものに特徴が近いと思われた。ただし報告書中でも述べられているように，胎土の特徴からは在地で生産されたと考えられる（釜山直轄市立博物館，1990）。また金海大成洞遺跡では，土器焼成遺構と思われる遺構から，弥生系土器が多く出土している。こうした状況から，朝鮮半島南部で北部九州の弥生人が比較的短期間居住したことは明らかであり，弥生人が居住した土地でも，故地である北部九州の土器を意図的に製作したことになる。

このような土器からうかがえる北部九州の弥生人の活動は，勒島では北部九州の弥生時代中期後半に相当する時期まで継続する。北部九州における弥生時代中期後半では，須玖岡本遺跡や三雲南小路遺跡のように，前漢鏡や銅剣・銅矛など中国・朝鮮半島系の文物を副葬する厚葬墓が出現する。弥生時代の社会に対する評価はさまざまであるが，中国・朝鮮半島の文物の受容のありかたに中心部と周辺部で格差があることから，須玖や三雲の厚葬墓を頂点とする，高度に階層化された社会が形成されたと考えられる（下條，1991; 高倉，1993; 中園，1991・2004ほか）。弥生時代の物資の動きも，

そのような階層化した社会のコンテクストにおいて検討される必要はあろう。勒島遺跡など朝鮮半島南海岸域の弥生系土器から，交流の背景に首長層やエリート層の関与が読み取れるかどうかは難しいが，それでも弥生時代中期に，北部九州を中心とする各地の集団が，勒島のような交易拠点を通じて中国や朝鮮半島の情報や物資を積極的に入手しようとしたのは確かであろう。そうした両地域の交渉の過程において，勒島で搬入品が出土することは，中国や朝鮮半島と日本とを連結する交易拠点としての勒島の位置付けが高まり，勒島へ交易品としての内容物を運搬する必要性が生じたと解釈することもできるかもしれない。なお，山口県沖ノ山遺跡では，前漢代の銅銭が内部に収められた無文土器系の甕形土器が発見されている(小田，1982)。こうした事例からも内容物，交易品の運搬という脈絡で土器が持ち込まれた可能性はあろう。

　また，考古学的に把握される「交換」は，単に物々交換が行われるありかただけではない。交換には情報の伝達という側面もあり，さらに民族誌などからは，土器の交換には集団間の政治的・血縁的な関係を確認し維持するという意義も想定されうる (Deboer and Lathrap, 1979)。その意味では，勒島をはじめとする朝鮮半島南海岸域における弥生中期に相当する弥生系土器の出土は，朝鮮半島における物資や情報を得ようとする弥生社会からの積極的な働きかけであり，また遠隔地間の交流を継続させる基盤となる，社会的関係を再生産し維持するという営みの表れともみることができるかもしれない。

　なお中期前半や中葉までの北部九州と朝鮮半島との交渉は，小規模な集団単位を基礎とした直接的なものであり(後藤直，1979)，朝鮮半島南部における弥生系土器の出土は，それぞれの目的に応じた，小規模で比較的短期間の交渉の結果であったと考えられる。その中で，朝鮮半島南海岸域における漁労民を中心とした交易ネットワークの複雑化によって，ある程度長期間の滞在を前提とした，勒島のような交易拠点が形成されたのであろう(李盛周，2002)。

　ところで，朝鮮半島南海岸域における弥生時代後期に相当する弥生系土器の出土量は，それ以前に比べてわずかとなる。ただし，交流がなくなったというわけではなく，逆に日本における朝鮮半島系土器の出土は弥生時代後期でも一定量確認される。また土器以外でも，弥生後期には朝鮮半島で産出した可能性の高い鉄素材を使った鉄器の生産量が増加することなどの事実から，両地域の交渉は引き続き活発に行われていたものと推測される。土器様式という観点でみれば，朝鮮半島の南海岸域における原三国時代の土器は，還元焔焼成の瓦質土器が取り入れられるという点で弥生土器と様式的差異を強めるが，昌原・馬山以西の西海岸側の土器は，酸化焔焼成土器の器種構成が豊富であり，北部九州の弥生土器と様式的に共通性もみられるようである(李盛周, ibid.)。したがって弥生時代後期でも両地域で活発な交渉が行われたことは疑いないが，朝鮮半島南海岸域において弥生後期土器の出土量は減少する。

　これは，土器の動きにみえる交流が，弥生時代中期とは変質したものと理解できるが，交流は引き続き行われていることから，土器は他の文化要素の動態と同一の動きをとるのではなく，土器を製作し使用することに伴う意味やアイデンティティの表示のありかたの変化が，出土状況の変化に反映されている可能性がある。

2. 壱岐・対馬における朝鮮半島系土器・楽浪系土器の流入の背景

　一方，壱岐や対馬に流入する無文土器や，原三国時代に相当する三韓系瓦質土器や楽浪系土器の分析結果は，やや複雑な結果であった。まず，原の辻遺跡で出土する，口縁部など一部に無文土器の特徴を持つ擬朝鮮系無文土器は，蛍光X線分析で弥生土器とあまり違いがみられなかったことから，在地で生産されたものと推測したが，朝鮮半島側の原型に近い朝鮮系無文土器は，在地生産されたものと，搬入品の可能性があるものがみとめられた。

　また，その後に流入する三韓系瓦質土器や楽浪系土器は，還元焔焼成であり製作技法も弥生土器と全く異なるため，これまではほとんどが朝鮮半島からの搬入品と推測されてきたが，原の辻遺跡出土の三韓系瓦質土器の蛍光X線分析では，元素分布に広がりがあり，さらに楽浪系土器と元素分布の重なりがみられた。それに加え，原の辻遺跡では，須玖式の甕形土器の形態をもちつつも，瓦質焼成がなされた土器が出土していることも，朝鮮半島系土器の流入を考える上で注意すべきである。

　そして対馬の三根遺跡では，三韓系瓦質土器と楽浪系土器の元素分布は明確には分けられず，また他の弥生土器とも比較的近い元素分布を示した。鉱物組成をみると，三根遺跡出土の原三国後期に相当する朝鮮半島系甕形土器は，堆積岩や熱変成を受けた粒子がみとめられるなど，対馬内で製作されたと考えても矛盾のない組成を示していることが確認できた。こうした結果から，壱岐や対馬での三韓系瓦質土器や楽浪系土器は，島外からの搬入品が多いと考えられるものの，在地で製作されたものも一部存在する可能性があると指摘した。

　先行研究において，弥生社会内部における朝鮮半島系土器が出土する集落の性格については，片岡によって朝鮮系無文土器製作者の弥生社会への同化の過程や，青銅器生産とのかかわりが論じられており（片岡，1999），渡来人集落は島嶼タイプと内陸タイプとに分けられている。それによると，島嶼タイプの遺跡では，擬朝鮮系無文土器は出土せず，朝鮮系無文土器の出土もわずかであり，小規模な交易や偶然の漂着によってもたらされたものとみられている。しかし，最近の調査の進展などによって，壱岐や対馬でもある程度の時期幅をもって朝鮮半島系土器が出土しており，島嶼部の遺跡でも長期間に及ぶ交易や移住が行われたことが推測できる。壱岐や対馬のような島嶼部の集落においても，交易活動を行うことができる拠点として機能し，長期間の交渉を担う空間と組織が存在したことになろう。そこで壱岐や対馬のような島嶼部においても，安定的で長期にわたる渡来人の居住が行われたとみることができる。

　さらに，三韓系土器や楽浪系土器が出土する遺跡や遺構の性格の違い，壺や鉢など器種構成の違いから，その流入や交流の背景の違いが検討されている（武末，1991b・1994）。弥生時代後期以降は，弥生社会と朝鮮半島，漢との交渉が複合化しより複雑化することが，三韓系土器に加えて楽浪系土器も出土するようになることから推測される。

　また，白井が指摘するように，朝鮮系無文土器は九州の熊本や鹿児島といった中九州，南部九州に至るまで点在して分布するのに対して，原三国時代に相当する三韓系瓦質土器や楽浪系土器の出

図 138　朝鮮系無文土器の分布（白井，2001 より作成）

図 139　三韓系瓦質土器の分布（白井，2001 より作成）

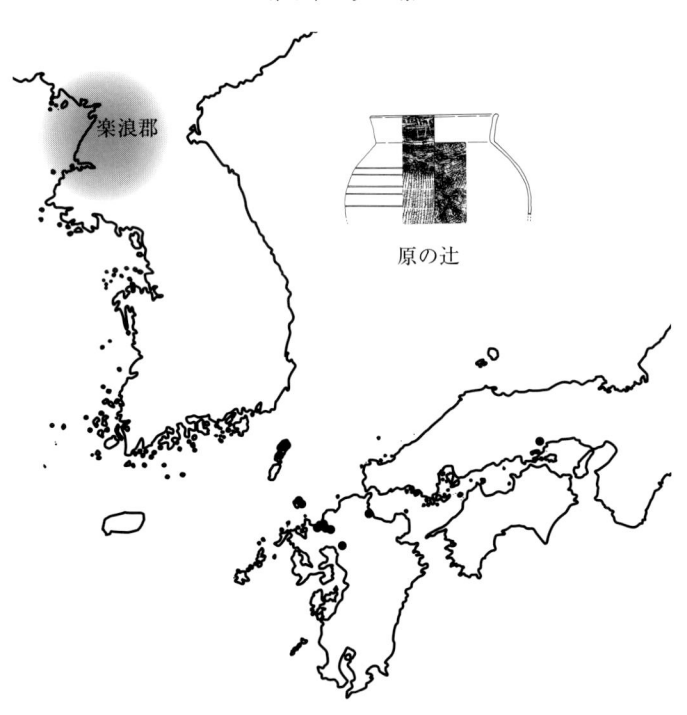

図 140 楽浪系土器の分布（白井，2001 より作成）

土は，弥生時代後期の壱岐，対馬，そして三雲遺跡など北部九州に集中することに特徴づけられる（白井，2001）（図 138〜140）。無文土器時代と原三国時代とでは，朝鮮半島と日本との間の交渉のありかたが異なっていたと考えられる。それについては，双方の政治的・経済的関係の変化が，土器に関係する交流の内容の変化を促したとみることもできるかもしれない。

弥生社会と原三国時代の朝鮮半島との間における政治的・経済的な活動は，集落からの大陸系・半島系遺物の出土量からみて壱岐の原の辻遺跡やカラカミ遺跡，糸島の三雲遺跡などに集約される。その点について，後藤直は，壱岐・対馬が中期後半に日本と朝鮮半島との仲介者の位置を獲得しており，交渉の主導権がそれまでの小地域社会から，それらを統合するより上位の集団や支配者層に移り，交渉の規模と性格が拡大・変化したと評価している（後藤，1979）。また白井や平は，朝鮮半島系土器の出土のありかたの変化から，中期後半までは勒島が重要な交易拠点であったのが，その後は原の辻遺跡が交易拠点として機能したと解釈している（白井，2001；平，2001）。

原の辻遺跡の事例を取り上げて考えてみると，原の辻遺跡に交易拠点としての機能が集中したということをつうじて，それまでの小規模で直接的な交易から，仲介者をつうじた交易への変化が起こったことを読み取ることも可能であろう。そして原の辻遺跡が交易拠点として機能したことは，朝鮮半島系土器など外来系遺物の出土とともに，船着場と推測される遺構の検出など，具体的な遺構からも確かめられる。仮に朝鮮半島などからの訪問者が，短期間の滞在を行い，それを背景として土器自体が原の辻遺跡に持ち込まれた場合には，土器の内容物の移動や，あるいは土器自体が交易

品として運ばれたとも解釈できるかもしれない。一方で，原の辻遺跡内でも一部の朝鮮半島系土器の生産が行われたとすれば，朝鮮半島から移住し，そこを基盤として比較的長期にわたる居住やそれに伴う交易などの活動も行っていたとも考えられる。

朝鮮半島の原三国時代の社会からみれば，原の辻遺跡や三雲遺跡への訪問や移住の活発化は，倭との交易拠点の「拡大」を意味することであったともいえよう（李盛周，2002）。そうした朝鮮半島からの渡来人や移住者が，原の辻遺跡における経済的な活動の中で土器製作者として自らの出身地の土器を在地で製作したとすれば，異なる社会的状況に置かれても自らの故地の土器をあえて作り使用するという「意図」があったといえる。物質文化や，日常性の強い実践行為などの象徴的資源を用いることは，故地から離れて別の土地で活動している集団にとって，自らの集団に加わっているという意識を再生産する有効な方法の1つであろう（Jones, 1997）。

遺跡から外来系土器が出土した際，土器自体が動いた結果とすべきか，それとも土器自体は移動せず情報の移動とすべきか，判断が難しいことが多い。しかし胎土分析によれば，外来系土器の出土がみられる場合でも，実際には土器が搬入されたのではなく，遺跡周辺での外来系土器の製作と評価されることは少なくない。このことは，土器のもつ，器として内容物を運び，また煮炊きや貯蔵の機能を果たすという意義や，経済的活動としての土器の移動だけでなく，渡来人である土器製作者自らの出身地の土器を作り，消費し，廃棄するまでの一連の行為が，土器製作者にとって集団関係を表し，あるいは差異化する意味をもっており，またモノに関わる活動が，自らの置かれた社会的な背景にある面制約されていたことを物語っているといえるだろう。

もちろん，本書の分析は朝鮮半島からの土器の搬入を否定するものではない。朝鮮半島で製作された土器が弥生社会にもちこまれるという状況は十分考えられる。しかしそれだけではなく，朝鮮半島からの移住者や訪問者が弥生時代や古墳時代の社会の中であえて自らのスタイルの土器を作るという状況も想定する必要性があることを主張したい。これは前述したように，土器製作と消費が，土器を媒体として物資を運んだり土器自体を交易品として持ち込むという側面のほかに，土器を製作し使用することの社会的側面と密接に関わるものであることを示している。

なお，古墳時代初頭から前期では，福岡市西新町遺跡の調査で朝鮮半島系土器や住居跡内の竈の検出など，朝鮮半島系の文化要素を多くもった遺物や遺構が多く検出されているが，三辻が行った蛍光X線分析では，馬韓や弁韓地域などの形態的特徴をもつ三韓系土器が，畿内系土器や在地の西新式土器などの元素分布に近い分布を示しており，これらの土器が西新町遺跡近くで製作された可能性が示されている（三辻，2002）。この分析結果も，今後朝鮮半島側の土器の胎土分析のデータと比較検討した上でさらに考察すべきであるが，馬韓や弁韓地域などの形態的特徴が元素分布と明確に対応していないこと，西新町遺跡で出土した朝鮮半島系土器の中に在地の土器製作技術が取り込まれているものがあること，朝鮮半島系土器の形態や調整技法を一部模倣した土師器が出土している（重藤編，2006）（図141）ことなどからも鑑みて，傾聴に値する見解である。

このような弥生時代的な土器生産と消費のありかたは，古墳時代中期に大きく変質する。すなわち，古墳時代中期の5世紀前後に須恵器が導入されるに至ると，須恵器は大阪の陶邑などの専業生

第8章 考察

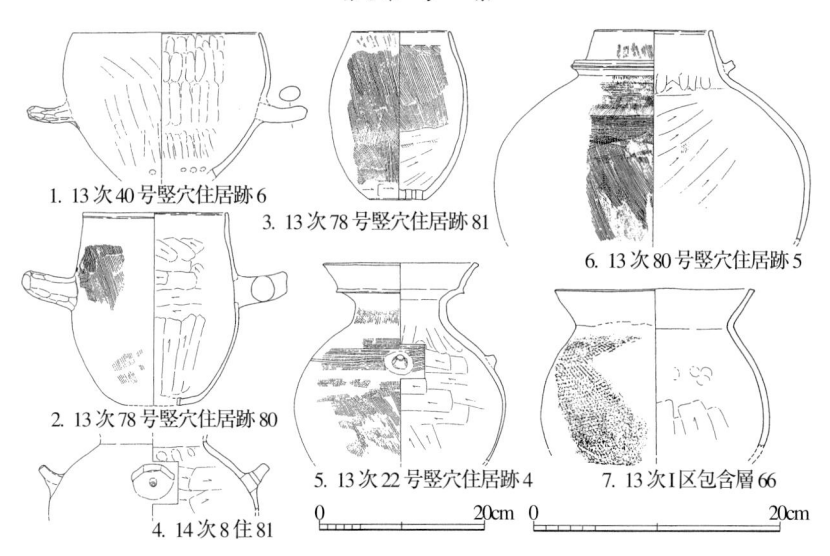

1. 13次40号竪穴住居跡6
2. 13次78号竪穴住居跡80
3. 13次78号竪穴住居跡81
4. 14次8住81
5. 13次22号竪穴住居跡4
6. 13次80号竪穴住居跡5
7. 13次I区包含層66

図141 西新町遺跡出土土器にみられる朝鮮半島系土器の要素の模倣・折衷(重藤編, 2006)

産を行う窯を基礎とする，生産センターで集約的に生産され，全国各地に流通するというシステムが，高度に発達したと考えられる(三辻，1983ほか)。大型の前方後円墳が集中する河内地方に隣接する，陶邑での須恵器の集中的生産と広域に及ぶ分配は，畿内の中心勢力が須恵器生産と流通網を掌握したことを強く示唆するものである。

朝鮮半島からの技術を導入した須恵器が国内で製作され，須恵器生産工人が編成され須恵器生産が畿内や各地の大王層，有力者層の権力と結び付いて行われるに至って，それまでの土器の意義は変質したと思われる。土器の材料採取と，消費，廃棄自体が集団のアイデンティティと結びつく弥生土器に対して，須恵器の遠隔地への分配は，畿内の大王層・首長層の権力を表示し，周辺との上下関係を保つ装置として機能したと推測する。ここに，5世紀が日本の古代窯業史における，大きな変革期であることを指摘することができる。

なお，これまで，土器生産および消費行為や，遠隔地間の土器や人，情報の移動現象と，製作者のアイデンティティとの関係を強調してきた。しかしそれは単純なものではなく，たとえば福岡市西新町遺跡では，朝鮮半島の陶質土器が出土するとともに住居に竈が設置されるなど，土器以外でも渡来系文化の導入をみとめることができる。しかし，渡来人的様相を示す朝鮮半島系土器と竈は必ずしもセットで出土するわけではなく，竈が検出されているがその住居で出土する土器は在地系であるというように，錯綜した状況を示す。こうした例は，アイデンティティが，文化的な類似や差異との間に一対一の対応関係があるような単純な図式のものではなく，きわめて複雑であることを教えてくれる (c.f. Barth, 1969)。したがって，土器から製作者や消費者のアイデンティティのありかたを直接的に読み取ることには困難さが伴うが，それでも胎土分析によって，複雑で錯綜したアイデンティティの構造を解きほぐす可能性が広がるのは間違いない。

しかしながら，この外来系土器の移動や製作，それに関連した渡来人，移住者のアイデンティテ

ィに対する包括的な評価は，本書で行ったような限られた試料数での分析では自ずと限界がある。今後，朝鮮半島側の分析事例の増加を待ち，物質文化全体の動態を見極めた上で，改めて詳細な評価を行う必要があろう。

第4節　弥生土器の発色技術・胎土組織に関する環境的・社会的要因

1. 土器の色調・胎土に着目する意義

　胎土分析は，土器生産と分配，消費のメカニズムを把握する手がかりを与えるものであるが，それだけではない。土器製作に使われた材料の質は，それを産出する地質に影響される部分は多い。そして胎土には，地質の差異のみならず土器製作の際の文化的な要因も関与していると考えられる（Arnold et al., 1991）。土器材料に求められる性質は，土器の焼成時の温度上昇による衝撃の緩和や耐久性という機能だけではなく，精製／粗製という実用以外の象徴性もある。胎土分析は，材料の採取地だけでなく，材料の選択および調整技術に備わった社会的・文化的側面や，土器の製作や使用に関わる環境への適応に対しても，客観的に検討する材料を与えるのである。

　また第7章で述べたように，物質文化において色は各時代・地域をつうじてさまざまな意味をもっていたと推察される。土器の色もまた，土器を作る人や使う人にとって重要な属性であったことは理解され，それを示唆する考古資料や民族誌もある。ただし，先史時代における土器の色調は，現代において多くの絵の具を使って自在に色を操るかのごとく，すべて製作者の思惑通りのものになるとは限らない。土器の色は，縄文時代後晩期の黒色化など意図的なコントロールがなされた場合を除けば，当然ながら材料採取地の地質的な要因に左右される。土器の色調は，第7章で材料に含まれる鉄に大きく影響されることを示したが，材料の鉄の含有量は，居住地近くの地質に影響される部分も少なくないと考えられる。

　そこで，第7章では土器の色調の分析から，土器の発色技術やその社会的・文化的意義，地域色発現のプロセスに関する議論の進展に寄与することを目指した。土器は，時代や地域，様式に応じて特有の色調がみとめられることから，ある程度意図的に発色に関するコントロールがなされていたことが考えられる。その一方，土器の発色は材料を生み出す基盤となる地質に制約を受け，それに適応することもあると考えられる。このように，色調について，土器製作者の意図や自然環境への適応という双方の要素を総合的にとらえることは，これまでの土器様式や地域色に関する議論に新たな展開を促すものであると考える。本書では，色調や砂礫の緻密さなどを含めた胎土組織について，偏光顕微鏡による観察などをつうじて検討し，時期的・地域的な傾向を，大雑把であるが把握することができた。

2. 弥生土器の色調・胎土組織の変遷

　第7章の分析結果に則して，再度九州地域の弥生土器の色調や胎土の組織の変化を中心に検討し

てみよう。弥生時代早期から前期にかけての土器の色調には，地域差があり，福岡平野と佐賀では色調に違いがみられた。また胎土組織についてみると，早期段階の小型の壺形土器は，大粒の粒子があまり含まれず，緻密な胎土であり，江辻遺跡など他の早期の遺跡でも，肉眼観察ながらほぼ同様の傾向が看取された。壺形土器と甕形土器にみられる胎土の違いは，朝鮮半島の大坪里遺跡の分析から，朝鮮半島における壺形土器の胎土の選択や調整を含めた土器製作技術が体系的に導入された可能性を指摘したが，今後さらに分析を蓄積させることが必要である。なお縄文時代晩期には，精製／粗製の差異が黒色磨研の浅鉢と粗製深鉢のような器種間で顕著となるが(松本直子，1996; 石川，1999)，そのような縄文晩期以来の精粗の差が，弥生早期にも胎土の違いとして継続していたとも解釈できるかもしれない。

　前期になると，胎土における精製／粗製器種の分化は，縄文晩期や弥生早期ほどには顕著ではなくなり，晩期から弥生早期の精製器種の精良な胎土は，前期ではあまりみられなくなる。ただし壺形土器や鉢形土器には，ミガキが丁寧に施されることが多い。壺形土器には外面のミガキ調整を念入りに行うことで，胎土自体に違いはなくとも，最終的な調整で器種による差異化をはかったものと推測される。

　前期的なありかたは，中期にいたって変化する。特に北部九州における中期後半段階の須玖式土器は，丁寧なつくりで知られるが，橙色の明るい色調を呈する傾向にある。これは，福岡平野以西から佐賀，筑後を含めてほぼ同様な傾向であった。さらに，遠賀川以西地域の須玖式は，各地で粒子が細かく，鉄をやや多めに含むというほぼ共通した胎土組織をもつ。これは，ある程度意図的な胎土のコントロールが行われたことを示していると考えられる。また，丹塗り器種には，特に粒子が細かく精良な胎土のものが多い。

　このような様相から，須玖式土器の胎土は，前段階に比べると質の良さを志向しており，手の込んだものであると考えられる。須玖式における土器製作にかかるコストや技術的特質は，弥生時代中期後半の社会的状況から関連付けられる部分もあろう。

　須玖式土器が盛行した北部九州の弥生時代中期後半の社会は，前述したように，福岡県春日市須玖岡本遺跡や前原市三雲南小路遺跡において，前漢鏡やガラス璧のような中国系文物を副葬する王墓が出現し，また周辺各地に副葬品をもつ首長墓がみとめられ，北部九州では高度に階層化された社会構造が形成される。須玖式土器の意義は，このような厚葬墓の出現や階層化された社会の対外交渉と無関係ではないと考える。須玖式土器は，中国や朝鮮半島との対外交渉の中で，儀礼的に用いられる器の重要性が高まり，質の高い土器を作り出そうとした営みの産物であるとも推測できよう。また丹塗りの採用は，中国や朝鮮半島における漆器などを含めた食器体系のコンテクストの中で考えるという意見も重要である(中園，1998)。

　一方，中九州や東九州では，同じ須玖式でも胎土の発色は赤みが弱く，鉄の含有量が少ないものが多い。須玖式土器文化圏の中でも，材料の採取法や調整法は地域差があったと推測される。また中九州や東九州では中期後半には丹塗り器種が少なく，さらに特徴的なこととして，異なる系統の土器が折衷されることなく並存する点が看取される。東九州や中九州において，煮沸や貯蔵など機

能的意味としてはさほど違いのない土器が同一遺跡，遺構内で出土する現象については，どのように理解すればよいのだろうか。

　たとえば大分県竹田市の古園津留遺跡において，後期初頭の甕棺として，赤褐色の粗製甕と黄橙色の北部九州系土器を上下棺に用いている事例があり，同じ墓地内では，黒髪式の甕棺も出土している（佐伯編，1988）。このような状況からは，広域にわたる人的・物的交流が恒常的に存在しつつ，複数系統の土器様式が長期にわたって並存した様子が推定される。それぞれの様式の土器がどこで，誰によって製作されたのかははっきりしないところが多いが，少なくとも粗製甕を製作していたこの地域の人々が多様な形態・色調・胎土の土器を知っていたことは確かである。他地域から移住してきた人が，この地で出身地域の様式の土器を製作した可能性もある。しかし，様式相互の胎土や色調，形態を交換するような折衷土器は製作されていない。このことから，土器の様式に関するカテゴリーは非常に安定しており，それは材料の採取・胎土の調整から成形・器面調整，焼成にいたる一連の土器製作の過程における動作連鎖の安定によって支えられていたということができる。この地域の人々にとって，土器を作るということは，ある決まった手順で，ある特定の様式の土器を作ることであり，そのカテゴリーの認識には，形態だけでなく色調や胎土の特徴も含まれていたと想定することができる。

　次に，北部九州の後期土器についてみると，色調は赤みの少ないものが増加する傾向がみられた。これは，鉄の含有量の変化によるものと考えられる。胎土中の鉄の量が少なくなることは，中期後半の須玖式における発色に関わる胎土のコントロールに比較すれば，そのようなコントロールが省略されたことを示唆するものと推測した。さらに胎土の質のほかにも，後期土器はハケメなどの調整に粗さが目立ち，ハケメが施される前のタタキの痕跡を残すものもみられるなど，全体的に粗雑化が目立つ。色調や胎土組織の変化は，このような土器様式の動態と連動していることが理解されるのである。

　土器の粗雑化は，西日本の中期から後期の土器様式の転換でも指摘されており，全体としてパラレルに転換した可能性が高い。また後期の土器の出土状況は，破損の少ない完形品に近い土器を大量に環濠に廃棄したことをうかがわせる。こうした現象は，環濠集落における日常的な営みの結果であるとともに，環濠に土器を捨てること自体が象徴的な行為である（宇野，1997）ということを重視したい。すなわち，弥生時代後期では，破損するほど使い込むことなく，土器を廃棄すること自体が重要であり，比較的短期間で消費し廃棄することが，集落における祭祀や儀礼の局面において重要視されたのではないだろうか。

　またそうした粗雑化は，土器製作の技術的な後退という問題のみにとどまらず，技術の熟練による省力化（横山，1959）や，合理性の追究（都出，1982）というような，弥生時代後期の土器に関わる生活様式の特質に深くかかわっていたと考えられる。環濠集落を舞台として儀礼や饗宴などが活発に行われる弥生後期社会の中では，土器は食器としては安物として大量に消費することが重要であり，それに伴い胎土の調整など製作にかかる労力を削減することが求められるようになったとみられる。

　ただし，後期の土器は九州全体で西日本全体の様相に近づくが，土器の色調には北部九州と南部

九州で比較的明瞭な違いがあることにも留意される。これは，全体で類似した土器の体系を目指しつつも，胎土の質自体は居住地の地質環境に制約を受けていることを暗示している。

　また，次の古墳時代には，北部九州における古墳時代初頭の庄内系・布留系土器は，在地の土器群の中に取り込まれる形で導入されるが，高坏や小型丸底壺など小型精製器種は，畿内の土器と同様に大粒の粒子はほとんど含まれず，きわめて精良な胎土をもっており（次山, 1993），胎土によっても器種間の差異化をはかっていることは明らかである。これは，形態だけでなく，材料の選択や調整技術を含めた畿内の土器製作体系を，土器製作者が取り入れようとした証左であるといえよう。古墳時代は，急速に拡散する墓制である前方後円墳に代表されるように，全国的に斉一性の高い葬送儀礼が確立する。庄内系土器や布留系土器の受容は，そのような古墳時代の斉一性の高い儀礼システムに組み込まれたものであり，広域におよぶ古墳時代の儀礼体系を構成する要素であったといえよう。すなわち，全国的に等質な胎土をもつ土器様式を形成することで，土器を用いた儀礼的な意味世界を広域に共有することになったのである。日常性の強い土器を畿内的なものにモデルチェンジして，それを使用することが，なかば意図せざる結果として，中心地域である畿内と九州など周辺地域との関係を維持し再生産するのにつながったのではなかろうか。

3. 土器の色調，胎土組織とその社会的意義，環境との関連性

　以上，色調や胎土の質と，土器製作や使用の際との関係を中心に検討してきた。ここで，色調や胎土の組織と，それにかかわる社会的な意義，地質環境との関係についてまとめてみたい。

　まず胎土の色調や胎土の組織は，土器の製作や使用の局面で，社会的・象徴的に意味をもつ属性であり，社会的なコンテクストによっては，意図的に発色の調整がなされることが求められた。特に中期後半の須玖式の胎土は，質の高い土器を作るという意図のもとに，胎土のコントロールがなされたと考えられる。また，古墳時代の小型精製器種にみられる精良な胎土は，古墳時代の斉一的な儀礼体系の一端を表したものであり，地質などの環境的な制約を超えて，材料採取や調整のためのコストをかけて製作されたものであろう。逆に，弥生後期土器のように胎土に関する調整の必要性を求めない状況においては，そのようなコントロールが省略される場合もあった。

　しかしながら，一方で胎土の質は居住地の地質の状況にも左右されうるものであり，環境条件が，胎土の質を規定することもあったであろう。土器は粘土の化学変化を利用して製作されるものである以上，土器の胎土は必然的に材料を産出する地質の性質に影響される。したがって，製作者の胎土の質に対するおもわくが常にストレートに製品に反映されるとは限らない。居住環境のさまざまな制約に適応し，また逆にそれを意識的／無意識的に利用して地域的に独自の土器文化を形成することもあったと考えられる。

　南部九州や豊後内陸部の土器様式は，そうした地質の性質から，北部九州とは異なる土器の発色が促されることになったと考えられる。苦鉄質の火山灰が分布する地質の特質が，地域独自の土器様式の形成にもつながったのではなかろうか。このような状況から勘案すると，土器の色調の動態は，胎土の質に対する意識と自然環境への適応という双方向的な組織化として，土器製作者の日常

的な実践行為として構造化され，創出された結果であると考えられるのである。

　このように，土器の色に着目することによって，地域間関係や儀礼的・象徴的な意味の形成として，また自然環境や技術的制約など複合的な問題を解決する認知の過程として(後藤明，1997)，物質文化における色や材質について議論を深めることができるかもしれない。土器の胎土に着目することは，文様や形態とは質の異なる議論を展開することを可能にし，弥生土器文化の特質に関する重要な視点を提示しうるということを強調しておきたい。

あとがき

　本書では，胎土分析という自然科学の分析方法を用いたアプローチによって，これまでの研究とは異なる側面から九州の弥生土器文化の特質について光を当てることを目指した。その結果，各地の集落における土器生産と消費のシステムの一端を明らかにすることができたと同時に，土器製作のための材料の採取のありかたや地質環境への適応とその活用，胎土の様式的な意義およびその変化に伴う胎土の調整技術の変化について明らかにし，従来とは異なる観点から議論をすすめることができた。さらに，土器にみられる遠隔地間の交流についても，胎土分析によって新たな解釈の可能性を提示することもできたと考える。

　しかしながら，本書で提示した分析結果は，各地で蓄積された膨大な土器資料の一部について，断片的に分析を遂行したものにすぎない。分析データがよりいっそう蓄積された後に，本書で提示した解釈やモデルは再検討され，洗練される必要があろう。そして，縄文土器や弥生土器のような生産地の検出が困難な時代の土器生産と消費の実態を明らかにするには，土器生産と消費の痕跡をさまざまな角度から見極めるとともに，胎土分析自体の方法論を洗練させていく必要がある。したがって，本書は未だ試論的な性格から脱しきれていないが，今後も各地の資料の分析を継続し，それをつうじて弥生文化の特質の抽出に少しでも迫ることができるよう努めたい。

　本書が胎土分析の有効性の一端について示すことができ，弥生土器研究および学際的研究の推進に少しでも貢献できれば，望外の喜びである。

文　献

我孫子昭二・上條朝宏・石川隆司　1988「No. 57 遺跡出土土器の胎土分析」『多摩ニュータウン No. 57 遺跡』東京都教育委員会　150–161 頁
阿比留伴次編　1993『大田原ヤモト遺跡』峰町文化財調査報告書第 10 集
阿比留伴次編　1998『下ガヤノキ遺跡』峰町文化財調査報告書第 14 集
安楽　勉　2000「一支国における南北市糴──原の辻遺跡の調査成果から──」『考古学から見た弁・辰韓と倭』九州考古学会・嶺南考古学会　245–256 頁
安楽　勉・宮崎貴夫・杉原敦史編　2000『原の辻遺跡』原の辻遺跡発掘調査事務所調査報告書第 18 集
Allen, R. O. (ed.) 1989 *Archaeological Chemistry IV*. Washington, D.C.: American Chemical Society.
Arnold, D. 1971 Ethnomineralogy of Ticul, Yucatan potters: Ethics and emics. *American Antiquity*, 36(1): 20–40.
Arnold, D. 1985 *Ceramic Theory and Cultural Process*. Cambridge: Cambridge University Press.
Arnold, D. 1989 Patterns of learning, residence and descent among potters in Ticul, Yucatan, Mexico, in Shennan, S. (ed.) *Archaeological Approaches to Cultural Identity*. London: Routledge, 174–184.
Arnold, D. and A. Nieves 1992 Factors affecting ceramic standardization, in Bey, G. J. and C. A. Pool (eds.) *Ceramic Production and Distribution: An Integrated Approach*. Boulder: Westview Press, 93–113.
Arnold, D., H. Neff, and R. L. Bishop 1991 Compositional analysis and "sources" of pottery: An Ethnoarchaeological Approach. *American Anthropologist*, 93(1): 70–90.
Aronson, M., J. Skibo, and M. T. Stark 1992 Production and use technologies in Kalinga Pottery, in Longacre, W. A. and M. Skibo (eds.) *Kalinga Ethnoarchaeology*. Washington and London: Smithsonian Institution Press, 83–112.
Barth, F. 1969 *Ethnic Groups and Boundaries*. Boston: Little Brown.
Berlin, B. and P. Kay 1969 *Basic Color Terms: Their Universality and Evolution*. Berkeley and Los Angels: University of California Press.
Bey, G. J. 1992 Introduction, in Bey, G. J. and C. A. Pool (eds.) *Ceramic Production and Distribution: An Integrated Approach*. Boulder: Westview Press, 1–22.
Bowen, T. and E. Moser 1968 Seri pottery. *Kiva*, 33: 89–132.
Browman, D. L. 1976 Demographic correlations of the Wari conquest of Junin. *American Antiquity*, 41(4): 465–477.
張　李　1959「西双版納傣族的製陶技術」『考古』9　488–490
Chaves, K. L. 1992 The Organization of production and distribution of traditional pottery in South Highland Peru, in Bey, G. J. and C. A. Pool (eds.) *Ceramic Production and Distribution: An Integrated Approach*. Boulder: Westview Press, 47–92.
趙　栄済・柳　昌煥・李　瓊子・孔　智賢　1999『晋州　大坪里玉房 2 地区　先史遺跡』慶尚南道・慶尚大学校博物館
崔　鍾圭　1982「陶質土器成立前夜と展開」『韓国考古学報』12　215–228
崔　鍾圭　1995『三韓考古学研究』書景文化社
Costin, C. L. and M. B. Hagstrum 1995 Standardization, labor investment, skill, and the organization of ceramic production in prehispanic highland Peru. *American Antiquity*, 60(4): 619–639.
Courty, M. A. and V. Roux 1995 Identification of wheel throwing on the basis of ceramic surface features and

microfabrics. *Journal of Archaeological Science*, 22: 17–50.

傣族制陶工芸連合考察小組　1977「記雲南景洪傣族慢輪制陶工芸」『考古』4　251–257

Deetz, J. 1968 The inference of residence and descent rules from archaeological data, in Binford, L. R. and S. R. Binford（eds.）*New Perspective in Archaeology*. Chicago: Aldine, 41–48.

Deboer, W. R. and D. Lathrap 1979 The making and breaking of Shippo-Conibo ceramics, in Kramer, C.（ed.）*Ethnoarchaeology: Implication of ethnography for archaeology*. New York: Columbia University Press, 102–138.

出口　浩ほか編　1983『成川遺跡』鹿児島県埋蔵文化財発掘調査報告書 24

東亜大学校博物館　2000『勒島遺跡 C 地区発掘調査概要（3 次）』

福田一志・中尾篤志編　2005『原の辻遺跡　総集編 I』原の辻遺跡調査事務所調査報告書 30

福岡県教育委員会　2002『西新町遺跡 IV』福岡県文化財調査報告書第 168 集

Freestone, I. C., C. Johns, and T. Potter（eds.）1982 *Current Research in Ceramics: Thin Section Studies*. London: British Museum.

後藤　明　1997「実践的問題解決過程としての技術――東部インドネシア・ティドレ地方の土器製作――」『国立民族学博物館研究報告』22(1)　125–187 頁

後藤一重編　1992『菅生台地と周辺の遺跡 XV』竹田市教育委員会

後藤　直　1979「朝鮮系無文土器」『三上次男博士頌寿記念東洋史・考古学論集』三上次男博士頌寿記念論集編集委員会　485–529 頁

Grim, R. E. 1968 *Clay Mineralogy*. New York: Mcgraw-Hill.

長谷川厚　1993「赤い土器・黒い土器」『翔古論聚――久保哲三先生追悼論文集』久保哲三先生追悼論文集刊行会　257–284 頁

橋口達也　1982「甕棺のタタキ痕」『森貞次郎博士古稀記念古文化論集』上　森貞次郎博士古稀記念論文集刊行会　471–479 頁

橋口達也　1993「甕棺――製作技術を中心としてみた諸問題――」『考古学研究』40(3)　10–29 頁

林　覚・角　宏行編　1993『本田孝田・東スス町遺跡』前原市文化財調査報告書第 49 集

東村武信　1990『考古学と物理化学』学生社

Hill, J. 1970 *Broken K Pueblo: Prehistoric Social Organization in the American Southwest*. Tucson: University of Arizona Press.

平　美典　2001「韓半島出土弥生系土器から見た日韓交渉」『弥生時代における九州・韓半島交流史の研究』平成 12 年度韓国国際交流財団助成事業共同研究プロジェクト研究報告書　105–138 頁

平賀章三　1978「素地製作の技法解明」『奈良教育大学紀要』27(2)　99–113 頁

広瀬和雄　1998「弥生都市の成立」『考古学研究』45(3)　34–56 頁

Hodder, I. and C. Orton 1976 *Spatial Analysis in Archaeology*. Cambridge: Cambridge University Press.

Hodge, M., H. Neff, J. Blackman, and L. Minc 1992 A compositional perspective on ceramic production in the Aztec empire, in Neff, H.（ed.）*Chemical Characterization of Ceramic Paste in Archaeology*. Madison: Prehistory Press, 203–220.

本田道輝　1980「松木薗遺跡の土器について」『鹿児島考古』14　112–128 頁

星野恵美編　2003『今宿五郎江遺跡』福岡市埋蔵文化財調査報告書 737 集

一瀬和夫　1988「大阪府久宝寺，加美遺跡の古式土師器の土器胎土に関する二，三の問題」『古代学研究』116　17–33 頁

猪木幸男編　1995『日本地質図大系　九州地方』朝倉書店

池橋　幹　1985「弥生後期土器の地域色とその背景――中国地方東部を中心に――」『考古学研究』32(3)　49–84 頁

井上　勤　2001『岩石・化石の顕微鏡観察』新版顕微鏡シリーズ 4　地人書店

井上裕弘　1978「甕棺製作技術と工人集団把握への試論」『山陽新幹線関係埋蔵文化財調査報告』9　173–189 頁

井上裕弘編　1983『御床松原遺跡』志摩町文化財調査報告書 3

石橋新次　1992「糸島型祭祀用土器の成立とその意義」『北部九州の古代史』名著出版　13–46 頁

石橋新次　1997「土器焼成に関する二・三の予察」『みずほ』23　52–67 頁

石川　健　1999「九州における縄文後・晩期土器の様式構造変化と地域性」『古文化談叢』43　1–31頁
石川悦雄編　1986『新田原遺跡　瀬戸口遺跡　蔵園地下式横穴墓』宮崎県児湯郡新富町文化財調査報告書第4集
石川隆司　1990「土器胎土分析の周辺」『法政考古学』15　77–82頁
磯　望・下山正一・大庭康時・池崎譲二・小林　茂・佐伯弘次　1998「博多遺跡群をめぐる環境変化――弥生時代から近代まで，博多はどう変わったか――」『福岡平野の古環境と遺跡立地――環境としての遺跡との共存のために――』九州大学出版会　69–112頁
伊崎俊秋・酒井仁夫編　1981『今川遺跡』津屋崎町文化財調査報告書4
Jones, A. 2002 *Archaeological Theory and Scientific Practice.* Cambridge: Cambridge University Press.
Jones, S. 1997 *The archaeology of Ethnicity: Constructing Identities in the Past and Present.* London and New York: Routledge.
鏡山　猛　1956「環溝住居址小論」『史淵』67　1–26頁
鎌田洋昭・中摩浩太郎・渡部徹也編　2005『中尾迫遺跡』指宿市埋蔵文化財発掘調査報告書第38集
蒲原宏行　1991「古墳時代初頭前後の土器編年――佐賀平野の場合――」『調査報告書』第16集　3–42頁
蒲原宏行　1994「古墳時代初頭前後の佐賀平野」『日本と世界の考古学――現代考古学の展開』雄山閣出版　170–185頁
蒲原宏行　1995「九州2（佐賀県）」『ムラと地域社会の変貌――弥生から古墳へ――』埋蔵文化財研究会　187–196頁
蒲原宏行　2000「3世紀の北部九州――佐賀平野・志波屋遺跡群を中心に――」『3世紀のクニグニ――魏志倭人伝の時代の吉備をさぐる――』考古学研究会　33–62頁
蒲原宏行　2003「佐賀平野における弥生後期の土器編年」『調査報告書』第27集　3–28頁
金田明大　2002「平城京の食器の色――赤彩暗文土師器出現についての予察――」『環瀬戸内海の考古学――平井勝氏追悼論文集――』下　古代吉備研究会　419–428頁
鐘ヶ江賢二　1999「弥生土器の色調変化についての基礎的研究――北部九州の中後期を素材として――」『人類史研究』11　275–283頁
鐘ヶ江賢二　2000「色調から見た南部九州弥生土器様式の動態」『琉球・東アジアの人と文化　高宮廣衞先生古稀記念論集』29–47頁
鐘ヶ江賢二　2003a「弥生土器・韓半島系土器の胎土分析からみた発色技術の検討」『日本考古学協会第69回総会研究発表要旨』
鐘ヶ江賢二　2003b「色調変化からみた九州弥生土器の地域色」『認知考古学とは何か』青木書店　87–104頁
鐘ヶ江賢二・三辻利一　2003「前原西町遺跡出土韓半島系土器の胎土分析」『前原西町遺跡』前原市文化財調査報告書84　25–28頁
鐘ヶ江賢二・三辻利一　2004「吉田遺跡出土土器，および関連遺跡採集土器の胎土分析」『吉田遺跡の発掘調査』九州大学大学院人文科学研究院　27–37頁
鐘ヶ江賢二・三辻利一・上野禎一　2003「大友遺跡出土土器の胎土分析」『佐賀県大友遺跡の発掘調査II』九州大学大学院人文科学研究院　41–49頁
鐘ヶ江賢二・中園　聡　2005「殿崎遺跡出土縄文土器の胎土分析」『小値賀島遺跡群の調査――縄文時代・中世遺跡の発掘調査――』九州大学大学院人文科学研究院　121–130頁
Kaplan, F. S. and D. M. Levine 1981 Cognitive mapping of a folk taxonomy of Mexican pottery: A multivariate approach. *American Anthropologist*, 83(3): 868–884.
河西　学　1989「甲府盆地における河川堆積物の岩石鉱物組成　土器胎土分析のための基礎データ」『山梨考古学論集』II　505–523頁
河西　学　1992「岩石鉱物組成からみた縄文土器の産地推定　山梨県釈迦堂遺跡・郷蔵地遺跡・柳坪遺跡の場合」『帝京大学山梨文化財研究所研究報告』4　61–90頁
河西　学　1994「津島岡大遺跡出土縄文土器の粒度組成――精製土器と粗製土器――」『津島岡大遺跡4　岡山大学構内遺跡発掘調査報告』7　岡山大学埋蔵文化財調査研究センター　219–235頁
河西　学　1998「土器薄片から得られる情報――特に胎土組織について――」『遺跡・遺物から何を読みとるか　帝京大学山梨文化財研究所　研究集会報告集』1　岩田書院　91–104頁
河西　学　1999「土器産地推定における在地――岩石学的胎土分析から推定する土器の移動――」『帝京大学山

梨文化財研究所研究報告』9　285-302頁
河西　学・櫛原功一・大村昭三　1989「八ヶ岳南麓地域とその周辺地域の縄文時代中期末土器群の胎土分析」『帝京大学山梨文化財研究所研究報告』4　61-90頁
片岡宏二　1990「日本出土の朝鮮系無文土器」『古代朝鮮と日本』名著出版　75-116頁
片岡宏二　1999『弥生時代　渡来人と土器・青銅器』雄山閣出版
片岡宏二　2001「海峡を往来する人と土器——壱岐原の辻遺跡出土の擬朝鮮系無文土器を中心に——」『勾玉』山中英彦先生退職記念論文集刊行会　69-82頁
川口洋平編　1998『鶴田遺跡』原の辻遺跡発掘調査事務所調査報告書第6集
川上洋一　1995「楽浪郡と弥生時代の「倭」——主に楽浪系土器の出土の様相から——」『考古学ジャーナル』392　27-31頁
木下　修編　1987『黒添・法正寺遺跡群』苅田町文化財調査報告書6
木下　修・水ノ江和同編　1991『椎田バイパス関係埋蔵文化財調査報告4』福岡県教育委員会
櫟浦幸徳編　2000『市第IV遺跡・トグウ遺跡・花立遺跡』久住町文化財調査報告書8
小林昭彦・小柳和宏編　1987『菅生台地と周辺の遺跡 XII』　竹田市教育委員会
小林正史　1993「稲作文化圏の伝統的土器作り技術」『古代文化』45(11)　27-50頁
小林正史　1999「ポイント・カウンティング法による土器胎土の粒土組成の分析——土器の使い方と製作コストとの関連から——」『北陸の考古学』III 別冊　石川県考古学会　73-96頁
小林正史　2000a「カリンガ土器の変化過程」『交流の考古学』現代の考古学5　朝倉書店　134-179頁
小林正史　2000b「土器文様にみられる地域色の動態を生み出すプロセス」『一所懸命』佐藤広史君追悼論集　181-199頁
小林正史・北野博司・久世建二・小島俊彰　2000「北部九州における縄文・弥生土器の野焼き方法の変化」『青丘学術論集』17　7-140頁
小林青樹　1998「土器作りの専業製作と規格性に関する民族考古学的研究——フィリピンとタイの事例分析を中心に——」『民族考古学序説』同成社　122-138頁
小林義彦編　1985『比恵遺跡——第7次調査——』福岡市埋蔵文化財調査報告書117
小石龍信・松崎卓郎編　2002『原の辻遺跡』原の辻遺跡保存等協議会調査報告書第3集
Kojo, Y. 1981 Inter-site pottery movements in the Jomon period.『人類学雑誌』89(1)　27-54頁
古城　泰　1998「結晶片岩・金色雲母を多量に含む勝坂式土器の分布」『下野谷遺跡I——縄文時代中期(1)——』早稲田大学校地埋蔵文化財整理室　608-616頁
古環境研究所　2006「長崎県，原の辻遺跡の火山灰分析」『原の辻遺跡』原の辻遺跡調査事務所調査報告書32　46-49頁
小宮恒雄　1986「須恵器以前の土器の生産と流通」『岩波講座日本考古学』3　雄山閣出版　168-196頁
近藤義郎　1959「共同体と単位集団」『考古学研究』6(1)　13-20頁
近藤義郎　1983『前方後円墳の時代』岩波書店
小杉　康　1991「縄文人の採掘」『歴史手帖』20(6)　15-17頁
国東町教育委員会編　2001『県営圃場整備国東川南地区関係発掘調査報告書　安国寺遺跡(吉継2地区)安国寺遺跡(割田1地区)原遺跡(餅田3・4地区)原遺跡(原ノ下1・2地区)』大分県国東町文化財調査報告書21
久住猛雄　1999a「北部九州における庄内式併行期の土器様相」『庄内式土器研究』XIX　62-143頁
久住猛雄　1999b「弥生終末期「道路」の検出——比恵・那珂遺跡群における並列する二条の溝の性格と意義——」『九州考古学』74　18-53頁
久世建二・北野博司・小林正史　1997「黒斑からみた弥生土器の野焼き技術」『日本考古学』4　41-90頁
李　健茂　2001「勒島遺跡を通じてみた古代国際交流」『勒島遺跡を通じてみた韓・中・日古代文化交流』　慶尚南道・慶尚大学博物館　3-9
林　声　1965「雲南傣族制陶技術調査」『考古』12　645-653
李　盛周　1988「三国時代前期土器の研究——嶺南地方出土土器を中心に——」『韓国上古史学報』1　93-187
李　盛周　1991「三国時代　土器　類型・系譜・編年・生産体制」『韓国古代史論叢』2　235-297
李　盛周　2000「打捺文土器の展開と陶質土器の発生——辰・弁韓地域の資料を中心として——」『韓国考古学報』42　57-106
李　盛周　2002「南海岸地域で出土する倭系遺物」『古代東アジアと三韓・三国の交渉』福泉博物館　53-84

Longacre, W. A. 1981 Kalinga pottery, an ethnoarchaeological study, in Hodder, I., G. Issac, and N. Hammond (eds.) *Pattern of the Past.* Cambridge: Cambridge University Press, 49–66.

Lucy, S. 2005 Ethnic and cultural identities. Diaz-Andreu, M., S. Lucy, S. Babic, and D. N. Edwards (eds.) *The Archaeology of Identity, Approaches to Gender, Age, Status, Ethnicity and Religion.* London and New York: Routledge, 86–109.

町田　洋・新井房夫　1992『火山灰アトラス』東京大学出版会

Matson, F. R. (ed.) 1965 *Ceramics and Man.* Chicago: Aldine.

Matson, F. R. 1975 Technological studies of Egyptian pottery-modern and ancient, in Bishay, A. (ed.) *Recent Advances in Science and Technology of Materials.* New York: Plenum, 129–139.

松本直子　1996「認知考古学的視点からみた土器様式の空間的変異」『考古学研究』42(4)　61–84 頁

松本直子　2000『認知考古学の理論と実践的研究――縄文から弥生への社会・文化変化のプロセス――』九州大学出版会

松本直子　2002「縄文・弥生変革とエスニシティ」『考古学研究』49(2)　24–41 頁

松本直子・三辻利一・和田好史　1999「熊本県中堂遺跡の縄文時代晩期土器――土器製作の動作連鎖研究への蛍光X線分析の応用――」『人類史研究』11　285–292 頁

松本建速　2002a「千葉県北部・茨城県南部の土器胎土・第四紀層粘土の成分分析」『土曜考古』26　65–84 頁

松本建速　2002b「礼文島浜中 2 遺跡・利尻島種屯内遺跡出土土器の胎土分析」『筑波大学先史学・考古学研究』13　1–15 頁

松尾　宏編　2002『平塚川添遺跡 I』甘木市文化財調査報告書 53 集

McGovern, P. E. 1986 Ancient ceramic technology and stylistic change: Contrasting studies from southwest and southeast Asia, in Kingery, W. D. (ed.) *Technology and Style.* Ohio: American Ceramic Society, 33–52.

Miller, D. 1985 *Artefacts as Categories: A Study of Ceramic Variability in Central India.* Cambridge: Cambridge University Press.

三原正三・宮本一夫・中村俊夫・小池裕子　2003「名古屋大学タンデトロン加速器質量分析計による大友遺跡出土人骨の 14C 年代測定」『佐賀県大友遺跡 II――弥生墓地の発掘調査――』九州大学大学院人文科学研究院　64–69 頁

峰町教育委員会・峰町歴史民俗資料館　2002「三根遺跡」『峰町日韓共同遺跡発掘交流事業記録集』　11–54 頁

三辻利一　1983『古代土器の産地推定法』ニューサイエンス社

三辻利一　1989「化学分析による土器の産地の推定」『新しい研究法は考古学になにをもたらしたか』クバプロ　202–213 頁

三辻利一　1992「石井入口遺跡出土土器および粘土の蛍光X線分析」『菅生台地と周辺の遺跡 XV』竹田市教育委員会　374–384 頁

三辻利一　1994『東アジアにおける古代土器の伝播・流通に関する研究――古代土器の日韓交流』平成 5・6 年度科学研究費補助金(国際共同研究)研究成果報告書

三辻利一　1998「元素分析による古代土器の胎土研究」『人類史研究』10　11–39 頁

三辻利一　2002「西新町遺跡第 12 次調査出土土器の蛍光X線分析」『西新町遺跡 IV』福岡県文化財調査報告書 168 集　265–271 頁

三辻利一　2003「西新町遺跡第 13 次調査出土土器の蛍光X線分析」『西新町遺跡 V』福岡県文化財調査報告書 178 集　161–176 頁

三辻利一・中園　聡　1995「福岡県大刀洗町甲条神社遺跡出土甕棺の蛍光X線分析」『甲条神社遺跡』大刀洗町文化財調査報告書第 7 集　93–99 頁

三辻利一・中園　聡　1996「福岡県志免町松ヶ上遺跡出土土器の胎土分析」『松ヶ上遺跡』志免町文化財調査報告書第 6 集　155–160 頁

宮原健吾　1998「色彩情報の計量化について」『研究紀要』4　財団法人京都市埋蔵文化財研究所　91–98 頁

宮本一夫編　2000『福岡県岐志元村遺跡――縄文貝塚・江戸墓地の発掘調査――』九州大学大学院人文科学研究院

宮本一夫編　2001『佐賀県大友遺跡――弥生墓地の発掘調査――』九州大学大学院人文科学研究院

宮本一夫編　2002『佐賀県大友遺跡 II――弥生墓地の発掘調査――』九州大学大学院人文科学研究院

宮本一夫編　2005『弥生時代成立期における渡来人問題の考古学的研究』九州大学大学院人文科学研究院考古

学研究室

宮田浩之編　1996『三国地区遺跡群6　西島遺跡1・2区の調査』小郡市教育委員会

宮崎貴夫編　1998『原の辻遺跡』原の辻遺跡発掘調査事務所調査報告書第9集

宮崎貴夫・安楽　勉・西　信男・杉原敦史編　1999『原の辻遺跡』原の辻遺跡調査事務所調査報告書第11集

宮崎貴夫・杉原敦史　2000『原の辻遺跡』原の辻遺跡調査事務所調査報告書第19集

水野清一・岡崎　敬　1957「長崎県壱岐カラカミ遺跡」『日本考古学年報』5　71頁

水沢教子　1992「縄文社会復元の手続きとしての胎土分析——その研究史を概観して——」『信濃』44(4)　16–34頁

水沢教子　2004「岩石・鉱物からみた素地採集領域」『国立歴史民俗博物館研究報告』120　237–265頁

溝口孝司　1987「土器における地域色——弥生時代中期の中部瀬戸内・近畿を素材として——」『古文化談叢』17　37–58頁

溝口孝司　2001「弥生時代の社会」『村落と社会の考古学』現代の考古学6　朝倉書店　135–160頁

森貞次郎　1970「弥生文化の源流と展開」『古代の日本』3　角川書店　13–26頁

森岡秀人　2002「分業と流通——縄紋・古墳時代との比較——」『古代を考える——稲・金属・戦争——弥生』吉川弘文館　167–208頁

村本(直良)信夫　1923「石器時代土器の二三の事実について」『考古学雑誌』14(14)　33–39頁

永草康次　1994「伊勢湾地域の土器胎土の分析——弥生時代から古墳時代を中心として——」『朝日遺跡Ⅴ』愛知県埋蔵文化財センター調査報告書34　355–360頁

永峯光一・橋本真紀夫・小林青樹・宇佐美哲也・徳澤啓一　1997「縄文時代晩期終末期の土器群の胎土分析——長野県小諸市氷遺跡の氷式土器の胎土分析——」『日本文化財科学会第14回大会研究発表要旨集』

長友朋子　2003「文様の地域色——弥生時代中期における凹線文を素材として——」『古文化談叢』49　1–18頁

永友良典編　1988『熊野原A・B遺跡地点　前原西遺跡　陣ノ内遺跡　前原西遺跡　前原北遺跡　今江城(仮称)跡　車坂城西ノ城跡』宮崎学園都市遺跡発掘調査報告書第4集

中村直子　1987「成川式土器再考」『鹿大考古』6　57–76頁

中島恒次郎　1989「胎土分析の諸問題——自然科学分析法の考古資料への適用——」『九州考古学』64　19–41頁

中島恒次郎ほか編　2004『太宰府・国分地区遺跡群1』太宰府市の文化財73集

中村耕治編　1984『大隅地区埋蔵文化財分布調査概報』鹿児島県教育委員会29

中園　聡　1993「折衷土器の製作者」『史淵』130　1–29頁

中園　聡　1994「弥生時代開始期の壺形土器——土器作りのモーターハビットと認知構造——」『日本考古学』1　87–101頁

中園　聡　1996「弥生時代中期土器様式の並行関係——須玖Ⅱ式期の九州・瀬戸内——」『史淵』133　33–52頁

中園　聡　1998「丹塗精製器種群盛行の背景とその性格——東アジアの中の須玖Ⅱ式土器——」『人類史研究』10　113–127頁

中園　聡　2004『九州弥生文化の特質』九州大学出版会

中園　聡・三辻利一　1996「胎土分析の応用による弥生時代大型甕棺の研究——土器生産と葬送過程——」『日本考古学協会第62回総会研究発表要旨』

中園　聡・三辻利一　1999「福岡県志摩町久米遺跡および周辺遺跡出土甕棺の胎土分析」『久米遺跡』志摩町文化財調査報告書第21集　54–67頁

Nicklin, K. 1979 The location of pottery manufacture. *Man*, 14: 436–458.

西谷　彰　2002「弥生時代後半期における土器編年の併行関係」『古文化談叢』48　85–107頁

西谷　正　1986「朝鮮半島と弥生文化」『弥生文化の研究』9　雄山閣出版　123–136頁

西谷　正　2001「玄界灘を越えた古代の交流——韓国慶尚南道・勒島遺跡」『歴史九州』124　2–9頁

西谷　大　1991「海南島における土器づくり」『国立歴史民俗博物館研究報告』31　29–54頁

丹羽野裕・三辻利一　2000「土器の色調と胎土分析——山陰地方における弥生土器・土師器の胎土分析とその解釈——」『古代文化研究』8　1–30頁

及川良彦・山本孝司　2001「土器作りのムラと粘土採掘場——多摩ニュータウンNo. 245遺跡とNo. 248遺

跡の関係——」『日本考古学』11　1–26 頁
小田富士雄　1982「山口県沖ノ山発見の漢代銅銭内蔵土器」『古文化論叢』9　159–169 頁
小田富士雄　1983「九州」『弥生土器』I　ニューサイエンス社　25–88 頁
小田富士雄　2000「瓦質弥生土器について」『古文化談叢』44　207–208 頁
小田富士雄・韓　炳三編　1991『日韓交渉の考古学　弥生時代編』六興出版
岡部裕俊編　1987『井原遺跡群』前原市文化財調査報告書第 25 集
岡部裕俊編　1988『前原地区遺跡群 I』前原市文化財調査報告書第 28 集
大分市教育委員会編　1996『大分市埋蔵文化財調査年報』7
小沢佳憲　2000a「弥生集落の動態と画期——福岡県春日丘陵域を対象として——」『古文化談叢』44　1–38 頁
小沢佳憲　2000b「集落動態からみた弥生時代前半期の社会——玄界灘沿岸域を対象として——」『古文化談叢』45　1–42 頁
パリノ・サーヴェイ株式会社　2002「増田遺跡の自然科学分析」『増田遺跡』佐賀市文化財調査報告書 130　佐賀市教育委員会　298–305 頁
パリノ・サーヴェイ株式会社　2004a「天神ノ元遺跡出土土器の胎土分析」『天神ノ元遺跡（3）』唐津市文化財調査報告書 114 集　75–86 頁
パリノ・サーヴェイ株式会社　2004b「国分松本遺跡の自然科学分析」『太宰府・国分地区遺跡群 1』太宰府市の文化財 73 集　314–317 頁
Peacock, D.P.S. 1977 *Pottery and Early Commerce: Characterization and Trade in Roman and Later Ceramics.* London: Academic Press.
Polanyi, M. 1977 *The Livelihood of Man.* New York: Academic Press.（玉野井芳郎ほか訳　1980『人間の経済』岩波書店）
釜山大学校博物館編　1989『釜山大学校博物館遺跡調査報告書第 13 輯　勒島住居址』
釜山直轄市立博物館　1990『東莱福泉洞莱城遺跡』釜山直轄市立博物館遺跡調査報告書 5
Reina, R. E. and R. M. Hill II 1978 *The traditional pottery technology of Guatemala.* Austin: University of Texas Press.
Renfrew, C. 1977 Alternative models for exchange and spatial distribution, in Earle, T. K. and J. Erikson (eds.) *Exchange Systems in Prehistory.* New York: Academic Press, 71–90.
Renfrew, C. and P. Bahn 1996 *Archaeology: Theory Methods and Practice.* London: Thames and Hudson.
Rice. P. M. 1981 Evolution of specialized pottery production: A trial model. *Current Anthropology*, 22: 219–240.
Rice, P. M. 1987 *Pottery Analysis: A Sourcebook.* Chicago: University of Chicago Press.
Roux, V. 2003 Ceramic standardization and intensity of production: Quantifying degrees of specialization. *American Antiquity*, 68(4): 768–782.
Rye, O. S. and C. Evans 1976 *Traditional Pottery Techniques of Pakistan: Field and Laboratory Studies.* Washington, D. C.: Smithsonian Institution Press.
佐原　真　1970a「土器の話（1）」『考古学研究』16(3)　107–124 頁
佐原　真　1970b「土器の話（3）」『考古学研究』17(2)　86–96 頁
佐原　真　1972「考古学からみた土器の岩石学的研究」『考古学と自然科学』5　101–107 頁
佐原　真　1974「土器の話（11）」『考古学研究』20(3)　67–81 頁
佐原　真　1983「弥生土器入門」『弥生土器』I　ニューサイエンス社　1–22 頁
佐原　真　1986「弥生土器の焼成技術」『弥生文化の研究』3　弥生土器 I　雄山閣出版　27–39 頁
Sahlins, M. 1972 *Stone Age Economics.* New York: Aldine-Atherton.
Sahlins, M. 1976 Colors and cultures. *Semiotica*, 16: 1–22
佐伯　治編　1988『菅生台地と周辺の遺跡 XIII』竹田市教育委員会
酒井仁夫編　1987『大井三倉遺跡』宗像市文化財調査報告書 11
佐々木幹雄　1993「古代の土器の色について」『翔古論聚——久保哲三先生追悼論文集』久保哲三先生追悼論文集刊行会　285–298 頁
佐々木幹雄　1994「還元焔小考」『古代』98　157–177 頁
佐竹昭広　1956「語彙の構造と思考の形態」『国語学』27（佐竹昭広　2000『万葉集抜書』岩波書店所収）

沢田正昭　1973「土器の理化学的分析」『瓜生堂遺跡 II』　瓜生堂遺跡調査会　65–69 頁
沢田正昭・秋山隆保　1978「北九州地方における甕棺の胎土分析」『山陽新幹線関係埋蔵文化財調査報告』9　151–155 頁
Shepard, A. O. 1956 *Ceramics for the Archaeologist*. Washington, D.C.: Carnegie Institution of Washington.
七田忠昭　1994「吉野ヶ里遺跡の大型建物」『考古学ジャーナル』379　16–20 頁
七田忠昭　1995「吉野ヶ里遺跡の環壕区画」『ムラと地域社会の変貌――弥生から古墳へ――』埋蔵文化財研究会　9–24 頁
七田忠昭　1997「有明海沿岸地方の弥生時代環壕集落にみる大陸的要素（予察）」『佐賀考古』4　23–36 頁
七田忠昭・森田孝志・田島春己・草野誠司・桑原幸則・吉本健一編　1992『吉野ヶ里遺跡』佐賀県文化財調査報告書 113
七田忠昭編　1997『吉野ヶ里遺跡　平成 2 年度〜7 年度の発掘調査の概要』佐賀県文化財調査報告書 132
七田忠昭編　2003『吉野ヶ里遺跡　平成 8 年度〜10 年度の発掘調査の概要』佐賀県文化財調査報告書 156
重藤輝行編　2003『西新町遺跡 V』福岡県文化財調査報告書第 178 集
重藤輝行編　2006『西新町遺跡 VII』福岡県文化財調査報告書第 208 集
重山郁子・東　憲章編　1996『丸谷地区遺跡群』都城市文化財調査報告書 34
沈　奉謹・中園　聡　1997「三千浦勒島遺跡出土の凹線文土器について」『文物研究』創刊号　97–103 頁
沈　奉謹・金　宰賢　2001「勒島遺跡の意義」『弥生時代における九州・韓半島交流史の研究』平成 12 年度韓国国際交流財団助成事業共同研究プロジェクト研究報告書　139–153 頁
清水宗昭編　1980『大野原の遺跡』大野町教育委員会
清水芳裕　1973「縄文土器の集団領域について」『考古学研究』19(4)　90–102 頁
清水芳裕　1977「岩石学的方法による土器の産地推定――伊豆諸島の縄文・弥生土器」『考古学と自然科学』10　45–51 頁
清水芳裕　1982「土器の胎土分析」『袋井市大畑遺跡 1981 年の発掘調査概報』44–46 頁
清水芳裕　1984「胎土分析の方法とその効用」『研究紀要』8　財団法人千葉県文化財センター　10–16 頁
清水芳裕　1987「人が動き土器も動く」『季刊考古学』19　30–33 頁
清水芳裕　2004「縄文土器の混和材――長野県川原田遺跡出土土器の分類への視点」『国立歴史民俗博物館研究報告』120　219–236 頁
下條信行　1991「北部九州弥生中期の「国」家間構造と立岩遺跡」『古文化論叢　児嶋隆人先生喜寿記念論集』78–105 頁
下村　智編　1993『那珂遺跡 8』福岡市埋蔵文化財調査報告書 324
下村　智編　1995『雀居遺跡 2』福岡市埋蔵文化財調査報告書 406
下村　智編　1996『比恵遺跡群 20』福岡市埋蔵文化財調査報告書 451
下村　智・荒牧宏行編　1992『那珂遺跡 4』福岡市埋蔵文化財調査報告書 290
下山正一　1989「福岡平野における縄文海進の規模と第四紀層」『九州大学理学部研究報告（地質学）』16(1)　37–58 頁
下山正一・亀山徳彦・宮田雄一郎・田代雄二　1984「福岡県糸島平野の第四系」『北九州大学文学部紀要』17　39–58 頁
下山正一・松本直久・湯村弘志・竹村恵二・岩尾雄四郎・三浦哲彦・陶野郁雄　1994「有明海北岸低地の第四系」『九州大学理学部研究報告』18(2)　103–129 頁
申　敬澈・河　仁秀　1991「韓国出土の弥生土器系土器」『日韓交渉の考古学　弥生時代編』六興出版　179–181 頁
白井克也　2001「勒島貿易と原の辻貿易」『弥生時代の交易――モノの動きとその担い手――』埋蔵文化財研究集会　157–176 頁
白水晴雄　1988『粘土鉱物学――粘土科学の基礎――』朝倉書店
副島和明・山下英明編　1995『原の辻遺跡』長崎県文化財調査報告書 124
Stark, M. T. 1992 Pottery exchange and the regional system, in Longacre, W. A. and M. Skibo (eds.) *Kalinga Ethnoarchaeology*. Washington and London: Smithsonian Institution Press, 169–197.
Streeten, A.D.F. 1982 Textural analysis: an approach to the characterization of sand tempered ceramics, in Freestone, I. C., C. Johns, and T. Potter (eds.) *Current Research in Ceramics: Thin Section Studies*.

London: British Museum, 123–134.
菅波正人編　1994『那珂 10』福岡市埋蔵文化財調査報告書 365
菅波正人編　1995『那珂 14』福岡市埋蔵文化財調査報告書 399
杉原敦史編　1999『原の辻遺跡』原の辻遺跡発掘調査事務所調査報告書第 16 集
杉原敦史編　2000『原の辻遺跡』原の辻遺跡発掘調査事務所調査報告書第 19 集
杉原敦史・藤村　誠編　2001『原の辻遺跡』原の辻遺跡調査事務所調査報告書第 21 集
杉原荘介　1943『原史学序論』小宮山書店
杉山富雄　1986『比恵遺跡　第 9 次・10 次調査報告』福岡市埋蔵文化財調査報告書 145
田平德榮編　1989『礫石遺跡　礫石 A 遺跡・礫石 B 遺跡・久池井 C 遺跡・久池井一本松遺跡』佐賀県文化財調査報告書第 91 集
高木暢亮　2003『北部九州における弥生時代墓制の研究』九州大学出版会
高倉洋彰　1980「北部九州における弥生時代社会の形成」『考古学研究』26(4)　38–45 頁
高倉洋彰　1993「前漢鏡にあらわれた権威の象徴性」『国立歴史民俗博物館研究報告』55　3–37 頁
高倉洋彰　1991「稲作出現期の環濠集落」『日本における初期弥生文化の成立』文献出版　395–417 頁
高島忠平　1975「土器の製作と技術」『古代史発掘』4　稲作の始まり　講談社　128–137 頁
高島忠平　1993「吉野ヶ里」『岩波講座日本通史』第 2 巻　古代 1　岩波書店　289–307 頁
竹下　壽・林　茂・浦川虎郷・山内正志・田島俊彦・壱岐団研　1987「壱岐島の火山層序」『九州後期新生代火山活動・地団研専報』33　21–52 頁
武末純一　1985「慶尚道の「瓦質土器」と「古式陶質土器」――三韓土器の提唱――」『古文化談叢』15　125–150 頁
武末純一　1987「須玖式土器」『弥生文化の研究』4　弥生土器 II　雄山閣出版　17–33 頁
武末純一　1989「環溝集落の変質」『弥生農村の誕生』古代史復元 4　講談社　98–103 頁
武末純一　1991「弥生時代の楽浪系土器と三韓土器」『地方史研究』41(5)　9–20 頁
武末純一　1998「弥生環溝集落と都市」『古代史の論点』3　都市と工業と流通　小学館　81–108 頁
武末純一　2002「加耶と倭の交流――古墳時代前・中期の土器と集落――」『古代東アジアにおける倭と加耶の交流』第 5 回歴博国際シンポジウム
田中良之　1982「磨消縄文土器伝播のプロセス――中九州を中心にして――」『森貞次郎博士古稀記念古文化論集』上　森貞次郎博士古稀記念論文集刊行会　59–96 頁
田中良之・松永幸男　1984「広域土器分布圏の諸相――縄文時代後期西日本における類似様式の並立――」『古文化談叢』14　81–117 頁
田中良之　2001「総括」『弥生時代における九州・韓半島交流史の研究』平成 12 年度韓国国際交流財団助成事業共同研究プロジェクト研究報告書　155–157 頁
谷口陽子　1999a「東関東地域の縄文土器の混和材について：数量化 III 類を用いたテクスチュアルアナリシスの試み」『情報考古学』5(2)　11–32 頁
谷口陽子　1999b「縄文土器に含まれる粗粒物質のテクスチュアル・アナリシス――製作地と製作技法解明への一試論――」『帝京大学山梨文化財研究所研究報告』9　303–331 頁
田崎博之　1985「須玖式土器の再検討」『史淵』122　167–202 頁
田崎博之　1994「夜臼式土器から板付式土器へ」『牟田裕二君追悼論集』35–74 頁
田崎博之　1998「福岡地方における弥生時代の土地環境の利用と開発」『福岡平野の古環境と遺跡立地――環境としての遺跡との共存のために――』九州大学出版会　113–138 頁
田崎博之　2000『遺跡出土の焼成粘土塊・焼成剝離片からみた弥生土器の生産・供給形態』愛媛大学
田崎博之　2002「焼成失敗品からみた弥生土器の生産と供給」『環瀬戸内海の考古学――平井勝氏追悼論文集――』古代吉備研究会　411–437 頁
谷　豊信　1984「楽浪土城址出土の土器(上)――楽浪土城研究その 2――」『東京大学文学部考古学研究室研究紀要』3　41–58 頁
谷　豊信　1985「楽浪土城址出土の土器(中)――楽浪土城研究その 3――」『東京大学文学部考古学研究室研究紀要』4　159–188 頁
谷　豊信　1986「楽浪土城址出土の土器(下)――楽浪土城研究その 4――」『東京大学文学部考古学研究室研究紀要』5　73–124 頁

建石　徹　2004「縄文時代における粘土の選択性」『国立歴史民俗博物館研究報告』120　195–217頁
建石　徹・西本豊弘　2000「縄文時代における粘土の選択性」『日本文化財科学会第17回大会研究発表要旨集』
寺井　誠　2001「古墳出現前後の韓半島系土器」『3・4世紀日韓土器の諸問題』釜山考古学研究会・庄内式土器研究会・古代学研究会　194–213頁
寺沢　薫　1999「環壕集落の系譜」『古代学研究』146　1–25頁
徳永貞紹・白木原宜・吉本健一・鹿田昌宏・田中大介編　2001『柚比遺跡群1』佐賀県文化財調査報告書148
徳永哲秀　2000「松原遺跡の赤彩土器製作技法」『松原遺跡　弥生・総論6　弥生後期・古墳前期』上信越自動車道埋蔵文化財発掘調査報告書　169–182頁
都出比呂志　1983「弥生土器における地域色の性格」『信濃』35(4)　245–257頁
都出比呂志　1989『日本農耕社会の成立過程』岩波書店
都出比呂志　1997「都市の形成と戦争」『考古学研究』44(2)　41–57頁
次山　淳　1993「布留式土器における精製器種の製作技術」『考古学研究』40(2)　47–71頁
常松幹雄　2001「土器からみた弥生時代の交易」『弥生時代の交易──モノの動きとその担い手──』第49回埋蔵文化財研究集会　139–156頁
坪根伸也　2001「古の豊後大分を訪ねて2　大分平野の弥生時代②」『歴史九州』11(7)　22–25頁
Turner, V. W. 1969 *The Ritual Process: Structure and Anti-structure.* Chicago: Aldine Publishing Company.（冨倉光雄訳　1976『儀礼の過程』新思索社）
梅川光隆　2001『平安京の器──その様式と色彩の文化史──』白沙堂
宇野隆夫　1997「世界の中の日本の土器文化」『月刊文化財』10　4–15頁
矢作健二・服部俊之・赤塚次郎　1997「東海地域におけるS字状口縁台付甕の産地について──胎土分析による予察──」『日本文化財科学会第14回大会研究発表要旨集』
山口地学会　1991『山口県の岩石図鑑』第一学習社
柳田康雄　1982「3・4世紀の土器と鏡」『森貞次郎博士古稀記念古文化論集』下　森貞次郎博士古稀記念論文集刊行会　869–922頁
柳田康雄　1987「高三潴式と西新町式土器」『弥生文化の研究』4　弥生土器II　雄山閣出版　34–44頁
柳田康雄　1996「九州地方の弥生土器」『日本土器辞典』雄山閣出版　370–371頁
柳田康雄・小池史哲編　1982『三雲遺跡III』福岡県文化財調査報告書63集
安田博幸　1969「化学分析による土器生産地同定の試みについて」『古代学研究』54　36–37頁
安田博幸　1979「生駒西麓の土器の胎土化学分析」『東山遺跡』大阪府文化財センター　46–53頁
横山浩一　1959「手工業生産の発展」『世界考古学体系』第3号　日本III　古墳時代　平凡社　125–143頁
横山邦継編　1986『比恵遺跡　第6次調査』福岡市埋蔵文化財調査報告書130
吉田憲司　1995「色彩の象徴性・再考──ターナーの色彩論をふりかえって」『国立歴史民俗博物館研究報告』62　181–195頁
吉留秀敏　1994「弥生時代環濠集落の変遷」『牟田裕二君追悼論集』牟田裕二君追悼論集刊行会　99–108頁
吉留秀敏　1999「福岡平野の弥生社会」『論争吉備』考古学研究会　57–80頁
吉留秀敏編　1991『比恵遺跡群(10)』福岡市埋蔵文化財調査報告書255
若林邦彦　1997「中河内弥生中期土器にみる諸相──「生駒西麓型土器」のもつ意味」『考古学研究』43(4)　58–76頁
若林邦彦　2001「弥生時代大規模集落の評価──大阪平野の弥生時代中期遺跡群を中心に──」『日本考古学』12　35–54頁
Woods, A. J. 1986 Form, fabric, and function: Some observation on the cooking pot in antiquity, in Kingery, W. D. (ed.) *Technology and Style.* Ohio: American Ceramic Society, 269–285.
財団法人九州環境管理協会　1998「下林西田遺跡出土遺物の考古分析」『下林西田遺跡』福岡県文化財調査報告書第132集　179–182頁
財団法人千葉県文化財センター　1984『研究紀要』8

索　引

あ行

アーノルド　17, 20–23, 25, 52, 205
Aso-4 火砕流　68, 69, 76, 78, 102, 113, 140, 141, 193, 195, 200, 201
阿高式土器　21, 40
安国寺遺跡　191
池上曽根遺跡　7
生駒西麓産土器　8, 12, 38
石井入口遺跡　189, 193
石橋新次　103, 114, 157
市　25, 50, 83, 207, 208, 210
糸島型祭祀土器　103, 114, 157
今川遺跡　186
今宿五郎江遺跡　104, 108, 110, 159
井原上学遺跡　104, 108, 110, 111, 200
エスニシティ　177
江辻遺跡　184, 185, 195, 221
塩基性岩　19, 83, 200
大井三倉遺跡　186
大久保遺跡　5
大田原ヤモト遺跡　143–148, 151, 152, 154, 162, 163
大友遺跡　14, 47, 49, 57–68, 200–202
奥田尚　32
小沢佳憲　7, 68
小田富士雄　4, 171, 214
遠賀川以東系須玖式土器　114, 125, 129, 135, 137–139, 157, 188, 211

か行

鏡山猛　6
河西学　31, 33, 35–36
可塑性　18–21
片岡宏二　41, 116, 139, 215
滑石　21, 35, 40
甕棺　7, 14, 39, 41–44, 47–49, 57–68, 201, 222
蒲原宏行　84, 87, 98
カラカミ遺跡　47, 114, 116, 134–141, 159, 162, 163, 166, 167, 173–175, 200, 201, 211, 213, 217
カリンガ　20–24, 202, 205

環濠集落　14, 43, 48–50, 84, 86, 98, 114, 116, 138, 191, 203–205, 209, 222
岩石学的分析　2, 8, 17, 24, 30–34, 36–40, 43, 44, 46, 47, 49, 53, 66, 67, 77, 90, 92, 96, 112, 129, 137, 142, 148, 151, 152, 155, 161
貫入　153, 201
岐志元村遺跡　47, 104, 108, 110, 112, 159, 162
久住猛雄　52, 68, 74, 81, 83, 207, 210
熊野原 B 遺跡　191
黒髪式土器　114, 125, 189–191, 193, 195, 222
蛍光 X 線分析　8, 17, 27–30, 32, 36–46, 48–55, 57–66, 69, 82, 86, 93, 96, 97, 104, 108, 110, 120, 125, 129–131, 134, 137, 138, 141, 145, 147, 151, 152, 155, 157, 159, 161, 163, 164, 167, 170, 173–176, 182, 193, 195, 196, 200, 203, 204, 206, 207, 209–212, 215, 218
後藤直　41, 164, 177, 214, 217
小林青樹　5, 211
小林正史　13, 21, 35, 186
コンシステンシー　18
近藤義郎　6, 7
混和材　3, 10, 15, 17, 20–24, 30, 33–36, 48, 52, 200

さ行

サーリンズ　49, 180
在地　3, 8, 9, 32, 33, 39, 41, 42, 49, 52, 54, 55, 76, 81, 83, 95, 127, 129, 139, 142, 144, 152, 157, 166, 167, 174, 176, 177, 188, 190, 209–211, 213, 218, 219, 223
彩度　183, 185, 186, 189, 190–193
佐原真　1, 2, 10, 11, 13, 14, 21, 22
沢田正昭　27, 29, 42, 57
三韓系瓦質土器　54, 116, 138, 143, 146, 155, 165–177, 214, 215, 218
酸性岩　38, 78, 195, 201
シェパード　8, 12, 24, 32
色相　185, 189–191, 193
資源　1, 3, 10, 14, 17, 22, 23, 25, 104, 114, 199, 202, 208, 218

システム論　17, 22, 25
実験考古学　5, 36
清水芳裕　8, 27, 31, 36, 39, 41
下大隈式土器　190
下ガヤノキ遺跡　144, 145, 148, 151, 152, 159, 163
下郡遺跡　87, 191
下城式土器　188, 189
焼成粘土塊　5, 101
庄内式(系)土器　4, 5, 9, 52, 76, 81, 83, 196, 209, 210, 223
A. ジョーンズ　25, 202, 206
S. ジョーンズ　177, 218
白井克也　143, 156, 164, 166, 215–217
須玖岡本遺跡　14, 213, 221
須玖式土器　4, 47, 69, 73, 77, 78, 83, 87, 93, 95, 101–103, 110, 112, 114, 125, 130, 134, 135, 139, 141, 151, 157–159, 171, 176, 183, 187–190, 195, 196, 200, 215, 221
スタイル　13, 205, 211, 218
スペルベル　180
世帯共同体　7
専業的生産　4, 5, 17, 22, 50, 210, 211
専門工人　42
続成　18, 30, 32, 37
粗製甕　189, 190, 193, 195, 222
曽畑式土器　35

た行

高倉洋彰　7, 84, 213
高島忠平　42, 84
高三潴式土器　190
武末純一　52, 84, 144, 166, 176, 207–209, 215
田崎博之　5, 52, 68, 101, 114, 212
田中良之　13, 157
谷口陽子　36
単位集団　6, 7
地質図　6, 31, 44, 47
中性岩　201
中性子放射化分析　211
朝鮮系無文土器　31, 41, 42, 114, 127, 129, 131, 134, 138–140, 144, 148, 166, 215
都出比呂志　4, 6, 7, 9, 13
礫石遺跡　185
大坪里遺跡　184, 221
寺浦遺跡　47, 104, 108, 110, 111, 159, 163, 200
動作連鎖　11, 222
東北部九州系土器　188
殿崎遺跡　39

な行

中尾迫遺跡　5
永草康次　31, 35
中園聡　13, 39, 40, 42, 43, 47–49, 57, 66, 108, 141, 156, 157, 163, 184, 195, 207, 213, 221
中大五郎第2遺跡　191
成川遺跡　191
西新式土器　52, 76, 79, 83, 176, 218
西新町遺跡　173, 176, 210, 219
西谷正　156, 213
粘土鉱物　18, 19

は行

バーリンとケイ　179
バーンハウス遺跡　206
原の辻遺跡　14, 32, 47, 103, 114–146, 159, 162, 163, 166–175, 200, 201, 203–211, 213, 215, 217, 218
破裂痕土器　5
ピーコック　8, 24, 49, 155
比恵・那珂遺跡(群)　5–7, 14, 47, 66, 68–84, 86, 95, 101, 102, 110, 112, 131, 140, 182, 196, 200, 202, 207–210
平塚川添遺跡　191
風化　18, 19, 30, 32, 37, 39, 62, 83, 190, 193, 199
布留式(系)土器　52, 76, 83, 91, 93, 101, 127, 139, 196, 209, 210, 223
分光測色計　182
分光反射率　183
偏光顕微鏡　8, 17, 30, 31–33, 35–37, 46, 61, 66, 67, 77, 81, 93, 110, 164, 174, 220
変成(熱変成)　37, 40, 62, 153, 199, 201, 215
法正寺遺跡　186
ポラニー　49
本田孝田遺跡　47, 104, 108, 110

ま行

前原ローム層　112, 113, 200, 208
マットソン　17
松木薗遺跡　190, 191
松原遺跡　47, 84, 86, 96, 97, 101, 102, 200, 204
松本建速　30, 39
松本直子　11–13, 177, 179
三国の鼻遺跡　41
三雲南小路遺跡　14, 213, 221
水沢教子　3, 27, 31, 33, 48, 52, 55, 116, 139, 152
溝口孝司　7, 13, 205
三辻利一　6, 8, 12, 27–29, 36–39, 41–43, 45, 47, 48, 52, 57, 66, 108, 141, 148, 157, 163, 165, 167,

174, 176, 193, 210, 218, 219
三根遺跡　47, 143–154, 159, 162, 163, 167, 174–176, 215
民族考古学　5, 7, 17, 25, 202, 205
村本(直良)信夫　30
明度　182, 183, 185, 186, 189–193
森貞次郎　4, 52, 66
諸岡遺跡　31, 41

や行

屋久島横峯遺跡　39
山ノ口式土器　190, 191, 195
八女粘土　68, 76–78, 83, 112
夜臼式土器　65, 184, 195

誘導結合プラズマ発光分光分析　30, 39
横隈鍋倉遺跡　41
吉留秀敏　68, 83, 207, 209
吉野ヶ里遺跡　5, 7, 14, 47, 66, 76, 84–101, 183, 191, 196, 200, 202–205, 207–211

ら行・わ行

ライス　2, 18, 19, 22–24, 27, 29, 39
楽浪系土器　2, 3, 10, 47, 54, 55, 114, 116, 138, 143, 144, 146, 155, 156, 165–177, 199, 212, 215–217
李盛周　145, 167, 214
勒島遺跡　10, 47, 155–165, 176, 179, 212–214, 217
若林邦彦　7, 8, 84, 205

著者略歴

鐘ヶ江賢二（かねがえ　けんじ）

1971 年　福岡県生まれ
1995 年　西南学院大学文学部国際文化学科卒業
2002～2004 年　日本学術振興会特別研究員
2005 年　九州大学大学院人文科学府歴史空間論専攻博士課程修了。博士（文学）
現　　在　鹿児島国際大学博物館実習施設（考古学ミュージアム）学芸員（実習助手）

胎土分析からみた九州弥生土器文化の研究

2007 年 2 月 28 日　初版発行

　　著　者　鐘ヶ江　賢　二
　　発行者　谷　　隆一郎
　　発行所　（財）九州大学出版会
　　　　　　〒812-0053　福岡市東区箱崎 7-1-146
　　　　　　　　　　　九州大学構内
　　　　　　電話　092-641-0515（直通）
　　　　　　振替　01710-6-3677
　　　　　　印刷・製本　研究社印刷株式会社

© 2007 Printed in Japan　　　ISBN 978-4-87378-933-0

福岡平野の古環境と遺跡立地
──環境としての遺跡との共存のために──

小林　茂・磯　望・佐伯弘次・高倉洋彰 編　　B 5 判・312 頁・8,000 円

地質学，地形学，考古学，文献史学，歴史地理学の専門家の共同作業により，福岡平野の古環境の変遷と，そこで展開された人間活動の歴史を多面的に示すとともに，重要遺跡の多い福岡平野の遺跡の発掘・保存へ向け有用なデータを提供する。

認知考古学の理論と実践的研究
──縄文から弥生への社会・文化変化のプロセス──

松本直子 著　　B 5 判・264 頁・7,000 円

本書は，伝播論や型式学などの考古学における普遍的かつ基本的問題に関わる理論的枠組みを認知的視点から再構築することをめざす著者が，認知考古学とは何かを日本考古学の資料を用いて世に問う本格的理論と実践の著である。
（第 9 回雄山閣考古学賞特別賞受賞）

北部九州における弥生時代墓制の研究

高木暢亮 著　　B 5 判・276 頁・7,400 円

弥生時代の北部九州地域の墓制を素材とした，縄文から弥生への文化・社会構造の変化と階層的な社会が成立するプロセスの研究。甕棺葬の成立過程，支石墓の変遷と地域的な特色などの考古学的な分析を通して，弥生社会の構造を照射する。

九州弥生文化の特質

中園　聡 著　　B 5 判・660 頁・14,000 円

九州全域・沖縄を主な対象として，東アジア的脈絡から弥生時代中期社会を解き明かす。認知考古学などの理論や新しい方法論を縦横に駆使して，土器・集落・墳墓を分析。斬新なモデルと解釈を提示する。独自の視点から弥生社会の実像に迫る意欲作。

（表示価格は本体価格）　　　　　　　　　　　　　　　九州大学出版会